教育原点丛书

U0579927

Dangdai Zhongguo Jiaoyuxue Jiaocaishi

当代中国教育学教材史

侯怀银 等 / 著

北京师范大学出版集团
BEIJING NORMAL UNIVERSITY PUBLISHING GROUP
北京师范大学出版社

图书在版编目（CIP）数据

当代中国教育学教材史/侯怀银等著. —北京：北京师范大学出版社，2024.6

（教育原点丛书）

ISBN 978-7-303-29519-7

Ⅰ.①当… Ⅱ.①侯… Ⅲ.①教育学－教材－教育史－中国－现代 Ⅳ.①G40-092.7

中国国家版本馆 CIP 数据核字（2023）第 212732 号

图书意见反馈 gaozhifk@bnupg.com 010-58805079
营销中心电话 010-58802755 010-58800035
北师大出版社教师教育分社微信公众号 京师教师教育

DANGDAI ZHONGGUO JIAOYUXUE JIAOCAISHI

出版发行：北京师范大学出版社 www.bnupg.com
北京市西城区新街口外大街 12-3 号
邮政编码：100088

印　　刷：北京虎彩文化传播有限公司
经　　销：全国新华书店
开　　本：710 mm×1000 mm　1/16
印　　张：25.25
字　　数：420 千字
版　　次：2024 年 6 月第 1 版
印　　次：2024 年 6 月第 1 次印刷
定　　价：98.00 元

策划编辑：鲍红玉　　责任编辑：林山水
美术编辑：焦　丽　　装帧设计：焦　丽
责任校对：段立超　陈　民　　责任印制：马　洁

前　言

《当代中国教育学教材史》以新中国成立以来的教育学教材建设与发展为研究内容，史论结合，具有重要的学术价值和实践意义。它不仅有助于人们对我国教育学教材发展史形成清晰的认识，推动教育学教材在新时代背景下的建设，而且通过梳理我国教育学教材发展史，总结其中的成就与经验，还有助于完善教育学学科建设，推动教育改革，促进中国教育学的发展。

本书旨在对我国教育学教材建设总体情况进行全方位的研究。具体来说，就是以教育学教材、教育学专门学科教材以及教育学交叉学科教材为研究对象，系统梳理新中国成立以来我国教育学教材建设历程，全面总结教育学教材建设所取得的成就，认真提炼教育学教材建设经验，深刻揭示教育学教材建设的启示。

《当代中国教育学教材史》分为上编、中编、下编三部分。

上编为作为一门学科的教育学教材史。依据中国知网、出版的相关教材、新中国成立以来我国颁布的重要方针政策以及新中国教育史料等编制相关索引，根据标志性事件梳理新中国成立以来我国教育学教材建设历程，全面研判我国教育学教材建设取得的成就，并在总结建设经验的基础上启迪未来中国教育学教材建设事业，据此形成四章内容。

中编为教育学专门学科教材史。具体分教育概论、教学论、德育原理、课程论、学前教育学、高等教育学、特殊教育学、教育研究方法教材建设，形成八章内容。每一章对应一个教育学专门学科教材史，对 73 年来我国主要教育学专门学科教材发展历程进行梳理，总结建设的成就和经验，并揭示启示。

下编为教育学交叉学科教材史。分中国教育史、外国教育史、比较教育学、教育哲学、教育社会学、教育经济学、教育管理学、教育心理学、教育技术学教材建设，形成九章内容。每一章对应一个教育学交叉学科教材史，对73年来我国主要教育学交叉学科教材发展历程进行梳理，总结建设的成就和经验，并揭示启示。

本书的写作确立了以下八方面的指导思想。

第一，各章篇幅基本均衡，文风一致。

第二，研究的时限，统一定在1949—2022年，不向前、后延伸。研究中要把握好重大时间节点。有的学科发展考虑到问题本身的连续性，必要时可适当向前延伸，但不宜过多。

第三，各章撰述范围，限于中华人民共和国成立以来教育学专门或交叉学科教材建设，以中国共产党领导下的教育学教材建设为主。

第四，不刻意回避教育学发展中的政治性问题，撰写坚持中立立场，不做主观评价，参照党史相关著作做到客观叙述即可，撰写的原则是立足史实，还原真相。

第五，本书坚持“以史为主，史论结合”。研究要在梳理清楚基本事实基础上，作出准确的分析和正确的评价。书中所阐述的史实必须经得起各个时代各类读者的推敲和质疑。在写作中应避免拿历史和现实“比附”。

第六，充分掌握国外教育学教材的发展历史，充分掌握国内外研究的最新动态，使自己的研究有一个高的起点。研究方法上以历史法和文献法为主。

第七，坚持广博与精深的结合。一方面，立足当代，全方位呈现自己所写教材的发展进程，不宜只介绍某几个方面；另一方面，写作中要抓住重点，对于教材的主要方面，要着重笔墨，深入研究。要避免史料文献的盲目堆积，在撰写中对于还不成熟的资料与推理以不介绍为宜。

第八，梳理各学科教材发展史，应史论结合，对教育学教材建设作出突出贡献的代表人物以及经典型教育学教材，在写作时有所体现。

在具体写作时，我们注意做到：各教育学专门或交叉学科教材建设史如果是前人没有或少有涉及的，那就要有明确的标杆意识，成果应该体现当代中国学者的最高水平；如果学术界已有先期成果，那就要有明确的超越意识，建立新的高度；如果作者曾有过相应成果，那就要有明确的创新意识、突破意识，寻找新的角度，进行新的思考。

写作时细心，对于史料的来源一定亲自查阅，获得第一手资料，并需了解最新的学术动态；对教育学学科要有学科情怀和学科自信。

《当代中国教育学教材史》由侯怀银任主编，负责全书的组织和统稿。具体编写人员如下。

上编：第一章至第四章，周郅壹、侯怀银。中编：第五章，郭建斌；第六章，张卓远；第七章，雷月荣；第八章，谢晓军、侯怀银；第九章，王福兰；第十章，侯怀银、王茜；第十一章，穆鹏莉；第十二章，徐冰鸥、张旭芳；下编：第十三章，李艳莉；第十四章，侯怀银、梁林珍；第十五章，侯佳；第十六章，侯怀银、席强强；第十七章，祁东方；第十八章，陈星；第十九章，李旭；第二十章，梁晓燕；第二十一章，侯怀银、朱琳。

本书十分重视研究已有相关著作、论文、重要方针政策、节点性事件和标志性事件，对于引用和借鉴过的资料和文献，书中已一一注明，在此我们表示感谢！

由于水平有限，时间有限，编写人员多而统稿难度大，本书难免有不足之处，敬请读者批评指正。

2022 年 12 月

目　　录

上　编　作为一门学科的教育学教材史

中　编　主要教育学专门学科教材史

上编

作为一门学科的教育学教材史

教育学教材作为我国人才培养和教师队伍建设的重要载体，是实施“科教兴国”和“人才强国”战略的重要依托，在教育事业发展中具有基础性意义。我国历来重视教育学教材建设事业，尤其是新中国成立以来，在中国共产党的领导下，国人在教育学教材的翻译引进、自主编写和体系建设等方面进行独立探索并取得瞩目成就。立足新时代，面对新形势、新机遇和新挑战，我们有必要回顾新中国成立以来我国教育学教材建设的基本情况，梳理我国教育学教材建设所取得的重要成就，总结我国教育学教材建设中的经验教训，全景展现当代中国教育学教材史，以期展望未来我国教育学教材建设。

第一章 新中国成立以来教育学教材建设历程

在新的历史时期，我国教育学教材究竟如何建设，需要我们回溯历史，进一步厘清教育学教材建设的历史脉络，以历史为基础，对教育学教材建设本身进行反思，有意识地对中国教育学教材进行新的探索，明确未来教育学教材发展趋势，更好地服务于当代中国教育学课程和教学改革。

教育学的学科属性要求教育学教材建设必须依托教育学学科和教育学研究，立足中国具体的教育实践和时代需求，反映我国教育科研最新成果。而中国教育学“舶来品”的特殊性质也要求教育学教材建设需面向世界，保持对国外先进教育思想和教育理论的持续关注，博采众长。为此，我们以教育学学科在中国的发展与传播为基本方向，并以教育学教材相关政策文本为具体指向，将新中国成立以来教育学教材建设历程分为五个阶段，并对每个阶段的建设概况、阶段特征进行分析和总结。

第一节 除旧布新阶段(1949—1957年)

1949年10月1日中华人民共和国成立，社会性质的变化带来了教育上的变革，我国开始转变旧教育，试图发展新民主主义和社会主义新教育。我国由此迎来教育事业发展的新机遇，这一阶段也形成了1949年以来教育发展的第一次历史性转折。在新中国教育改革背景下，我国教育学教材建设得到稳步推进，改革旧教育学教材，编写具有社会主义性质的新教育学教材成为人民教育建设的重要一环。这一阶段，教育学教材建设主要从以下三方面着手。

第一，以新教育建设为基础，探索教育学教材变革方向。《中国人民政治协商会议共同纲领》明确规定：“中华人民共和国的文化教育为新民主主义的，即民族的、科学的、大众的文化教育。人民政府的文化教育工作，应以提高人民文化水平，培养国家建设人才，肃清封建的、买办的、法西斯主义的思想，发展为人民服务的思想为主要任务。”①在《共同纲领》的指导下，人民政府开始有计划有步骤地改革旧的教育制度、教育内容和教学方法，并开始了对新教育和新教材建设的探索。1949 年 12 月 23 日至 31 日，中央人民政府教育部在北京召开第一次全国教育工作会议，会议提出我国新民主主义教育建设既要吸取老解放区举办新教育的经验，又要借鉴苏联教育建设的科学经验。② 以此次会议为思路，我国相继召开各级各类教育会议，对高等学校课程计划、专业结构以及教学大纲进行改革，教育学专业的这种变化在教育学教材上表现得尤为明显，人们对以实用主义教育为主流的旧教育思想进行了分析和批判，认为旧教育不能很好地为新民主主义政治服务，必须对其进行批判和改造，新教育学教材编写工作由此展开。

第二，优化教材编写组织机构。1950 年 7 月通过了《教育部关于实施高等学校课程改革的决定》，其中指出“用科学的观点和方法编订为新中国高等学校所适用的教材，是实行课程改革的重要条件。因此在中央人民政府教育部的领导下，成立高等学校教材编审委员会……有计划有步骤地编译各项适用的教材和参考书”③，这是新中国最早关于教材建设工作的论述。在此基础上，1951 年 4 月，教育部又组成了高等学校文科教材编审委员会，草拟了文科教材的编审原则、编译步骤及工作方法等项意见。④ 以国家教材编写机构为依托，各教材编写组织的职能更为明晰，教育学教材建设因此有了强有力的组织保障。

第三，明确翻译和引进苏联教育学教材。1952 年，教育部印发了供中等师范学校教学使用的《师范学校教育学教学大纲》。同年 11 月，教育部颁发《关于翻译苏联高等学校教材的暂行规定》，强调“采用苏联教学大纲和教材，应力求与中国实际情况相结合，应在不破坏学科系统性的原则下，加以适当精简或压缩”⑤，使教育学教材逐步走上了引进与自编相结合的建设

---

① 全国人大常委会办公厅、中共中央文献研究室：《人民代表大会制度重要文献选编 1》，83 页，北京，中国民主法制出版社，2015。

② 参见何东昌：《中华人民共和国教育史(上)》，9 页，海口，海南出版社，2007。

③ 参见何东昌：《中华人民共和国重要教育文献(共三册)》，48～49 页，海口，海南出版社，1998。

④ 参见何东昌：《中华人民共和国教育史(上)》，117 页，海口，海南出版社，2007。

⑤ 《中国教育年鉴》编辑部：《中国教育年鉴(1949—1981)》，509 页，北京，中国大百科全书出版社，1984。

道路。1953年9月，教育部在北京召开第一次全国高等师范教育会议，会议讨论了高等师范教育的方针任务、发展原则以及教学改革和加强领导等问题。张奚若部长、柳湜副部长作了相关报告，提出解决教材问题的意见；1956年3月，教育部在北京召开第二次全国高等师范教育会议，会议对修订教学计划、编订教学大纲、编写教科书等项工作做了具体部署。两次会议中关于教材问题的论述，都聚焦于研究苏联教学大纲，结合中国实际编写教材。这两次高等师范教育会议的召开，在一定程度上为教育学教材的编写提供了一定的方法和准则。

党和政府采取的一系列措施带来了教育新变革，这种变化可以从当时的教育学教材中得到证明。早在系统的教育学教材编写完成之前，教科书编委会就编订了充当临时教材的教育学参考资料，这些书籍呈现出与旧教材截然不同的新面貌。1949年，新华书店出版了由华北人民政府教育部教科书编审委员会编写的《教育学参考资料》(师范学校适用)，其“编辑大意”中就指明“在师范学校教育科目新课本尚未编成时，本参考资料可暂用为各科目基本教材”①，这是解放后较早运用于师范学校的教育学书籍。该教材分为四个部分，第一部分为新民主主义文化教育，主要对毛泽东关于文化教育的一般指示和教学时应该参考的文件做深入分析，以期了解新民主主义文化教育的基本理论和政策；第二部分为新教育的制度、课程和方法，一方面对旧教育进行批判，另一方面正确理解教育制度、课程和方法之变革；第三部分为论学习问题，主要是关于学习的基本材料；最后是附录，连载了几篇介绍苏联教育理论和方针的文章，供教学时参证比较之用。这时我国编写的教育学教材内容多为对民主主义教育思想的阐述，倾向于普及我国新教育思想，而对系统的教育学理论体系体现不足，难以作为高等师范院校教材使用，这就给成体系的苏联教育学教材的引进与传播提供了契机。

凯洛夫主编的《教育学》是苏联教育理论的代表作，新中国成立初期便将其作为师范学校教育学教材蓝本。这本教材是由苏联教育部审定并印行的具有社会主义性质的教育学教材，其传播与引进对我国教育学教材的编写产生了深远影响。从教材框架体系来看，教材共分为四个部分，也就是我们通常所说的“四大板块”结构，各个部分的论述内容如下所示。凯洛夫

---

① 华北人民政府教育部教科书编审委员会：《教育学参考资料》，1页，北京，新华书店，1949。

主编的《教育学》共有三个版本，即1939年版、1948年版和1956年版。1950年12月凯洛夫主编的《教育学》(1948年版)在我国正式翻译出版，并被列为“大学丛书”，至1956年共印10次，近30万册。1957年我国又翻译出版了凯洛夫主编的《教育学》1956年版本，共印8次，近20万册。①

凯洛夫主编的《教育学》四大部分的主要论述内容

板块	主要论述内容
一般之部	教育的本质、学校目的、学校任务；儿童发展的基本阶段及各阶段的教育特殊性；国民教育体系
教学理论	教育过程的本质；教学的内容和方法；教学过程的组织；教学过程效果
教育理论	德育、体育和美育的任务、内容、方法和组织；儿童集体、课外与校外活动；学校和家庭合作的组织问题
学校行政与领导	教育事业的一般组织原理；校长、教务主任和全体教师领导学校之工作方法；教师教学工作的组织；政府机关对于学校的一般管理

此外，1953年5月，苏联教育家叶希波夫、冈查洛夫合编的《教育学》在中国正式翻译印行。奥哥洛德尼柯夫、申比廖夫合编的《教育学》，斯米尔诺夫的《教育学初级读本》，以及苏联专家崔可夫的教育学讲稿先后在我国翻译出版，为各级各类师范院校提供了教育学教材范本，满足了新生的中国对社会主义性质师范教材的需求，当时教师几乎人手一本苏联教育学教材，教育学界成为苏联教育学的“市场”。

1949—1957年翻译出版的苏联教育学教材②

作者	教材名称	译者	出版社	时间
卡伊洛夫③	《新教育学基础》	王易今	上海书报杂志联合发行所	1950

① 毛礼锐、沈灌群：《中国教育通史》第6卷，96～97页，济南，山东教育出版社，1989。

② 瞿葆奎：《建国以来教育学教材事略》，载《华东师范大学学报(教育科学版)》，1991(3)。

③ 卡伊洛夫，即凯洛夫。王易今的译本《新教育学基础》，是凯洛夫《教育学》的第一编“教育学总论”部分。

续表

作者	教材名称	译者	出版社	时间
凯洛夫	《教育学》(上、下册)	沈颖、南致善等	新华书店	1950①
冈察洛夫	《教育学原理初译稿》	郭从周	人民出版社	1951
奥戈罗德尼科夫、史姆比辽夫	《教育学》	高晶斋	上海正风出版社	1951
叶希波夫、冈查洛夫	《教育学》(上、下册)	于卓、王继麟、傅尚民等	人民教育出版社	1952②
斯米尔诺夫	《教育学初级读本》	陈侠等	人民教育出版社	1953
崔可夫	《教育学讲义》	北京师范大学教育学教研室	人民教育出版社	1954
申比廖夫、奥哥洛德尼柯夫	《教育学》③	陈侠、熊承涤等	人民教育出版社	1955
凯洛夫	《教育学》	陈侠等	人民教育出版社	1957

1952 年，教育部以苏联教育学教材为蓝本，编订并印发《师范学校教育学教学大纲》以供当时中等师范学校教学参考使用。这份大纲模仿苏联教育学教材总论、教学论、教育论和学校管理的四大板块结构来编排，大纲共分十七章：第一章：总论；第二章：教育的性质、目的和任务；第三章：学校教育制度；第四章：幼儿教育；第五章：学龄儿童身心发展的特征；第六章：教学原理；第七章：小学教学的内容；第八章：课堂教学；第九章：教学方法；第十章：德育；第十一章：体育；第十二章：美育；第十三章：小学生的集体组织；第十四章：课外活动；第十五章：人民教师；第十六章：学校与家庭；第十七章：小学组织与领导。这一体系基本模仿

① 据 1948 年凯洛夫主编的《教育学》俄文第 2 版翻译。1950 年 12 月《教育学》(初版)上册出版发行，1951 年 5 月《教育学》(初版)下册出版发行。自 1951 年 3 月的上册第 2 版和 1951 年 12 月下册第 2 版起，由人民教育出版社先后出版，南致善做部分修订。1951 年 12 月出版发行上册第 3 版，1952 年 12 月出版发行下册第 3 版，由南致善、陈侠共同修订。1953 年 10 月，人民教育出版社出版了合上、下两册的第 3 版的合订本。

② 东北教育出版社曾于 1952 年出版上册，后由人民教育出版社出版。

③ 据 1954 年俄文版译。

了叶希波夫、冈查洛夫合著的《教育学》，但由于凯洛夫主编《教育学》的基本框架已经成为苏联教育学教科书的标准，因此该体系实则为凯洛夫主编《教育学》的翻版。另外，1954 年教育部参照苏联教育学的一般体系组织编订了《初级师范学校教育学教学大纲(草案)》①。1956 年，教育部依照 1954 年苏维埃联邦社会主义共和国教育部审定的全国师范学校教育学教学大纲，结合过渡时期学校教育发展的实际需要，制定《师范学校教育学教学大纲(试用)》和《师范学院、师范专科学校教育学试行教学大纲》。

在上述各级各类教育学教学大纲的指导下，国人以苏联教育学教材为蓝本，结合我国具体教育实践自编了各级各类教育学使用的教材。1953 年，人民教育出版社出版了由张凌光、陈侠、许忆痴、丁浩川等人编写的《教育学》(四册，缺第二章)，该书是根据中央人民政府教育部师范司 1952 年 8 月印发的《师范学校教育学教学大纲》编写而成，试图在借鉴苏联科学、先进的教育教学理论基础上，运用马克思列宁主义的方法和观点来解释教育科学问题，以满足中等师范学校教学需求。

除了适用于中等师范学校的教育学教材之外，不少高等师范学校也参与了教材的编写，多为高校内部印刷使用。1955 年，北京师范大学出版社出版了由北京师范大学教育系教育学教研组编写的《教育学讲义》(上、下册)，供高等师范院校各系公共必修教育学使用。与此同时，还有不少学者致力于教育学知识的普及，如 1952 年和 1953 年，曹孚应邀作教育学报告宣传凯洛夫主编《教育学》，其报告记录于 1953 年以《小学教育讲座》出版，后以《教育学通俗讲座》为名称再版发行。张文郁于 1956 年撰写《教育学一般原理五讲》，在内容提要中指明这是一本初学教育学的入门书籍，可供中、小学教师参考之用，这些书籍是对苏联教育学的通俗化解释，实际上成为当时的师资培训教材。

1949—1957 年我国自编出版的教育学教材及参考资料②

作者	书名	出版社	时间
华北人民政府教育部教科书编审委员会	《教育学参考资料》	新华书店	1949

① 中央人民政府教育部：《初级师范学校教育学教学大纲(草案)》，1 页，北京，人民教育出版社，1954。

② 根据读秀、孔夫子旧书网统计。

续表

作者	书名	出版社	时间
河南大学教育学系教学研究组	《新民主主义教育学资料选辑》	河南大学出版社	1951
曾广惕	《教育学》(师范学校课本)①	大路出版社	1953
张凌光、陈侠、许忆痴、丁浩川等	《教育学》(师范学校课本)(四册)②	人民教育出版社	1953
张凌光、朱智贤、陈选善、丁浩川、蔡仪等	《教育学》(师范学校课本)(上、下册)③	人民教育出版社	1956
曹孚	《教育学通俗讲座》④	人民教育出版社	1953
北京师范大学教育系教育学教研组	《教育学讲义》(上、下册)	北京师范大学出版社	1955
东北师范大学教育系教育学教研室	《教育学》(上、下册)	东北师范大学教务处教材科	1955—1956
张文郁	《教育学一般原理五讲》⑤	湖北人民出版社	1956
开封师范学院教育教研室	《教育学讲义》	湖北人民出版社	1957
北京函授师范学校	《函授师范学校用书教育学基本知识讲座》	河北人民出版社	1957
周树人	《教育学讲授提纲》	江西师范学院	1957

① 参照中央教育部所颁发的师范学校教育学教学大纲编写的，主要是为了供给我校学生及萍乡县在职小学教师学习教育学时参考之用。

② 第一册编写者：张凌光、朱智贤、陈选善；第二册编写者：陈侠、胡毅、许椿生；第三册编写者：许忆痴、苏竞存、蔡仪；第四册编写者：丁浩川、杨铭、王静。该教材先后出版四次，分别为 1953 年第 1 版，1954 年第 2 版，1955 年第 3 版，1955—1956 年第 4 版。

③ 上册编写者：张凌光、朱智贤、陈选善、陈侠、胡毅、许椿生；下册编写者：许忆痴、苏竞存、蔡仪、陈琏、滕大春、丁浩川、杨铭、王静。

④ 原名《小学教育讲座》，序言指明“是一种介绍苏联教育学的通俗读物”。

⑤ 在内容提要中指明“这是一本初学教育学的入门书籍，可供中、小学教师参考之用”。

总体来说，这一阶段教育学教材在建设与改革中得到发展，一方面，通过对旧教育学的改造，实现了对教育学建构取向的转换，实现了我国社会主义教育理论教材的从无到有，满足了新生的中国对于教育学以及教育学教材的需求，但“四大板块”的教材编写结构也成为教育学教材编写者的桎梏，直至20世纪80年代末90年代初才真正遇到挑战。另一方面，教材建设过程中存在过分注重政治和社会制度等问题，使得教育学教材出现“照搬照抄”“全面苏化”的特点，学习苏联逐步也走向了僵化和教条。以社会制度为唯一取舍标准，使得我们在很长一段时间内，对于欧美教育学持排斥态度，因而不能博采众长，为我所用。这也为下一阶段教育学教材建设状况埋下伏笔。

这一阶段教育学教材主要特点为教材“苏化”特征显著。一方面，在结构上，国人编写的教育学教材基本遵循苏联教育学教材“四大板块”，即总论、教学论、教育论和学校管理顺序进行编排，“中国化”并不显著；另一方面，在内容上，多反映苏联教育实践的经验，对于我国教育理论实践成果的吸纳稍显不足，且适用于不同阶段不同对象的教育学教材内容几乎没有太大区别，针对性不强。

第二节　独立探索阶段(1958—1965年)

20世纪50年代，国际上中苏关系恶化，国内发生“教育大革命”，国际国内形势的变化迫使学者们开始反思凯洛夫《教育学》，并独立进行教育学教材建设工作。根据当时社会政治演变过程，这一阶段的教育学教材经历了两个变革阶段。

第一个阶段是教育学教材中国化的初步探索阶段，即1958—1960年，此时教育学教材改革的目标是摆脱对苏联教育学的依附，建设属于中国的教育学教材。这一阶段，研究者将目光定位于凯洛夫主编的《教育学》，认为教材中存在教育与生产劳动相脱离，忽视党的领导等问题，导致了资产阶级教育思想的复活，凯洛夫主编的《教育学》由此成为资本主义和修正主义的代表而受到内部批判。在批判苏联教育学的同时，我国学者提出教育学中国化发展道路，认为“我国教育科学的发展方向，最迫切的是教育学的中国化问题；教育学中国化，是解决存在于教育学的教学和研究中的教条主义偏向的关键”①。

教育学教材中国化作为教育学中国化的重要组成部分，在探索初期便成为教育工作的关注重点。在“教育大革命”急躁冒进的影响之下，教育学教材在编写过程中贯彻“群众路线”，很多教师和学生参与了教育学教学大纲和教材的编写，有些学生甚至还没有学完教育学这门课程，致使教育学教材质量难以得到保证。同时，中国教育界试图从苏联教育学的束缚中解脱出来，树立毛泽东教育思想的权威，要求教育为革命服务。1958年4月23日，教育部发出通知，师范学校三年级教育学课程原有教材停授，改授有关我国教育方针和政策的内容。② 由此，教育学中国化走向了极端，教育学教材沦为阶级斗争的工具。

总体来看，这一阶段编写的教育学教材以毛泽东教育思想为唯一指导思想，注重反映教育革命经验，使教育为教育革命服务，为社会主义事业服务。以1960年上海教育学编写组编写的《教育学》为例，这本教材共分为五编，分别论述毛泽东关于教育的基本理论，全日制、半工半读以及工农业余学校教育的科学研究。这本《教育学》力求创建独特的中国化教育学教材体系，从内容上来看，这本教材确实做到了与中国具体实际相结合，但是这样的编写体系使得教材成为教育政策法规的汇编，对教育学本身的理论体系呈现不足，成为“百科全书式”的“大教育学”。书中“鼓足干劲、力争上游，多快好省地发展教育事业”“人民教师必须又专又红”“坚持教育战线上两条道路的斗争”“工农教育大革命”等的论述与当时政府文件、领导人讲话内容一致，这样的教材，无疑是“政策汇编”式教材，“方针政策学”特征十分鲜明。以“教育大革命”为中心的前期编写的教育学教材，可以说是教育学中国化走向极端的产物，从表面上看，这些教材突破了苏联《教育学》四大板块的结构，具有了“中国化”特色，但这种特色带有鲜明的“政策学”导向，教育学教材却无“教育学”，导致了教育学学术地位的严重缺失。

---

① 孟宪承、高觉敷、张耀翔、张文郁、萧孝嵘、常道直、欧元怀、陈科美、左任侠、杜佐周、沈百英、胡守义、赵祥麟等：《为繁荣教育科学创造有利条件——上海南京高等师范院校部分教授对教育科学研究工作的意见》，载《人民教育》，1957(7)。

② 参见中央教育科学研究所：《中华人民共和国教育大事记(1949—1982)》，219页，北京，教育科学出版社，1984。

1958—1960 年我国自编的教育学教材

作者	书名	出版社	出版时间
河北师范学院教育教研室	《教育学讲义》	河北人民出版社	1959
山东师范学院教育学科教研室	《教育学讲义》(初稿)	山东师范学院教育学科教研室	1959
福建师范学院教育系教育学教研组	《教育学讲义》(初稿)	福建师范学院	1959
南京师范学院教育系	《教育学》	江苏人民出版社	1959
华东师范大学教育学教研组、上海师院教育学教研室	《教育学讲义》(初稿)(上、下册)	华东师范大学教材出版社供应所	1959
上海市师范学校教育学教材编写组	《教育学讲义》(试用本)(上、下册)	上海市师范学校教育学教材编写组	1959
华南师范学院教育系教育学教研组	《教育学讲义》(初稿)		1959
华中师范学院教育系	《教育学》(初稿)		1959
广东师范学院教育学教研组	《中国教育学讲义》(初稿)		1959
哈尔滨师范学院教育系	《教育学讲义》(上、下)	北京师范大学出版社	1959
上海教育学编写组	《教育学》(初稿)		1960

第二个阶段是对改革成效的理性反思阶段，即 1961—1965 年，反思教育学教材改革中走过的弯路，以正确的指导思想和原则进行科学、理性的教育学教材建设成为这一时期教材工作的重点。“教育大革命”时期编写的教材由于在指导思想上强调革命性，忽视科学性，在编写方式上又采用领导、教师、学生三结合的办法，导致编写的教材在体系、内容上存在不少问题，普遍质量不高。1961 年 2 月 10 日，中共中央书记处讨论了学校教材问题，并就有关问题做出了相应的决定。决定指出要采用“选”“编”“借”的办法解决教材问题，“选”是从现有教材中选出一本来；“编”是编写教材应以教师为主，有领导地编；“借”是在选、编都来不及的情况下，暂用外国

教材。中共中央书记处决定，由中共中央宣传部副部长周扬负责开展文科教材建设工作，教育学教材的组织编写有了方向指引。

1961 年 4 月，中宣部会同教育部、文化部在北京召开全国高等学校文科和艺术院校教材编选计划会议。周扬在《关于高等学校文科教材编选的意见》中指出："要编出一本好的教材首先要总结自己的经验，整理自己的遗产，同时要有选择有批判地吸收外国的东西，只有这样，才能编出具有科学水平的教材，才是中国的教育学、中国的文艺学。"①这次会议强调要正确处理教材编选中红与专、论与史、书本知识和活知识、古今中外之间的关系等，同时会议决定由刘佛年主编一本教育学教材。同年 8 月周扬专门就编写组初步整理的《教育学提纲（初稿）》提出意见，他先对政策与理论问题、共同规律与特殊规律问题、阶级观点与历史观点统一问题、史论结合问题、正反面问题、批判问题、共性与特殊性问题等提了意见，然后再逐章提出具体建议。周扬提出教材应以探索特殊规律为主，但不能忽视共同规律；要历史地看问题，并把历史的方法与逻辑的方法结合起来；应以正面论述为主；要注意教育学的学科特点。② 这些建议试图纠正教育学教材建设过程中的错误，为教育学教材的调整巩固提供了方向引领，推动了科学化和规范化的教材建设工作。此后，教育学教材专家编写组相继成立，中国化教育学教材建设事业稳步推进，为教材的繁荣奠定了基础。

这一阶段刘佛年主编的《教育学》（讨论稿）可以说在后来很长一段时间充当了"母版"教材的作用，对后期教育学教材的编写有着深远影响。这本教材经过四次内部印刷试用，四次修改补充，历时三年多，其间由于"文化大革命"的影响，一直未能公开出版，直到 1979 年为应急需才得以公开发行，署名为"上海师范大学《教育学》编写组③"并于 1981 年函请停印。其印发历程如下：

《教育学提纲（初稿）》，1962 年第 1 次印刷；

---

① 周扬：《关于高等学校文科教材编选的意见》，载《教育研究》，1980(3)。

② 参见周扬：《周扬文集》第 4 卷，72～90 页，北京，人民文学出版社，1991。

③ "文化大革命"时期，1972 年华东师范大学、上海师范学院、上海体育学院、上海半工半读师院和上海教育学院五个院校被合并为"上海师范大学"。1978 年，上海师范学院、上海体育学院、上海教育学院相继恢复建制，从"上海师范大学"分离出去，1982 年，经教育部批准恢复华东师范大学原名。

《教育学(讨论稿)》，1963 年第 2 次印刷；

《教育学(讨论稿)》，1963 年第 3 次印刷；

《教育学(讨论稿)》，1964 年第 4 次印刷；

上海师范大学《教育学》编写组：《教育学(讨论稿)》，1978 年；

上海师范大学《教育学》编写组：《教育学(讨论稿)》(上、下册)，人民教育出版社 1979 年；

上海师范大学《教育学》编写组：《教育学(讨论稿)》，人民教育出版社 1979 年。

这本教材以提高理论水平为编写原则，以“古今中外法”为方法论原则，力求从“政策汇编”和“工作手册”式的教育学模式下解脱出来。① 教材共十四章另加一篇附录，1979 年版增加两篇附录，其余如旧。

刘佛年《教育学》章节内容设置

章节	内容
第一章	教育与政治、经济的关系
第二章	教育与儿童身心发展的关系
第三章	教育目的和教育方针
第四章	学校教育制度、课程与教材
第五章	课程与教材
第六章	教学过程与教学原则
第七章	教学方法与教学形式
第八章	思想教育的意义、任务和内容
第九章	思想教育的过程与原则
第十章	思想教育的途径和方法
第十一章	生产劳动
第十二章	体育卫生

① 参见陈桂生：《教育学的迷惘与迷惘的教育学——建国以后教育学发展道路侧面剪影》，载《华东师范大学学报(教育科学版)》，1989(3)。

续表

章节	内容
第十三章	教师
第十四章	学校行政
附录	教育与经济发展(1979 年增补)
	电化教育(1979 年增补)
	美育

这本教材中章的设置与凯洛夫主编的《教育学》区别不大，仅增添了“教育与政治、经济的关系”“我国社会主义方针”以及“教育与儿童身心发展的关系”等章节，就“教育与社会发展”“教育与儿童身心发展”两个关系的陈述来说，不是把一般社会科学与心理学中的理论作为“教育学命题”假设，而是移植一般社会科学与心理学中的现成结论，故有削弱教育学“特性”之嫌。① 另外，书中很多章大致按照凯洛夫《教育学》“意义”“任务”“内容”“过程”“原则”“方法”“组织形式”之类层次陈述，这是一种按旧框架罗列知识的方式，没有提出实质性问题，也不按分析问题与解决问题的思路陈述，正是这种陈述方式，使其带有“工作手册式”的特征，这是刘佛年《教育学》中的“凯洛夫影子”。②

1961—1965 年我国自编的教育学教材

作者	书名	出版社	时间
北京师范大学教育系教育学教研室	《教育学讲授提纲》(初稿)		1961
青海师范学院教育系教育学教研组	《教育学》(试用本)	青海人民出版社	1962
湖南省教育厅教研室	《教育学讲授提纲》	湖南人民出版社	1962
云南省教育厅	《教育学讲授提纲》	云南人民出版社	1963
辽宁省教师进修学院	《教育学讲义》	辽宁人民出版社	1963

① 参见陈桂生：《刘佛年〈教育学〉述评》，载《江西教育科研》，1998(3)。

② 参见陈桂生：《刘佛年〈教育学〉述评》，载《江西教育科研》，1998(3)。

续表

作者	书名	出版社	时间
华中师范学院教育系教育学教研组编	《教育学》		1962
华中师范学院教育系教育学教研室	《教育学》		1963

这一阶段教育学教材呈现出以下特征。

第一，师范类高等院校成为这一阶段教育学教材编写的主力军，且出现高校合作编写的趋势。高校不仅是教育学研究的重要基地，也是教育学人才培养的试验田，为教育学教材的编写提供了本土化的教育实践经验以及教育理论基础，成为中国化教育学教材编写不可或缺的中坚力量。

第二，中国化教育学教材的编写目标未能真正实现。在独立探索过程中，教育学教材出现"政策汇编式"的错误倾向，虽然得到一定程度的修正，但教材章节结构仍旧未脱离凯洛夫"工作手册式"教育学的影子。

第三节　停滞阶段(1966—1977 年)

1966 年至 1976 年，我国爆发了"文化大革命"，政治、经济和文化建设都遭受了打击，教育学亦在劫难逃。新中国成立以来的教育工作被批判为"封建主义、资本主义、修正主义教育的一套破烂"①，《高校十六条》《中学五十条》《小学四十条》是大搞资产阶级的"智育第一"与"技术至上"，半工半读就是"资产阶级的职业学校"，这些言论完全否定了新中国成立十七年来的教育工作进展。在一系列社论的引导下，学者发表评论号召要"充分发动群众，组织群众，依靠群众，打一场围歼凯洛夫《教育学》的'人民战争'"。② 凯洛夫的《教育学》被认为是完整的修正主义代表作，与无产阶级教育学根本对立，是"背叛无产阶级专政，为复辟资本主义培植资产阶

① 师延红：《打倒修正主义教育路线的总后台》，载《人民日报》，1967-07-18。

② 参见《浙江日报》评论：《向凯洛夫猛烈开火 把教育革命推向前进》，载《浙江日报》，1969-10-31。

级接班人"①。在"文化大革命"的政治背景下，教育学教材表现为对毛泽东教育思想、党的方针政策的诠释，最终导致了教育学教材的"语录化"和工具化。这一阶段我国也编写了一些教育学教材，但这些教材几乎都呈现了一个固定的模式，即以毛泽东思想为指导，批判资产阶级教育思想，引用毛泽东语录来代替说理和论证。教育学中国化走向了极端，教育学在"文化大革命"期间遭到了完全的否定，而教育学教材也沦为政治斗争的工具，呈现出鲜明的政治倾向性。

"文化大革命"对教育学的发展造成了巨大破坏，在阶级斗争的背景下，我国也编写了一些教育学教材。这些教材主要有：

广西师范学院教育革命理论教研组编写：《教育学讲义》(试用稿)，1973。

广东师范学院教育学教研室编：《教育学讲义》(讨论稿)，1974。

以广东师范学院教育学教研室编写的《教育学讲义》(讨论稿)为例，这本教材以马列主义特别是毛泽东思想为指导，批判资产阶级及一切剥削阶级的教育思想，其前言明确提出："本书的编写，以毛主席关于'要搞马克思主义，不要搞修正主义'和'教育要革命'的教导为指针。力图从理论和实践上阐述马列和毛主席的教育思想，反映无产阶级教育革命以来各地学校(特别是中学)实践的经验，批判林彪、孔丘及一切剥削阶级的反动教育思想，目的是帮助学员分清无产阶级教育思想和一切剥削阶级教育思想的界限，改造世界观和教育观，正确对待教育革命中出现的新生事物，提高贯彻执行毛主席教育革命路线的自觉性，忠诚党的教育事业，做一个无产阶级教育革命的坚强战士。"②在内容上，主要以马列和毛泽东关于教育革命的论述为主，"教育是阶级斗争的工具""教育要革命""学工、学农、学军"成为教育学基本命题。教育学不再是教育学，教育学的理论性、学理性和科学性完全被阶级性所取代，教育学教材被打上了"以阶级斗争为纲"的时代烙印。

这一阶段教育学教材最重要的特征就是"以阶级斗争为纲"。教材虽然以马克思主义为指导思想，但处处渗透着"以阶级斗争为纲"的观念。在教

① 洪蛟、季涌：《修正主义教育的黑纲领——评凯洛夫〈教育学〉》，载《解放日报》，1970-3-9。

② 广东师范学院教育学教研室：《教育学讲义》(讨论稿)，前言，1974。

材内容上，试图摆脱苏联教育学教材的影响，结合中国具体的教育实践，尤其注重反映教育革命的经验，却在这一过程中使教材走向“语录化”，逐步成为意识形态斗争的工具。总体来看，这一阶段教育学教材体现出一定的依附性，完全成为斗争工具，丧失了独立性。

第四节 拨乱反正阶段(1978—1990 年)

1978 年至 1990 年是教育学发展的一个重要时期，人们逐步正视教育学，国家也采取一系列措施，推动教育学教材“政治附庸身份”的转变，试图还原教育本质，很多颠倒了的教育思想观点得到拨乱反正。社会环境和教育观念的变化在教材中得到了充分体现。这一阶段，我国主要从以下三个方面着手推进教育学教材建设工作。

第一，着手教育学学科和教材的恢复与发展。1978 年 8 月 28 日，教育部颁行了《高等师范院校的学校教育专业学时制教学方案(修订草案)》，进一步扩充了教育学学科体系。1983 年 5 月 24 日至 30 日，教育部召开全国第二次教育科学规划会议，会议明确提出要逐步建立具有广阔特色的社会主义教育科学体系，研究者从理论和实践上对新时期教育学学科体系构建进行研究和探索。与此同时，教育学教材的组织编写也在有计划开展。1978 年 6 月，教育部制定了《1978—1985 年高等学校文科教材编选规划》，保证和加快了教育学教材的建设与发展，此时无论是教材的数量还是质量都超越了过去任何一个时期。1985 年 4 月 5 日，“1984—1990 年高等学校教育类专业教材编选计划(征求意见稿)”讨论会在武汉华中师范学院召开，会议讨论了 1984 年至 1990 年高等学校教育类教材编选计划，研究和交流了教材编选工作的经验，并对教材问题进行了探讨，涉及教材编撰的指导思想、教材体系、逻辑起点、理论和实践、研究对象等重要议题。这次会议讨论的教材编选计划是继 1961 年和 1978—1983 年两次教材编选计划后的又一次全国性计划。教育部统筹组织教材的编写，在编写中实行主编负责制原则。在教材编选计划的规划之下，各大出版社出版了一系列教育学教材，其中不乏对后世影响深远的经典教材。

第二，鼓励教材的自编和引进。1978 年以来，为了加强高等教育各类专业的教材建设，原教育部和国家教育委员会制定了不少关于教师编写教材的政策性措施，如在《关于高等学校教材工作若干问题的通知》以及《高等学校教材工作规程(试行)》等文件中均落实了各项有关政策。这些措施充分调动了各高校教师，特别是具有较高学术水平与丰富教学实践经验的教师编写高水平教材的积极性，高校教师与高校之间也合作开展教材编写工作，教材质量也得到进一步提升。1979年2月，颁布了《关于加速引进外国高等学校教材的几项规定》，指出要积极译介苏联、日本、美国、英国、加拿大等发达国家教育学教材和属于教材性质的著作，把各个科学比较发达国家的教材引进来。① 随着自编教材与引进教材的出版发行，我国逐步形成全方位、多样化的教育学教材建设格局。

第三，大力推进教育学教材的编写落实。1978年，北京师范大学教育系教育学教研室率先编写了《教育学讲授提纲》(征求意见稿)(四个分册)，1980年修订为《教育学讲授提纲》(上、下册)。同年10月15日至30日，河南开封举行了由华中师范学院教育系、河南师范大学教育系、甘肃师范大学教育系、湖南师范学院教育系、武汉师范学院教育教研室合编的《教育学》教材初稿讨论会，就"教育是不是上层建筑""教育与生产劳动相结合""教育过程""思想教育过程"等共同关心的问题展开热烈的讨论，由此出现教材编写热潮，一系列教育学教材出版发行。

1980年，人民教育出版社出版了由华中师范学院、河南师范学院、甘肃师范大学、湖南师范学院和武汉师范学院五院校联编的《教育学》，这本联编教材后由王道俊和王汉澜进行了大的修改，于1988年出版了新编本的第1版，至今已出版第7版，成为我国目前发行量最大的教育学教材。这7个版本分别为：

五院校合编：《教育学》，北京，人民教育出版社，1980；

五院校合编：《教育学》，北京，人民教育出版社，1982；

王道俊、王汉澜：《教育学》(新编本)，北京，人民教育出版社，1988；

王道俊、王汉澜：《教育学》(新编本)，北京，人民教育出版社，1989；

王道俊、王汉澜：《教育学》(新编本)，北京，人民教育出版社，1999；

王道俊、郭文安：《教育学》，北京，人民教育出版社，2009；

王道俊、郭文安：《教育学》，北京，人民教育出版社，2016。

---

① 参见欧少亭：《教育政策法规文件汇编1》，877页，延吉，延边人民出版社，2007。

1982年，顾明远、黄济主编的中等师范学校课本《教育学》(试用本)由人民教育出版社出版，成为“文化大革命”后第一本中师教育学教材，1987年，第2版问世，这本教材历经四五年时间，按照很多中师老师意见修改定稿。

1984年，人民教育出版社出版了由南京师范大学教育系编的《教育学》，这本教材是高师教育系的专业基础课教材。教材编写过程中，编写者在教材体系、内容等方面都进行了修订和完善，其科学性、逻辑性以及理论与实践相结合等方面都有了较大的改进，充分反映了教育理论研究新进展和教育实践新经验。

刘寿祺、秦和鸣、孙喜亭等编写的教育学教材相继出版。这些教材的出版对于教育学教材的恢复、满足师范教育的需求起着至关重要的作用。但这些教材对苏联教育学教材并没有实质性的突破，内容体系仍仿效凯洛夫的《教育学》，各种教育学教材出现“似曾相识燕归来”的现象。此后到1990年12月为止，经研究者初步统计，公开出版的各种层次和类别的教育学教材共111种(包括哈萨克文的、朝鲜文的)，尤以1986年至1989年为高峰期。[①] 在自编的同时，也开始加快引进国外教育学教材和属于教材性质的著作。

1978—1990年引进的外国教育学教材

引进国家	作者	书名	出版社	时间
苏联	巴拉诺夫等	《教育学》	人民教育出版社	1976
苏联	哈尔拉莫夫	《教育学教程》	教育科学出版社	1983
美国	奥恩斯坦	《美国教育学基础》	人民教育出版社	1984
苏联	休金娜	《中小学教育学》	人民教育出版社	1984
日本	大河内一男	《教育学的理论问题》	教育科学出版社	1984
美国	范斯科德	《美国教育基础——社会展望》	教育科学出版社	1984
日本	筑波大学教育学研究会	《现代教育学基础》	上海教育出版社	1986
苏联	巴班斯基	《教育学》	人民教育出版社	1986

① 参见郑金洲、瞿葆奎：《中国教育学百年》，210页，北京，教育科学出版社，2002。

这一阶段教育学教材呈现出以下特征。

第一，教育学教材数量相比上一阶段呈现上升趋势。伴随着教育学学科的恢复与发展，教育学研究逐渐繁荣，研究成果多以教材的形式表现出来。

第二，教育学教材类型逐渐丰富。适用于中等师范学校、高等师范学校、教师教学培训、干部培训的教材相继出现，其中不乏经典教材，成为后世教育学教材编写的典范。

第三，教育学教材名称多样化。1978 年后，我国出版的作为一门学科的教育学教材几乎不再使用“教育学讲义”这一名称，取而代之的是“实用教育学”“现代教育学”“教育学基础”“新编教育学教程”等，这些名称的更迭与变化表明这一阶段教育学教材编写者逐渐意识到教材特色的重要性。

第五节　深化与创新阶段(1991 年至今)

经过一段时间的发展，各种版本的教育学教材如雨后春笋般迅速发展起来，呈现出一片繁荣景象，但是这种繁荣仅仅是表面上的，众多版本的教育学教材仍未从原有的结构和体系中走出来，进而引发人们对教育学教材的反思。1991 年，苏渭昌和连秀云分别发表《由教材特点谈公共课教育学教材的改革》和《师范院校公共课教育学教材改革的几点思考》两篇文章，标志着研究者对教育学教材的探索已上升到理论高度。以此为基点，各类教育杂志开始刊登教育学教材改革的专题论文。《华东师范大学学报》(教育科学版)在 1991 年第 2 期中开设“教育学改革”栏目，刊载了我国学者关于教育学教材的最新研究成果，研究者主要围绕教育学教材体系结构、建设经验、改革要点等方面进行了探究，并加强元理论探讨，引导教育学教材走向更深层次的改革。

研究者对于教育学教材改革问题的关注也得到了国家教委的支持。1991 年 3 月 10 日至 14 日，国家教委师范司在北京召开全国师范院校(含教师进修院校)公共课教育学教材改革研讨会。在研讨会的基础上研究制订了教育学教材改革实施计划，确定了教材改革的目标、任务和指导思想。同年 11 月 12 日至 16 日，国家教委师范司在北京召开“全国师范院校公共课教育学教材改革调查研究座谈会”，会议就编写具有中国特色的社会主义教育学教材问题开展深入探讨，强调深入实践、做好调查研究，使教材充分反映教育教学实践。

1992年3月，师范院校教育学系列教材编写委员会成立，并召开首次工作会议。会议讨论制定了《师范院校教育学系列教材编写委员会工作条例》，该文件规定了编委会的工作职责以及教材编写原则。与此同时，国家教委师范司在北京举办了《教育学教学指导纲要》高级研讨班，研讨班就《教育学教学指导纲要》的性质、任务以及教育学中的有关理论和实践问题展开了讨论，会后还成立了调查研究队伍总结教育教学改革经验，为编写教育学系列教材做好准备。1995年，国家教委师范教育司发表了经过五次讨论、八次修改、历经五年的《教育学学科建设指导性意见》，深入研究教育学学科建设问题，也带来了对教育学教材改革的思考与研究。国家教委对教育学教材改革的重视，推动教育学研究者对教材改革的研究，学者从理论上对教育学教材建设进行了更为深入的探索和思考。

中国特色社会主义进入新时代以来，中国共产党加强了教材建设的领导核心作用。习近平总书记提出：学科体系同教材体系密不可分。学科体系建设上不去，教材体系就上不去；反过来，教材体系上不去，学科体系就没有后劲。……要抓好教材体系建设，形成适应中国特色社会主义发展要求、立足国际学术前沿、门类齐全的哲学社会科学教材体系。在教材编写、推广、使用上要注重体制机制创新，调动学者、学校、出版机构等方面积极性……[①]这一系列重要讲话，丰富和发展了马克思主义教育思想，为中国教育发展提供了方向指引，也为教育学教材的编写提出了理论诉求。2016年10月，中共中央办公厅、国务院办公厅发布《关于加强和改进新形势下大中小学教材建设的意见》，指出要进一步完善国家的教材制度，成立专门的国家教材委员会来组织和管理全国教材工作。2017年3月，教育部成立教材局，主要负责拟定全国教材建设规划，制定完善的教材建设制度，加强教材信息化建设。2019年12月，国家教材委员会、教育部印发了全国教材建设规划和“四个教材管理办法”，部署推进大、中小学教材建设，其中《普通高等学校教材管理办法》着重解决了高等院校教材管理的责任主体问题，要求高校承担主体责任，处理好管理与创新之间的关系，建立健全教材编审和选用制度，鼓励专家学者积极参与教材的编写。我国教材建设体制机制更为完善，教育学教材建设工作更为高效。

这一阶段教育学教材呈现出以下特征。

---

① 参见习近平：《在哲学社会科学工作座谈会上的讲话》，载《中国青年报》，2016-5-17。

第一，教育学教材特色、创新性、中国化得到全面展示。教育学教材编写者越来越重视反映本土化教育实践与经验，教材无论是在内容、结构还是体系上都实现了巨大的创新与发展。

第二，教育学教材管理机制逐渐完善。这一阶段，在党的领导下，教育学教材在教材编写、教材审核、教材选用等各个方面体制机制趋于完备，教育学教材建设逐步形成了全方位立体化建设模式。

第二章　新中国成立以来教育学教材建设的成就

新中国成立以来，教育学教材实现了从无到有，从有到优。在中国共产党的领导下，教材建设工作力图在模仿中求特色，在创新中求发展，无论是教材数量、内容还是结构等各个方面都取得了前所未有的瞩目成就。

第一节　教育学教材门类齐全，适用范围广泛

据不完全统计[①]，我国公开出版的各类别、各层次的教育学教材数量达到600余本，尤以改革开放以来为高峰期。这些教材门类齐全，适用范围广泛，涵盖了教育系本科教材、高等师范院校公共课教材、中等师范学校教材、师专公共课教材、高等教育学教材以及卫星培训教材、干部培训教材。其中不少教材成为后世教育学教材典范。

"文化大革命"前由刘佛年主编的《教育学(讨论稿)》几乎成为教育学"母版"教材。1979年，在原基础上由人民教育出版社正式出版了署名为上海师范大学《教育学》编写组的《教育学(讨论稿)》。刘佛年先生在前言中说："稿子是十多年以前写的，现在看来，许多内容已经陈旧，理论上也存在着不少缺点和错误"，"殷切期待不久就有较好的教育学教材来代替这本旧作"。[②]这本教材以拨正"政策—理论""理论—经验"关系、提高理论水平和"古今中

① 这些书目的不完全统计来源：在读秀知识库以"教育学"为检索词进行逐条检索筛选的结果统计；参考已有数据来源：刘光艳：《我国新时期教育学教材建设的回顾与反思》，硕士学位论文，山西大学，2007。瞿葆奎：《建国以来教育学教材事略》，载《华东师范大学学报(教育科学版)》，1991(3)。

② 上海师范大学《教育学》编写组：《教育学(讨论稿)》，前言1、3页，北京，人民教育出版社，1979。

外法”为方法论原则，谋求教育“理论”的复归，可以说是本土教材的奠基之作。

1980年，华中师范学院、河南师范学院、甘肃师范大学、湖南师范学院和武汉师范学院五院校联合编写《教育学》。这本教材是高师公共课教育学教材，编写者非常重视对初学者教育观念的更新，全书贯彻主体教育理论和以人为本的教育理念，将活动的观念引入教材，重视学生的个性自由发展。随后，教材由王道俊和王汉澜修改编订，并于1988年出版新编本第1版，至今已出版第7版，成为我国目前发行量最大的教育学教材。瞿葆奎先生赞赏道“它是社会主义新时期新编教育学的先声中有影响力的一本”①，这本教材“可以看作是教育学本土化的成功典范”②。

1984年，人民教育出版社出版了由南京师范大学教育系编的《教育学》，这本教材是在1980年五校联编的《教育学》基础上修改完成，“力求反映我国的教育实践和教育理论方面出现的新情况、新问题和取得的新进展、新成果”③，做到了“针对教育理论研究的深层需要，有选择地评价了国内外教育理论研究中最具代表性的、最新的科研成果，及时地反映了教育理论的最新发展”④，成为高师教育系专业基础课教材。“在学生的学习中，贯彻理论联系实际的方针，应当着重于理论方面的提高，把书本知识的学习放在首位”，可以看出编者的编撰理念更偏重教材的理论性，契合了其作为教育学专业教材的目标定位。

2002年，教育科学出版社出版了由十二所重点师范大学联合编写的《教育学基础》，成为高等师范院校公共课教育学教材。这本教材自出版发行以来，先后被上百所学校使用，累计发行量达120余万册。教材内容基本涵盖了教育学最基础的知识，对教育功能、教育目的、教育制度、教育原则、教师与学生等均有详细论述，相较于其他教育学教材来说，最符合学生认知规律和教科书书写规范。正文除文字论述之外，还加入了图片、表格、知识卡片等，具有较强的可读性。

---

① 瞿葆奎：《建国以来教育学教材事略》，载《华东师范大学学报（教育科学版）》，1991(3)。

② 周兴国：《教育学本土化努力与解释体系的确立——王道俊主编的〈教育学〉(1980年版)及其历史镜像》，载《教育研究与实验》，2010(6)。

③ 南京师范大学《教育学》编写组：《教育学》，编者的话，北京，人民教育出版社，1984。

④ 郑金洲：《中国教育学60年》，123页，上海，华东师范大学出版社，2009。

第二节　教育学教材内容体系不断完善

教育学教材的建设以改革开放为分界点，前后形成两个具有不同发展特征的阶段。改革开放前的教育学教材以模仿为主，中国教育学教材的编写还只是一个设想，并未完全实行；改革开放后，随着教育学研究的开展，教育理论、教育实践和教育学学科发展等都取得了很大的成就，这些成果丰富和完善着教材的内容和体系，使之呈现出完全不同的面貌。

这里拟选用改革开放以来不同年代的较为经典的10本教育学教材为样本进行教材内容、主题统计，以考察教育学教材在内容体系方面的完善程度。10本教材中，3本初版于20世纪80年代，3本初版于20世纪90年代，4本初版于21世纪初。

有代表性的10本教育学教材样本情况

编号	主编	名称	出版社	初版本
教材1	顾明远、黄济	《教育学》	人民教育出版社	1982年试用版
教材2	南京师范大学教育系	《教育学》	人民教育出版社	1984年第1版
教材3	王道俊、王汉澜	《教育学》(新编本)	人民教育出版社	1988年第1版
教材4	叶澜	《新编教育学教程》	华东师范大学出版社	1991年第1版
教材5	袁振国	《当代教育学》	教育科学出版社	1999年第1版
教材6	傅道春	《教育学——情境与原理》	教育科学出版社	1999年第1版
教材7	扈中平	《现代教育学》	高等教育出版社	2000年第1版
教材8	全国十二所重点师范大学	《教育学基础》	教育科学出版社	2002年第1版
教材9	冯建军	《现代教育学基础》	南京师范大学出版社	2003年第1版
教材10	石中英	《公共教育学》	北京师范大学出版社	2008年第1版

通过统计10本教材的目录大致可以了解教材所涉主题与内容。10本教材内容统计表如下。

10本样本教材内容统计表

教材内容	1	2	3	4	5	6	7	8	9	10	频数
教育概论	√	√	√	√	√	√	√	√	√	√	10
教育与社会发展	√	√	√	√	√	√	√	√	√	√	10
教育与人的发展	√	√	√	√	√	√	√	√	√	√	10
教师	√	√	√	√	√	√	√	√	√	√	10
教育目的	√	√	√	√	√	√	√	√	√	√	10
教学	√	√	√	√	√	√	√	√	√	√	10
学生	√	√		√	√	√	√	√	√	√	9
教育学概述	√	√	√	√	√	√	√	√	√		9
德育	√	√	√	√	√	√	√		√		8
学校教育制度	√	√	√	√			√	√	√	√	8
课程			√	√	√	√	√	√	√	√	8
班主任工作/班级管理	√		√	√	√		√	√	√		7
学校管理	√	√	√		√					√	5
体育	√	√	√	√							4
美育	√	√	√	√							4
劳动技术教育	√	√	√	√							4
课外教育/课外活动	√	√	√	√							4
学习					√	√				√	3
教育评价					√			√		√	3
智育		√		√							2
电化教学	√		√								2
学校与家庭、社会			√			√					2
教育研究								√	√		2
世界教育发展趋势	√				√						2

续表

教材内容	1	2	3	4	5	6	7	8	9	10	频数
教育改革与发展								√	√		2
学校教育模式				√							1
教育规律							√				1
教育原则							√				1
教育艺术							√				1
学校教育与学生生活								√			1
学校结构、体系及类型									√		1
学校组织与文化									√		1
学校的法律地位与法律问题									√		1
学校的环境与设施									√		1
学校的效能、变革与改进									√		1
少先队工作	√										1
复式教学	√										1

分析表格知，10 本样本教材共涉及 37 个主题内容，其中“教育概论”“教育与社会发展”“教育与人的发展”“教师”“教学”“教育目的”以及“学生”“教育学概述”“德育”“学校教育制度”“课程”“班主任工作/班级管理”是出现频次较高的主题，表明这些主题是教材最核心，也是最基础的主题内容；“智育”“体育”“美育”“劳动技术教育”“课外教育/课外活动”“电化教学”这几个主题在 21 世纪教材中不再出现；“教育评价”“教育研究”“教育改革与发展”这几个主题在 20 世纪 90 年代开始受到重视；“少先队工作”“复式教学”仅出现在中师教育学教材中。可见，教育学教材内容体系随着教育学学科以及教育实践与教育研究成果的发展不断得到补充更新与完善，教材逐渐适应了时代的发展与进步，体现了教材建设的时代性。

教育学教材建设取得的这些成就，得益于教育研究的发展。20 世纪上半叶，教育学基本概念得到确定，基本问题得到关注，教育学呈现初始状态，教育学教材对于一些基本命题虽然有所提及，但并未进行深入讨论。

改革开放后，随着教育学研究的开展，无论是教育理论、教育实践，还是教育学学科发展等方面都取得了很大的成就。

在教育理论方面，随着全国教育属性的大讨论，教育理论界对教育本质、教育价值进行了深入探讨，同时对世界性教育改革理论观点进行了研究，促使教材编写者对教材基本内容进行调整和补充，如改变传统的用教学代替智育的观点，在教育内容的阐述中，确立了智育的独立地位，将之与德育、美育、体育、劳动技术教育同样列为专章进行研究，并且深入反映现代教学理论对于掌握知识与发展智能的关系的研究。20 世纪 90 年代，围绕教育起源展开的讨论，就教育学逻辑起点提出的不同看法，在教育价值观上进行的论辩，都使得教育学的基本概念和问题得到深入研究。在教育实践上，主体性教育、行动研究、教师专业发展、人工智能教育、教育改革等问题相继获得学界的关注，教育学的研究得以拓展。在教育学学科发展方面，随着教育学的发展，教育学分支学科逐步分化与融合，教育学与其他交叉学科逐步融合发展，使得教育经济学、教育社会学、教育人类学等交叉学科发展壮大。这些教育理论、教育实践、学科发展等方面所取得的进展，在编写出版的教育学教材中都有所体现。

第三节　教育学教材结构从模仿到逐步自立

新中国成立初期，教育学教材主要模仿苏联教育学体系，随着改革开放，研究者试图摆脱传统教育学的束缚，创新教育学教材体系。主要表现出以下五种代表性教材结构体系。

第一，逐步打破传统体系，形成以“理论＋实践”为主干的新体系。教育学是理论性与实践性并存的一门学科，教育学在向学生传授基本教育理论的同时，还需要教之以教学基本技能。也就是说，教育学教材要兼具理论品性和实践品性。在这种教育学性质观的指导下，教材主要分为两个部分，一为关于学校教育的基本理论知识，主要包括教育学的发展、教育目的、规律、制度、教师与学生等；二为实施学校教育的基本途径，包括教学工作、思想品德教育工作、课外教育、学校管理、教育测量与评价、教育科研等内容。这样的编排顺序遵从理论—实践的逻辑顺序，在理论部分主要探讨教育的基本问题和一般规律，使学生了解教育活动的基本概况，实践部分为学生呈现学校教育的实践性问题和基本工作程序，具有一定的可操作性。这种教材体系的典型代表是丁锦宏主编的于 2002 年由南京师范大学出版社出版的《教育学》，全书分为两篇，上篇侧重理论知识的普及，主要阐述“教育学概论(绪论)”“教育活动演变路径”“社会发展与教育”“人的发展与教育”“现代教育制度”“教育目的”“教师与学生”；下篇侧重于实践知识的运用，主要论述“教育课程”“教学理论”“课堂教学”“现代教育技术与教育”“教育测量与评价”“思想品德教育”“学校教育活动的组织”“生活指导”。

第二，聚焦学校教育教学基本要素，形成“新四论”。这类教材的典型代表是叶澜主编的《新编教育学教程》，该书以师范生所必需的教育学学科修养为立足点进行教材的组织，全书由学校教育功能论、学校教育模式论、学校教育活动论三编加导论构成。导论包括“教育与教育学”“教师与教育学的发展”等内容，旨在使学生对教育发展形成整体认识；学校教育功能论，包括“学校教育的产生及其功能的演变”“现代学校教育的社会功能”“学校教育的个体发展功能”，旨在让学生对教育功能有清晰的认识；学校教育模式论，内容包括“学校教育模式构成的主要成分及其基本概念”“理论上的学校教育模式”“国家的学校教育模式”，旨在说明学校教育功能实现的各种因素；学校教育活动论，内容包括“学校教育活动概述”“教学活动的基本原则”“教学工作的基本程序和基本方法”“现代教学模式”“学校课外活动与班级活动”，为学生提供开展教育活动的理论和方法指导等。史小力主编的《普通教育学》同样从教育功能论、教育模式论、教育活动论、教育管理论进行教材编排。

第三，加强逻辑联系，形成从宏观到微观的“新三篇”。这类教材主要分为三部分内容。一为宏观篇：教育与人类社会，内容包括“教育的产生发展与教育学”“教育与人的发展”“教育与社会的发展”等，阐明教育的地位和作用，帮助学生形成正确的教育观；二为中观篇：学校教育结构，内容包括“教育目的”“教育制度”“课程”“教师与学生”等，使学生从理论上了解学校教育的基本要素；三为微观篇：学校教育活动，内容包括“教学活动”“班级活动”“学校管理活动”“教育科研”等，为学生提供实用的教育教学技能。这类教材通常弱化了管理板块，表明教育思想由赫尔巴特“三中心论”转为杜威实用主义教育理论。

第四，以事寓理，沟通教育理论与实践。傅道春编著的《教育学——情境与原理》对教育理论与实践的结合进行了有益尝试。将教育情境材料引入教育理论的学习，可以有效解决学生对教育现象缺乏感性认识的难题，帮助学生将情感活动与认知活动结合起来。在教育的情境中，以“物”激“情”，以“情”发“辞”，以“辞”促“思”，以便更快地实现师范生精神培养和职业适应过程的专业指导。具体来说，这本教材以师范生参与教学工作为线索进行编排，在绪论部分介绍师范生学习教育学的必要性并引入教育情境概念，前四章分别论述教育、教师、教育对象、教育环境，旨在使师范生大致了解教育基本要素。后四章分别介绍课程结构、课堂教学、教会学生学习、教会学生做人，从更加微观的角度对教学工作的展开进行介绍。每章采用“情境＋原理”的方式论述，加入情境的教育学，不是简单的教育情境的附加，而是整个教育学学科体系的变化，它由情境线索、理论线索和技术线索三个维度组成，可以说这本教材是典型的陈述应用理论的实践教育学教材。

第五，以教育基本规律为主线构建教育学新体系。袁振国主编的《当代教育学》，这本书根据教育发展规律将教材分为上、中、下三篇。上篇是教育学的总论，内容包括“教育与教育学的发展”“当代世界教育”“当代中国教育”，力求让学生获得一个关于当代世界与中国教育发展状况的整体概念；中篇以教育与人的发展的关系及现代学生发展观为起点，讨论了教学的全过程，内容包括“教育与人的发展”“教师与学生”“当代学习理论”“当代课程理论”“当代教育学理论”“当代教学策略”“当代学校德育”“当代教育评价”“当代学校管理”；下篇讨论教育外部的关系问题，包括“教育与经济发展”“教育民主化与政治民主化”“教育与科学技术的发展”“教育与文化”。这一教材体系不同于传统的教育学教材的编排顺序，且在内容上突出“当代”二字，体现了编者反映教育理论研究新进展的诉求。

第四节　教育学教材体例渐趋完备

纵观教育学教材，一个显著的变化就是教材体例逐步丰富和完备，充分体现了教材的“教学性”，说明教育学教材更好地适应了教学的需要和学生的学习规律，更多地考虑到学生学习的便利性和实用性。下表中10本样本教材编写体例如下。

10本样本教材编写体例情况表

教材1	正文、习题
教材2	正文
教材3	正文、复习思考题

续表

教材 4	正文、思考题
教材 5	正文、主题词、习题、参考文献
教材 6	提示、引言、正文
教材 7	本章导航、学习目标、正文、思考题、主要参考文献
教材 8	内容摘要、学习目标、关键词、正文、主要结论与启示、学习评价、学术动态、参考文献
教材 9	学习目标、问题与思考、正文、主要结论、学术热点和动态、作业设计、阅读指南
教材 10	学习目标、正文、思考与探究、拓展阅读

由表可知，20 世纪 80 年代的教材主要按照正文论述和习题练习这样的顺序进行编排；之后的教材在原来的基础上加入了主题词和参考文献，有助于读者抓重点、拓视野；进入 21 世纪，教育学教材体例更加完备，内容摘要、学习目标和主要结论的设置帮助学习者快速把握教材知识，形成一定的知识体系，学术热点和拓展阅读能够拓展学习者的学术视野，为学习者深入了解和探究学习内容提供方向和指导。以全国十二所重点师范大学联合编写的《教育学基础》为例，这本教材充分体现了当前教育学教材体例的完备。每一章的写作体例为“内容摘要”“学习目标”“关键词”“正文”“主要结论与启示”“学习评价”“学术动态”“参考文献”。在进入正文之前，首先呈现的是本章的“内容摘要”“学习目标”和“关键词”。“内容摘要”旨在让学生对本章内容有概观了解，并与之前所学内容相衔接。“学习目标”旨在说明本章学习所要达到的基本指标。“关键词”旨在提炼出反映本章写作脉络的重要词语，帮助学生形成对本章节的主要内容和重难点的整体把握，使学生在随后的教材阅读过程中能够有所侧重。“正文”注意内容的科学性、语言的通俗性。在具体行文过程中，兼顾学科、学生发展、社会需求三者的和谐统一，注意理论性和应用性相结合，基本理论与经典案例相呼应，特别是对于实践性较强的章节来说，拓展阅读资料和教育案例对学生深入理解所学知识有重要作用。另外，注意吸收国内外一些最新的研究成果，以体现教材的时代性。除文字形式外，还引证一些相关的数据、图表等，以增加教材的可读性。“主要结论与启示”旨在概括出本章的精华，强化学生

对重点内容的掌握，并学以致用。“学习评价”旨在帮助学生消化理解本章的主要内容，明确不同教学目标的教学要求，确定重点，所设置的复习参考题，分设名词解释、简答题、材料分析题、操作设计题和实践调查等类型，习题种类丰富，对于学生教育综合素质的提高具有很大帮助，方便教师和学生对教学结果进行效果评价和自我评价。“学术动态”旨在提出本领域内正在研究的热点问题及现状，体现研究性学习的特点，以培养学生自主学习的意识和主动探究的能力。“参考文献”列出了与章节相关的有影响的中外图书及文章，方便学生对教育经典著作和经典论述进行查找和阅读，可以拓展学生的学术空间，以满足大学生拓宽学习视野、深入研究的愿望。教材体例可以而且应该是多样化的，从某种意义上说，体例的创新正是教育学教材自身的突破。

第五节　教育学教材中国特色日益显现

教育学教材是在教育学中国化的探索中进行的，教育学本土化是“使从本国、本地区之外传入的教育学发生转变，使之在解释、说明、应用等方面适合本国、本地的情况，形成具有本国、本地的特色或特征”①。那么，中国特色教育学教材就是要充分继承中国传统教育思想特质，反映当前社会主义教育实践，同时要处理好继承固有教育传统和借鉴外来教育思想之间的关系。新中国成立以来，教育学教材注重突出教材的“民族化”“本土化”特色。1991 年，叶澜在接受国家教委师范教育司委托，编写《新编教育学教程》时提道，教材的编写严格贯彻理论联系实践的原则，在每一编中都注意反映我国的教育实践和相关的教育理论问题，同时顾及当代其他国家具有世界性影响的教育研究和实践，努力使教材具有社会主义中国的、时代气息，使作为学科理论的教育学的发展在教材中得到体现。教育学教材立足实践、观照现实，形成以下两本最具代表性的教材。

立足我国教育实践，反映教育改革发展成果。如余文森主编的《新课程背景下的公共教育学教程》，这本教材突出了时代性、人文性和实践性，密切联系基础教育新课程改革的实际，强调教育学与新课程在理念和内容等方面的对接和整合，用新课程改革的精神贯穿教育学教材。全书按照新课

① 侯怀银、王喜旺：《教育学中国化——一个世纪以来中国学者的探索和梦想》，载《教育科学》，2008(6)。

程所需要确立的基本观念，分为教育观、学生观、教师观、课程观、教学观、评价观、研究观七个单元，是对以往传统教育学教材体系的突破，具有一定的创新性。教材中“新课程的培养目标”“新课程与‘人性化教育’”“教师专业发展”“新课程观”“新课程教学观”等章节的论述均在原有的教育基本问题的基础上着重探讨新课程改革发展的理论成果，具有时代性。另外，教材贯彻以人为本的教育思想，十分注重实践品质和人文关怀。这本教材很好地反映了中国教育改革发展现状，是联系中国实践较为紧密的一本教材。

满足教师需求，关照教师专业发展。由华东师范大学教育学编写组编写的《基于教师资格考试的教育学》，该教材以针对教师资格考试为出发点，对符合教育学逻辑体系要求的内容和教师资格考试大纲所涉及的内容进行了有机整合。书中前言提道：“为了编写一本理念先进、体系完整、内容保鲜、重点突出的教育学教材，我们源于考纲，又超越考纲。教材的编写根据教育过程的内在逻辑，结合《教师教育课程标准（试行）》的基本要求，将考纲‘综合素质’部分中有关职业理念的‘教育观’的内容融合进了‘教育概述’一章中，将有关‘学生观’的内容拓展成涉及学生基本属性、学生地位、学生发展、师生关系及以人为本学生观的‘学生’一章，将有关‘教师观’的内容与教师职业理念、教师职业道德规范及教师心理整合成‘教师’一章，此外，又增补了现代教育思潮和理论的内容，特别是反映当下素质教育改革的现状与要求的内容，还探讨了在现代法治社会背景下，未来教师需要了解的相关教育法律法规等内容。”①教材贯彻了与考纲挂钩，反映教育改革现状的编写原则，在内容和体系上是一大创新。

第六节　教育学教材管理体制渐趋完善

新中国成立以来，教育学教材管理体制得到完善，逐步走入正轨。高等学校既是教育学教材的使用单位，也是编写单位，在教育学教材建设中起着主体性作用。在管理职责上，高校教材逐步形成了国务院教育行政部门、省级教育部门和高校分级管理体制。由国务院教育行政部门牵头负责教材建设整体规划，省级教育部门落实国家政策，高校成立教材工作领导

① 华东师范大学教育学编写组：《基于教师资格考试的教育学》，1页，上海，华东师范大学出版社，2016。

机构，健全校内教材管理制度，从中央到地方，形成分工明确的教材管理职责。

伴随着教育学教材建设工作的进行，高等学校各级领导、教学主管部门充分认识到教材在高等教育中的重要作用，逐步加大高等学校教材管理的力度，把它作为一项办学的基础性工作和学科建设的重要组成部分来看待。首先，加强了对教材建设的组织领导。加大各级教育部门以及高校对教材组织与管理的落实力度，自觉把教材建设与教学改革及科学研究紧密结合，充分发挥教材评优奖励制度的激励作用，大力提高教育学教材编写质量。其次，建立健全了监控机制。教材编写坚持以马克思列宁主义、毛泽东思想、邓小平理论、“三个代表”重要思想、科学发展观、习近平新时代中国特色社会主义思想为指导，坚持理论联系实际，遵循教学规律和人才培养规律，保证了教育学教材建设工作在科学理论的指导下进行。再次，加强了教材编写队伍建设，鼓励支持知名专家学者参与教材编写，实行总编负责制，对教材总质量负责。在教材审核和选用上，实行分类审核，坚持凡编必审，凡选必审，大大提高了教材质量。最后，不断加强高等学校教材规划，坚持教材改革与教学改革并进，促进教育学教材发展；突出重点规划，实施教材精品战略；丰富教材类型，增加教育学教材系列配套教学材料。

第三章 新中国成立以来教育学教材建设的经验

教育学教材建设史，既是一部独立探索的发展史，又是一部与时俱进的创新史，回顾教育学教材建设的历史进程，其中既有成功案例，也有失败教训，需要我们进一步以史为鉴，充分总结历史经验，更好地服务于未来中国教育学教材的建设与发展。

第一节 坚持中国共产党的领导核心地位

中国共产党的领导具有全局性、战略性、方向性的关键作用。教育领域一直以来都是中国共产党极为重视的战斗阵地，党对教育事业的领导甚至早于中国共产党组织成立的时间。纵观新中国成立以来教育学教材发展史，坚持党的领导是教育学教材建设的本质所在和根本保证。

建党以来，中国共产党始终将教材建设作为重点关注领域，促进了教育学教材建设事业的繁荣发展。早在新民主主义革命期间，党就狠抓根据地教材建设工作，明确教材政治指导方向，积极组织教材编审工作，统一部署社会主义教育事业的发展，为教育学教材建设积累了初步经验。新中国成立初期，中国共产党掌握了教育工作领导权，整体统筹教育学教材建设工作，在借鉴苏联教育学教材的同时，强调与中国具体国情的结合，独立探索中国教育学教材的建设，通过规定政治导向、完善编审制度、组织教材编写、教材建设机制等方面，为教育学教材建设提供了方向引领和组织保障。与改革开放相伴随，我国教育事业得到恢复和发展，教育学教材建设也迎来了良好的发展契机。党领导我们以更加理性的态度对待国外教育学教材，采用全方位、立体化的教育学教材引进机制，并扎根本土，编写出一系列具有中国特色的教育学教材。新时代，面对错综复杂的国内外形势，尤其是西方社会的文化渗透和中西方文化交锋，中国共产党进一步完善了对教材意识形态方面的组织领导体制，加大教材审查力度，完善教材建设事业的制度安排，成立专门的教材局落实教材工作会议，树牢责任意识和阵地意识，加强工作统筹，强化教材监管，创新建设理念，重视应用实践，在新起点上进一步开创中国特色高质量教材体系建设新局面。

历史证明，经过百年探索，中国共产党已领导教育学教材建设实现跨越式发展，这些成就归根结底在于坚持中国共产党对教材建设事业的领导核心地位。在新时代，面对新机遇和新挑战，我们必须始终坚持党的领导，确保正确的前进方向，如此才能源源不断地为教育学教材建设注入新的活力。

第二节　坚持马克思主义的思想引领

马克思主义对我国社会主义教育事业的发展具有引领作用，是我国社会主义教育理论与实践的指导思想，我们必须发挥马克思主义思想的引领作用，树立马克思主义主流意识形态的权威。教育学教材在编写过程中，不仅要以马克思主义为指导，学习和运用马克思主义有关教育的基本理论，还要以它的观点和方法为指导，分析和研究教育问题。从中华人民共和国成立初期模仿借鉴苏联教育学、独立建设中国教育学教材，再到改革开放后的思想解放、探索中国特色社会主义教育学教材的过程中，尽管各种教育学教材对教育学中基本概念、基本问题的阐述有所差别，但都在马克思主义范围内，都继承和发扬了马克思主义教育传统，这是教育学教材事业不断发展最基本的立足点和根基。坚持马克思主义的指导地位，就是要以马克思主义的历史唯物主义和辩证唯物主义的方法论为指导，以马克思主义的立场、观点和方法为教育学教材编写的灵魂，深入推进马克思主义中国化、时代化和大众化，而非必须直接引用马克思的语句。历史上我们曾有一段时间唯毛泽东思想为真理，直接引用毛泽东的话语作为教育学教材的内容，将马克思主义中国化成果绝对化，使得教育学教材成为方针政策和语录汇编，造成教育学教材建设工作的停滞不前。对这一现象，周扬曾在 1961 年提到："我们用毛泽东思想挂'帅'，是把它作为红线，作为灵魂，进行总结。教科书不同于具体政策，如果句句都引用毛泽东主席的话，就会使'帅'变成兵将，红线变成红布，灵魂变成肉体了。"①同样，坚持马克思

---

① 周扬：《周扬文集》第 3 卷，197 页，北京，人民文学出版社，1990。

主义指导地位，就是要坚持马克思主义方法论的指导，只有不断地将马克思主义与中国具体的教育实践结合起来，才能更好地推动教育学中国化进程，加快中国教育学建设，进而确保教育学教材建设事业稳步向前。

第三节　正确处理批判与继承的关系

“文化大革命”通过所谓的“革命大批判”造成了教育学一片荒凉甚至凄惨的景象。年轻的教育工作者不知道什么是教育学，更不知道夸美纽斯、赫尔巴特为何许人，仅有的自编的教育学讲义，也不过是语录、方针和政策的汇编，教育学的发展濒临绝境。这种所谓的“批判”是与马克思主义的批判观相违背的，它背离了批判的本质和功能，割裂了批判和继承的关系。这种“批判”，导致对凯洛夫主编的《教育学》和孔子教育思想等的全盘否定，进而导致对整个教育学研究的批判否定。

从这个意义上来说，正确认识批判的本质和功能，并处理好批判与继承的关系，对于编写中国教育学教材意义重大。批判从本质上讲，是一个理性分析、一分为二的分解过程，是一个对已有认识成果扬弃和取舍的过程，用毛泽东的话来说，批判同“消化”事物一样，“把它分解为精华和糟粕两部分，然后排泄其糟粕，吸收其精华”①。从哲学角度来讲，批判不应该是形而上学的否定，而应该是辩证的否定。对此，列宁曾作过精辟的论述：“辩证法的特征和本质的东西并不是单纯的否定，并不是任意的否定”，“而是作为联系环节、作为发展环节的否定，是保持肯定的东西的、即没有任何动摇、没有任何折衷的否定。”②由此可见，批判中包含着继承，继承也不是简单的肯定，是否定中的肯定。中国教育学教材的建设与发展必须正确处理批判与继承的关系，在批判中继承，在继承中创新，不断为教材建设提供方向引领。

第四节　正确处理“中与外”的关系

在中国，教育学属于西方的“舶来品”，这一属性使得我国教育学的发展以及教育学教材的建设在一定程度上必须借鉴国外教育学。不可否认的

① 《毛泽东选集》第二卷，707页，北京，人民出版社，1991。

② 《列宁全集》第38卷，244页，北京，人民出版社，1959。

是，西方教育学思想、理论、体系以及实践，为我国教育学教材的发展提供了丰富“质料”，我们必须加以选择地在西方教育学基础上进行创造性本土转换，实现建设中国教育学教材的目标。

借鉴西方教育学“质料”，从而达到中西交融，建设中国特色教育学教材的目标：第一步，必须扎根本土实践与教育传统，探寻以中国传统教育思想、教育实践为核心的教材建设的可能性空间，寻找到中国传统教育在西方教育学中的基本立足点。第二步，审视西方教育学教材，即对照中西方教育学理论的形成背景及基本内涵，探寻二者的“重叠共识”，分析理论融合的可能性，并寻找到教育学教材中理论融合的切入点。第三步，基于“重叠共识”，进行理论整合。① 即将中西方教育学理论体系中的“重叠共识”作为二者融合的基础，以中国教育学教材建设为目标指向，使理论为我所用，进一步促进中国教育学教材的自主创造和创新。未来的中国教育学，是扎根本国本土的教育学，是充满创新创造活力的教育学，是作为独立科学存在的教育学，这意味着未来中国的教育学教材必然是具有中国特色、反映中国本土教育实践的教材。纵观新中国成立以来教育学教材建设历程，教育学中国化取得巨大进展，具有中国特色的教育学教材不断涌现，这些都得益于在借鉴西方的基础上坚持本土创新。

1949 年以来，国人在改革教育学教材过程中不断地处理中外问题，曾经我们一度依赖于外国教育学，也对国外教育学有过全面批判和否定，时至今日，我们已经摒弃全盘接受和全盘否定的态度，更加理性地对待国外教育学。研究者更多立足中国实际，努力寻找本民族与外来教育的融合点，以更好地实现教育学中国化。但也有研究者指出，本土化的过程仍然是对西方的“移植”过程，主要表现在本土化的途径仍然以译介为主，本土化的对象仍以借鉴为主，本土化的教育理论内容更是充斥着西方的思潮和思想。针对这种在认识论和方法论上存在的问题，研究者提出了本土化研究的重点和难点，乃是基于本土问题，研究本土性，寻找结合点，并开展具体研究。②

---

① 参见侯怀银、王喜旺：《中国教育学未来发展趋势探析》，载《当代教育与文化》，2013(1)。

② 参见吴黛舒：《繁荣背后的反思：中国的“教育学本土化”》，载《教育理论与实践》，2007(9)。

第五节 正确处理“学与术”的关系

教育学教材作为教育学学科知识载体，反映着教育学知识体系构建的基本态势，也体现着一定时期教育学研究水平和基本趋向，是教育学研究成果的集大成者。因此，正确处理“学与术”的关系，融“学”“术”于一体是教育学教材建设的重要原则。一方面，教育学教材体系不同于教育学学科体系、学科内容体系的安排，不仅要以教育学学科体系为基础，还要符合学生年龄特征、认知发展规律和知识水平，体现教材特有的“教学性”；另一方面，教材在符合教学需要的同时，还要体现教育学本身的学理性，从教育学理论出发进行教育学教材的编写。这就需要教育学教材的编写者有极高的学问、学养和学识，有丰沛的学术素养积累，同时又能够深入中国教育教学实践，深刻认识教育实践问题，将教育理论研究成果和教育实践经验总结完美地融合于教育学教材之中，从而实现教材内容的优化组合，这将是今后教育学教材编写的重要参考指标。

第六节 坚持实践导向、实用导向的原则

实践原则是由马克思主义哲学的实践性决定的。从本质上来说，马克思主义是“实践的唯物主义”。教育本身是一种社会实践活动，教育领域的任何一方面都离不开实践。教材作为人类实践经验的系统总结，是师生在教育过程中共同实践的结果。因此，实践导向、实用导向是教育学教材编写必须要遵循的一条方法论原则。一方面，教育学教材不仅要呈现教育学学科基础知识，而且要关注教育教学发展和改革的实践经验，及时反映教育实践过程中的新经验、新成果，不断更新教材知识、内容，加强教材与教育教学实践的联结，并使之上升为理论性、规律性的东西。同时，教材编写者要投身于教育改革实践中去，在实践中探索教育规律，调整知识结构，更新教育观念，转变教育思维，在实践中探索教育学教材编写新思路。

另一方面，教育学教材要面向教育教学实践，注意解决教育教学过程中需要处理的教育理论问题和教学实践问题，加强教材的实用性。理论来源于生活，教育学教材的学习者有很大一部分是未来从事教师职业的学生，这就要求教育学教材在向学生传授基本的教育学学科理论知识的同时，还要密切联系教育教学实际。教育学教材内容必须坚持过程论的观

点，在分析任何一个具体的教育问题或现象时，我们都应把它作为一个生成、变化和发展的过程来研究，坚持动态分析和静态分析相结合的方法，特别是要坚持动态分析的方法，如对教育本质、教育功能、教育价值、教育目的、教育内容、教学论中的诸问题都要进行动态的考察、静态的分析，这样才能对这些问题进行整体的把握。近年来，很多研究者提出要建立“实用教育学”，并编写了相应的教材。但是，从近年来编写的教育学教材来看，有“实用”之名却无“实用”之实，教材仍旧难以指导和帮助学生提高教育教学相关技能和技巧，没有对学生毕业后所应具备的教育教学理论、技能做全面而深入的剖析，以致未能从根本上解决教材脱离实践、学用脱节的问题。

因此，如何处理好教育理论传授和教育教学技能、技巧培养之间的关系，仍然是当前教育学教材建设急需解决的一个问题。从教育学学科的性质来看，它既是一门理论性很强的学科，又是一门应用性很强的学科。从教育学学科的教学目的来看，既要强调以马克思主义教育理论、毛泽东教育思想武装学生的头脑，形成其科学的世界观，热爱教育事业的信念，又要强调形成学生将来从事中小学教育和教学工作的技能技巧，这是教育学教材应用于中小学教学实际必须遵循的基本思想认识。

第七节　坚持广泛调查、服务师生教与学的原则

调查研究，即把真实的情况呈现出来，并对这些客观存在的真实情况进行分析，说明性质特点，探求原因，从而为改变客观现状、解决矛盾问题提供切实可行、有说服力的事实依据和办法。调查研究具有深入性、精细化、广泛性、具体性的特点，它的目的性更强，方法也更为科学，是广大教育学教材编写者在教育教学实践中摸清教学实践、找到教育问题成因、提出解决问题办法，从而在调查基础上进行教材编写的一种科学的教材编写原则。

教材编写的实践性原则要求教育学教材的编写者们走出书斋，跳出固有的思维，真正深入教育教学一线，对学生毕业后应该具备的教育教学技能技巧进行广泛调查研究，并与一线教师合作，将教育教学中实践性、实用性较强的内容编写进教育学教材中，从而实现教育学教材理论与实践相结合的目标。从现有的教育学教材来看，教材内容多贯串教育理论的脉络，而没有普通一线教师的身影。以一种新的教育知识生产观来分析，普通教

师也是教育知识的生产者，教师生产的教育知识，大部分以现场知识、个人知识、隐性知识、程序性知识的属性而存在，它们是教育实践中不可或缺的一部分。[①] 因此，在教育学教材编写过程中，要充分了解一线教师在教学中的困惑和需求，总结教师教学经验，以教学案例或者拓展训练的形式附在教材的相关章节中，从而服务于未来将从事教师职业的学生和初入岗位的青年教师。同时需要注意的是，在具体的教材编写过程中，编写者要处理好教育理论传授和教学技能技巧培养的关系，合理安排理论知识与实践知识的比重，使教材既不变成课堂教学工具书，也不成为单纯的理论型学术著作。

---

① 参见陈振华：《论新的教育知识生产观》，载《华东师范大学学报(教育科学版)》，2001(3)。

第四章　新中国成立以来教育学教材建设的启示

纵观新中国成立以来教育学教材建设历程，分析教材建设过程中的经验得失，我们可以得出以下启示。

第一节　加强基础理论研究，构建严密的教育学理论体系

教育学研究大致可以分为基础研究和应用研究两个方面，教育学基础理论的薄弱直接导致教材中基本概念含混不清，理论体系不够严密，这些问题都说明教育学教材改革必须要加强教育学的基础理论研究。基础理论是构建教育学学科学大厦的基石，加强教育学基础理论研究会对教育学理论的发展起到巨大的推动作用，也会带动整个教育学学科的发展。只有理论不断拓展和深化，教育学教材水平才能逐步提升。

教育学基础理论指在教育学这门学科发展过程中具有起始意义的基本理论。它为学科发展提供最基本的理论依据和学理支撑，是教育学理论体系构建的基础。在教育学基础理论研究中，尤其要注重教育学元问题的研究。教育学元问题研究是对教育学学科定位的反思，它以更加系统的方式对教育学研究的主要问题，如教育学的研究对象、逻辑起点、学科性质、任务、研究方法、学科理论体系等进行整体反思和系统研究，为教育学学科的发展作出总结和评价，助推教育学学科的发展，使教育学不断地走向科学化与规范化。教育学基础理论研究首先要明晰教育学这门学科的“核心概念”，即教育学中作为逻辑起点的最一般、最本质的概念。在教育学中，“什么是教育”“什么是教育学”构成了教育学这门学科的核心概念，只有确定了教育学的核心概念，其他基本理论问题才能围绕核心概念展开。在明晰教育学核心概念之后，从核心概念出发，对其他教育学相关概念进行逻辑论证，把具有教育学学科特色的概

念构建成一个严密的概念体系，以严密的教育学概念体系为基础，科学的教育学教材体系才得以构建。

第二节　合理调整教材结构，适时更新教材内容

教材内容是整本教材的灵魂所在，既涉及教材的整体框架结构体系，还包括具体的内容选择。

一、更新教材内容，及时反映最新科研成果

教育学教材的更新换代主要表现在两个方面。一是教材更新周期；二是教材内容选择。教材版本更新意在将实践中检验的新知识纳入教材中，但是现有的教育学教材版本更新时间没有统一规定。另外，教育学教材不仅应具备基础的教育理论知识，还要能注意吸收最新教育科研成果，体现学术发展前沿和时代精神，使教材有新思路、新观点、新材料、新面貌。近些年，“劳动教育”“核心素养”“人工智能”等研究较为兴盛。因此，教育学教材也应当及时反映这些前沿话题，适当增加相关内容在教育学教材中的比重。

二、调整教材结构体系，反映学生真实需求

教育学教材的编写通常是教材编写专家们对教育学基本理论系统研究后，筛选适用于一般教学需要的内容进行编写和修订的。根据对已有的部分教育学教材的结构分析来看，大部分教材仍旧以总论、教学论、教育论、管理论四大板块的形式进行书写。教育学课程目标是要构建学生对于教育学的基本知识体系，培养学生对于教育学的兴趣，提升教育专业水平和专业技能。因此，教育学教材可以适当改变过分强调教育学学科学理论体系、缺乏对教育改革和学生生活经验总结的体系至上的教材结构，以中小学教育问题为中心，整合教育学学科基本理论和教育教学实践需要，构建新教材结构。为此，我们认为，教育学教材可分为以下四编：第一编为教育总论，内容包括教育的产生和发展、教育的本质、教育的目的、教育制度等；第二编为教育过程，主要揭示教育教学的运行状态和组织结构，它是教育过程和教学过程的基本理论部分；第三编为教育技术，包括教育教学的基

本原则、途径方法等，旨在让学生在掌握基本理论后学会一定的教学技能和技巧，尽可能地结合情境案例锻炼学生的教育教学能力；第四编为班主任工作，为学生提供基本的班级管理的方法与实践技巧。

三、注重教材逻辑性，以系统化、整体性的方式组织教材内容

通过对已有的教育学教材的研究可以发现，大多数教材体系逻辑基本一致。如很多教材先写“教育和教育学”，再写“教育功能”和“教育目的”等内容，这已经成为教材编写者的共识，但是这样编排的原因几乎鲜有学者在教材中做出具体解释。因此，在教材编写过程中，要以系统化、整体性的方式来组织教材内容。教材逻辑体系主要体现在两个方面，一方面是每一板块之间的关系，即教材结构中每一编之间的关系。以上述提出的教材结构为例：第一编从宏观的教育学总论出发，力求让学生获得关于教育状况的整体概念；第二编从微观的教育教学出发，使学生了解教育教学基本运行规律；第三编和第四编分别从教育技术和班主任工作出发，传授学生教学技能和技巧。前两编为基本理论知识，后两编为实践性应用知识，实现了理论与实践的紧密结合。另一方面是教材每一章节之间的关系，强调教材的各章之间的内在联系和一致性，使教育学教材成为一个完善的整体。在论述基本理论的篇章中，要按照教育学学科理论体系进行教材编写；在实用技能的篇章中，要以教育教学中的问题为中心，从问题的提出、解决问题方案的制定及实施、最后总结与反思来组织教材编写。

第三节　明确不同层次教育学课程目标，提高教材的针对性

教育学课程目标决定着课程结构，也影响着教育学教材内容的选择与编排。当前教育学教材种类繁多，但是其内容体系却大同小异，且大多数教材重理论而轻实践，针对性不强。原因主要在于教育学课程目标定位不清晰，对于作为专业课的教育学、作为公共课的教育学、作为师资培训课的教育学等的教育学课程没有明确的界定和划分。同时，当前教育学课程计划只是对课时安排、课程设置等方面作出了一定的安排和说明，但是对于不同层次的教育学课程目标并未作出规定，使得教育学教材在内容的选择和组织上有了较大的随意性。这些都导致教材编写者在编写教材的过程中，无法根据不同课程目标进行针对性的组织与编写，使得不同学习者采

用的是同一本或者是统一体系的教育学教材，在一定程度上影响着教育学课程目标的实现。

对于教育学课程的教学目标，研究者有不同的看法。总结概括已有的教育学课程目标，主要有以下几点：掌握教育学基本知识和专业技能，认识教育规律；了解学校教育运作方式和教育家追求的理想教育模式；发展智力，优化思维品质，培养探究精神；树立科学的教育思想和现代教育观念、理念；培养学生专业情意和对教育事业的责任感，树立远大教育理想；培养对教育现象的问题意识和研究兴趣，为终身学习奠基；综合运用各种教学理论进行创造性教学活动；学会发现和分析教育实践中的问题，能够参与各类课题研究活动。由此可见，教育学课程的目标，基本包含了基本知识和技能、职业理想、教育责任、创造性教学活动、课题研究等。一节教育学课程，承载了如此多的目标、任务和期许，这种多元任务的教育学课程目标使得教育学教材在编写上难有重点突破。因此，解决教育学课程教学目标问题，是教育学教材建设的重要环节，只有明确不同层次教育学课程目标，教育学教材编写才有迹可循，其内容体系才有针对性。

第四节　植根中国传统文化，建设中国特色教育学教材

中国教育学教材既要借鉴西方教育学理论体系精华，又要彰显中国传统教育思想，其构建要以中国古代教育思想、中国现实教育实践经验以及中外现代教育思想理论为基础。

一、汲取中国优秀传统文化基因

文化是中华民族的血脉，也是中华民族生生不息、绵延发展的不竭动力。在中华民族5000多年的历史长河中，中华优秀传统文化是中国文化的重要组成部分，成为中华民族共同的精神记忆和中华文明特有的文化基因。教材作为一种“文化传统”，反映的是一个国家的文化底蕴。因此，教育学教材建设与发展，绝不能抛弃自己原有的文化传统和教育传统，而应对我国古代教育传统进行严肃的审视和选择，予以合理的扬弃和创新。中国的教育文化渗透着5000多年的教育元素，内含中国文化特有的认识论、方法论以及思维方式。在我国文化发展过程中，更是造就了一批伟大的教育家，形成了独具特色的教育教学思想，这些都是中国优秀教育传统中的精华，也

是中国坚定文化自信的根本所在。教育学教材建设是建立在对自身文化认同基础上的文化创新活动，应该对传统文化进行继承，弘扬优秀的教育文化和教育元素，坚定文化自信，这是教育学教材建设乃至教育学学科发展的基础。需要注意的是，我国从古至今出现了很多著名的教育家，产生了很多经典的教育思想和教育理念，但并没有形成学科，直至近代以来，由于师范教育的需要，我国才从国外引进教育学学科。体系化教育学学科与中国的传统教育思想之间的融合共生仍是教育学本土化和中国化研究的难点问题，只有基于本土，深度解读中国传统教育思想，寻找本土与外来的结合点，教育学本土化才能得以实现，教育学教材才能更好地融入中国传统教育思想。

二、扎根中国本土教育教学实践

有研究者认为，本土化的教育研究是立足本土问题、面向本土实践的教育研究，研究问题的原发性、研究取向的本土性、研究方法的适切性、研究成果的原创性是它的基本特征。缺乏本土问题意识的研究成果将缺乏对本土教育实践的解释力与指导力。[①] 可知教育本土化对我国教育研究的重要性，对教育学教材建设来讲，亦是如此。中国教育学教材的建设不能忽视中国具体的教育实践经验。中国的教育学教材建设要坚定文化自信，保证教材建设不随波逐流。同时，教育学作为一门学科，对中国来说是外来的而不是内生的，外来的教育学依靠本土教育实践得以生存。理解外国教育理论时要考量理论诞生的文化环境和土壤，在理解文化基础上对教育理论进行理解和阐释。因为教育从某种意义上说就是文化，教育本身就是文化的传承与发展过程。教育理论是高度个性化的理论，若是缺乏对其文化和本土实践的深刻理解，就会限制对教育理论理解的深度。本土教育实践借助外来学科得以规范，这一特点使得中国教育学教材的建设仍需要创造性吸收国外先进的教育思想理论，要批判地、创新地吸收国外先进的教育学理论，不照搬照抄，对其进行筛选与剔除，使之成为中国教育学教材的合理内容。

① 参见于伟：《关于基础教育研究本土化的问题》，载《吉林教育》，2016(4)。

第五节　突破传统教材形式，适应信息技术发展

教育学教材的编写既要注重最为根本的内容体系、知识结构，还需要辅之以丰富的教材形式，并适应当前信息社会发展，使之具备教材的基础性、教学性、发展性的基本属性。

一、充分发挥教育学教材的教学性

教材的体例在一定程度上影响着师生对教育学教材整体的把握。在编排体例上，通过梳理收集到的教育学教材，我们发现，有的教材，如《教育学基础》，它每一章的写作体例包括内容摘要、学习目标、关键词、正文、主要结论与启示、学习评价、学术动态、参考文献8个部分，这些设计有利于学生及时了解章节重点和难点，明确学习目标，更有助于学生自主知识构建。在表达方式上，除了文字叙述之外，还可以增加数据、图片、表格、教学案例和拓展阅读材料等。在选择教学案例时应注意：第一，面向现实，从现实的教育实践问题出发，对教育现实作出理论回应。第二，增加情境教学案例，教材应提供更多的有关课堂教学、班级管理、教师学生生活的真实案例，让学习者感觉置身于真实的教育场景中。第三，策略的实用性，教材应提供更多有关教育教学的策略建议，这就需要为学生提供辅助性的学习资料，这种辅助性学习资料既可以是纸质文本类，也可以是网络资源类。在文字表达上，教材要发挥"教学性"功能，在遵从教育学学科逻辑的同时，关注学生的心理逻辑。因此，需要编写者在编写教材时充分考虑到学生认知的局限性，避免使用深奥难懂的语言，尽量用最浅显的文字将教育理论呈现给学生。

二、开发新形态教育学教材

在信息技术快速发展的今天，人工智能、认知计算等技术势必会对传统的教学方式产生颠覆性的影响，电子教材的发行成为教材发展的大势所趋。相比于传统的印刷文本教材，新形态教材能够更好地提供个性化需求，大大拓宽教学空间以及冲破时间的限制，突破学科之间的壁垒，实现资源共享。《普通高等学校教材管理办法》指出，高校教材的规划需要重视信息

技术与教育教学的深度融合，综合运用多种介质，开发新形态教材。如何进行电子教材建设成为国家教材建设的重要课题。第一，必须坚守“电子教材”的教学性。信息技术为教材建设与发展带来了无限可能的同时，也增加了教材的不确定性。需要明确的是，电子教材带来的仅仅是教学空间和运行方式的变化，教材的“教学性”是必须坚守的底线，未来无论教材如何发展，育人始终是其根本使命。第二，加强对电子教材的审批与管理。信息技术扩展了教材发展空间，但如果监管不力，会对高校教材市场产生不利影响，必须加强对电子教材的审批与监管，同时，坚持放管结合，在严格监管的同时，给予电子教材适当的发展空间，使其朝着高质量、规范化道路发展。

第六节 强化教材监管与统筹，开创科学教材管理模式

当前教育学教材建设过程中，教材编写的质量和监管力度一直是人们关注的重点。教材管理的首要任务和最基本的目标就是组织教材计划的制定、教材的征订、采购、发行、结算以及组织对教材工作开展研讨、评价和总结等的一系列管理活动。有效的教材管理是教育学教材建设的外部保障，也是教学工作顺利进行的有力保障。

一、提高教材管理能力和服务水平

当前我国教材工作正处于改革与创新的重要发展时期，对教材管理工作提出了新的挑战。从这个意义上来说，教材管理部门的任务更加艰巨，教材管理的要求也随之提高。因此，教材管理部门要不断提高自身管理能力和服务水平，完成学校教材工作任务。第一，做好教材的供应服务，保质量、按时、准确地完成教材的征订、采购、发放和结算；第二，加强制度建设，做到科学管理，推动教材建设规范化和科学化发展；第三，抓紧教材建设工作的信息化、网络化建设，进一步提高教材管理服务质量和工作效率；第四，教材管理人员不断提高自身素质，加强自身业务学习，以更好地履行管理与服务职能；第五，不断改进教材管理运行机制，实现教材管理工作的科学化、规范化与制度化。

二、强化教材编审制度

教材编审制度是教材管理制度之一，它规范了教材的编辑和审定工作，是全面提升教材质量，进一步编好、选好、审好、用好教材，充分发挥教材知识导向和价值导向的重要环节。高等学校在教育学教材编写工作中发挥着重要的作用，要鼓励各地方、高等院校、科研单位以及优秀专家、学者、教师个人按照国家的教育方针和统一的基本要求编写教材。教材的编写要注意：第一，严控教材编写人员素质，组织具有深厚教育学理论基础的专家教授以及有丰富教学经验的一线中小学教师参与教材的编写；第二，提高教材编写门槛，教育学教材编写需进行深入广泛的调查，进行科学的理论与实践研究，防止教材的粗制滥造。

三、优化教材选用制度

教育学教材面向未来从事教育教学工作以及教育学研究的学生，教材选用的优劣，将直接影响教育教学质量和发展前景。教材选用涉及的工作内容多样，包括高校教材出版和教育学学科教材审定和选用机构、完善的高校教材评审团队、教材选用评估论证机制、教材质量监管体制和服务机制等各个方面。因此，为做好教育学教材选用工作，需要逐级完善教育学教材选用制度，完善教育学课程教材分级审批制度。一般来说，完善的审批和管理程序包括申请、审议、核准、审定四个环节。首先，要严格把控教材申请报告，对报告中的教材内容、体系、风格以及与课程大纲的适用性问题进行专家论证；其次，邀请教育学学科专家对教材申请进行集体讨论，并提出中肯意见；再次，由高校课程教材委员会集体研究上报的教材；最后，由高校对推荐教材样本进行审核和最终裁定。教材选用工作从某种意义上来说是检验当前高校教材审定与监督能力的重要工作内容。

四、完善教材评价制度

加强教材质量跟踪，重视信息反馈，建立健全教材评价机制，采用多维评价方式、多元评价主体等方式对教材进行动态监督，实现教育学教材的优胜劣汰。首先，定期进行高校教材评价，形成高校教育学教材评价委员会和研讨共同体，对教材进行及时的跟踪、评估与反馈；其次，构建多维教材评价体系，采用静态评价与动态评价相结合的方式对教材内容加以评估，辅之以内容分析法、实验法、调查法、观察法等方式，以多维合力共促教材质量的提升；再次，健全多元教材评价主体，除采用教师评价、同行专家评审方式之外，还应重视学生使用教材的直观感受，让学生成为教材评价的主体之一；最后，建立健全优秀教材文本推广机制，教材评价目标是推动教材质量提升，推广优秀教材，能在很大程度上防止粗制滥造的教材流入高校。

中　编

主要教育学专门学科教材史

第五章 新中国成立以来教育概论教材建设

教育概论①是教育学本科专业的一门基础课程和入门课程。教育概论教材建设情况的好坏影响着学生是否可以入门、是否可以对教育形成基本的专业认识、是否可以铸牢教育基础知识。新中国成立以来，教育概论教材建设取得了显著成效。本章在回顾新中国成立以来的教育概论教材建设历程的基础上，分析教育概论教材建设取得的成就和积累的经验，进而为未来的教育概论教材建设提供借鉴和启示。

第一节 新中国成立以来教育概论教材建设历程

20世纪上半叶，教育概论已成为各级师范学校主要课程。早在1930年，《高级中学师范科课程暂行标准》中，《教育概论》就已经成为高级中学师范科第一、第二学期的必修课程，占4学分。② 基于开设课程的需要，当时的国人编写了一批教育概论教材，代表性的有庄泽宣的《教育概论》(中华书局1928年版)、范寿康的《教育概论》(开明书店1931年版)、孟宪承的《教育概论》(商务印书馆1933年版)等。还有一些教材虽然不是以“教育概论”命名的，但是从其内容来看属于教育概论的范畴。新中国成立以后，教育概论教材建设呈现新的特征。笔者依据教育概论教材建设的实际情况，将新中国成立以来教育概论教材的建设历程划分为三个阶段，并总结了各个阶段的特性。

---

① 教育概论在我国不同的历史时期与教育学、教育原理、教育基本理论、教育学原理、教育学基础理论等混用。在本书中，限于研究对象的考虑，我们主要考察以“教育概论”命名的教材，在需要的地方会涉及以“教育学”等命名的教材内容。

② 参见周予同：《中国现代教育史》，175～176页，福州，福建教育出版社，2007。

一、教育概论教材建设的混沌阶段(1949—1977年)

中华人民共和国成立之后，无论是对旧教育学的改造还是学习苏联教育学，都在一定程度上导致以“教育概论”命名的教材几乎消失。20世纪上半叶引进的外国的教育概论教材以及初具本土特色的教育概论教材被其他教材取代。基于此，我们可以将这一阶段称为教育概论教材建设的混沌阶段。所谓的“混沌”，一方面指以“教育概论”命名的教材不复存在；另一方面指关于教育概论的内容包含在其他教育学教材中。

新中国成立初期，出现了少数以马克思主义和新民主主义为指导思想编写的教育概论教材。1949年上海联合出版社出版了华北人民政府教育部教科书编审委员会编写的《教育学参考资料》，该书的“编辑大意”称：“在师范学校教育科目新课本尚未编成时，本参考资料可暂用为各科目基本教材……《教育学参考资料》可暂用为《教育概论》一科的基本教材。”[①]该书包括新民主主义文化教育、新教育的制度课程和方法、论学习问题三个部分。除此之外，部分学者以马列主义为指导，尝试构建新的教育学体系，胡守棻的《新教育概论：马列主义的教育理论》(商务印书馆1950年版)就是其中的典型代表。该书分六章：马列主义的教育之理论根据、马列主义的教育本质、马列主义的教育之社会基础、马列主义的教育之哲学基础、马列主义的教育之生物基础、马列主义的教育方法论。[②]

随着学习苏联教育学的逐渐深入，教育概论教材逐渐消失。这一时期，我国教育学教材建设深受凯洛夫的《教育学》影响，该书内容包括总论、教学论、德育论、学校行政与管理四部分，教育概论的相关内容内含于总论部分。中苏关系破裂后，我国教育学者一度试图摆脱苏联教育学的影响，编写了不少以“教育学”命名的教材，但是依然没有出现以“教育概论”命名的教材。教育学的中国化虽然在内容上有所创新，但是在体系结构上没有完全脱离苏联教育学，仍将教育概论的相关内容包含在“一本书”式的教育学中。

---

① 华北人民政府教育部教科书编审委员会：《教育学参考资料》，编辑大意，北京，新华书店，1949。

② 参见郑金洲、瞿葆奎：《中国教育学百年》，104页，北京，教育科学出版社，2002。

这一阶段，教育概论教材建设的特征主要表现为两个方面：第一，教育概论教材几乎不复存在，除了新中国成立初期探索性地编写的《新教育概论：马列主义的教育理论》外，没有以“教育概论”命名的教材；第二，教育概论这一科目的相关内容包含在以“教育学”命名的教材中。

二、教育概论教材的重建阶段(1978—1995 年)

粉碎“四人帮”后，邓小平的《关于科学和教育工作的几点意见》《教育战线的拨乱反正问题》等重要讲话使教育学教材建设开始出现前所未有的繁荣景象。① 基于教育概论课程需要，教育概论教材的编写在全国高师教育院系逐渐恢复。1978 年，东北师范大学教育系率先打破只讲苏联凯洛夫《教育学》的现状，把教育学划分为教育概论、教学论、德育原理和学校管理学四门课程。② 基于此，教育概论教材的编写进入重建阶段。所谓“重建”，一方面是借鉴 20 世纪上半叶教育概论教材建设的经验；另一方面是打破“一本书”式的教育学体系，将教育概论从中分离出来。据笔者目力所及，虽然“教育概论”成了一门独立课程，但是此时以“教育概论”命名的教材较少。一些高校编写的教育概论参考资料发挥了教材的作用，如华中师范大学教育系、河北师范大学教育系分别于 1983 年、1984 年编写了教育概论参考资料。

师范教育的发展进一步推动了教育概论教材的重建。1985 年 5 月 27 日公布的《中共中央关于教育体制改革的决定》提出：“建立一支有足够数量的、合格而稳定的师资队伍，是实行义务教育、提高基础教育水平的根本大计……必须对现有的教师进行认真的培训和考核，把发展师范教育和培训在职教师作为发展教育事业的战略措施。”③基于此，人民教育出版社出版了一套“师范教育丛书”，徐国棨的《教育概论》位列其中。该书包括七篇十八章，内容涉及教育的本质及其基本规律，教育的目的、对象和机构，教学论，教育论，课外活动，学校教育工作者，教育的科学研究等。④

① 参见瞿葆奎：《建国以来教育学教材事略》，载《华东师范大学学报(教育科学版)》，1991(3)。

② 参见杨兆山、姚俊：《教育概论》，前言，沈阳，辽宁人民出版社，2001。

③ 中共中央文献研究室：《十二大以来重要文献选编(中)》，10 页，北京，人民出版社，1986。

④ 参见徐国棨：《教育概论》，12 页，北京，人民教育出版社，1985。

这一时期还有4本以“教育概论”命名的教材出版，分别是安徽师范大学教育系编写的《教育概论》(安徽教育出版社1986年版)、叶澜的《教育概论》(人民教育出版社1991年版)、李国庆和谢景隆的《教育概论》(陕西师范大学出版社1991年版)、查啸虎的《教育概论》(中国科学技术大学出版社1995年版)。这些教材都是在教学过程中产生的。如叶澜的《教育概论》是其在华东师大教育系讲授教育概论课程的产物①；又如李国庆和谢景隆为了解决教育概论课程的教材问题而编写了教育概论讲义，并在此讲义的基础上撰写了《教育概论》一书。

这一时期，不同的教育概论教材呈现了不同的章目。例如，叶澜的《教育概论》，涉及教育的本质，教育与社会，教育与人，社会、教育、人之间的相互关系。李国庆和谢景隆的《教育概论》的章节为教育的起源和发展、教育的本质、教育普遍规律、教育制度、教育目的、德育、智育、体育、美育、劳动教育、教育的组织、教育者——教师、受教育者——学生。查啸虎的《教育概论》共十四章，分别为：教育的产生与发展、教育与经济、教育与政治、教育与文化、教育与人口、教育与个体社会化、教育目的、全面发展教育的内容、教育过程、教师、教育结构、教育投资、教育评价、教育立法和教育法规。

教育概论教材重建阶段的特征主要表现在以下三个方面。第一，独立的教育概论教材建设与包含教育概论内容的教材建设并行。除了上面提到的以“教育概论”命名的教材之外，一些以“教育学”“现代教育理论”“教育基本理论教程”等命名的教材或者充当了教育概论课程的教材，或者包含了教育概论的相关内容。第二，教育概论教材的建设源于师范教育的发展和教育概论课程的恢复。第三，教育概论教材开始突破苏联教育学的既有框架，呈现一定本土特色，如叶澜以马克思主义为指导，以教育、社会、人三者之间的关系为内核，构建了教育概论教材的知识体系。

三、教育概论教材建设的繁荣发展阶段(1996年至今)

自1996年始，教育概论教材建设进入繁荣发展阶段。所谓“繁荣”不是以“教育概论”命名的教材增多，而是减少，而以“现代教育理论”等命名的、包含教育概论内容的教材空前增多。据笔者目力所及，这一阶段以“教育概

① 参见叶澜：《教育概论》，作者的话，北京，人民教育出版社，1991。

论”命名的教材有3本，分别是杨兆山和姚俊的《教育概论》(辽宁人民出版社2001年版)、靳玉乐和唐智松的《教育概论》(重庆出版社2006年)、傅岩和熊岚的《教育概论》(江苏教育出版社2008年版)，而以“现代教育理论”①等命名的著作和教材多达91本，还有不少以“教育原理”“教育学原理”“教育学基础”等命名的著作和教材。

进一步分析以“教育概论”命名的教材可以发现，教育概论教材的体系已基本稳定，且与以“教育原理”等命名的教材差别不大。例如：杨兆山和姚俊的《教育概论》的章节为绪论、教育的产生与发展、教育与社会发展、教育与人的发展、教育本质、教育的基本规律、教育基本形态、教育制度、教育目的、全面发展教育的组成部分、教师与学生；靳玉乐和唐智松的《教育概论》共七章，分别是教育的本质、教育与人的发展、教育与社会的发展、教育目的、教师与学生、课程与教学、学校制度与管理；傅岩和熊岚的《教育概论》共七章，分别是教育与教育学、教育的功能、教育目的、教师与学生、课程、教学(上)、教学(下)。由此可见，教育概论教材不仅在内部结构上存在一致性，而且与以“教育学”“教育原理”“教育学原理”“教育理论”等命名的教材的内容结构基本一致。正如有研究者在对教育原理、教育学原理、教育概论著作和教材进行比较的基础上，指出三个学科存在着相当程度的一致性，其研究重点都集中在教育的本质、教育的历史发展、教育与社会的发展、教育与人的发展、教育目的、教育制度、教师与学生等主题上。②

整体来看，这一时期的教育概论教材建设呈现以下特征：第一，教育概论教材的主题内容趋于稳定；第二，教育概论与教育原理、教育学原理、教育理论等教材的内容趋同；第三，教育概论教材反映了教育研究与教育实践的前沿成果。

---

①　除了以“现代教育理论”命名的著作和教材之外，也有以“现代教育理论与实践”“现代教育论”“教育基本理论”“教育理论”等命名的著作和教材。实际上，这一时期的“教育概论”与“教育原理”“教育学基础理论”等处于混用状态。如杨兆山和姚俊的《教育概论》前言将“教育概论”“教育原理”“教育学基础理论”等同视之。李国庆和谢景隆的《教育概论》前言中也提出“教育概论”又称为教育原理，教育总论，教育通论或教育基本理论。鉴于本章的研究对象，笔者只对以“教育概论”命名的教材做细致考察。

②　参见冯建军：《关于“教育原理”的学科称谓与内容现状的研究》，载《教育理论与实践》，2007(7)。

第二节 新中国成立以来教育概论教材建设的成就

新中国成立后，教育概论教材建设取得了重要的成就，概括起来主要有以下四个方面。

一、教育概论教材的本土化和中国化日益凸显

实事求是地说，教育概论教材建设虽然以中国教育学人自编为开端，但是在早期无论是体系结构还是具体内容都受到外国教育学的影响。20世纪上半叶，随着外国教育学的引入、传播和师范教育的兴起，作为一门课程的教育概论开始出现。既然是课程，就应该有教材。据笔者目力所及，20世纪上半叶，中国教育学人编著的以“教育概论”命名的著作和教材达23本。这些或多或少地受到了德国式教育学和美国式教育学的影响。正如有研究者认为的，教育概论虽然蓬勃发展，但由于整体水平不高，且受制于课程标准，故原创性著作为数甚少，不少著作仍是“参合”“改易”或“融化”西方教育理论。① 新中国成立后，教育概论教材一度无踪可觅，教育概论的内容内含在以“教育学”命名的教材中。改革开放后，教育概论课程的恢复使教育概论教材得以重建。重建之后的教育概论教材无论是在体系结构上还是在具体内容上，都力图吸纳中国本土的教育理论和教育实践。

教育学的中国化是中国教育学人梦寐以求的梦想，教育概论教材也反映出了这一点。例如，庄泽宣的《教育概论》不仅翻译介绍了外国教育理论，而且尽量使其中国化。改革开放之后的教育概论教材也在追求中国化。徐国棨的《教育概论》的“编者的话”部分提到“书稿要具有中国特色。要结合我国教育实际，尊重祖国教育遗产，总结本国教师经验，尽量采用本国教育科学研究成果。必要时适当介绍外国的教育理论和实际，以便借鉴对我国有益的经验，并开阅读者的眼界”②。叶澜的《教育概论》、杨兆山和姚俊的《教育概论》则是作者多年从事教育概论课程教学实践的成果总结，这两本

---

① 参见雷勇：《以体系结构为视点检视20世纪我国〈教育概论〉的发展》，硕士学位论文，四川师范大学，2009。

② 徐国棨：《教育概论》，编者的话，北京，人民教育出版社，1985。

教材既反映了中国教育学科学研究的最新成果，也不回避教育理论和教育实践的新问题。特别是叶澜的《教育概论》，坚持以马克思主义为指导，以“教育整体”为研究对象，遵循“总—分—总”式的结构，展现了中国化的教育概论教材。

二、教育概论教材的内容体系逐渐确立

20 世纪上半叶，教育概论教材出现的原因有两方面：一是现实教育学发展的需要，二是作为母学科的教育学出现了分化。改革开放之后的教育概论则是直接从苏联“一本书”式的教育学中分化出来的，在这个意义上，教育概论教材的结构内容体系建设要遵循教育学学科发展演变的内在逻辑。此外，教育概论是教育学专业学生的入门课程，因而教育概论教材还需要考虑受众群体的实际需要。在这样的双重要求下，教育概论教材的内容和结构体系逐渐确立。

就作为一门学科的教育概论而言，教育概论的研究范畴直接决定了教材的结构内容体系。有研究者认为，教育概论的研究范畴包括教育的本质、教育的起源、教育的功能、新时期的教育方针、马克思主义关于人的全面发展理论、教育与生产劳动相结合、教育与人、教育规律、传统教育与现代教育、社会主义初级阶段的教育理论等。[①] 就作为一门课程的教育概论而言，教育概论教材编写要考虑受众的认知水平和实际需求等因素。基于此，教育概论教材形成了包含教育的起源与发展、教育与社会、教育与人、教育目的、教育制度、课程与教学、“五育”、教师与学生等内容的知识体系。

三、教育概论教材的定位逐渐明确

新中国成立以来，教育学者关于教育概论的定位基本上有两种观点。一种观点认为教育概论是教育学的分支学科。如陈桂生认为教育概论是教育学的亚学科[②]；金林祥在《20 世纪中国教育学科的发展与反思》中也提出

---

① 参见金林祥：《20 世纪中国教育学科的发展与反思》，241～243 页，上海，上海教育出版社，2002。

② 参见陈桂生：《教育学的建构》，243 页，长沙，湖南教育出版社，1998。

了教育概论(或教育原理)是教育学的分支学科[①];还有研究者认为应该把教育概论改造为教育学概论或教育学学科概论,教育学概论或教育学学科概论是对教育学的整个学科体系及包含的二级学科所对应的具体课程的概括介绍。[②] 这些观点都将教育概论作为教育学的分支学科,只是定位不同。另一种观点虽然没有指明,但是在编写教材时会提到,那就是将教育概论作为一门课程。无论是20世纪上半叶还是20世纪80年代后出版的教育概论教材都是为了服务师范院校的教育概论课程而编写的。杨兆山和姚俊的《教育概论》直言"如何在正确认识教育概论这门课程性质和地位的基础上,面向本专科生、函授生、中小学教师、研究生课程班学员等建设一本体系相对完整、实用、简练,又易于讲授和自学,并适合各级各类成人进修等适用的'教育概论'教材,已成当务之需"[③]。(该书的前言中虽然如此表述,但是在该书的绪论部分却说:"教育概论是教育学中的一门独立分支学科。它既不是传统教育学中的'总论',也不是对教育学的'概略论述',而是把教育作为一个总体对象。即从总体上探索教育的基本规律的独立基础理论学科。")

可以说,20世纪上半叶教育概论与教育原理、教育理论、教育学原理等混淆使用的情况已得到了较大改观。研究者对教育概论和与其相关的概念进行了区分,使教育概论的定位逐渐明朗,即教育概论是一门课程,是教育学的入门课程,教育概论教材要服务于这门课程。

四、教育概论教材与其他教育学教材的关系逐渐清晰

20世纪80年代之前,教育概论、教育学、教育原理、教育学原理、教育基本理论、教育理论等概念长期存在着混淆使用的情况。而20世纪80年代后,研究者逐渐对教育概论、教育基本理论、教育原理、教育学原理等概念进行了辨析,如冯建军对教育概论、教育学原理、教育学、教育原理

① 参见金林祥:《20世纪中国教育学科的发展与反思》,240页,上海,上海教育出版社,2002。

② 参见冯建军:《关于"教育原理"的学科称谓与内容现状的研究》,载《教育理论与实践》,2007(7)。

③ 杨兆山,姚俊:《教育概论》,前言,沈阳,辽宁人民出版社,2001。

等教材的研究[①]；刘庆昌对教育原理和教育学原理的研究[②]；李政涛对“什么是教育基本理论”的研究[③]等。甚至有研究者在以“教育学原理”命名的专著中，不再将教育的定义、教育的发展史、教育目的、教育制度等写入其中。[④] 由此可见，教育概论与相关概念的联系和区别逐渐得到阐明，因而笔者认为教育概论教材与其他教育学教材的关系逐渐清晰也是新中国成立以来教育概论教材建设的成就之一。

第三节　新中国成立以来教育概论教材建设的经验

在分析新中国成立以来教育概论教材建设的历程和取得的成就的基础上，笔者认为教育概论教材建设的经验主要有以下四个方面。

一、教育概论教材建设要处理好学科与课程之间的关系

学科是学术研究的范畴，课程是人才培养的范畴，二者既有联系，又有区别。20 世纪下半叶的教育概论教材一般会对作为一门学科的教育概论的研究对象、研究任务、研究内容等进行介绍，21 世纪初的教育概论教材则较少涉及这些内容。在分析作为一门学科的教育概论时，研究者多认为教育概论的任务是要通过研究教育现象和教育问题，来揭示教育规律，指导教育实践。[⑤⑥] 也有研究者认为教育概论就是一门研究教育基本原理，探讨教育基本规律的学科。[⑦] 还有研究者认为教育概论是一门把教育总体作为

---

① 参见冯建军：《关于“教育原理”的学科称谓与内容现状的研究》，载《教育理论与实践》，2007(7)。

② 参见刘庆昌：《从教育事理到教育学理：“教育学原理”70 年发展的理论反思》，载《中国教育学刊》，2019(10)。

③ 参见李政涛：《什么是“教育基本理论”》，载《高等教育研究》，2020(3)。

④ 张忠华撰写的《教育学原理研究》(科学出版社 2022 年版)的内容涉及教育学的研究对象、任务、性质、学科立场、价值、地位、发展历史、理论基础、知识体系、科学化、中国化、研究方法论、学科体系等。

⑤ 参见安徽师范大学教育系：《教育概论》，5 页，合肥，安徽教育出版社，1986。

⑥ 参见查啸虎：《教育概论》，2 页，合肥，中国科学技术大学出版社，1995。

⑦ 参见李国庆、谢景隆：《教育概论》，17 页，西安，陕西师范大学出版社，1991。

研究对象，通过对教育中最一般问题的研究，揭示教育普遍规律的学科。① 从研究者对作为一门学科的教育概论的认识来看，研究者对教育概论的认识更像是对教育学的界定。因而有研究者认为应该把教育概论改造为教育学概论或教育学学科概论。② 另外，作为高等师范院校教育系专业基础课的教育概论究竟要达到什么样的课程目标，直接决定着教育概论教材的编写思路。有研究者认为："教育概论学科课程目标的设定，应当兼顾基础理论和实际应用两个方面，体现理论联系实际的原则，既能解释教育现象，说明教育是什么，又能指导教育实践活动，说明如何进行教育。课程开设旨在培养学生热爱教育事业，树立正确的教育观，掌握从事教育教学的基本技能。"③也有研究者将"教育整体"作为"教育概论"的研究对象。④

教育概论教材是学习教育学专业的入门课程，其目的是要使学生对教育从理论和实践两方面形成整体的认识。学习教育概论既是为构建教育学大厦提供知识基础，又是为从事教育实践提供认识基础。

二、教育概论教材建设要处理好中西之间的关系

20 世纪上半叶的教育概论教材虽然是中国教育学人探索的成果，但是在结构和内容层面都或多或少有着外国教育学的痕迹。新中国成立至 20 世纪 80 年代的教育概论教材有着鲜明的苏联特色。20 世纪 80 年代后，一些学者提出教育概论教材要有中国特色，要尽量采用本国教育科学研究成果，当然也要适当介绍外国的教育理论和实际。⑤ 2016 年，习近平总书记在哲学社会科学工作座谈会上的讲话指出"要按照立足中国、借鉴国外，挖掘历史、把握当代，关怀人类、面向未来的思路，着力构建中国特色哲学社会科学，在指导思想、学科体系、学术体系、话语体系等方面充分体现中国特色、中国风格、中国气派"⑥。这是新时代背景下教育概论教材建设的指导思想。立足中国、借鉴国外需要处理好中西之间的关系。新时代背景下

---

① 参见杨兆山、姚俊：《教育概论》，2 页，沈阳，辽宁人民出版社，2001。

② 参见冯建军：《关于"教育原理"的学科称谓与内容现状的研究》，载《教育理论与实践》，2007(7)。

③ 傅岩、熊岚：《教育概论》，前言，南京，江苏教育出版社，2008。

④ 参见叶澜：《教育概论》，作者的话，北京，人民教育出版社，1991。

⑤ 参见徐国棨：《教育概论》，编者的话，北京，人民教育出版社，1985。

⑥ 习近平：《习近平谈治国理政》(第二卷)，338 页，北京，外文出版社，2017。

的教育概论教材建设既不能照搬国外理论成果，也不能完全依赖已有的教育概论体系。教育概论教材建设一方面需要吸收已有教材的建设经验，另一方面要合理科学地呈现国内外教育科学研究成果。

三、要处理好教育概论教材与其他教育学教材之间的关系

"教育概论"这一语词在不同的历史时期一度与"教育原理""教育学""教育基本理论""教育学原理"混用。语词的混用导致不同的教材之间出现交叉甚至雷同的现象。部分学者认同了这种现象，提出"教育学原理"作为一门课程有"教育学""教育概论""教育通论""教育学讲义""教育学教程"等各种称谓。[①] 21 世纪初，教育概论与其他概念混用的问题得到了研究者的重视。研究者在明确教育学原理、教育原理、教育基本理论等的内涵和研究范畴时，严格区分了相关概念之间的联系和区别。这方面的研究有齐梅的《教育学原理学科的基本概念解析》、冯建军的《关于"教育原理"的学科称谓与内容现状的研究》、刘晓琴的《教育原理和教育学原理的思考》、李政涛的《什么是"教育基本理论"》等。

反观教育概论教材，因为研究者和教材编写者较少辨析教育概论与相关概念的关系，所以教育概论教材建设进程缓慢。教育概论教材建设要处理好教育概论教材与其他教材之间的关系，一方面要避免雷同，另一方面要使教育概论教材名实相符。

四、要处理好教育概论教材与教育实践的关系

教育概论教材服务的对象是教育学的学习者和实践者。有研究者认为教育概论教材要面向本专科生、函授生、中小学教师、研究生课程班学员等。[②] 这些受众群体一方面要对教育活动形成整体认识，另一方面要掌握开展教育活动的具体操作技术和手段等。正如有的教育概论教材强调"要针对读者对象的需要，既讲清楚教育科学的概念和理论，又明白指出这些理论

① 参见劳凯声、石中英、朱新梅：《团结协作、勇于创新的教育学原理学科》，载《北京师范大学学报(人文社会科学版)》，2002(5)。

② 参见杨兆山、姚俊：《教育概论》，前言，沈阳，辽宁人民出版社，2001。

在实际中的运用。”[①]可见，教育概论教材要让受众群体掌握关于教育的理论知识和实践知识。因而，教育概论教材要处理好与教育实践的关系。具体而言，教育概论教材中要集中呈现国内外教育实践的概况。就国内而言，近些年教育实践领域进行了一系列教育改革探索，如“新基础教育”“新教育”“主体教育”“情感教育”等。已有的教育概论教材中虽然有所涉及，但是还不够。教育概论教材不仅要呈现国家的大政方针及教育改革的政策，还要呈现实践领域的教育改革。

第四节　新中国成立以来教育概论教材建设的启示

新中国成立以来教育概论教材建设的启示主要有以下几个方面。

一、教育概论教材建设必须坚持以马克思主义为指导

有研究者认为坚持马克思主义的指导地位，就要以马克思主义的历史唯物主义和辩证唯物主义的方法论为指导，以马克思主义的立场、观点和方法为教材编写的灵魂。[②] 也有研究者认为教育学教材体系建设要坚持以马克思主义为指导，努力反映教育实践的新形态，传承中华民族优秀教育思想，系统整理和选择百年多来中国教育学研究成就，不断提升具有中国特色的教育学教材的质量和水平。[③] 这是中国教育学教材建设必须坚持的。坚持马克思主义的指导，既要体现在教育概论教材建设的指导思想上，又要体现在教材的内容上。

二、教育概论教材建设应注重“探讨与开垦”

教材不同于著作。著作更多反映的是研究者对某一问题的前沿性认识，教材则是要综合反映其所要呈现的知识领域的认识。新中国成立以来教育

① 徐国棨：《教育概论》，编者的话，北京，人民教育出版社，1985。

② 参见侯怀银、周郅壹：《中国共产党领导下我国教育学教材建设的回顾与启示》，载《课程·教材·教法》，2022(5)。

③ 参见石中英：《新时代中国教育学体系建设面临的挑战及发展路径》，载《中国社会科学网(微信公众号)》，2022-07-04。

概论教材建设既体现了教材编写者对已有认识的整理，也呈现了教材编写者的“探讨与开垦”。正如叶澜认为的：“我不把教材看做已有相关知识的集合，而是看做对已有相关知识的探讨以及未知领域的开垦。”①杨兆山和姚俊的《教育概论》也提到“我们也尽力不回避教育理论和教育实践所提出的新课题，并努力反映教育科学的新发展、新信息”②。我国教育学发展到今天，学界对于很多问题似乎已达成共识，如教育的本质、教育的起源等问题，教育概论教材对此的呈现具有一致性。随着教育科研的进一步发展，我们更要坚持以马克思主义为指导，辩证地看待一些共识性的教育基本问题，坚持否定之否定律，对已有的基本问题进行深入探讨，并开垦新的研究问题域。

三、教育概论教材建设应服务于课程教学

长期以来，我国学术界对课程概念的理解呈现多元化的样貌。其中的一种理解是把课程看作学科，如《中国大百科全书（教育卷）》将课程分为广义和狭义两种，广义是指所有学科（教学科目）的总和，狭义是指一门学科。③ 实际上，课程与学科既有联系，又有区别。学科是服务于知识生产的，而课程是服务于人才培养的。课程的内容是按照受众群体进行编排的学科研究的结果。课程所使用的教材集中反映了学科发展的概况。教育概论是教育学专业的入门课程，因而教育概论教材应服务于课程教学。具体而言，教育概论教材建设应服务于教育概论课程设置的目标、学习者的认知水平和教育概论的课程教学实践。

四、教育概论教材建设要力求中国化

教育概论教材的建设经历了从借鉴国外走向中国化的历程。正如有研究者在回顾20世纪我国教育概论教材的发展时指出，教育概论教材编写经历了指导思想从实用主义到辩证唯物主义，体系结构从模仿赫尔巴特到自

---

① 叶澜：《教育概论》，作者的话，北京，人民教育出版社，1991。

② 杨兆山、姚俊：《教育概论》，前言，沈阳，辽宁人民出版社，2001。

③ 参见中国大百科全书出版社总编辑委员会《教育》编辑委员部：《中国大百科全书：教育卷》8页，北京，中国大百科全书出版社，1985。

立、理论构建从引入到创造等。[①] 自立、创造是21世纪初我国教育概论教材建设的主要特征。改革开放后，教育概论教材建设逐渐突破苏联教育学的限制，积极追求中国化。站在新的历史起点上，教育概论教材建设应力求中国化，在教育学中国化、本土化的过程中，创造属于中国的教育学。教育概论教材建设理应呈现符合中国实际的教育知识，以培养新时代的教育学人和教育工作者。

① 参见雷勇：《以体系结构为视点检视20世纪我国〈教育概论〉的发展》，硕士学位论文，四川师范大学，2009。

第六章　新中国成立以来教学论教材建设

教学论是教育学体系中重要的分支学科，自从国外引进以来，它的称谓经历了“教授学”“教授法”“教学法”“教学论”多次演变。在经历了近百年的发展后，如今我国教学论的发展已经超越了单独学科，成为包括众多类别教学论学科、科目教学论学科、环节教学论学科和边缘教学论学科的学科群，体现出深度细分、汇聚综合、边缘互涉的发展趋势。[①] 我国最早的教学论教材产生于20世纪初。[②] 1954年东北军区政治部宣传部编印出版《教学论》一书，是新中国成立以来最早以“教学论”为名的教材。1957年傅任敢将夸美纽斯著作名称译为《大教学论》，由人民教育出版社出版。当时还有不少教材以“教学法”命名，如1963年吉林师范大学出版的《物理教学法》，1982年开始所有的教材都以“教学论”命名。教学论教材建设从初创阶段的模仿借鉴，到繁荣阶段的融合发展，再到整合阶段的中国化教材体系建设，每个阶段都面临着不同的发展际遇，呈现出不同的发展特点。为了对教学论教材在内容体系、理论构建和思想指导方面的成就、经验进行总结，为教学论教材今后的建设提供启示，我们有必要回顾新中国成立以来教学论教材建设的历程，在分析不同时代背景和发展际遇的基础上，划分教学论教材建设的发展阶段，梳理教学论教材建设的基本脉络。

第一节　新中国成立以来教学论教材建设历程

教学论教材的建设最早始于20世纪初，从译介移植逐渐走向融合创生。清末民初，清政府“废科举，兴学校”，新式学堂和师范学校逐渐兴起，班

---

① 参见卓杰、王续琨：《教学论在中国：称谓演变和学科体系演进》，载《高等教育研究》，2017(5)。

② 参见徐继存等：《教学论研究》，392页，福州，福建教育出版社，2020。

级教学逐渐取代私塾和个别教学，各类学校的建设急需专业教师和各科目教学指导用书。受到“师范为教育造端之地”观念和“癸卯学制”颁行推进的影响，“教授法”“教授学”等课程成为师范学校的必修课程。为了满足这些学校的教学之需，国人首先经由日本引进教学论著作，而后转向美国，同时我国学者开始自行编写教材。

这一阶段教学论教材的建设主要表现出以下特征：其一，教材建设主要以引进国外著作为主；其二，初步确定了近代教学论教材的基本思路和内容框架。这一阶段的教学论“以教授学的名称和形式出现，而教授学又以教授法为研究中心”①，教授学主要关注教学理论，教授法则侧重介绍教学方法。

1915 年后，在新文化运动民主科学旗帜、留美学生归国潮和美国学者访华的影响下，教学论教材转而直接引进杜威、克伯屈、桑代克、帕克等美国学者的教学论著作。如商务印书馆 1924 年出版的帕克著《普通教学法》，1927 年出版的克伯屈著《教育方法原论》。此外，商务印书馆 1924 年出版的日本学者入泽宗寿所著的《新教授法原论》，在坚持赫尔巴特教学论传统的同时增加了杜威、克伯屈等美国学者的教学理论，如第十二章教授的原理中包含的自由原理、生活原理、个性原理。这一阶段教学论教材表现出强烈的反封建教学观，教材结构多样化，教材内容系统化，并开始加入心理学知识。②

新中国成立后，教学论教材的建设可以分为以下四个阶段。

一、学习苏联阶段(1949—1956 年)

新中国成立后，我国的主要任务由战争转向全面的社会主义建设，作为最重要的事业之一，教育要提高人民文化水平，为国家培养建设人才，切实做到为人民服务，要坚持马克思主义，在原有优良传统的基础上，借助先进经验，特别要借助苏联教育建设的先进经验。在这样的导向下，我国学者研究和学习苏联教育理论，尤其是凯洛夫的《教育学》，翻译引进苏

---

① 肖朗、肖菊梅：《清末民初教学论的知识结构、特征及其影响——以教材文本分析为中心》，载《社会科学战线》，2013(1)。

② 参见焦炜、徐继存：《百年教学论教材发展的回顾与思考》，载《课程·教材·教法》，2012(10)。

联教材，批判旧式教学思想和欧美教学理论，试图以马克思主义的立场和方法指导我国教学实践，建设教学论学科体系。1949 年，新华书店出版供师范学校使用的《小学各科教材及教学法参考资料》一书。该书由华北人民政府教育部教科书编委会编写。1950 年 7 月，教育部发布《师范学院教学计划(草案)》，规定开设“教学法”课程。这一阶段我国教学论教材的特征表现为以下几点。

(一)教材苏化，排斥西方

1949 年到 1956 年出版的 61 本教学论教材中，引自苏联的教学论教材数量高达 33 本，占总数的 54%，其余 28 本均为国人编写，并无翻译引进其他国家的教学论教材。对苏联教材的引进以凯洛夫的《教育学》为中心，人民教育出版社在 1950 年和 1957 年分别出版了凯洛夫《教育学》的两个版本，这两个版本发行数量在 50 万册左右。1956 年 12 月，凯洛夫带领苏联一行专家学者来到中国，进行了为期 23 天的访问，围绕全面提高教育质量、社会主义教育的目的、教学与教师等问题展开讨论。这一阶段翻译引进的苏联教学论教材涉及多个学科，例如，正风出版社 1953 年出版的库拉佐夫编写的《地理教学法》和斯卡特金著的《自然教学法》、中华书局 1953 年出版的节丘辽夫著的《植物生理学实验教学法》、上海大陆出版社 1954 年出版的卡诺内庚等著的《语文教学法》和人民教育出版社 1955 年出版的赫伏斯托夫等著的《近代世界史教学法》。同时对苏联教学论教材的引进涵盖了多个学段，如人民教育出版社 1955 年出版的萨古林娜著《幼儿园绘画泥工教学法》、1956 年出版的鲁美尔等著《小学音乐教学法》、1953 年出版的伯拉基斯著《中学数学教学法》等。

除了直接引进苏联学者编著的教材以外，其他由国人编写的教材中宣传、渗透着苏联教学论的思想，如 1952 年华南人民出版社出版的《新教学法的基本内容》一书的主要内容包括：第一部分什么是教学法；第二部分新教学法的基本内容；第三部分苏联学校中的授课计划和教授法；第四部分学习苏联教学经验对提高旅大教学的贡献；第五部分卡尔波娃同志在教学上给我的帮助。

(二)教材的体系和教材内容体系尚不完善

在这一阶段出版的教学论教材中，普通教学论教材有 18 本，占总数的 30%，其余 43 本均为各学科和学段教学论教材。其中包括语文、数学、外语、物理、地理、历史等各学科教学论，以及学前、小学、中学各学段教学论，此时还未出现高等教育、职业教育和成人教育学段的教学论教材。因此，教学论的教材体系目前还未形成，只出现了普通教学论教材和尚不完整的学科、学段教学论，缺少环节教学论教材和其他学科视角下的边缘教学论教材，且均未关注课程问题，仅就教学谈教学。

同时，教材的内容体系较为庞杂。新中国成立之初，百废待兴，加之国际关系的巨大变化，我国照搬苏联体系，之前按照西方教学论构建的理论体系遭到破坏，甚至遭到全面否定。在学习苏联和构建我国教学论内容体系的初期，很容易出现内容结构混乱的现象。如新群出版社 1950 年出版的郭化若著《新教育的教学法》中，第一章讨论怎样教和怎样学，第二章论述教育概况，第三、第四章又返回来讨论教授法和学习法，第五至第七章讲述工兵军事教育法、文化教学原则和教育法。① 由此可以看出当时教学论教材的内容体系不清晰，理论和实践部分未明确区分开来，且未明确区分“教育”和“教学”的概念，二者的逻辑关系和界限不甚明确。

（三）教材注重对教学实践的指导

教学论教材内容的实践性强，理论性较弱，注重教与学两方面的指导。1954 年山东人民出版社出版的傅统先著《教学方法讲话》在论述了教学方法的意义后，直接讨论教授新知识、加深和巩固知识、训练技能和熟练技巧以及复习和检查的教学方法，为教学实践提供切实可行的方法，但是理论性有待提高。

在教学实践指导方面，最受关注的为复式教学法。新中国成立之初，农村人口受教育水平较低，教育资源匮乏，教师力量不足。为了解决这一问题，很多地区开始实施复式教学法，将不同年级的学生安排在同一个班级，由一位教师给不同年级的学生用不同的教材教授不同的教学内容。因此复式教学法也自然成为教学论教材的主要研究对象，1949 年到 1956 年，我国出版以“复式教学法”为书名的教材 8 本，占普通教学论教材总数的 44%，其他普通教学论教材中也会涉及该教学法的讨论。实际上，我国在清朝末年就开始采用复式教学法，当时一批留日的速成师范生回国后就开始宣传复式教学法。1909 年，江苏教育总会向日本派遣人员，学习复式教学法，之后逐步在全国推行，1924 年上海商务印书馆就出版了顾旭侯等编

① 参见郭化若：《新教育的教学法》，目录，上海，新群出版社，1950。

著的《新学制小学复式教学法》。这种教学方法在1949年后主要用于农村学校教育。1950年中南新华书店出版的《复式教学法》在前言页说明："现在农村学校教育，受到客观条件的限制，多须采用复式教学法。为了帮助农村教育工作者研究并改进业务……"①1951年东北新华书店出版的齐心等著的《复式教学法》也在前言中讲：复式教学法是"如何很好地结合当地农村实际情况的一个教学经验"，复式教学法是"一种很好的教学方法。为了帮助东北农村教育工作者研究与改进教学"②而介绍此法。复式教学法的运用和研究有效地促进了农村学校的教育，成为这一阶段教学论研究的重要内容。

二、独立探索阶段(1957—1976年)

在完成了从新民主主义教育到社会主义教育的转变，经历了接管改造和教育改革后，我国教育事业日渐复苏。但到了20世纪50年代后期，尤其是1956年以后，教育事业受到"左"倾思想影响，强调以阶级斗争为纲，教育方针改为"为无产阶级政治服务，教育与生产劳动相结合"。1958年9月，《中共中央、国务院关于教育工作的指示》将现场教学、走出教室参加劳动、实行群众路线向工农学习作为教育改革的主要方向，同时继续肯定"双基"教学、因材施教等教学原则。这时学校教学秩序混乱，教学质量下降。在这样的时代背景下，阶级斗争在教育事业中占显著的位置，马克思主义理论的系统学习逐渐被扭曲为思想改造和政治批判，课堂教学被简化为生产劳动，教学论的发展受到严重的破坏。1956—1963年出版的教学论教材仅有22本，1970年后教学论教材发展更是停滞，且教学论教材体系和内容结构方面仍然存在混乱和不完善的情况。

随着中苏关系的改变，苏联教学理论也受到我国学者的批判，被认为是脱离实际，片面强调智育而脱离生产劳动，过度强调教师权威而忽视教学相长的辩证关系。我国从1956年到1963年出版的22本教学论教材中，只有一本为苏联引进教材，即人民教育出版社1961年出版的达尼洛夫等著的《教学论》，只占这一阶段教材总数的0.5%，与1956年之前相比大幅下降。其他西方国家的教学论理论和教材还未大量传入我国。值得注意的是，

① 新华书店：《复式教学法》，前言，湖北，中南新华书店，1950。

② 齐心：《复式教学法》，前言，沈阳，东北新华书店，1951。

这一阶段我国出版仅有两本的西方教学论教材之一为夸美纽斯的《大教学论》，这本教材不仅使用了“教学论”的名称，还标志着我国学者逐渐摆脱凯洛夫教学论的影响，接受其他西方国家的教学理论。另外一本引进教材是德国黑尔穆特·克拉因等著的《教学论》。这一阶段教学论教材的特征有如下几方面。

(一)注重培养共产主义品质

该阶段教学论教材主要以国人自编为主，这些教材以马克思列宁主义为指导，贯彻毛泽东思想，以党的教育方针为指导，反映“阶级斗争为纲”的价值观，体现当时社会“大跃进”的风貌。1958 年湖北人民出版社出版的车文博的《教学原则浅说》中第二章内容为教学的共产主义教育性原则，分别论述了教学的共产主义教育性原则的概念及其理论根据、实践意义和贯彻的基本途径。①

陈元晖认为教学与实现共产主义的关系是“只有在掌握知识的基础上，才能建立学生的共产主义世界观。培养具有共产主义教育要求的品质，要通过教学活动。因此，教学是社会主义社会由学校和教师来实现共产主义教育任务的一条基本途径”②。在谈及历史教学时，作者认为“不能仅限于讲述历史的事实和人物的活动，必须以社会发展的规律、阶级斗争的知识和共产主义的理想晓谕学生，使学生不仅学到历史知识，而且培养成具有共产主义品质的人物”③。

(二)在实践中独立探索

1961 年，由于意识到教育工作中的问题，我国着手在教育领域进行调整和提升，明确了“以教学为主”的原则，发挥教师和课堂的主导作用，恢复中小学基础知识和基本技能的传授和训练的重要性。1963 年中共中央印发的《全日制小学暂行工作条例(草案)》规定小学必须贯彻以教学为主的原则，对小学生进行教育应该注意适合儿童少年的年龄特点，研究和改进教学方法。但由于当时的工作重心仍以“阶级斗争为纲”，并没有完全克服“左”的倾向，将工作重心调整到经济和教育建设上来，所以教育事业并未

---

① 参见车文博：《教学原则浅说》，5 页，武汉，湖北人民出版社，1958。

② 陈元晖：《教学法原理》，5 页，武汉，湖北人民出版社，1957。

③ 陈元晖：《教学法原理》，23 页，武汉，湖北人民出版社，1957。

得到真正的发展，教学论教材的发展也受到阻碍。

1966年"文化大革命"开始后，社会状况和理论研究受到巨大创伤，当时的批判不仅限于对苏联教学论的批判，连国人自己已有的经验和理论也遭到了否定。教学论教材简化为政策解说、经验汇编、语录学习，而不是关于教学规律和理论研究的探讨。

在这样的情况下，我国学者尝试自编教材。根据对这一阶段教材的了解可以看出，我国学者在实践中摸索，但还未形成完整的教材体系和教学论内容体系。受到时代背景的影响，教学论教材并未取得太大的突破，但是国人的自主探索也取得了一些成果。如关于如何处理理论与实践的关系，当时的工人教师提出"我们工人并不排斥读书，书还是要读的，但不能死读书，必须把理论与实际相联系。我们也不排斥课堂教学，我们认为在课堂教学中可以使学生获得丰富的间接知识，但间接知识要为学生真正掌握，也必须结合革命实践，才能化为'真知'"①。当时我国学者认识到要处理好教学工作与政治的关系，要"在英语教学过程中，联系国际国内形势，'教书先教人，教人先教思想'，坚持突出无产阶级政治……我们批判'智育第一'，并不是不要智育，我们主张政治统帅知识，并不是不要知识"②。此外还发掘了我国古代教学论遗产，发展了毛泽东教育思想，保留了老区教育传统和广大教师在教学实践中创造和积累的经验。

该阶段教学论教材体系虽然与上一阶段相比并无明显突破，但是出现了针对高等教育的教学论教材，1958年四川人民出版社出版的张增杰的《心理学教学法》以西南师范学院教育系"心理学教学法"一课的讲义为基础，介绍了师范学校心理学的概念、内容体系、大纲和课本、课堂教学等内容。

（三）批判苏联，拒绝西方理论

此时国人对苏联教学论的批判达到了极点，1970年上海人民出版社出版的《彻底批判凯洛夫的〈教育学〉》开篇大幅引用毛主席语录，书中完全否定了凯洛夫的教育学，认为凯洛夫教学论是反革命的，全民教育是"复辟资本主义的遮羞布"，"师道尊严"就是"私道尊严"。书中认为凯洛夫的教学论

① 上海市出版革命组：《彻底批判凯洛夫的〈教育学〉》，106页，上海，上海市出版革命组，1970。

② 上海市出版革命组：《彻底批判凯洛夫的〈教育学〉》，93页，上海，上海市出版革命组，1970。

与社会主义的教学论是完全对立的两种教学论，凯洛夫抹杀阶级性的教学论渗透着“资产阶级十足的欺骗性”。

虽然苏联教学论本身具有片面性，上一阶段国人缺乏独立思考的学习，给教学论教材的发展带来了不良的影响，但应该肯定的是20世纪50年代培养起来的一些优秀的教师、学校和校长与当时学习苏联教学论是分不开的。①

上一阶段教学论教材建设推翻了1949年前学习欧美日本等国的知识和教材体系，“照搬苏联，否定西方”，但随着中苏关系的恶化，这一阶段不再大量引进苏联教学论教材，试图推翻苏联模式，造成了教学论教材编写的混乱。同时由于当时国际关系的不稳定，教学论还未开始大量引进苏联以外其他国家的教学论教材。该阶段，虽然已经不再完全以苏联教学论为标杆，但对西方国家的教学理论仍然保持排斥的态度。陈元晖在《教学法原理》中突出了两种错误的教学概念，认为“资产阶级教育学中，曾广泛流行着两种错误的教学理论，一种即所谓‘形式教育论’；另一种即所谓‘实质教育论’……这两种理论都是片面的、错误的”②。

三、恢复发展阶段(1979—1998年)

随着“文化大革命”的结束和党的十一届三中全会的召开，我国教育事业进入“拨乱反正”的阶段，纠正了“左”的思想，实事求是地发展教育。党的十二大、十三大都将教育事业提升到现代化建设的重要位置，将教育改革置于改革开放的总体设计之中。《中共中央关于教育体制改革的决定》(1985年)和《中国教育改革和发展纲要》(1993年)指明了教育改革的发展方向，推进了教学论研究和教学论教材体系的建设。这一阶段教学论教材进入恢复发展阶段，整个阶段又可以分为恢复阶段(1979—1984年)和发展阶段(1985—1998年)。恢复阶段(1979—1984年)共出版教学论教材5本，包括1982年游正伦编著的《教学论》、斯卡特金著的《现代教学论问题》、1984年赞可夫著的《教学论与生活》、南斯拉夫鲍良克等著的《教学论》、董远骞、张定璋等著的《教学论》。发展阶段(1985—1998年)共出版教材43本，1985年“中国教育学会教育学分会教学论专业委员会”建立之初就举办了“全国高

① 参见王策三：《教学论稿》，50页，北京，人民教育出版社，2005。

② 陈元晖：《教学法原理》，2页，武汉，湖北人民出版社，1957。

等学校教学理论与教材建设学术讨论会”，专门讨论了教学论的教材建设问题，可见学界对教学论教材体系建设的重视程度。此后，教学论教材快速发展，不仅有国外引进，还有大量国人编写的教材，其中包括1985年王策三著的《教学论稿》，1988年钟启泉编译的《现代教学论发展》，1996年陈时见著的《比较教学论》，1998年黄甫全、王本陆编的《现代教学论学程》，1999年钟启泉、张华编的《课程与教学论》等。

该阶段较为重要的教学论教材为1985年人民教育出版社出版的王策三著的《教学论稿》，该教材是教学论课程的讲稿，后整理成书。由书中前言可知，为了反映学科研究前沿的动态和出现的新问题、新成就，使面对不同学生的教育学学科的不同领域进一步扩展、加深和提高，1981年北京师范大学将“教学论”开设为一门选修课。该教材采用专题讨论的体例，对国内外教学论领域普遍关心的问题进行讨论。第一至第三章主要围绕教学论科学化的基本线索、新探索和进一步科学化展开讨论，第四、第五、第六章分别讨论了教学的基本概念、教学过程和教学原则；第七、第八、第九章围绕课程的历史发展、本质和结构、课程设计的方法展开讨论；第十、第十一、第十二章是关于教学方法、教学手段、教学组织形式和教学效果的检查的讨论。作者在前言中提及“它的结构仍需采用迄今通行的教学论体系。它并不表明我们认为教学论将不改变这个体系(当然也未必否定)”①，可见当时教学论教材的内容体系正在形成的过程中，还未完全确定。这一阶段教学论教材建设的特点有如下几方面。

(一)对国外教学论坚持开放态度

该阶段我国大量引进苏联、美国、德国等国先进的教学理论，且对引进的教学理论保持客观的评判。1982年版游正伦著《教学论》是该阶段出版的第一本教学论教材，该书的第九章介绍了国外在教学法上的新动向，认为“近三十多年来，经济发达国家都对中小学的教学方法进行了大规模的研究，大多数取得了不同程度的成功”②。在该章节中，作者介绍了苏联教学法、启发学、启发式外语教学法、程序教学法、发现法、微型教学法、分组区别教学法、算法化教学法、问题教学法。可以看出这时国人对国外教学论的态度逐渐开放，此后，开启了全面引进国外教学论的阶段，迎来了

---

① 王策三：《教学论稿》，50页，北京，人民教育出版社，2005。

② 游正伦：《教学论》，199页，北京，教育科学出版社，1982。

译介国外教学论的第一个高潮。

1993年陕西人民教育出版社出版了国外教学论流派研究系列专辑，其中包括《原苏联教学论流派研究》《美国教学论流派》和《德国教学论流派》，这三本书力图反映当时教学论发展的新进展。其中，《原苏联教学论流派研究》一书梳理了苏联教学论的发展史，阐述了苏联教学论的方法论和控制理论，介绍了巴班斯基、赞可夫、斯卡特金、沙塔洛夫等人的教学论思想。同年出版的《美国教学论流派》从人物简历及主要著作、理论背景、主要教学论思想、教学论特点及意义几个方面介绍了布鲁纳、布鲁姆、奥苏伯尔、加涅、罗杰斯、斯金纳和凯勒的教学论。《德国教学论流派》介绍了范例教学论、侧重教养的教学论、柏林教学论、控制论教学论、交往教学论以及联邦德国教学论研究的发展趋势。

（二）教材体系初步建立

通过对这一阶段教学论教材的整理可以发现，教学论教材体系逐步建立，当时的教材体系中包括以下几类教材：第一，普通教学论教材，如《教学论》《教学论新编》《现代教学论》《教学论与教育》等。第二，国外教学论介绍和比较类的教材，如1992年罗正华主编《比较教学论》、1993年陕西人民教育出版社出版的国外教学论系列教材和1996年吴文侃主编《比较教学论》。第三，教学论发展史教材，如1986年吴杰主编《教学论：教学理论的历史发展》，1998年董远骞著《中国教学论史》。第四，类别教学论教材，如1988年裴娣娜等著《发展性教学论》，1998年刘显国著《反馈教学论》、赵丽敏著《素质教学论》。第五，环节教学论教材，如1993年沈韬著《阅读教学论》、1996年宋宁娜著《活动教学论》、1996年袁金华主编《课堂教学论》。第六，教学论问题研究教材，如1985年王策三著《教学论稿》、1994年张武升主编《教学论问题争鸣研究》。第七，学科教学论教材，如1988年赵锡鑫著《生物学教学论》、1991年于长镇主编《体育教学论》、1992年崔璨著《历史教学论纲要》。第八，学段教学论教材，如1991年李希主编《高等教学论》。

（三）内容结构多样化

从该阶段出版的第一本教学论教材即游正伦1982年著《教学论》可以看出，20世纪80年代初期，教学论教材的内容体系依然比较混乱。该书第三至第七讲在讨论教学过程、计划、大纲、原则、方法的内容中穿插了第四讲“关于发展学生智力的问题”，将心理学内容和教学内容杂糅在一起；第十讲“电化教学”未纳入教学手段而单列一章；第十一讲“培养学生的自学能力”转而论述教学方法；第十二讲为“教学工作的组织形式”，第十三讲为“复式教学”，把复式教学单列一章未纳入教学组织形式。

1984 年董远骞等著《教学论》的内容结构为第一章绪论，第二至第七章在总结教学相长、循序渐进、因材施教等教学原则的内容中穿插第四至第六章“知识技能与认识能力”“教学的教育性”“教学与学生生理”；第八章为“课程论”；最后几章分别为教学原则、教学方法、自学方法、考查考试、教学组织形式，并附教案示例和课堂教学纪实。该书中已经出现课程论的内容，但此时对于课程论与教学论的关系还未清晰。

四、整合发展阶段(1999—2011 年)

进入 21 世纪，“在信息化社会和新课程改革的背景下，教学论面临来自‘非教学论’学科以及自身内部学科待完善需要的挑战。教学论学科建设开始进入综合创建阶段”[①]，同时，教学论教材进入了整合发展期，为了实现跨世纪现代化建设的宏伟目标，我国颁布了一系列重要的教育规划文件，落实科教兴国，全面提高人民素质和创新能力，同时，在信息技术发展的推动下，教学论教材的发展面临新的机遇和挑战。教学论教材在这一阶段快速发展，大量出版，1999—2011 年仅以“教学论”和“课程与教学论”为名的著作就有 26 本。其中包括“高等师范院校专业基础课教材”“高等学校文科教材”“面向 21 世纪课程教材”“21 世纪园丁工程丛书”“教育学专业系列教材”等，极大地丰富了教学论的教材体系。从教学论教材自身发展来看，1999 年出版了钟启泉、张华主编的《课程与教学论》，这是我国第一本以课程和教学论为名的教材，标志着课程论与教学论的整合，此后教学论教材大都以“课程与教学论”为名，单独以“教学论”为名的教材数量逐渐减少。该阶段教学论教材的特点有如下几方面。

---

① 张欣、侯怀银：《近 10 年中国教学论学科建设的本土探索》，载《当代教育与文化》，2011(4)。

（一）课程论与教学论整合

在这一阶段，课程论与教学论逐渐整合，实际上，早在1981年，西南师范大学、西北师范大学便开设课程与教学论博士点，从这一年开始，北京师范大学、华东师范大学等高校开始招收课程与教学论硕士。在教材方面，2000年张华著《课程与教学论》中的八章内容全部将课程与教学融合在一起进行讨论，其中包括：课程与教学的历史发展、课程开发与教学设计的基本模式、课程与教学的目标、课程内容与教学方法的选择、课程与教学的组织、课程实施与教学过程、课程与教学的评价、课程与教学研究的发展趋势。此后，教学论教材与课程论融合在一起。

（二）内容体系基本确定

随着课程论与教学论内容的融合，教学论教材的内容体系基本确定。该阶段教学论教材的内容体系主要有三种：第一，课程论和教学论内容在每一章都实现融合。除上文提及的张华著《课程与教学论》外，还有如2006年黄甫全主编《现代课程与教学论》，该书第一编为课程与教学概论，第二编为课程与教学系统，第三编为课程与教学过程，第四编为课程与教学美学。第二，以总分总的形式安排内容，首先合论课程与教学理论，然后分论课程和教学，最后再合论。如陈旭远2002年著《课程与教学论》第一至第三章总论课程与教学论的发展轨迹及启示、概念界定、理论基础；第四至第七章讨论课程的设计、结构、管理、内容选择和组织；第八至第十二章分论教学的目标、模式、结构、组织形式、艺术；最后两章再合论，分析课程、教学与学习方式的变革，以及变革中的教师。第三，将课程与教学完全分开讨论。如2004年王本陆主编《课程与教学论》中第二至第五章为课程理论，包括课程的基本理论、课程目标与内容、实施与评价和校本课程开发；第六至第十二章为教学理论，包括教学的基本理论、教学目标与功能、模式、方法、手段、组织形式、管理与评价。

五、全面发展阶段（2012年至今）

“十二五”普通高等教育本科教材建设坚持以邓小平理论和“三个代表”重要思想为指导，深入贯彻落实科学发展观，全面贯彻党的教育方针，全面落实《国家中长期教育改革和发展规划纲要（2010—2020年）》《国家中长期人才发展规划纲要(2010—2020年)》，以服务人才培养为目标，以提高教材质量为核心，以创新教材建设的体制机制为突破口，以实施教材精品战略、加强教材分类指导、完善教材评价选用制度为着力点，以求为提高高等学校本科教学质量和人才培养质量发挥更大作用。2012年11月21日，教育部确定1102种教材入选第一批“十二五”普通高等教育本科国家级规划教材，该阶段教材建设的基本要求是：全面推进，突出重点；明确责任，确保质量；锤炼精品，改革创新；分类指导，鼓励特色。同时，为了响应建设具有中国气派哲学社会学学科体系、学术体系和话语体系的号召，2016年后，教学论教材中中国经验、中国话语逐渐增加。

(一)内容逐渐丰富

随着国际教学理论研究的进步，信息技术的发展和国家课程教学改革的推进，教学论教材的内容逐渐丰富，一些教材开始关注当代课程与教学发展的前沿领域，关注信息技术影响下国际课程与教学论发展的新技术和新理念，并且注重将这些技术和理念与教学实践结合。如2016年李方主编《课程与教学论》增加了微课、慕课、云课程、翻转课堂等新内容，以及核心素养、复杂性科学等新理念。2015年刘艳玲主编《课程与教学论》增加了国际和我国课程改革的趋势和历史以及我国新一轮基础教育课程改革内容。2019年曹俊军编著《课程与教学论》增加了校本课程及其研发，网络课程与网络教学，课程与教学研究的范式、重点和展望。

(二)体例形式多样

随着教学论的内容和结构的不断变化，教学论教材结构也随之变化，在原有的内容结构上增添了新的板块。如2012年周兴国、段兆兵主编《课程与教学论》每一章包括“学习目标”“本章要点”“关键词”“引子”“正文”“反思与探究”“拓展阅读”。2019年岳德刚等编《课程与教学论》增加了“学海导航”“结构导图”“情景案例”“阅读卡片”“反思与巩固”“分享与合作”等板块。此外，随着各种系列教材的出版，教学论教材的体例愈加丰富。

第二节　新中国成立以来教学论教材建设的成就

新中国成立以来，在中国共产党的领导下，教学论教材建设取得了重要的成就，概括起来主要有以下三个方面。

一、形成科学的教学论内容体系

科学化不仅是一门学科发展的标准，也是教材发展的衡量尺度。教学论的发展经历了从个别教育思想到教育论著，再到形成独立学科的历程，在发展的过程中逐步实现了科学化。在经历了从“教授法”“教学法”到“教学论”的几次更名后，教学论教材也逐渐趋于科学化。

新中国成立之前，教学论教材无论是国外引进还是国人编纂的，大多遵循两种基本框架，或如蒋维乔所著《教授法讲义》包括以教授原理为总论，以各科教授法为分论的两大部分，或如朱孔文所著《教授法通论》以教学目的、教学材料、教学方法为基本框架，形成了学科教学论的初步模型。1914 年李步青(即李廉方)著《新制各科教授法》，该书先后再版 15 次，对各个学科的教学法提供了理论借鉴。序言中，作者表示“本书各科次序遵教育部小学校教则之规定以便教授者参考条文；本书各科要旨及材料方法发挥教育部教则以便实际教授”①。

新中国成立后，经历了 70 余年的发展，目前教学论教材明确了教学的概念、研究对象和任务、改进研究方法，对于教学这一客观对象有了系统化、科学化、概括化的认识和研究。教学论教材形成了完整的内容结构，形成了由教学基本理论、教学目标、教学功能、教学模式、教学方法、教学手段、教学组织形式、教学管理和教学评价组成的教学论内容体系。

二、教学论与课程论关系逐渐明晰

课程论与教学论的关系一直是教学论教材面临的问题，伴随教学论研究和教材的不断发展，课程论与教学论的关系逐渐明晰。21 世纪前，有的教材中直接出现“课程”章节，有的教材以“教学内容”为题目论述课程相关内容。可以看出此时我国学者所持的课程与教学观将课程作为教学的下位概念，将课程作为教学内容来认识。这时对课程与教学关系的理解还未统一。

1981 年，西南师范大学、西北师范大学开设课程与教学论博士点，从这一年开始，北京师范大学、华东师范大学等高校开始招收课程与教学论硕士。1996 年田慧生、李如密著《教学论》中设有“课程与教材”一章，讨论

① 李步青：《新制各科教授法》，3 页，上海，中华书局，1914。

了课程与教材的一般意义、课程编制的理论与流派、我国中小学课程与教材。1998年赖志奎主编的《现代教学论》第七章"课程论"包括课程论概述、课程的基本类型、我国中小学的课程、国内外课程改革趋势。直到1999年我国第一本以《课程与教学论》命名的教材出现，两者的关系逐渐清晰，形成了"包含论""并列论""循环论""交叉论"和"整合论"[①]等观点。

在实践领域，课程与教学是无法独立运行的、不可分割的整体，而理论视角上的区分是为了课程论与教学论有各自稳定的理论研究范畴，获得各自长足的发展。[②] 为了探究教学论与课程论的关系，实现本土化的课程—教学论，我国研究者从文化、哲学、教育、宗教等角度出发，分析了教学论和课程论产生的文化背景和话语体系，呈现二者解决教育问题的出发点、目的、方式的不同，避免对这两个领域的误读。[③] 课程论与教学论的融合并不是简单地将二者杂糅或拼凑在一起，而要以促进学生发展为目的，考虑二者各自的优势和特征，在继承我国教学理论遗产，直面我国教学实践，尊重国外课程与教学理论的基础上，实现本土化的课程—教学论。

三、注重教学论史研究

教学论学科和教材的发展都需要注重历史研究，在总结历史发展的同时展望未来。20世纪初，教学论经由日本引入中国，对照日文翻译为"教授学"或"教授法"。1917年，陶行知提出将"教授法"改为"教学法"，这一改变深化了这一学科的研究理念，拓宽了研究视角和研究内容，体现了"教"与"学"的互动机制。1925年，在全国教育联合会的推进下，普通教学法和各科教学法成为师范类学校的必修课，后逐渐成为教育系科的必修课。[④] 新中国成立后，为了强调该学科的标准性、研究性和体制性，"教学论"这一称谓开始成为主流。

---

① 参见程岭：《课程论与教学论关系辨析与本土化构建》，载《现代基础教育研究》，2018(1)。

② 参见张欣、侯怀银：《近10年中国教学论学科建设的本土探索》，载《当代教育与文化》，2011(4)。

③ 参见王飞：《教学论与课程论关系研究——基于教育学学科本土化的视角》，博士学位论文，首都师范大学，2013。

④ 焦炜、徐继存：《百年教学论教材发展的回顾与思考》，载《课程·教材·教法》，2012(10)。

1985年王策三著《教学论稿》总结了我国近现代教学论发展的若干历史特点，认为教学论经历了四种教学论体系：发展交错、全面学习苏联教学理论、独立探索与挫折和新的开端。2020年北京师范大学出版社出版郑玉飞著《共和国教育学70年：课程与教学论卷》，该书梳理了新中国70年来课程与教学论的发展历程，将整个发展历程分为五个阶段：课程与教学论的依附阶段（1949—1977年）、独立阶段（1978—1989年）、发展阶段（1989—1997年）、融合阶段（1997—2001年）、繁荣阶段（2001年至今）。2021年，徐继存著的《教学论研究》将教学论的教材发展划分为曲折发展时期（1949—1976年）、繁荣期（1978—1999年）、整合发展期（2000年至今）。这些著作对我国教学论学科和教材的发展进行了回顾，详细描述了每个阶段的发展特征，使我们可以更好地把握教学论教材发展程度和今后发展方向。

第三节　新中国成立以来教学论教材建设的经验

在分析新中国成立以来教学论教材建设的历程和取得的成就的基础上，我们认为教学论教材建设的经验主要有以下三个方面。

一、坚持马克思主义

坚持马克思主义是我国教育学乃至整个哲学社会科学最鲜明的理论特征，教学论教材的发展一直以马克思主义为指导。从建国初期全面学苏阶段传播马克思列宁主义教学理论，探索适用于中国的马克思主义教学理论，到20世纪50年代中期强调政治斗争，坚定马克思主义，再到教学论教材的整合发展期和全面发展期，教学论教材始终坚持马克思主义的领导。湖北人民出版社1957年出版的陈元晖著《教学法原理》中讲道“马克思列宁主义的认识论是教学的指导方针，只有根据它和遵循着它前进，才能保证把客观世界正确地、完全地、深刻地反映于人的意识之中；才能培养年青一代辩证唯物主义的世界观，完成共产主义教育的任务……教学法的全部体系只有建立在马克思列宁主义的认识论的基础上，才能成为真正的科学的教学法。这样的教学法，才能指导客观实践，才能成为培养年青一代的有效的工具”①。

---

①　陈元晖：《教学法原理》，23页，武汉，湖北人民出版社，1957。

在王策三的《教学论稿》中专门设有一节讨论马克思主义教学论的产生和发展。不仅如此，教学论教材发展也遵循马克思主义哲学，主要有以下两点表现：其一，坚持马克思主义就是坚持问题导向，教学论作为师范生和教育学专业的必修课，要解决教学过程中需要注意的问题。从教学论教材的内容结构可以看出教材关注教学实践中的各种问题，如教学设计、教学组织形式、教学方法、教学模式等。其二，坚持马克思主义就是坚持不断发展，发展马克思主义就是坚持马克思主义，教学论教材的发展紧跟时代潮流，迎接各种改变，实现不断发展。由此可见，教学论教材的发展离不开马克思主义的指导。

二、坚持教材研究

教学论教材的良性发展离不开我国学者对教材本身的研究，只有研究好教材，才能发展好教材。我国学者已经从教材发展历程、教材文化特征和文化逻辑、教材知识内容等方面进行了研究。当前，教学论教材研究的进一步发展需要从教材的历史考察、教材的指导思想和文化意识、教材的理论体系和内容构成等方面入手，在坚持马克思主义、坚持中国文化和科学精神的基础上，以构建中国特色教学论"三大体系"为目标，促进社会主义核心价值观在教学论教材中的渗透，重视中外教学论教材研究和跨学科教材研究，形成具有中国气派、具有时代性的立体化教材研究体系。

三、坚持理论联系实际

与课程论和其他教育学学科相比，教学论的实践属性更加明显。在我国，教学论教材最初出现就是为了服务教学实践，当时教材的教学理论和课程理论较为薄弱，更加注重实践的指导。如新群出版社1950年出版的郭化若著《新教育的教学法》中，作者在第一章首先讨论了"怎样学"和"怎样教"，其中学的部分探讨了学的立场、学的态度、学的观点、学的方法和学的方面，教的部分从树立威信、培养能力、打破顾虑、当好教员、教好功课几个方面进行论述。第二、第三章分别为教育概说和教授法，第四章讲述学习法，从计划学习、读书、听课、讨论、质疑等方面讨论了学习的方法。可见这一阶段的教学论不仅关注教师的教，更关注学生如何学，并且贴近教学实践，对每个教和学的环节都有明确的指导。

在教学论教材不断发展的过程中，课程和教学理论成为教材的主要内容，理论深度和广度日益加深，同时教学实践经验也在不断发展和丰富。经历了70余年的发展，我国已翻译和编著的教学论相关教材数量已有上百部，但仍面临着对新时期教学改革内容体现不足、过度关注理论、对教学情境关注不足等亟待解决的问题。[①] 教学论教材的进一步发展需要坚持理论联系实际的原则，同时关注教学理论和教学实践，加强对我国教学改革内容的体现，关注我国教学的实际情境，让理论与实践内容实现整合。

第四节 新中国成立以来教学论教材建设的启示

新中国成立以来教学论教材建设的启示主要有以下三个方面。

一、处理好教材建设与学科体系建设的关系

作为一门理论与实践相结合的学科，教学论教材不仅需要阐明教学本质、教学目标、教学文化、教学论学科建设等方面的理论基础，还需要展现和更新教学设计、教学方法、教学模式、师生关系等方面的实践经验。教学论的教材建设不仅是人才培养的需要，是教学论研究成果积累和传播的需要，也是教学论学科体系、学术体系、话语体系发展的需要。

教学论的学科体系与教材体系是相互促进的关系，由于教学论的教材体系是反映教学论学科体系的重要载体，抓住教学论教材体系建设，也就抓住了教学论学科体系建设的重要方面。学科体系的构建要依托于教学论教材体系的构建，学科知识以教材的形式呈现，从而实现育人育才的目的。教材体系建设在教学论学科体系建设和人才培养中具有重要的基础性地位，因此，将教学论的学科体系建设和育人育才目标统一起来，加强教学论教材的建设，完善教学论教材体系建设是教学论学术体系建设的重要任务。

二、处理好国外经验与本土经验的关系

从教学论教材的发展阶段可以看出，教学论教材的发展离不开国外教学理论的引进和传播，国外教学理论在一定程度上促成了我国教学论教材

① 参见徐继存等：《教学论研究》，393～419页，福州，福建教育出版社，2020。

的开端。1901年王国维译介的立花铣三郎的《教育学》是引入我国的第一本教育学的专业著作。同年，11月至12月，日本学者汤本武比古所著《教授学》在我国最早的教育专业刊物《教育世界》第12～14号连载，成为最早的教学论教材。① 该书遵循赫尔巴特五段教学法，书中第九章到第十三章详细论述了预备、授与、联合、结合和应用五个教学阶段的心理特征。这五个阶段不同于赫尔巴特在《普通教育学》中阐述的明了、联想、系统、方法四个教学的形式阶段，也不同于齐勒尔和莱茵改进后的预备、提示、联想、总结、应用五个教学阶段②，这是由于日本学者汤本武比古在译介时对赫尔巴特的五步教学法已做了一些调整，我国学者再次翻译时，为了便于国人接受而选择了这种表达。从该书附录中所列举的各门学科的教案中可以看出，该书作者的确根据莱茵补充后的五段形式教学阶段编写，这为我国当时的教师提供了编写教案的范本，对教学实践和教学论教材的编写产生了直接的影响。如我国第一部由国人编写的教授学教材《教授法通论》的第一章教授之方法中，对裴斯泰洛齐和莱茵五段形式教学阶段进行比较后，认为五段教学法更适用于各学科的教学。随后教学论教材在赫尔巴特教学论体系的结构和内容基础上不断丰富。

教材发展的过程，也经历了学日、学美、学苏和全面引进的不同阶段，国外教育理论的引进极大地丰富了教学论教材的内容。但我们应该同时注意到传统教学经验和现代教学经验的价值，如循循善诱、有教无类、因材施教等传统教学经验，以及新时期课程教学改革中积累的宝贵经验。教学论教材的发展需要以开放的眼光对待国外教学理论，同时充分肯定本土经验，实现传统教学论精华的创造性转化，处理好国外经验与本土经验的关系，反映各学科教育教学的丰富实践和时代精神。

三、处理好教学论与其他学科的关系

教学论在整个教育学学科体系中占有不可替代的位置。教育学是研究教育现象和教育问题，揭示一般教育规律的一门社会科学，教学论是研究

① 参见周谷平：《近代西方教育理论在中国的传播》，8页，广州，广东教育出版社，1996。

② 参见肖菊梅：《清末民初赫尔巴特“五段形式教学阶段”的导入及推广——以汤本武比古的〈教授学〉为考察中心》，载《教师教育学报》，2014(6)。

教学过程中的现象和问题的理论。教学论既是教育学的二级学科，又是教育学研究的主要问题。所以要处理好教学论与教育学的关系，以及教学论与教育学体系内其他学科的关系，其中最受关注的为教学论与课程论的关系。目前大部分教学论教材以“课程与教学论”命名，只有处理好课程论与教学论的关系，才能更好地定位和发展教学论教材。

第七章 新中国成立以来德育原理教材建设

德育原理研究德育的现象、特征与规律，在此基础上确立德育的价值取向与基本规范，是教育理论的基础学科，也是教育学专业本科生的一门专业基础课程。德育原理教材①建设情况直接决定着学生是否掌握德育的基本原理和分析德育问题的理性框架，是否具备探索解决德育问题的一般思路，是否可以形成教书育人的意识和能力。新中国成立以来，德育原理教材建设取得了重大成效，不同的研究者和编写者编写出了不同的德育原理教材。为了德育原理教材的进一步建设，我们有必要就德育原理教材建设历程进行回顾，分析德育原理教材建设取得的成就和积累的经验，进而为德育原理教材的新建设提供借鉴和启示。

---

① 一门学科的概论性教材是该学科理论体系发展水平的最直接体现。新中国成立以来出版的德育学科的概论性教材主要有三类：一是以“德育论”(含“德育理论”或“德育概论”)命名的教材；二是以“德育学”命名的教材；三是以“德育原理”命名的教材。以“德育学”命名的教材比较强调德育学科的科学性，主张以科学范式和方法来研究德育，力图确立德育学科在科学体系中的学科地位。这类教材和著作在20世纪八九十年代出现得较多，近年来已经少见了。以“德育(概)论”或者“德育原理”命名的教材不太强调德育学科的科学性，也不太追求德育学科在整个科学体系中的地位，而是希冀从实践出发，把德育学科塑造成一门“事实性”的学科。这种差异实际上体现了德育学科在科学化过程中的艰难探索，以及研究者在实践中对德育学科特殊性的坚守。尽管分析的视角和倾向不同，这三类教材仍有明显的共同点，即教材内容基本由“学科总论”“理论基础”“实践运用”构成，都是关于德育学科基本理论与实践的概论性讨论和探索。基于以上共识，本章统一以“德育原理教材”代表新中国成立以来出版的德育学科的所有概论性教材。

第一节　新中国成立以来德育原理教材建设历程

一、德育原理教材建设的“苏联化”改造阶段(1949—1956年)

1949年12月，第一次全国教育工作大会明确提出新中国教育事业要吸收老解放区的经验，同时借鉴苏联经验，实行“苏联化”改造。中国教育及德育的“苏联化”改造使得德育原理教材不复存在。20世纪上半叶已引进国外的德育原理教材以及形成中国特色的德育原理教材被不同的教育学教材所取代，《德育原理》《德育论》《德育学》等命名的教材不复存在。但有关德育原理教材内容的探讨并未停止，而是以其他教育学教材的部分内容的形式继续呈现。这次“苏联化”改造，是新中国成立以后的一次重要的德育探索，在德育教材建设上体现为模仿和照搬苏联德育经验。

这一阶段德育原理教材研究的基本特点，就是模仿和照搬苏联经验来完成新中国德育原理教材的“破旧立新”。1950年，人民教育出版社出版发行凯洛夫主编的《教育学》，该书的第八章至第十二章分别论述了共产主义道德教育的原理、内容、方法等。这一时期还翻译出版了冈察洛夫的《教育学原理初译稿》，该书的第八章专门讨论了“道德教育的原理”，也翻译出版了奥戈罗德尼科夫、史姆比辽夫的《教育学》，该书的第十章至第十二章讨论了苏维埃的德育原理、德育方法以及爱国主义教育等。以上著作详细地阐述了苏联共产主义道德教育的目标、内容及方法等，被当时中国德育理论界普遍认为是对我们实行新民主主义教育、培养新国民道德的非常有用的书①，在当时中国德育领域产生了重要影响。此外，这一阶段，北京师范大学教育系以凯洛夫《教育学》为摹本编写了《教育学讲义》，该教材的第十二章至第十七章是有关道德教育的内容，主要是模仿和照搬凯洛夫《教育学》中德育部分的理论结构和思想体系，阐述了共产主义德育原则与方法、爱国主义教育、集体主义教育、劳动教育等。从一定程度上讲，《教育学讲义》实际上成为这一阶段中国德育教材研究的一个缩影，即在全面学习苏联德育的基础上，以苏联共产主义政治思想和德育理念为指导，倡导通过模仿乃至照搬苏联德育理论组织我国德育原理教材，坚持走中国德育原理教材建设的“苏联化”改造道路。在模仿和照搬苏联德育的同时，还展开了对

① 参见王雁冰：《介绍“苏联的新道德教育”》，载《人民教育》，1950(4)。

杜威的实用主义教育哲学的批判，目的就是表明中国教育要与美帝国主义教育划清界限，并展示出全面"苏联化"改造的意志。

总之，这一阶段的德育理论界和德育原理教材领域"肃清"了和杜威实用主义教育思想的关系，与西方教育思想彻底地"划清了界限"，进而在教育学及德育原理教材领域开始了全面"苏联化"的改造，以苏联德育来组织中国德育原理教材建设，试图在学习、模仿乃至照搬苏联德育的过程中推动新中国德育事业的发展。

二、德育原理教材建设的"中国化"探索阶段(1957—1966年)

1956年开始，中苏关系恶化，这导致中国德育原理教材建设的"苏联化"戛然而止，而中国学者也不得不重新展开德育原理教材建设的探索，其目的是构建出一条"中国化"德育教材建设之路。该阶段的"中国化"探索，主要体现在对凯洛夫《教育学》及其德育体系的全面批判和对德育原理教材研究的"中国化"探索两个方面。

(一)批判凯洛夫主编的《教育学》及其德育体系

中苏关系破裂后，我国德育领域展开了对苏联德育体系的批判，其矛头首先指向了凯洛夫主编的《教育学》。1957年，瞿葆奎先生发文指出，应当对凯洛夫主编的《教育学》保持清醒的头脑，"我们存在着教条主义的学习态度，这种教条主义的学习态度，我们必须努力批判和克服"①。瞿葆奎先生旨在要保持理性的态度来批判学习凯洛夫主编的《教育学》，但1958年后，对凯洛夫《教育学》及苏联德育体系的批判逐渐呈现出了"一边倒"态势。批评者认为，凯洛夫主编的《教育学》的思想框架及其德育体系受到了"修正主义"的影响，而我们的德育理论体系应当是以毛泽东思想为指导，并以"毛泽东教育思想为武器，批判教育战线上的资产阶级思想和修正主义思想"②。对凯洛夫主编的《教育学》及其德育思想的批判越来越激烈，从而形成了20世纪50年代前期与后期模仿、学习苏联德育与全面批判苏联德育的两种截然不同的态度。这体现出了当时中苏关系破裂后，中国德育领域亟待从模

① 瞿葆奎：《关于教育学"中国化"问题》，载《华东师范大学学报》(人文科学版)，1957(4)。

② 郑金洲、瞿葆奎：《中国教育学百年》，141页，北京，教育科学出版社，2002。

仿、照搬苏联德育的轨道上摆脱出来，艰难探索中国德育发展的困境。中国德育界必须适应新的政治形势及教育背景，独立自主寻找适合于中国自身的德育教材建设之路，展开德育研究的“中国化”的探索。

（二）独立探索德育原理教材的“中国化”道路

随着对凯洛夫《教育学》及苏联德育体系的批判，学界展开了德育原理教材建设的“中国化”探索。1956年，瞿葆奎先生在《人民教育》上发文指出，我们要避免用苏联模式来“生搬硬套”中国教育实践，当前，我们“在很大程度上还是采取你引凯洛夫和别洛夫斯基的话，我引崔可夫和斯达西耶娃的话，来证明你或者我早已作出的结论”①。这显然无助于中国德育的发展。1957年，瞿葆奎先生发表《关于教育学“中国化”问题》一文，他认为当时对苏联模式和经验的学习，是一种僵化的教条主义态度，不利于走出一条“中国化”的道路。随着呼声的增多，北京师范大学、华东师范大学、南京师范学院、华南师范学院等高等院校在批判凯洛夫《教育学》及苏联德育体系的基础上，以毛泽东思想为指导编写了一系列新的《教育学》教材，其中的德育内容也进行了“中国化”探索。如北京师范大学编写的《教育学教学大纲》（1958年）、华东师范大学编写的《教育学》（1960年）、南京师范学院编写的《教育学》（1959年）、华南师范学院编写的《教育学讲义》（1959年）等，均围绕着中国学校德育的性质、任务、共青团组织、班主任工作等方面，对教材中的德育内容进行了“中国化”的探索。其“中国化”的探索体现在德育原理教材的编写不再以苏联共产主义思想为指向，而是以毛泽东教育思想为引导，结合中国德育实况研究了学校德育、思想政治教育的意义、任务、原则、过程、方法等内容，初步搭建了中国德育原理教材的框架。

三、德育原理教材建设的十年停滞阶段（1967—1976年）

“文化大革命”期间，党和国家的政治生活、经济生活、文化生活秩序遭受严重破坏，社会生产力、生产秩序也遭受前所未有的灾难。在教育领域，大量的学校及教育组织机构遭到破坏，而中国德育原理教材建设的研究也几乎处于停滞的状态。学校成为阶级斗争的阵地，学校德育泛化为政治运动、政治宣传，政治口号和政治标语不断传播。学生接受的不是关于

---

① 瞿葆奎：《如何在教育学领域中实现“百家争鸣”》，载《人民教育》，1956(11)。

道德品质的教育，而是“无产阶级专政”“阶级斗争为纲”的“极左”意识形态的教育。

四、德育原理教材建设的现代化阶段(1977—2012 年)

“文化大革命”结束后，德育领域的拨乱反正也有序展开，德育原理教材开始重建，并向着现代化与科学化的方向前进。这一时期德育原理教材建设的现代转型表现为：其一，构建科学化德育理论体系；其二，构建现代化德育学科体系；其三，建立中国本土德育理论流派，并对德育基本理论问题展开全方位的探索，促进了德育原理学科建设不断走向科学化与现代化。

(一)构建科学化的德育理论体系

改革开放后，德育研究进入快速发展期。德育学人开始着手建构现代化的德育理论体系，就德育过程规律、本质、内容、功能以及方法等展开了全方位的探索。

其一，德育过程规律方面。潘懋元先生谈道，“文化大革命”的教训就是不尊重教育规律。[①] 要研究好德育就必须尊重并按德育规律办德育。随即德育过程规律的研究成为热点，王逢贤[②]、鲁洁[③]、班华[④]、李道仁[⑤]、涂光辉[⑥]等都参与了德育过程规律的研究，研究内容涵盖德育过程的概念、本质、特点、结构、要素、基本矛盾，以及中国古代的德育过程思想、苏联的德育过程理论等。1989 年，胡守棻主编的高等学校文科教材《德育原理》出版，集中探索了德育本质、德育功能、德育人性化等，奠定了德育学科的理论基础，标志着我国德育原理成为一门独立的学科。

其二，德育本质方面。20 世纪 80 年代，学界认为德育本质就是“把一

① 参见潘懋元：《对高等教育若干问题的思考》，载《西北工业大学学报(社会科学版)》，2018(2)。

② 参见王逢贤：《学校德育过程特点初探》，载《教育研究》，1979(3)。

③ 参见鲁洁：《德育过程初探》，载《教育研究》，1981(2)。

④ 参见班华：《思想品德教育过程》，载《教育研究》，1980(3)。

⑤ 参见李道仁：《试析德育过程的基本规律》，载《教育研究与实验》，1984(1)。

⑥ 参见涂光辉：《试论教育过程的基本规律》，载《湖南师院学报(哲学社会科学版)》，1984(3)。

定社会的思想道德规范转化为受教育者个体的思想品德”①的活动。这是一种“外铄论”。到了20世纪90年代，学者们认识到德育除了需要外在引导，更要靠自身的“内化”，因此提出德育的本质是“通过受教育者积极主动的内化和外化，促进其养成一定品德的教育活动”②。到了90年代末，鲁洁教授提出了德育本质是“适应性与超越性的统一”的思想观点。德育本质研究经历了从“外铄论”到“内化论”再到“适应性与超越性的统一论”的发展，表明学者对德育本质的研究更加深入。

其三，德育内容方面。德育现代化和科学化反映在德育内容上表现为探索更加完善的德育内容体系。在社会现代化背景下，这一时期的德育学者将社会现代化建设出现的道德教育、法制教育、思想政治教育、心理健康教育等内容统统纳入道德教育范畴，进而构建了一个“大德育”的体系。

其四，德育方法方面。这一时期的研究者所提出的德育方法更加多元，包括榜样示范法、情感陶冶法、对话讨论法、行为训练法等。如严正的《中小学德育原理与方法》(1989年)、魏贤超的《现代德育原理》(1993年)、檀传宝的《学校道德教育原理》(2000年)等都强调通过更加现代化、科学化的德育方法，提高学生的道德品质。

(二)构建现代化德育学科体系

德育学成为一门独立学科后，继续不断向内挖掘、向外拓展，形成了德育学科的分化与融合的趋势。德育学科的分化，使得德育原理教材建设走向细化和深化；而德育学科知识体系走向融合，又不断拓宽学科的视野，促进了整个德育学科体系的现代化转型。

德育学科的分化体现为德育学科从内部不断分化出许多子学科，并且从外部拓展形成众多的交叉学科、边缘学科。在子学科的分化上，如德育课程论、德育教学论、德育方法论以及比较德育论等，这些子学科，从不同的角度推动了德育理论体系的建构，促进了德育原理教材研究的深化。同时，德育学科开始寻求与其他学科的交叉，如德育与哲学的交叉产生了德育哲学、德育与社会学的交叉产生了德育社会学、德育与美学的交叉产生了德育美学、德育与环境学的交叉产生了德育环境学、德育与心理学的交叉产生了德育心理学等。学科交叉可以从更开阔的视角来研究德育问题。

---

① 胡守棻：《德育原理》，36页，北京，北京师范大学出版社，1989。

② 扈中平：《教育学原理》，384页，北京，人民教育出版社，2008。

德育学科分化同时，也出现了融合。一方面体现为形成更加成熟、体系化的研究成果，如赵翰章的《德育论》(1987 年)、胡守棻的《德育原理》(1989 年)、鲁洁的《德育新论》(1994 年)、檀传宝的《学校道德教育原理》(2000 年)、黄向阳的《德育原理》(2000 年)等著作，对德育学科的基础理论成果进行了归纳和综合，促进了德育学科体系的综合化。另一方面还体现在出现了一批旨在促进德育理论与德育实践走向融合的研究成果，如李长喜和卓晴君的《德育理论与实践》(1992 年)、魏贤超的《现代德育理论与实践：主体参与式德育与整体全息德育课程的理论与实践》(1994 年)、张耀灿的《中学德育理论与实践》(1994 年)等著作。这些成果的共同点是研究者结合自身德育研究实践，在德育理论研究基础上，从理论与实践两个角度对德育进行了综合性的研究，进而促进了理论与实践的融合，对德育原理教材建设和德育学科研究的发展产生重大影响。

(三)建立中国本土德育理论流派

面对现代化过程中产生的经济主义、唯科学主义、极端个人主义等问题，德育研究者开始从生活、情感、生态、制度等角度对人的现代化、道德现代化问题进行全面而深入的探索。生活德育论①、活动德育论②、情感德育论③、公民德育论④、制度德育论⑤等，基于不同角度，运用多种方法，对社会道德问题进行了深入的研究，呈现出百家争鸣之态。

五、德育原理教材建设的新时代阶段(2012 年至今)

党的十八大以来，我国德育原理教材建设进入新时代。党和国家颁布一系列政策文件，为我国德育原理教材建设指明了方向。2016 年 10 月，中共中央办公厅、国务院办公厅发布《关于加强和改进新形势下大中小学教材建设的意见》，指出成立专门的国家教材委员会来管理全国教材工作。2017

---

① 参见高德胜：《生活德育论》，北京，人民出版社，2005。

② 参见戚万学：《活动道德教育论》，南京，南京师范大学出版社，1994。

③ 参见朱小蔓：《情感教育论纲》，南京，南京师范大学出版社，1993。朱小蔓：《情感德育论》，北京，人民教育出版社，2005。

④ 参见檀传宝等：《公民教育引论》，北京，人民出版社，2011。

⑤ 参见杜时忠：《人文教育与制度德育》，合肥，安徽教育出版社，2013。杜时忠：《德育十讲——制度何以育德》，武汉，华中师范大学出版社，2019。

年3月，教育部成立教材局，负责制定全国教材建设规划和制度。2019年12月，国家教材委员会、教育部印发了《普通高等学校教材管理办法》，要求高校承担主体责任，建立健全教材编审和选用制度。这一系列政策使我国教材建设机制更加完善，德育原理教材建设更加高效。进入新时代，德育原理教材建设呈现了以下明显特色。

（一）加强了中华优秀传统文化研究

经过20世纪八九十年代的发展，中华优秀传统文化研究已趋于成熟，并成为推动德育理论与实践发展，促进学校德育变革的重要推动力。德育研究者逐渐认识到传统文化是中国人的精神归属，当代学校德育和社会道德文化建设必须走中国特色文化路线。

（二）加强了社会主义核心价值观教育研究

这一阶段的德育原理教材建设更加关注该方面内容。研究者普遍认为社会主义核心价值观教育凝聚当前中国社会所需共识，且吸纳了世界优秀文化，是中国当代教育应秉持的价值立场，应把社会主义核心价值观融入德育教材。

第二节 新中国成立以来德育原理教材建设的成就

一、德育原理教材数量多、种类全、覆盖范围广

据不完全统计，新中国成立以来，公开出版的概括性德育学科教材有100余本①，改革开放后达到高峰。这些教材门类齐全，适用范围广泛，涵盖了本科德育学科教材、高等师范院校德育课教材、中等师范学校德育课教材、师专德育课教材，以及部分干部培训教材。其中一些教材内容扎实，论证严谨，方法科学，深刻反映了其时代德育理论与实践，成为了众多德育教材中的经典之作。1949年后，胡守棻主编了我国第一部德育原理学科教材《德育原理》，此书章节丰富，涉及全面，一度被广泛使用，可以说成

① 在中国国家图书馆馆藏目录数据库中以“德育论”“德育学”“德育原理”为题目搜索学科概括性的图书。同一作者修订版、题名为“学校德育”和电子资源均不计入。——作者注

为德育学科"母版"教材。1986年华中师范大学等六所师范大学教育系联合编写《德育学》，此书是国内最早以"德育学"命名的教材，书中将德育学与伦理学、心理学、哲学、社会学进行了比较分析，试图论证德育学的独立性。1994年鲁洁、王逢贤主编的《德育新论》系统总结了新中国成立以来德育研究成就、经验，对新世纪德育研究进行了展望，为德育学科的发展提供了新路径、新思路，是一本具有"承前启后"意义的德育理论著作。檀传宝著的《学校道德教育原理》、黄向阳著的《德育原理》等教材在辨析相关概念和理论重构等方面特色鲜明。2006年，北京师范大学出版社出版了檀传宝专著《德育原理》。此书是"十五"国家级规划教材，专业性、基础性是其一大特色，"增进广大教育工作者对德育的专业性认识水平、提高学校德育实践的实际效能是这本教材的最高宗旨"①。作为教材，此书还有一明显特点，即"尊重学习主体的主体性"。

二、形成了比较完整的德育原理教材内容体系

德育原理教材的真正起步在改革开放以后。1976年"文化大革命"结束后，教育领域面临的首要任务就是"拨乱反正"。随着德育理论与实践的发展，德育学科建设取得了很大成就，这些研究成果进一步丰富了德育原理教材的内容体系。随着德育学人对德育学科基本内容研究的深入，德育原理教材逐渐形成了一个相对稳定的分析框架或内容体系。当前德育教材或专著基本10章左右，包含德育学科论、德育目的论、德育过程、德育内容或课程、德育方法、中外德育比较、传统与现代德育比较、德育管理与评价等基本内容。概括来讲，基本将德育原理内容分为"学科总论""理论基础"和"实践应用"。"学科总论"部分介绍德育学科的研究对象、学科性质和研究方法，以及学科发展史。"理论基础"部分包括对道德和德育本质的界定、品德发展的研究、国内外相关的德育理论或经验借鉴，以及德育的历史发展、时代特征及未来趋势等。"实践应用"部分则关注德育实践的全过程和全要素，包括德育目的、德育过程、德育主体、德育内容或课程、德育方法、德育模式、德育网络或环境、德育管理、德育评价等。

经过70多年的发展，我国基本形成了比较完整的德育原理教材内容体系，主要是因为我们能正确看待中国传统德育，对其进行批判性继承和创

① 檀传宝：《德育原理》，1页，北京，北京师范大学出版社，2006。

造性转化。同时，理性吸收借鉴国外德育理论成果，从一味地盲从引进到强调德育研究的中国化，建立具有中国风格、中国气派的德育理论体系。以上努力都不断推动德育原理教材建设和德育学科发展走向成熟、理性、开放。

三、德育原理教材结构从模仿到自主创新

中国教育学自国外引进后经历了从外来化到本土化的过程，作为教育学分支学科，德育学、德育教材也逐渐从模仿、学习走向自主、创新。从德育原理教材建设历程来看，结构创新是一大亮点，形成了一批本土化、民族化的德育原理教材。有的教材立足德育学学科性质，以“理论与实践”的逻辑编写教材。理论部分主要探讨德育本质、德育对象、德育性质、德育规律等基本问题，实践部分则结合时代德育实践分析德育过程中的一些实际问题和基本程序。有的德育教材注重结构逻辑，分层讨论宏观德育到微观德育的不同内容：一是宏观篇德育与文化、政治、心理；二是中观篇学校德育事业；三是微观篇学校德育具体要素。另外，黄向阳著的《德育原理》，首先从德育概念的辨析着手，从德育与教育、道德等联系出发，透视德育概念内涵，从德育演变历程，分析德育“工作化”带来的影响，接着分类对学校德育具体内容进行了探讨。还有檀传宝著的《德育原理》、杜时忠著的《德育十论》等，在教材的编写结构、内容方面都体现了创新性，体现了德育学人对我国德育学科教材时代化、本土化的积极探索。

四、德育原理教材的时代化、实践化、本土化特色日益显现

回应时代要求、直面德育实践、关注本土问题是德育原理教材越来越鲜明的特征。我国德育研究是伴随解决德育实践问题需要而产生的，并在时代发展、中外交流融合过程中，着力反映时代要求，逐渐走向时代化、本土化、民族化。从 20 世纪八九十年代对社会道德问题的审视、人的现代问题的思考，到近年对社会主义核心价值观教育、中华优秀传统文化教育等议题的讨论，德育学者的思考处处彰显着对德育实践的回应。如杜时忠著的《德育十讲》、黄向阳著的《德育原理》，时代性、实践性特征明显，密切联系道德教育实践问题，把德育实践改革的精神贯串于德育学科教材中，很好地反映了中国德育实践现状。还有一些教材旨在满足德育工作者需求，

提高学校德育效能。檀传宝著的《德育原理》，理念先进、专业性强、直面实践，突出学习主体的主体性，特别是反映了德育改革发展的现状与要求。在德育学人研究的推动下，德育原理教材日益进步，由德育价值的政治化、阶级化走向科学化、人性化，由德育理念的理想化、圣贤化走向公正伦理、社会正义，由孤岛德育走向家校社相互补充的合力德育。

第三节　新中国成立以来德育原理教材建设的经验

一、以党和国家的领导为根本保障

德育原理教材建设取得的成绩离不开国家的高度重视和党的政策引领。社会主义思想的发展贯串德育原理教材发展脉络。新中国成立初期，党和国家就注重加强对德育原理教材的领导和支持。改革开放后，中西文化交流日盛，不同思潮和思想相互碰撞、交融，既给德育教材建设带来机遇，同时也带来了风险和挑战。党和国家提出要严把学校“政治方向”，把教材建设的政治性、方向性摆在重要位置，为德育原理教材建设保驾护航，保证德育原理教材的稳定发展。新时代，在党中央领导下，德育原理教材建设进入了新阶段。习近平总书记对高校教材建设和思想政治课程的一系列重要论述，对德育原理教材建设具有重要的理论价值和实践意义。我国德育原理教材发展的 70 年就是党和国家对德育原理教材全面领导的 70 年。历史证明，党和国家的坚强领导是德育原理教材建设的根本保障。

二、以科学精神为核心价值

科学精神是教材建设必须坚守的核心价值。德育原理教材价值方向既是教育学学科体系建设的根本遵循，又是实现德育目的的关键，因而德育原理教材的科学精神是研究的重中之重。研究者一方面着力从理论上构建一个科学化、全面化的德育教材体系，另一方面期望在实践上适应时代发展要求，以科学精神引领德育实践，促进德育学的科学化发展。在过度强调德育政治功能的时候，出现一批教材着力讨论德育与经济、政治、文化关系；在极端个人主义价值出现的时候，研究者开始提倡德育的超越性本质、德育的个体功能和社会功能的关系问题；当德育教化灌输实践影响培育全面发展人才的时候，学界开始反思传统德育与现代德育的异同，开始倡导生活德育、公民德育、制度德育、情感德育，这都是德育教材科学化的重要见证。新中国成立以来，德育原理教材建设的重要成就之一就是不断地科学化。在科学精神引领下，在科学化标准样态的规范下，中国德育原理教材建设取得了重要成就。

三、以继承创新为有效途径

德育原理教材发展的 70 年也是承继传统又开拓创新的 70 年。历史证明，德育原理教材的发展要立足传统，批判继承传统德育文化。新中国成立后的德育原理教材有着明显的历史继承痕迹，无论是价值追寻，还是结构内容上，后续研究者编写的教材都是在研究之前教材的逻辑结构的基础上的改进和完善。教材理念方面，德育学科本身的性质决定了德育原理教材必须与时代思想发展主题相一致，但无论如何修订，德育原理的理念都是以培养德智体美劳全面发展的现代人为根本遵循。教材内容方面，尽管时代不断发展、科技日新月异，每本德育原理教材的编写过程中会适当增加新的内容，也会删减过时的内容，但“学科总论”“理论基础”“实践应用”的逻辑框架和“主体德育”“生活德育”等内容仍然得到了继承。中华优秀传统文化内容、社会主义核心价值观、公民教育等内容在近年德育原理教材的编写中也得到了充分体现。不断地继承创新，推动了德育理论与实践的发展。

四、以共同体建设为力量支撑

德育原理教材建设从无到有、从弱到强、从模仿到自立，得益于日益壮大的德育研究共同体。可以说，德育原理教材发展的 70 年就是中国德育研究共同体发展的 70 年。新中国成立以来，不仅成立了全国性的德育论学术委员会等专业学术团体，而且建立了诸多专门研究机构，如教育部人文社会科学重点研究基地南京师范大学道德教育研究所、北京师范大学公民与道德教育研究中心、华中师范大学道德教育研究所等，还出现了诸多德育主题期刊，如《中国德育》《中小学德育》等。从 1985 年“全国教育学研究会德育专业委员会”成立时的数十人，到 2022 年参与全国德育学术年会的近千人，德育研究者队伍不断壮大。这种壮大不仅体现在数量上，更体现在质量提升上。如今，越来越多优秀的硕博士研究者投入到德育研究领域。这既是德育学科繁荣发展的标志，更是德育原理教材建设的根本支撑。

第四节　新中国成立以来德育原理教材建设的启示

一、坚持构建新时代中国特色、世界一流的德育原理教材目标

面对世界百年未有之大变局和中华民族伟大复兴战略，当今教育必须在一个经济全球化、信息化、多元化的中外环境中谋求发展，构建中国特色德育学话语体系尤为重要。德育原理教材建设应以构建新时代中国特色、世界一流的德育学教材为目标，以党的二十大报告中的教育改革要求为发力点，将研究重点放在各项教育改革目标如何进教材、进课程、进课堂上。如研究把社会主义核心价值观、立德树人根本任务、德智体美劳全面发展任务、建立高质量教育体系、课程思政等重要教育问题写进教育学教材。同时，应在双一流建设背景下，以德育原理教材编写为抓手，通过提高教材质量推动德育课程改革和高等教育内涵式发展。

二、坚持理论研究与实践深度融合的编撰原则

德育理论发展来源于德育实践，德育实践又推动着德育理论的升华，德育原理教材的发展离不开德育实验和德育实践。新时代德育原理教材建设要继续坚持理论研究与实践深度融合的编撰原则和方法。第一，发展新时代中国特色德育原理教材理论研究。继续研究德育学科基本理论问题，深刻领会习近平总书记关于立德树人和思政建设的重要论述，着力挖掘德育学科核心素养，探索德育原理教材建设之路。第二，是要直面德育现实，改进德育实证研究，建立德育原理教材实验常态化机制。教材的优化升级需要不断实验、修订与完善。党和国家十分重视德育学教材实验、修订和改革，通过不断的教材试用、教材评价来提高德育原理教材的科学性和可行性。当前是各学科大发展时期，也是教材建设的机遇期，要直面德育问题，如德育过程中的多元文化冲击问题、大中小学德育衔接问题、学校—家庭—社区德育融合问题、德育惩罚问题等，不断改进德育实证，超越简单、模仿和移植的定量研究，真正走进德育现场，充分利用现代科学技术

手段，在全面掌握德育问题数据信息和德育事实的基础上反思、重构德育理论，建立德育实验常态化机制，探索符合时代发展需要、学生发展需要的德育原理教材建设之路。第三，重视德育理论转化研究。将德育理论具体化、生动化为大众能理解的知识内容，用具有重大现实指导价值的观点、思想来指导德育实践，为基础教育提供德育咨询服务。

三、遵循民族特色与多元对话相协调的研究取向

教材的可持续发展需要在中外比较研究的基础上进行。遵循民族特色与多元对话相协调的研究取向，正确处理教材的本土化与国际化关系，加强德育原理教材研究的中外学术交流。一方面要保持民族特色，增强民族认同感。在多元文化时代，我们要培育社会主义建设者和接班人，就是要培养具有民族认同和文化认同的新时代新人。习近平总书记再三强调“要把意识形态工作的领导权、管理权、话语权牢牢掌握在手中”①。德育原理教材建设要始终坚持以马克思主义为指导，提高社会主义意识形态的普及化程度。另一方面，坚持在多元对话和中西比较学习中进行德育研究。我国教育学作为舶来品，深受西方教育学影响，德育学作为教育学的分支学科自然也是在中外德育学交融发展中成长起来的，其中，德国德育学、美国德育学、苏联德育学对我国德育学教材的影响都很深。在经济全球化时代，德育原理教材研究应立足全球，放眼世界，加强外国德育原理教材与我国德育原理教材的比较研究，并以客观的态度看待外国德育学教材，学习借鉴其优秀的成果、理论与方法。

四、重视社会主义核心价值观与中华优秀传统文化进德育原理教材研究

文化是民族国家的灵魂。中国德育原理教材研究既是传承民族文化，也是中华文化的重要组成。要坚定民族认同和文化自信，德育原理教材研究要重视中华优秀传统文化进德育学教材研究，发掘中华优秀传统文化蕴含的德育精神和道德规范，批判继承其中符合时代发展、人的道德发展要求的内容，继而开拓创新，使中华文化永葆青春。要推进社会主义核心价

① 中共中央文献研究室：《习近平关于社会主义文化建设论述摘编》，21页，北京，中央文献出版社，2017。

值观进德育教材研究，使学生从情感上深刻认同，最终落实到行为习惯。要重视德育原理教材的社会意识形态问题，使德育原理教材研究始终保持正确的政治方向。

五、坚持多学科、跨学科、交叉学科的综合创新研究

德育原理教材研究要在中华民族伟大复兴的战略全局和世界百年未有之大变局“两个大局”的时代节点上，加强理论综合研究，吸收政治学、经济学、社会学等学科优秀成果，建立多学科、跨学科、交叉学科的综合创新研究模式，以构建德育原理教材研究的本体论、认识论、方法论体系。未来德育原理教材研究还要紧密联系教学实践，从实践中来，到实践中去，创新解决当前德育原理教材中存在的难点问题。

综上，德育原理教材研究在教育改革和教材改革的推动下，取得了丰硕成果。我们要及时总结研究经验，站在新时代起点上，继续深入研究，发扬光大中华优秀传统文化教育，加强中外学术交流，坚持理论研究与实践深度融合，注重多学科、跨学科、交叉学科的综合创新研究，为建立和完善中国特色、世界一流的德育原理教材体系而努力奋斗。

第八章　新中国成立以来课程论教材[1]建设

自1922年公布实施《学校系统改革令》(即“壬戌学制”)以来，我国关于课程理论的研究迄今已走过了100年的风雨历程。而课程论教材建设作为反映这一研究领域成就的典型代表，经历了从无到有、从有到强的曲折发展过程，尤其是自新中国成立以来，课程论教材建设卓有成效，产出了丰硕的成果。通过对现有课程论教材的系统梳理，总结学者们的研究成果，对比不同阶段、不同学者、不同教材在学科体系、理论观点、基本概念、研究背景等方面的特点及异同，可以揭示课程论研究的基本规律，发现其存在的问题，并进一步为未来的课程论研究指明方向。

第一节　新中国成立以来课程论教材建设历程

20世纪20至40年代，在“壬戌学制”的影响下，早期的课程论学者逐步围绕课程开展研究，并产生了我国最早的一批课程论专著，主要有1923年商务印书馆出版的程湘帆的《小学课程概论》、1928年广西教育厅编译处出版的王克仁的《课程编制的原则和方法》、1929年上海太平洋书店出版的徐雉的《中国学校课程沿革史》、1931年商务印书馆出版的朱智贤的《小学课程研究》、1934年商务印书馆出版的熊子容的《课程编制原理》、1934年中华书局出版的盛朗西的《小学课程沿革》和李廉方的《小学低年级综合课程

---

① 一般来说，课程论教材有广义和狭义之分。广义的课程论教材既包括高等学校教学中学生所使用的教科书，又包括在课程理论研究领域中，对从事相关研究的人员有重要参考作用的课程论著作。狭义的课程论教材仅指前者。本书主要是从广义的角度来进行使用。

论》、1944年商务印书馆出版的陈侠的《近代中国小学课程演变史》[①]等，这些早期的研究成果虽然对课程论教材建设的发展和兴盛起到了重要的奠基作用，但囿于其研究对象主要以小学课程和演变史为主，尚不能真正代表课程论作为一门独立学科的学术地位和成就。

新中国成立后，课程论教材建设的发展大致可以划分为以下五个阶段。

一、课程论教材建设的空白阶段(1949—1977年)

新中国成立后，国家百废待兴，受到特殊的政治背景和社会环境的影响，这一时期课程论教材建设整体上处于停滞状态，我们称为“空白阶段”。主要表现为在课程论的话语体系中，“课程”一词已不复存在，相关论著中也缺少对课程这一重要内容的论述，而课程论教材建设更是无从谈起。

(一)学习和借鉴阶段(1949—1956年)

1949年后，在教育界掀起了以学习凯洛夫主编的《教育学》为主导的学习苏联教育学的热潮。凯洛夫主编的《教育学》只包括总论、教学论、德育论和学校管理四个部分，未体现课程论在教育学体系中的独立地位。受此影响，在20世纪50年代编写的教育学讲义和60年代出版的教育学教材也由总论、教学论、德育论和学校管理四个部分组成，“课程”一词仅在“教学论”部分列出“教学内容”一章，对教育部颁布的“教学计划”“教学大纲”和“教科书”做了介绍。

(二)批判和探索阶段(1957—1966年)

我国进入全面建设社会主义的历史新阶段后，借鉴苏联的经验和教训，教育学界开始了教育学中国化的初步探索。在当时，凯洛夫《教育学》精神主旨与中国教育实践和教育政策出现了矛盾的迹象，它对中国实际问题的指导力受到质疑。[②] 这一阶段，尽管批判苏联教育学，但并未引进其他国家关于课程教材的研究成果，新中国成立前学者们关于课程的论述也被束之

① 张廷凯：《我国课程论研究的历史回顾：1922—1997(上)》，载《课程·教材·教法》，1998(1)。

② 参见周谷平、徐立清：《凯洛夫〈教育学〉传入始末考》，载《浙江大学学报》(人文社会科学版)，2002(6)。

高阁。在有限的著作中，如郭化若著的《新教育的教学法》、陈元晖编著的《教学法原理》等，均缺少对教学重要因素之一的教学内容的论述。①

（三）停滞和破坏阶段（1967—1977 年）

"文化大革命"时期。这一时期的教育沦为阶级斗争的工具，关于课程论的研究整体处于停滞状态，不仅没能巩固课程论取得的成就，将其推向新的发展，还在很大程度上破坏了课程论发展取得的已有成果。②

这一阶段的课程论教材建设主要具有以下两个特征：一是关于课程的研究几乎一片空白，"课程"一词销声匿迹，没有出现正式的课程论教材；二是尚未把课程论作为教育学的一门分支学科来对待。

二、课程论教材建设的重建阶段（1978—2000 年）

1978 年，党的十一届三中全会胜利召开，这是新中国成立以来党的历史上具有深远意义的伟大转折，重新确立了马克思主义的思想路线、政治路线和组织路线，揭开了社会主义改革开放的序幕。在这样的历史背景下，教育重新回到正常的发展轨道，与课程相关的研究和教材建设重新启动。

（一）酝酿阶段（1978—1988 年）

"课程论"一词在学界的再次出现和使用，得益于 1978 年邵瑞珍先生在《外国教育资料》发表的《布鲁纳的课程论》一文。1981 年，全国第一家课程教材研究专业杂志《课程·教材·教法》正式创办，在全国范围吹响了课程理论研究和实践改革的号角。戴伯韬在创刊号上发表了《论研究学校课程的重要性》一文，指出要把课程论作为学校教育学中的一门重要的科学分支。③这是新时期把课程论作为我国独立学科建设的最早呼唤。在之后的几年，关于课程的研究如雨后春笋般陆续在《课程·教材·教法》杂志先后发表，人民教育出版社也出版了集中介绍英、日、美、苏等国外研究成果的《课

① 参见孙宽宁、徐继存：《我国课程论教材建设 90 年：反思与展望》，载《课程·教材·教法》，2012(12)。

② 参见靳玉乐、罗生全：《新中国课程论发展 70 年》，29 页，北京，人民出版社，2020。

③ 参见戴伯韬：《论研究学校课程的重要性》，载《课程·教材·教法》，1981(1)。

程研究丛书》，主要有英国劳顿等著、张渭城等译《课程研究的理论与实践》(1985年)，日本伊藤信隆著、邢清泉等译《学校理科课程论》(1988年)，美国比彻姆著、黄明皖译《课程理论》(1989年)，苏联克拉耶夫斯基和莱纳著、金世柏等译《普通中等教育内容的理论基础》(1989年)等。[①] 王伟廉的《课程研究领域的探索》(四川教育出版社1988年版)也介绍了欧美这一阶段的课程研究状况，这些均为我国课程学者的研究提供了重要的借鉴和参考作用。

同时，在这一阶段，国内高校开始招收课程论专业的硕士研究生，“课程论”作为一门专业课程也陆续开设。(1981年，西南师范大学、西北师范大学开设课程与教学论博士点，从这一年开始，北京师范大学、华东师范大学等高校开始招收课程与教学论硕士。)1984年，史国雅先生率先在山西大学招收课程论研究生，拉开了在高校招收课程论专业研究生的序幕。1985年后，廖哲勋等开始为教育系本科生开设课程论(学)课程，1986年，廖哲勋开始在华中师范大学招收课程论方向的研究生，并于1988年成立了国内第一个课程研究中心。

值得一提的是，这一阶段虽然没有出现专门的课程论教材，但关于课程论的著作引进和国内学者关于课程的研究探索，为后期课程论教材的编写出版奠定了坚实的理论基础。

(二)独立发展阶段(1989—2000年)

在前期探索和实践的基础上，陈侠先生著的《课程论》经人民教育出版社于1989年3月正式出版，该书成为新中国成立后的第一本课程论专著。此后，关于课程研究的专著不断出版，代表性的主要有7部。

1989—2000年出版的主要课程论教材

教材名称	编著者	出版社	出版年份
《课程论》	陈侠	人民教育出版社	1989
《现代课程论》	钟启泉	上海教育出版社	1989
《课程学》	廖哲勋	华中师范大学出版社	1991

① 参见侯怀银、谢晓军：《20世纪我国学者对课程论学科建设的探索》，载《课程·教材·教法》，2008(1)。

续表

教材名称	编著者	出版社	出版年份
《课程论》	史国雅	山西高校联合出版社	1992
《现代课程论》	靳玉乐	西南师范大学出版社	1995
《课程理论——课程的基础、原理和问题》	施良方	教育科学出版社	1996
《课程论问题》	丛立新	教育科学出版社	2000

作为“新中国第一部课程论学科的大学通用教材”①，陈侠的《课程论》共分为十二讲，在前言中论述了课程论的学科性质及其与邻近学科的关系；第一讲介绍了课程研究的对象、目的和方法；第二到第五讲介绍了古今中外的学校课程理论并由此得出了制约学校课程诸因素的结论；第六讲阐述“全面发展的教育和学校课程”；第七到第十讲分别阐述学校课程的性质、任务、类型及其编订与实施；第十一讲介绍学校课程的评价；第十二讲预测了学校课程编订的趋势。② 该书在立足我国实际的基础上，凝结了作者多年的课程研究成果和智慧。

钟启泉的《现代课程论》与陈侠的《课程论》虽是同年出版，但两本书在写作视角和侧重点上大相径庭。《现代课程论》站在世界课程研究的角度，重点对国外如美国、西欧、苏联、日本的课程研究成果进行了介绍，该书在很大程度上拓宽了国内课程学者的研究视野。

史国雅的《课程论》分上编和下编，共十一章。上编课程理论分七章：第一章为课程在学校教育中的地位及定义；第二章为课程论的研究范围及指导原则；第三章为课程设置的社会基础；第四章为课程设置的心理基础；第五章为课程编制；第六章为生活课程编制；第七章为教学工作。下编课程改革共四章：第八章为课程标准、教学计划、教学大纲、教科书；第九章为改革课程的目的；第十章为改革课程的行政组织；第十一章为改革课

① 吕达、刘立德：《我国课程论重建的先驱者和奠基人——纪念陈侠先生诞辰100周年》，载《课程·教材·教法》，2015(3)。

② 参见章泽渊：《一本既填补我国教育科学空白又具有多功能的好书——简介陈侠〈课程论〉》，载《课程·教材·教法》，1989(9)。

程的程序。①

廖哲勋所著的《课程学》一书，着眼于"在分析各流派课程理论的基础上，针对我国中小学课程建设需要解决的主要问题进行比较系统、比较深入的研究，着力探讨我国中小学课程运动、发展的规律，借鉴外国课程理论中一些有价值的见解，从而初步形成适合我国国情的课程理论的体系"②。全书共十八章，分为绪论和课程的基本理论、课程设计理论、课程评价理论、课程管理理论四编。该书"初步创建了比较系统的课程理论体系，为我国的课程论学科建设奠定了基础"③。

靳玉乐的《现代课程论》是一部专门供教育学博士使用的教材，其起点和定位较以往的课程论教材高。④ 他系统梳理了课程相关方面的内容并进行了分析总结，尤其是创造性地对课程三大类型进行了详细的论述。此外，该教材还系统论述了课程功能、课程研究等问题，体现了该教材的创新性。⑤

施良方的《课程理论——课程的基础、原理和问题》出版于 20 世纪 90 年代中期，该书尝试对课程理论体系进行构建，全书分为四编十三章，具体分为：绪论——课程与课程理论；第一编为课程的基础，包括课程与心理学、课程与社会学、课程与哲学三章；第二编为课程编制的原理，包括课程目标、课程内容、课程实施、课程评价四章；第三编为课程探究的形式，包括课程模式、实践模式、批判模式三章；第四编为课程理论与研究，包括课程理论的构建、课程的基本问题和课程的未来三章。⑥ 该书确立起了一个内容体系较为完整的课程理论框架。

从立新的《课程论问题》共分九章，分别为：课程与课程论；课程论发展的主要历史阶段；课程论在中国；课程的本质及其功能；课程及其内部关系；影响和决定课程的几个基本关系；课程的基本结构；课程论的几个

---

① 参见侯怀银、任桂平：《中国课程论学科建设 70 年：历程、进展和展望》，载《中国教育科学》，2019(3)。

② 廖哲勋：《课程学》，1 页，武汉，华中师范大学出版社，1991。

③ 孙宽宁：《从课程论教材反思我国的课程研究》，载《课程·教材·教法》，2007(7)。

④ 参见靳玉乐：《现代课程论》，重庆，西南师范大学出版社，1995。

⑤ 参见林德全：《我国课程论教材建设 20 年回顾与前瞻》，载《天中学刊》，2009(3)。

⑥ 参见施良方：《课程理论——课程的基础、原理和问题》，北京，教育科学出版社，1996。

基本范畴；课程论的理论基础。① 在附录部分详细罗列了美、英、法、德四国的教学大纲和评价标准，为读者的学习和研究提供了很好的参考。

这一阶段的课程论著作虽然数量上不多，但在极大程度上填补了课程论教材建设的空白，并开启了课程研究的新征程。1997 年，国务院学位委员会、国家教委颁布的《培养研究生的学科、专业目录》中，把“课程与教学论”作为教育学一级学科下属的二级学科。同年 3 月，中国教育学会教育学分会正式批准成立课程专业委员会，并于 11 月在广州召开了首届课程学术研究会。

纵观课程论教材建设的重建阶段，呈现出以下三个特点：第一，课程论作为教育学的分支学科逐渐得到确立；第二，受到学者各自不同的学术背景和生活经历的影响，所出版的课程论教材内容上各有侧重，各具特色；第三，高校开始招收课程论专业的研究生，表明了我国对课程论专业人才培养的重视。

三、课程论教材建设的深化阶段(2001 年至今)

2001 年 5 月，《国务院关于基础教育改革与发展的决定》正式颁布，全面启动第八次基础教育课程改革，《国务院关于基础教育改革与发展的决定》中指出“要加快构建符合素质教育要求的新的基础教育课程体系”，吹响了 21 世纪课程研究的号角。

(一)繁荣兴盛阶段(2001—2010 年)

面对课程改革所带来的理念上的转变和课程实践中面临的现实问题的挑战，课程学者们积极回应，立足于时代，编撰出版了一批能体现新世纪特色的课程论教材，主要有 9 部。

2001—2010 年出版的主要课程论教材

教材名称	编著者	出版社	出版时间
《课程新论》	廖哲勋、田慧生	教育科学出版社	2003 年
《课程概论》	吕达	人民教育出版社	2004 年

① 参见丛立新：《课程论问题》，北京，教育科学出版社，2000。

续表

教材名称	编著者	出版社	出版时间
《课程论基础》	赵卿敏	华中科技大学出版社	2004 年
《现代课程论》	钟启泉	上海教育出版社	2006 年
《课程论》	丁念金	福建教育出版社	2007 年
《现代课程论基础教程》	刘家访、余文森、洪明	东北师范大学出版社	2007 年
《课程论》	钟启泉	教育科学出版社	2007 年
《课程概论》	林德全、徐秀华	河南大学出版社	2009 年
《课程概论》	杨明全	北京师范大学出版社	2010 年

廖哲勋、田慧生的《课程新论》是对廖哲勋 1991 年出版的《课程学》的进一步深化和创新，是在“新课程改革”不断深化的形势下所写。全书分为三编十七章，具体为：第一编为课程的基础，包括课程的本质和类型、课程理论客观基础、课程理论基础、课程理论流派；第二编为课程的构成，包括课程目标、课程内容、课程中的学习活动方式、课程结构与课程模式、课程设计的方法论、课程计划和课程标准的设计、教材的编制；第三编为课程系统的运行，包括课程系统运行的协同性、课程实验、课程评价、课程管理、课程改革、新世纪课程发展展望。[①] 该书涉及范围广，从不同角度对课程问题进行了较为全面的探讨。

吕达的《课程概论》作为“大学本科小学教育专业教材”，全书共分十三章，包括绪论、课程和课程论、我国小学课程的发展、国外主要课程理论流派、课程目标、课程结构、课程设计、课程实施、课程管理、课程评价等，该书有明确的阅读对象，紧密联系基础教育课程改革实践，填补了高等学校小学教育专业教材建设的不足，揭示了课程论教材群建设的发展方向。

赵卿敏的《课程论基础》将读者群定位于教育类各专业研究生，全书分上中下三篇，详细介绍了 20 世纪课程理论的哲学、心理学、社会学基础的发展状况，并对 11 个学派的“概况”“主要观点”“课程观”和“评议”进行述评。

钟启泉的《现代课程论》是在其 1989 年版的《现代课程论》基础上编写而

① 参见廖哲勋、田慧生：《课程新论》，北京，教育科学出版社，2003。

成。全书分两大部分，共九章，第一部分为课程理论与课程研究(1～7章)，第二部分为课程改革与课程文化(8～9章)。该书着力介绍世界课程的发展动态，并结合课程改革的实践，既有较强的理论性，又不乏时代特色。

丁念金的《课程论》包括课程实体、课程运作和课程研究三部分。全书共分11章，依次是课程的概念、教育目标、学习内容、学习方式、学习评价、课程决策、课程设计、课程实施、课程评价、课程研究的理论基础、课程研究的历史分析。①

刘家访、余文森、洪明编著的《现代课程论基础教程》共分十章，包括课程内涵、课程目标、课程标准、课程结构、课程资源、课程实施、课程评价、课程管理、课程改革等。②

钟启泉主编、全国十二所重点师范大学联合编著的《课程论》是一本高等师范院校专业基础课教材，全书共分十二章，内容包括绪论、课程理论史、课程设计、课程目标、课程内容、课程组织、课程实施、课程管理、课程开发、课程评价、课程研究、现代课程理论的发展趋势。该教材在内容上关照到了我国"新课程改革"的课程实践问题，引入了国内外最新的课程论研究成果，同时在体例的安排上别出心裁，每章以内容摘要、学习目标、关键词、正文、主要结论与启示、学习评价、学术动态和参考文献来进行编排③，极大地方便了教学过程中师生的教和学。

林德全、徐秀华的《课程概论》共分十二章，包括课程概念、课程历史、课程效能、课程研制、课程类别、课程实施、课程评价、课程管理、课程改革、课程研究等。④ 该书较为全面地探讨了课程领域里的基本范畴。

杨明全的《课程概论》共九章，主要分为课程论的基础问题、主要的课程理论流派、课程的设计与编制、课程的改革与展望四个大的领域。⑤

综观此阶段的9部教材，在研究内容上更加丰富，涉及学科历史与现状、学科基本问题、课程理论流派、课程标准、课程目标、课程内容、课程类型、课程组织、课程决策、课程设计、课程开发、课程编制、课程实

① 参见丁念金：《课程论》，福州，福建教育出版社，2007。

② 参见刘家访、余文森、洪明：《现代课程论基础教程》，长春，东北师范大学出版社，2007。

③ 参见钟启泉：《课程论》，北京，教育科学出版社，2007。

④ 参见林德全、徐秀华：《课程概论》，开封，河南大学出版社，2009。

⑤ 参见杨明全：《课程概论》，北京，北京师范大学出版社，2010。

施、课程模式、课程实验、课程改革、课程资源、课程管理、课程评价等领域。①

(二)总结创新阶段(2011 年至今)

2010 年,《国家中长期教育改革和发展规划纲要(2010—2020 年)》正式公布,其中明确提出“减轻学生课业负担是全社会的共同责任,政府、学校、家庭、社会必须共同努力,标本兼治,综合治理”,“调整教材内容,科学设计课程难度”,“深入推进课程改革,全面落实课程方案,保证学生全面完成国家规定的文理等各门课程的学习”。在此指导下,课程论研究迈入新的阶段。

与蓬勃发展取得丰硕成果的上一阶段相比,在这一阶段的课程论教材产出相对有限,主要有靳玉乐的《课程论》(人民教育出版社 2012 年版)、靳玉乐的《课程论(第二版)》(人民教育出版社 2015 年版)和杨明全的《课程论》(中国人民大学出版社 2016 年版)。靳玉乐和杨明全两位学者分别在 1995 年和 2010 年出版过《现代课程论》和《课程概论》,此阶段是在前期成果的基础上融入多年的理论和实践经验,表现出体系完整、体例新颖、视野开阔的特点,既发挥理论的引领作用,同时又体现了对实践问题和理论应用的关注。② 反映了当代课程改革和研究的新理念、新成果、新方法,体现出基础与前沿、理论与实践问题的统一。③

需要注意的是,此阶段出版的正式的课程论教材虽然不多,但却涌现出一批总结课程论研究历史的著作,如 2017 年南京大学出版社出版的于康平著《中国课程论现状研究》、2017 年人民教育出版社出版的吕达和刘立杰主编的《课程论重建与教育科学研究》、2019 年高等教育出版社出版的靳玉乐主编《改革开放 40 年中国教育科学新发展:课程与教学论卷》、2020 年北京师范大学出版社出版的郑玉飞著《共和国教育学 70 年:课程与教学论卷》、2020 年人民出版社出版的靳玉乐和罗生全主编《新中国课程论发展 70 年》。这说明了课程论教材建设在经过漫长的重建和繁荣发展之后,开始步入全面梳理、总结的阶段。

---

① 参见侯怀银、任桂平:《中国课程论学科建设 70 年:历程、进展和展望》,载《中国教育科学》,2019(3)。

② 参见杨明全:《课程论》,北京,中国人民大学出版社,2016。

③ 参见靳玉乐:《课程论(第二版)》,北京,人民教育出版社,2015。

此阶段的课程论教材建设主要有以下特点：第一，课程论教材的数量明显增多；第二，课程论的研究对象日趋丰富；第三，顺应了时代发展的潮流，打上了课程改革的时代烙印；第四，构建起了较为完整、系统的课程理论框架。

第二节　新中国成立以来课程论教材建设的成就

新中国成立后，课程论教材建设走过了一条蜿蜒曲折的道路，在经过建国初期“学习和借鉴—批判和探索—停滞和破坏”的空窗阶段后，艰难迈入“酝酿—独立发展”的重建阶段，最后步入“繁荣兴盛—总结创新”的深化阶段，课程论学者们用他们的学术智慧和坚持不懈的精神谱写了我国课程论教材的建设史。回顾70多年来课程论教材建设的历程，其成就可以概括为以下几个方面。

一、确立了课程论的学科地位

新中国成立初期，受到苏联教育学和国内政治环境的影响，课程论长期栖身于教学论的羽翼之下，形成了“大教学论，小课程论”的模式。改革开放后，“课程”重新进入人们的视野，以1979年上海师范大学出版的《教育学》教材为典型代表，将“课程与教材”专列一章加以介绍，但仍然没有把课程论作为教育学的一个分支学科加以对待。在之后的十年，课程论学者在摸索中踯躅前行，直到1989年陈侠先生的《课程论》出版，我国现代意义上的第一本正式的课程论著作问世，自此之后，涌现出了一大批课程论专著和教材，课程论学科最终在课程论教材建设的推动下实现了从学科依附到学科独立的转变。

二、拓展了课程论的研究内容

伴随着课程论学科地位的逐步确立，课程论的研究内容也日趋丰富。详细考察每一部课程论教材，其内容侧重各不相同。究其原因，一方面，与研究者本人的研究背景、生活经历及研究视角不同息息相关。以早期陈侠的《课程论》和钟启泉的《现代课程论》为例，两本教材虽然都在1989年出版，但内容却大相径庭，前者全面介绍了我国的课程论研究成果，这与作者长期在教学一线从事教学和管理、在教育杂志从事编辑等工作密切相关，正是由于作者的亲身实践和体验，才能对当时的课程研究有全面深刻的认识；后者则主要从世界课程研究的视角出发，详细介绍了国外课程理论和实践经验的状况，这主要是受到作者有多年在国外学习、研究、访问的经历的影响。另一方面，受到国内外课程理论和我国课程实践发展的影响，课程论教材内容从早期围绕课程本质、课程流派、课程编制、课程实施等问题展开探讨发展到引进新的研究内容，如课程实验、课程决策、课程效能等。毫无疑问，随着课程理论研究的逐步深入和课程实践的逐步深化，课程论教材的研究内容会在不断更新中日趋丰富和完善。

三、加强了对课程改革的实践关注

课程理论来自实践，服务于实践，又高于实践。课程论教材某种程度上代表了课程这一领域中的最新研究成果，“课程论是一门理论性和实践性、解释性和处方性兼备的学科”①。从前面所列举的课程论教材来看，其内容体系虽然各有千秋，但无一不体现了作者试图将课程理论与课程实践相结合的美好意愿。如在课程论教材建设的深化阶段，以 2001 年“新课程改革”为背景，廖哲勋、田慧生的《课程新论》，钟启泉的《现代课程论》，刘家访、余文森、洪明编著的《现代课程论基础教程》，钟启泉主编的《课程论》，林德全、徐秀华的《课程概论》，杨明全的《课程概论》等教材，对“课程改革”均列专章进行介绍，这说明课程论教材在建设的过程中，研究者已将注意力从对国外课程理论的引进借鉴转移到对本土课程实践问题的关注和解决上，着力构建具有中国特色的课程论教材。同时，课程论教材对课程实践的指导力也进一步检视着课程论学科的生命力和价值。

四、催生了课程论教材群的出现

严格来讲，不同的课程论教材由于其内容、深度、广度及研究视角的不同，都应有规定的阅读学习对象。现有的课程论教材，绝大多数服务于大学本科教育学类相关专业学生，但也有例外。如前所述，靳玉乐的《现代

---

① 刘启迪：《课程理论发展与实践进展——全国第五次课程学术研讨会综述》，载《课程·教材·教法》，2006(10)。

课程论》(1995 年)是一部专门供教学论博士研读的教材；赵卿敏的《课程论基础》(2004 年)将读者群定位于教育类各专业研究生。教材作为学习者获取专业知识最基本、最重要的途径，其适用性、匹配性尤为重要。使用者不同的学术水平和积淀、不同的专业背景对课程论教材提出了不同的编写要求。同层次、同类型的教材显然无法适应使用者多元化的需求，由此在课程论教材的建设过程中，催生了一批课程论教材群，如《幼儿园课程论》《学前教育课程论》《职业教育课程论》等。

第三节　新中国成立以来课程论教材建设的经验

回顾新中国成立以来课程论教材建设的历程，在这条布满荆棘的探索之路上，课程论学者用他们的智慧和坚持，开辟出了一条学科稳步发展的康庄大道，积累了丰富的宝贵经验。

一、坚持理论性与实践性相统一

作为高等学校学生了解和掌握课程领域主要内容的载体，理论性是课程论教材的基本属性，重视理论知识的传承是其内在要求，有高度、有广度、有深度的教材才能发挥其指导意义，体现其真正的价值。然而，缺乏实践性的课程论教材，其内容只能是空洞的理论说教和抽象的哲学思辨，显然不适用于既缺少必要的理论基础，更没有课程实践的机会和经历的教材使用者(学生)。分析新中国成立后的课程论教材，虽然在学科体系、内容布局上有所不同，但无论是以介绍国外先进的课程经验为主，还是立足于具体国情介绍我国的课程情况，在宏观上均考虑到了课程理论和课程实践相结合，尤其是 2001 年“新课程改革”开始后，这一点更加凸显。如杨明全的《课程概论》(2010 年)，不仅在介绍理论的过程中引入实践和案例，而且在全书的体例上也有所突破，除了教学内容外，还设有“拓展阅读”“思考与探究”等模块，介绍我国课程实践的相关政策和案例等。

课程论教材不是空中花园，它必须深深地扎根于课程实践的现实土壤中。一方面，无论多么高深的课程理论，归根结底来自课程实践，是人们对五彩缤纷的课程现象和课程问题所作的思考、总结和提炼；另一方面，课程实践不仅检验着课程理论的真实性、准确性、适用性，更在这一过程中完成对原有课程理论的修正，产生新的课程理论。课程论教材正是在两者相互作用的良性循环中不断向前发展。

二、坚持共性和个性相统一

与国外相比，我国的课程论学科起步较晚，是一门成长中的年轻学科。一门学科是否成熟，很大程度上取决于它是否具有严密的学科体系和公认的话语体系。基于此，综观我国的课程论教材，无论在学科体系，还是话语体系的构建上均未达成共识，引发了课程论教材百花齐放、百家争鸣的现象，每一本课程论教材都有其独特性。“在各门科学发展的早期阶段，即前范式阶段，这样的书才一般地保持着与专业成就同样的关系”①，我国的课程论研究尚处于前范式阶段。以此为前提，在课程论教材的建设过程中，应有意识地在业已达成共识的课程基本问题的“共性”之外，鼓励“个性”的彰显，以激发课程论学科的发展活力。

课程论教材存在着共性价值，这是任何时期、任何编著者都必须遵循的，但不同时期、不同编著者在课程论教材的编写过程中存在个性差异，我们应客观认识和对待这一现象，不能强求统一。

三、坚持民族性与世界性相统一

课程论教材的民族性，又称为本土化，是指在课程论教材中讲中国故事，注中国元素，显中国特色，成中国气派。具体包括以下两方面含义：一是课程论教材要立足于中国的课程实践，以解决中国的课程问题为导向。这就要求我们的研究者不能闭门造车，必须深入课程一线体验、调查，唯有如此，才能实事求是地写好中国故事。二是课程论教材要在基本观点、学术概念等方面注入中国元素，构建具有中国特色的话语体系。这就要求研究者能够潜心挖掘中国传统文化的课程思想，“寻找传统课程理论的现实生长点，激活传统课程理论的独特价值，让传统课程理论话语成为中国现代课程理论话语体系的基石”②。

---

① ［美］托马斯·库恩：《科学革命的结构》，金吾伦、胡新和译，19页，北京，北京大学出版社，2003。

② 侯怀银、任桂平：《中国课程论学科建设70年：历程、进展和展望》，载《中国教育科学》，2019(3)。

课程论教材的世界性，又称为国际化，是指在课程论教材中要善于吸纳世界其他国家先进的课程理念、课程思想、课程理论。中国的课程论是西方的舶来品，引进、借鉴国外的课程理论是中国课程论发展的必由之路。事实上，新中国成立至今，课程论能取得如此的成就，借鉴国外的课程理论起了不可忽视的重要作用。但是，我们需要明确的是，没有任何一种课程理论是“放之四海而皆准”的，再先进、优秀的课程理论，也有其生存的土壤，移植过来之后需要对其进行本土化的加工和改造方能发挥作用。

在课程论教材建设的道路上，我们既不能故步自封，盲目排外，也不能机械照搬，不加改造，只有坚持民族性和世界性的有机结合，才能丰富课程论的时代内涵。

四、坚持继承性和创新性相统一

在世界课程论发展的历史长河中，无数的中外课程论学者贡献了他们的智慧，积累了丰厚的课程论思想和理论。在当前课程论教材建设中，一方面要坚持对原有的课程研究成果的继承，既包括对国外课程理论的科学引介，也包括对我国古代传统课程思想的梳理和深度挖掘，没有继承就没有基础；另一方面要在时代的发展中体现创新性。创新既是对原有课程理论与时俱进的更新，也是顺应时代潮流的新概念、新思想、新观点、新方法的出现。课程论教材的发展史，明显地呈现出这一特点，课程论教材研究内容的日趋丰富，一些新的学术概念的涌入，无不印证着继承性和创新性的统一。

第四节　新中国成立以来课程论教材建设的启示

新中国成立以来，课程论教材取得了卓越的成就，积累了丰富的经验，通过梳理总结，可以为未来的课程论教材建设提供以下启示。

一、树立系统思维，统筹课程论教材编制的内外要素

恩格斯在《反杜林传》中指出：“思维既把相互联系的要素联合为一个统一体，同样也把意识的对象分解为它们的要素。没有分析就没有综合。”[①]影

① 《马克思恩格斯选集》第3卷，417页，北京，人民出版社，2012。

响和制约课程论教材编制的因素有很多，既包括外部的国家政策、教师、学习者、社会环境等，又包括课程论各研究内容之间的内在联系等，因此，课程论教材建设是一项宏伟复杂的工程，既涉及课程外部，又涉及课程内部；既要考虑编著者的因素，又要考虑使用者的因素；既要尊重传统，又要着眼未来。研究者只有牢固树立系统思维，从整体统筹课程论教材编制的内外要素，才能保障课程论教材的质量。

二、明晰学科地位，厘清与邻近学科的关系

经过长期的孕育和发展，课程论最终从教育学中剥离出来，发展成为与教学论并列的教育学的一门独立的分支学科。但关于课程与教学、课程论与教学论的关系，争论从来没有停止过，主要产生了“大课程论”“大教学论”“并列论”“融合论”四种观点。从教材的视角来看，出现了与课程论在研究内容上相关度高、交叉性强的邻近学科：教学论以及课程与教学论。另外，如前所述，在课程论获得长足发展的同时，课程论学科群已初露端倪，相应的教材也陆续出版发行。有研究者把我国的课程论学科划分为三个层次的子学科群，分别为基础理论子学科群、课程工程理论子学科群和课程应用理论子学科群。[①] 毫无疑问，随着课程论研究的深入推进，学科群必然会逐步壮大。那么，如何区分课程论与邻近学科、学科群在研究对象上的不同，避免教材内容重复？如何从独立学科的角度完成学科体系的自我构建，体现学科的自我特色？课程论学者任重而道远。

三、扩充研究队伍，实现教材编著主体的多元化

综观现有的课程论教材，其编著者多为高校“学术型”教师，他们长期从事教学和科研，拥有扎实的理论功底，但缺乏必要的课程实践经验，虽然有的编著者有过短暂的考察经历，但不足以深入了解丰富多样的中小学课程实践。这直接导致所编著的教材要么理论色彩浓重，缺乏生动的实践案例；要么内容空洞，无法有效发挥教材对学生的引领作用，无法帮助学生客观真实地了解我国的课程实际情况。鉴于此，应扩充课程研究队伍，将工作在教学一线、积累了丰富的实践经验的中小学教师和校长，吸纳到

① 廖哲勋：《论我国课程理论学科群的建设》，载《课程·教材·教法》，2000(2)。

课程论教材的编著队伍中，打破课程理论工作者和实践工作者之间长期存在的界限和壁垒，加强他们的沟通协作，为课程论教材的编著注入新鲜血液，从而切实提高课程论教材的实用性和适用性。

四、融合信息技术，推进课程论数字教材建设

教育部在2022年工作要点中指出要“加快构建中国特色高质量教材体系”，这对新时期课程论教材提出了新的挑战。在信息技术蓬勃发展的今天，互联网、大数据、人工智能等不断冲击着人们传统的教育理念，线上教学越来越为人们所接受。抓住信息技术发展的时代契机，加快课程论数字教材的建设，既是践行教育数字化战略，更是适应社会变革发展的重要举措。传统的课程论教材形式单一，已无法满足当代教学的现实需求，“电子化已然成为教材的新形态，且必将成为未来教材发展的重要方向”①。为课程论教材赋予时代元素，努力开发研制数字化课程论教材已成为新时期摆在课程论学者面前的新的研究课题。

① 靳玉乐、张铭凯、孟宪云：《信息技术时代的课程论发展》，载《华东师范大学学报(教育科学版)》，2019(4)。

第九章　新中国成立以来学前教育学教材建设

培养好的学前教育人才，需要有好的学前教育学教材；构建完善的学前教育学学科体系必须有与之匹配的学前教育学教材体系。中国学前教育学学科建设最初就是为适应教学的需求而产生的，而开展教学的重要依托就是课程和教材。本章对新中国成立以来学前教育学教材建设历程进行回顾，总结学前教育学教材建设取得的成就和积累的经验，既可以为新时代学前教育学教材建设提供借鉴，又可以为学科建设提供经验。

第一节　新中国成立以来学前教育学[①]教材建设历程

20 世纪初，随着西方教育思想的启蒙以及国内学前教育机构的建立，特别是为适应师范学校教育的需要，国人开始自编学前教育学教材。杨道弘、陈济成合编的《幼稚教育学》(上海幼稚师范丛书，1935 年)采用了“幼稚教育学”的名称，这是国人首次用“幼稚教育学”一词。直到新中国成立前，我国学者编写出版的有关学前教育学著作有 90 多本。新中国成立后，学前教育学教材建设得到了充分发展。依据学前教育学教材建设的实际情况以及学前教育学学科发展的逻辑，我们将新中国成立以来的学前教育学教材建设历程划分为四个阶段，并总结出不同阶段教材建设的特点。

① 本章所指的我国学前教育学教材，不是学前教育学学科体系中的教材，特指我国普通高校和各级各类学前教育专业使用的教材，其名称包括“学前教育学”“学前教育概论”和“学前教育原理”等。

一、学前教育学教材建设缓慢发展阶段(1949—1976年)

新中国成立初期，在如何对旧式师范教育进行改造的问题上，基本思路就是“以俄为师”，全面学习苏联，对课程设置以及课程体系的内容和结构进行改革，并且组织专门力量成立教学研究组对苏联教材进行翻译。其中苏罗金娜著的《学前教育学》的内容体系和结构对当时学前教育学教材建设有很大的影响。

1954年，江苏人民出版社出版了黄人颂的《幼儿教育的理论和实践》，虽然没有使用学前教育学一词，但这是新中国成立后国人自编的第一本关于学前教育学的教材。该书前言中写道：“我在1951年跟随苏联幼儿教育专家戈林娜学习后，初步了解了一些苏联幼儿教育的理论；在幼儿教育实际工作中，体验到不少具体的问题；在培养幼教人员上，深深感到教材的缺乏；并由于南京市民主妇女联合会的鼓励，这样促使我大胆地写成了这本书。……希望对从事幼儿教育的同志们，提供一本较为有系统的新幼儿教育的参考书。”[①]全书共六章，内容体系围绕幼儿全面发展教育展开。该书的出版，既是学习苏联学前教育的结果，又是探索中国化学前教育学教材过程中迈出的第一步，对于学前教育学教材建设具有重要意义。1956年后，《幼儿园教育工作指南(初稿)》由于过多引用苏联的内容遭到全盘否定，在理论研究及教学实际中出现了一些错误倾向，严重影响了学术研究以及教材的出版，影响了高等师范院校的教学和教材建设。1966年随着“文化大革命”爆发，学前教育学教材建设受到严重影响甚至停滞不前。

这一阶段，《学前教育学》教材建设的特征表现为以下几方面。

第一，教材建设受到苏联的影响。此时中国的学前教育学教材建设一方面通过翻译和普及苏联的著作，向苏联学习新的学前教育理论体系。苏联教材内容和体系以及专有名词用法在我国师范学校教材、课程中带有明显的印记。另一方面邀请苏联专家做顾问，帮助学前教育专业进行学科建设。苏联幼儿教育专家戈琳娜对当时的北京师范大学学前教育专业的建立进行全面指导，同时给师生系统讲课，主讲八门课，其中包括学前教育学，并帮助编写教学大纲，指导见习、实习工作，对学前教育学的教材建设影响很大。

第二，教材内容编写坚持马克思主义。黄人颂《幼儿教育的理论与实践》

---

① 黄人颂：《幼儿教育的理论与实践》，前言，南京，江苏人民出版社，1954。

前言中写道："在这本书中，我只是尝试着把马克思列宁主义幼儿教育的理论，初步结合中国的实际情况，作一概括的叙述；希望对从事幼儿教育的同志们，提供一本较为有系统的新幼儿教育的参考书。"①特别是马克思主义关于全面发展的论述体现比较充分。黄人颂《幼儿教育的理论与实践》第一章第一节就是全面发展的幼儿教育，其中提到"全面发展是新社会的教育的基本原则，所以也有人称呼新的幼儿教育为全面发展的幼儿教育。……在新社会中，用个性全面发展的教育来代替狭隘的、片面的教育，乃是历史发展的必然结果"②。

第三，教材内容体系是当时国家出台的幼儿教育政策的直接反映。黄人颂的《幼儿教育的理论与实践》的教材内容体系体现了当时颁布的《幼儿园暂行规程(草案)》和《幼儿园暂行教学纲要(草案)》以及《幼儿园教育工作指南(初稿)》中在幼儿园进行全面发展教育的精神。全书共分六章，第一章绪论，第二章到第五章分别是幼儿体、智、德、美四育，第六章结尾(阐述了四育的统一性以及在幼儿园中的体现，幼儿园各项教育工作的系统性和统一性)。全书围绕幼儿全面发展教育展开，对于如何实施全面发展教育提供了较为系统和全面的资料。

第四，教材体系开始触及学科内容体系的基本要素，确定了研究对象的年龄范围和此阶段的名称。1951 年的《政务院关于改革学制的决定》规定幼儿园收三到七岁的幼儿，沿用了 30 年的"幼稚园"，更名为"幼儿园"，"幼稚教育"改为"幼儿教育"，《幼稚教育学》改为《幼儿教育学》。

二、学前教育学教材建设初步发展阶段(1978—2000 年)

1978 年以后，学者开始重新思考学前教育学学科体系的中国化的问题。一方面重视引进、介绍和借鉴国外学前教育学学科建设成果；另一方面我国学者撰写的教材和专著数量逐渐增多。20 世纪 80 年代前期出现了以"幼儿教育学"③命名的教材。1989 年黄人颂主编的《学前教育学》正式出版，这

---

① 黄人颂：《幼儿教育的理论与实践》，前言，南京，江苏人民出版社，1954。

② 黄人颂：《幼儿教育的理论与实践》，2 页，南京，江苏人民出版社，1954。

③ 全国幼儿师范编写组：《幼儿教育学(讲义)》，出版社不详，1982 年；单传英：《幼儿教育学》，长沙，湖南教育出版社，1983 年；华东七省市、四川省幼儿园教师进修教材协编委员会：《幼儿教育学》，上海，上海教育出版社，1987 年；人民教育出版社幼儿教育室：《幼儿教育学》，北京，人民教育出版社，1987 年。

是我国出版的第一本供高等师范院校使用的《学前教育学》教材，及时满足了当时学前教育专业教学的需要。20 世纪 90 年代以后，北京师范大学出版社先后出版了三本学前教育学教材①。后期相继有虞永平、刘焱、刘晓东、李生兰等学者出版学前教育学②教材。

这一阶段教材建设的特点表现为以下几方面。

第一，教材名称正式出现“学”字，意味着学前教育学学科的正式建设。这既是专业发展的需求，也是学科自身发展的体现。20 世纪 80 年代是《幼儿教育学》，80 年代末改为《学前教育学》，此外零星出现了以《学前教育原理》《学前教育概论》命名的教材。尽管名称不同，但所涉及的内容体系几近相同。

第二，教材数量明显增加。据笔者目力所及，比起上个阶段只有 1 本教材，此阶段共出版 20 本教材，其中编写类 9 本，编著类 6 本，著作 5 本。从名称上来看，《幼儿教育学》4 本，《学前教育学》11 本，《学前教育原理》2 本，《学前教育概论》1 本，《幼儿教育概论》1 本，《儿童教育新论》1 本，名称的多样反映了学前教育学学科的繁荣发展。

第三，教材内容体系的增加。以黄人颂的《学前教育学》为例，教材的内容除了包括全面发展的内容外，还增加了其他内容，如幼儿园的游戏、幼儿园的教学、学前教育的科学研究等。其他的教材中与黄人颂著作不同的还有增加了幼儿园的课程③，学前教育理论的建立及主要流派④和幼儿园的教育活动⑤等内容，基本架构起学前教育学的内容体系。

第四，教材不断推陈出新，充实新的材料，及时反映学前教育的最新研究成果和教育改革状况。首先，儿童观、教育观引起大家的高度关注。

---

① 北京师范大学教育系学前教育研究所：《学前教育学》，北京，北京师范大学出版社，1990。梁志燊：《学前教育学》，北京，北京师范大学出版社，1990。卢乐山：《学前教育原理》，北京，北京师范大学出版社，1990。

② 虞永平：《学前教育学》，南京，江苏教育出版社，1996。刘焱：《幼儿教育概论》，北京，中国劳动社会保障出版社，1999。刘晓东：《儿童教育新论》，南京，江苏教育出版社，1998。李生兰：《学前教育学》，上海，华东师范大学出版社，1999。

③ 参见李生兰：《学前教育学》，目录，上海，华东师范大学出版社，1999。

④ 参见梁志燊：《学前教育学》，目录，北京，北京师范大学出版社，1990。

⑤ 参见刘焱：《幼儿教育概论》，目录，北京，中国劳动社会保障出版社，1999。

虞永平①、刘晓东②、李生兰③的《学前教育学》设专门章节论述儿童观、教育观。其次，学前社区教育开始纳入教材的体系中。在梁志燊的《学前教育学》最后一章提出学前教育社区化的新发展趋势。

三、学前教育学教材建设稳步发展阶段(2001—2010年)

进入21世纪，党和政府对学前教育事业高度重视，相继出台了一系列重要政策和法规，推动了学前教育学的发展。2001年5月国务院颁布了《中国儿童发展纲要(2001—2010)》，2001年7月教育部发布《幼儿园教育指导纲要(试行)》，2003年1月国务院转发由教育部等十个部委联合起草的《关于幼儿教育改革与发展的指导意见》，这些政策的出台对学前教育的实践和理论的发展起到了很大促进作用。在此基础上，中国学者也积极从理论上探索学科体系，主要体现在学者编写的学前教育学教材和著作中。

此阶段主要有虞永平、高岚、潘扬、邱云和林少玉、刘焱、刘晓东和卢乐珍、董宏建和岳欣云、蔡迎旗、郑健成、傅建明、桂景宣、魏建培、江东秋、黄人颂、董宏建等出版了学前教育学相关教材和著作④15本。

这一阶段学前教育学教材建设具有以下特点。

第一，学前教育学教材稳步发展，数量有所减少。和上个阶段20本相比，出版教材略有减少，据笔者目力所及，共15本。其中独著和编著的教材有所减少：著4本，其中合著2本；编著1本，也是两人共同编著。编的

---

① 参见虞永平：《学前教育学》，目录，南京，江苏教育出版社，1996。

② 参见刘晓东：《儿童教育新论》，目录，南京，江苏教育出版社，1998。

③ 参见李生兰：《学前教育学》，目录，上海，华东师范大学出版社，1999。

④ 虞永平：《学前教育学》，苏州，苏州大学出版社，2001。高岚：《学前教育学》广州，广东高等教育出版社，2001。潘扬：《学前教育学》，南京，河海大学出版社，2001。邱云、林少玉：《学前教育学》，福州，福建教育出版社，2001。刘焱：《学前教育原理》，大连，辽宁师范大学出版社，2002。刘晓东、卢乐珍：《学前教育学》，南京，江苏教育出版社，2004。董宏建、岳欣云：《学前教育学》，北京，光明日报出版社，2004。蔡迎旗：《学前教育概论》，武汉，华中师范大学出版社，2006。郑健成：《学前教育学》，上海，复旦大学出版社，2007。傅建明：《学前教育学》，北京，中央广播电视大学出版社，2007。桂景宣：《学前教育概论》，北京，高等教育出版社，2007。魏建培：《学前教育学》，北京，科学出版社，2008。江东秋：《学前教育学》，南昌，江西高校出版社，2009。黄人颂：《学前教育学》，北京，人民教育出版社，2009。董宏建：《学前教育学》，北京，光明日报出版社，2009。

教材有10本，只有一本合编。出现了以合著、独编为主，独著、合编为辅的局面。另外从名称上来看，以《学前教育学》为主，共12本，《学前教育原理》1本，《学前教育概论》2本。部分优秀教材多次再版，发行量较大，如黄人颂、梁志燊、刘晓东和卢乐珍、高岚的《学前教育学》在此时期内都有第二版，满足了当时教育教学的需要。

第二，学前教育学教材主题较为广泛，同时出现了个别集中度较高的内容。主题涉及学前教育的方方面面。从年龄来看，包括托儿所、婴儿、幼儿的教育问题；从内容来看，包括学前教育的自身发展历史，学前教育学的理论流派，还包括幼儿园教育中涉及的其他要素，如活动、游戏、课程、教师、环境、幼儿园与家庭和社区、幼小衔接、学前教育研究方法。主题集中出现的是幼儿园的课程、幼儿园的游戏、教师、环境创设、幼儿园的教育活动、幼儿园与家庭、社区的合作，其他的内容分散在不同学者的教材中。教材的集中度在一定程度上说明目前的学前教育学教材正在形成自己核心的教材内容体系，但是还不完善。

第三，个别学者在教材中开始回顾反思20世纪学前教育的发展，同时展望21世纪学前教育发展前景。刘晓东、卢乐珍的《学前教育学》第一章就是百年中国学前教育，最后一章是21世纪中国学前教育展望。

四、学前教育学教材充分发展阶段(2011年至今)

2011年以后，我国进入学前教育的快速发展时期。国家加大了对学前教育的扶持力度，一系列政策的陆续出台有力地推动了学前教育学的教材建设。《幼儿园教师专业标准(试行)》《3—6岁儿童学习与发展指南》《关于学前教育深化改革规范发展的若干意见》《关于大力推进幼儿园与小学科学衔接的指导意见》《幼儿园保育教育质量评估指南》等的出台，对于学前教育高质量的发展，从教师、幼儿、课程、幼小衔接等方面进一步完善了政策保障体系。

学前教育学作为一门发展中的独立学科，在国家政策的引领下，教材建设快速发展，在此期间出版了大量“十二五”“十三五”规划教材，教材内容体系逐渐丰富。这个阶段主要有杨晓萍和李静、虞永平和王春燕、朱宗顺和陈文华、霍习霞、岳亚平、郑三元和张建国、朱宗顺、徐旭荣、王小溪、杨建梅和郑晓翠、黄爽和霍力岩等、李生兰、赵光伟、姚伟等出版的学前教育学相关教材[①] 46 本。

这一阶段学前教育学教材建设的特点有以下几方面。

第一，教材总体数量飞速增加，学前教育学教材与内含学前教育学内容的教材建设同向同行。据笔者目力所及，此阶段共出版 46 本教材，其中《学前教育学》27 本，《学前教育原理》9 本，《学前教育概论》10 本，以《学前教育原理》和《学前教育概论》命名的教材显著增加。46 本教材中，其中编写类 39 本，编著类 3 本，著作 4 本，其中有 33 本规划教材。编写类教材的增加，一定程度上可以反映教材内容体系的稳定，规划教材的增多，也意味着教材建设开始与当前社会发展需要相适应。

第二，学者开始对学前教育学教材进行研究。夏巍对学前教育学教材从五个维度进行分析[②]、叶好琴从新标准[③]、李永霞从困境与突围[④]、孙丽花从知识整合[⑤]、周晴从建构主义[⑥]、鲁光楠从特色课程[⑦]以及孙钠从理论

---

① 杨晓萍、李静：学前教育学，重庆，西南师范大学出版社，2011。虞永平、王春燕：《学前教育学》，北京，高等教育出版社，2012。朱宗顺、陈文华：《学前教育学》，北京，北京师范大学出版社，2012。霍习霞：《学前教育概论》，武汉，华中师范大学出版社，2013。岳亚平：《学前教育原理》，北京，高等教育出版社，2014。郑三元、张建国：《学前教育学》，长沙，湖南大学出版社，2015。朱宗顺：《学前教育概论》，北京，高等教育出版社，2015。徐旭荣：《学前教育学》，北京，人民邮电出版社，2015。王小溪：《学前教育学》，南京，东南大学出版社，2016。杨建梅、郑晓翠：《学前教育概论》，北京，中国人民大学出版社，2016。黄爽、霍力岩、姜珊珊、杨伟鹏：《学前教育学：理论与实践》，上海，华东师范大学出版社，2017。李生兰：《学前教育概论》，北京，北京大学出版社，2017。赵光伟：《学前教育概论》，成都，西南财经大学出版社，2017。姚伟：《学前教育学》，北京，中国人民大学出版社，2018。虞永平、王春燕：《学前教育学》，北京，高等教育出版社，2022。

② 参见夏巍：《近二十余年我国学前教育学教材的内容分析》，载《四川教育学院学报》，2012(10)。

③ 参见叶好琴：《新标准下对〈学前教育学〉课程的现实思考》，载《佳木斯教育学院学报》，2012(6)。

④ 参见李永霞：《学前教育的困境与突围——评〈学前教育学〉》，载《当代教育科学》，2015(14)。

⑤ 参见孙丽花《学前教育知识模块化整合——评〈学前教育学基础〉》，载《高教发展与评估》，2016(5)。

⑥ 参见周晴：《建构主义学习理论视野下的学前教育启示——评〈学前教育学〉》，载《当代教育科学》，2017(1)。

⑦ 参见鲁光楠：《新时代学前教育专业特色课程研究——评〈学前教育学(第 3 版)〉》，载《新闻爱好者》，2020(4)。

与实践的关系[1]等方面对单本学前教育学教材进行了分析，出现了对教材自身的研究。

第三，学前教育政策成为教材内容体系的一部分。有的教材中专列一章对学前教育政策进行解读，如王小溪《学前教育学》的第三章和徐旭荣《学前教育学》的第二章就是学前教育政策法规的解读，涉及的政策有《幼儿园工作规程》《3—6 岁儿童学习与发展指南》《幼儿园教师专业标准》《幼儿园教育指导纲要(试行)》四个政策文本。

第二节　新中国成立以来学前教育学教材建设的成就

新中国成立以来的 70 多年，学前教育学教材建设取得了显著成就，概括起来主要有四个方面。

一、学前教育学教材数量逐渐增加，解决了教材本土化的问题

学前教育学教材从使用苏联教材到开始编制自己的教材，再到改革开放后学前教育学教材建设迅速发展，最明显的表现就是我国学者自己编制教材数量的明显增加。

据笔者目力所及，新中国成立初期关于学前教育学的教材较少，只有黄人颂《幼儿教育的理论和实践》1 本教材。改革开放以后的 20 多年，学前教育学方面的教材和著作共计 20 本，其中“著”5 本。2001 年到 2010 年出版 15 本，“著”4 本，2011 年以后出版 46 本，“著”4 本。2011 年至今，教材和著作的出版在数量上有了一个大的变化，有的书籍多次再版，如黄人颂、梁志燊、虞永平、刘晓东和卢乐珍、李生兰的《学前教育学》多次出版，有效解决了本土教材缺失的问题。同时教材内容和形式逐渐能够吸收国内学前教育改革和理论研究的最新成果，逐渐走向本土化。

二、教材内容体系逐渐丰富，形成了学科基本的知识体系

经过 70 多年的努力，学前教育学教材在数量上逐渐增多的同时，内容

① 参见孙钠：《学前教育的理论创新及实践——评〈学前教育学〉》，载《中国教育学刊》，2021(10)。

也逐渐丰富，开始形成一定的体系。

第一种是“理论基础＋实践应用”体系。理论基础部分，包括学前教育学的基本问题：研究对象与任务，学科性质，学前教育与社会发展、儿童发展的关系，学前教育的理论流派，学前教育的产生和发展等。实践应用部分，包括幼儿教育目标、任务和德、智、体、美全面发展教育的内容，幼儿园教学，幼儿园游戏，环境的创设和利用，幼儿园与家庭、社区的合作，幼小衔接等。教材内容用词方面，2000 年以前用词是“幼儿教育”，2000 年以后改为“学前教育”，典型的教材代表就是黄人颂、梁志燊等人出版的《学前教育学》。2011 年以后理论基础和实践应用内容方面也发生了较大变化。理论基础方面，内容结构更加聚焦，概念更为准确和概括。如虞永平、王春燕主编的《学前教育学》，系统阐述了学前教育基础理论，突出了学前教育学最基本的要素和结构，内容体系逐渐清晰和完整。实践应用方面，突出了幼儿园的活动，如朱宗顺、陈文华主编的《学前教育学》和徐旭荣主编的《学前教育学》，开始提出幼儿园一日活动的教育，学前教育课程、游戏和教学也单列为一章专门研究。

第二种是“理论基础＋实践应用＋政策法规”体系。教材在保持已有的理论基础和实践应用内容的基础上，增加了国家政策法规的内容。特别是 2010 年以后，教育部出台的一些政策进入教材，成为教材单独的章节。如徐旭荣主编的《学前教育学》第二章是“重要的学前教育政策法规”；王小溪主编的《学前教育学》第六章是“学前教育政策法规的解读及其案例分析”。教材内容体系及时反映了时代对学前教育发展的要求与趋势，适应了当前学前教育和课程改革的需要，具有较强的时代性。

三、教材类型增多，满足了不同层次学生的需要

从新中国成立到今天，学前教育学教材初步构建了自己的知识体系，满足了各级各类学校培训和开设课程的需要。纵观教材建设 70 多年发展历程，学前教育学教材可以分为四种类型，满足了不同层次人员的需求。

第一类是高等院校本科学前教育专业使用教材。如刘晓东、卢乐珍著《学前教育学》前言中提出，“本书可供学前教育研究人员用作参考资料，也可用作高校学前教育学教材”①；杨晓萍、李静主编《学前教育学》主要作为高

① 刘晓东、卢乐珍：《学前教育学》，1 页，南京，江苏教育出版社，2004。

等学校教育学本科层次教材；虞永平、王春燕主编《学前教育学》是高等院校学前教育专业规划教材；郑三元、张建国主编《学前教育学》是高等院校学前教育专业精品教材。这类教材主要是高校学前教育专业教材，适用范围比较集中。

第二类是其他类的学生教材。主要供不同层次的学生，包括大专、高职高专以及中等职业学校学生使用的教材。教材明确规定了使用教材的学生类型。如黄人颂《学前教育学》提出主要供高等师范院校学前专业和学前函授班，以及幼儿师范学校附设学前大专班使用；郑健成主编《学前教育学》适用于学前教育高职和幼师学生，以及学前教育专业大专层次的学生，中等职业学校三年制的学生也可参考学习等；钱雨的《学前教育学》是普通高等学校高职高专学前教育专业“十三五”规划教材；刘光仁、游涛、杨莉君编《学前教育学》是学前教育专业“十三五”规划教材，适合幼专、高职、中职学前教育专业学生和早幼教机构从业人员。可以说所有教材中都对适用对象有明确说明。

第三类教材是学生教材兼培训教材。如刘焱编著《幼儿教育概论》总序中提出，“教材可以用作大、中专层的幼儿教育、学前教育专业教材，亦可供幼儿园教师职前培训或在职进修、业务培训和高等教育自学考试学员使用”①；虞永平、王春燕编《学前教育学》版权页中提出，“本书可作为高等院校学前教育专业本科、高职高专教材，也可作为幼儿园教师继续教育教材”②。这些教材的适应范围较广，不仅可供学前教育专业学生使用，教师培训也可使用。还有一些是学前教师教育教材，如姚伟③，董吉贺④，陶能祥和张其志⑤主编的教材。

第四类教材是著作类教材，主要反映作者的研究成果和学术主张。如刘焱编著《幼儿教育概论》是原国家教委“九五”重点课题“研究当代幼儿教育，建设有中国特色的幼儿教育理论体系”成果之一。刘晓东著《儿童教育新论》是一部儿童教育学专著，对儿童的内在精神世界做了深入阐释，并力图据此探索儿童教育学的理论与方法，提出自己的学术主张。蔡慧琴编著《学前教育学》是江西省“十二五”重点学科学前教育学学科建设成果。

---

① 刘焱：《幼儿教育概论》，总序，北京，中国劳动社会保障出版社，1999。

② 虞永平、王春燕：《学前教育学》，版权页，北京，高等教育出版社，2012。

③ 姚伟：《学前教育学》，封面，北京，中国人民大学出版社，2018。

④ 董吉贺：《学前教育学》，封面，北京，北京大学出版社，2018。

⑤ 陶能祥、张其志：《学前教育学》，封面，上海，上海交通大学出版社，2015。

四、教材体例逐渐完善，适应了课程教学的需求

1949年以来学前教育学教材的体例逐步丰富和完备，更多地考虑到学生的需求和实用，体现了教材的教学性，更好地适应了教学需要。如刘焱编著《幼儿教育概论》一书，在绪论部分最后提到“每一章开头部分所列的‘教学目的与要求’和‘主要概念’，以及在每章结束部分所作的‘本章小结’和所列的‘复习思考题’可作教与学的基本线索，便于预习、复习与巩固，每一章最后所列‘进一步阅读的书目’可以帮助学生进一步丰富知识，扩展眼界”①。李生兰《学前教育学》每一章的体例是内容提要、正文、补充读物、阅读参考书目、复习与思考，全部章节后附有附录部分，附录包括教学和考试大纲，模拟考试试卷和参考答案，供学前教育工作者对学习效果进行自我测评。虞永平、王春燕编《学前教育学》体例包括问题情境、正文、关键概念、基本要点、问题与思考、资料链接、做中学。杨晓萍、李静主编《学前教育学》在每一章开始均有本章知识结构图、学习目标，在每章结尾部分还设置了要点小结、学业评价、学术动态、参考书目等栏目，在书中还引入了大量拓展阅读内容。

由此可以看出，学前教育学教材在编写体例上逐步完备。正文之前的“教育目的与要求”“内容提要、学习目标”“主要概念或关键词”可以让学生整体把握本章节的主要内容、教学目的、核心概念和知识点，在随后的教材阅读过程中能够做到心中有数。正文后的补充读物和阅读书目方便学生对相关内容和知识进行深入了解，查找和阅读有关学前教育学论著，拓展理论视野，丰富知识经验。正文后设置的“复习参考题”或者“复习与思考”，“可作教与学的基本线索，便于预习、复习与巩固”②。教材体例的多样化和丰富化，是学前教育学教材建设的重要成就之一。

第三节　新中国成立以来学前教育学教材建设的经验

在分析学前教育学教材建设历程和成就的基础上，我们认为新中国成立以来学前教育学教材建设经验主要有以下四个方面。

---

① 刘焱：《幼儿教育概论》，6页，北京，中国劳动社会保障出版社，1999。

② 刘焱：《幼儿教育概论》，6页，北京，中国劳动社会保障出版社，1999。

一、国家政策是学前教育学教材建设的根本遵循

新中国成立以来的70多年，教育部共颁发三次关于学前教育课程标准的重要指导性文件，这些政策文件指导了当时的学前教育实践，也深刻影响了学前教育学教材的编写方向和内容，为学前教育实践和教材建设指明了前进方向。

1952年3月，新中国成立后第一个关于幼儿园课程标准的文件《幼儿园暂行教学纲要(草案)》和1981年10月教育部发布的《幼儿园教育纲要(试行草案)》都强调向幼儿进行体、智、德、美全面发展的教育。在教材编写上，1954年黄人颂的《幼儿教育的理论与实践》和1989的《学前教育学》都专章独立设置"四育"内容。2001年7月教育部发布的《幼儿园教育指导纲要(试行)》，提出健康、语言、社会、科学、艺术五个领域的教育内容。学前教育专业课程设置中原来的六大"教学法"全部改为五大领域"教育"，五大领域教育课程成为学前教育学重要的分支学科。刘晓东、卢乐珍的《学前教育学》分章设置相应的五大领域教育内容。

特别是2010年以后，国家出台一系列学前教育政策，教材建设更加重视政策性，既包括政策进教材，也包括教材体现政策的思想。唐安奎的《学前教育学》序言中提出，"本书在编写时注重政策导向，体现国家在新的历史时期所制定的路线、方针和政策，努力反映《幼儿园教育指导纲要(试行)》《基础教育课程改革纲要》《教师教育课程标准》《幼儿园教师专业标准(试行)》等文件的精神和要求"①。徐旭荣②以及王小溪③的《学前教育学》教材中设有专章对政策的解读。

当然，教材建设在关注国家政策的同时，还要考虑教材内容的逻辑性，要处理好学理与政策的关系，不能顾此失彼。从已有教材的内容来看，教材的内容体系较为丰富多样，面多不集中，内容内在的逻辑性还存在一定的不足。作为教材，既要关注政策的引领，同时还要注重学理性，考虑教材自身的内容体系，以及学前教育学的基本概念、原理、方法和体系，展现学前教育研究及其理论的内在特点和要求。

---

① 唐安奎：《学前教育学》，序言，成都，西南交通大学出版社，2012。

② 徐旭荣：《学前教育学》，目录，北京，人民邮电出版社，2015。

③ 王小溪：《学前教育学》，目录，南京，东南大学出版社，2016。

二、实践需求是学前教育学教材建设的深厚土壤

随着幼儿园的创设以及培养幼师的需求，学前教育学作为一门必修课程逐步产生。在借鉴国外资料的基础之上，一些师范学校的教师根据自己的讲义以及在创办幼儿园的过程中积累的经验形成了早期的幼稚教育学课程的结构框架。中国学前教育学从一开始，就与中国学前教育实践紧密联系，具有很强的实践性。学前教育学作为师资培训教材，直接承担指导教育实践的任务，因此部分学前教育学教材内容体系也开始反映中国学前教育实践，总结自身或他人的教育实践经验。如陈华的《实际幼稚园学》就是介绍如何创办幼儿园。该书在序中提及，“此书专供幼稚师范学生及办理幼稚园者检查参考之用，故名《实际幼稚园学》。本书原意为求适合本校幼稚师范部学生毕业后办幼稚园时参考便利起见，故凡有关幼稚园的知识网罗颇富。本书的材料除由编者实地练习获得者外，同时参考了其他的教育名著”①。

随着学前教育实践的推进，教材内容和表达也在发生着变化。随着幼儿园的课程内容与结构发生很大变化，新出版的教材，不仅增加适应当前幼儿园教育改革需要，反映学前教育时代精神的内容，而且增加学前教育实践的最新成果，增加反映学前教育时代发展的要求与趋势的内容。教材的内容始终与实践紧密联系。如幼儿园教育实践中“五大领域教育”“学前教育活动”“学前儿童游戏”等，在教材中都会有所体现。因此实践需求既是学前教育学教材产生的基本条件，也是学前教育学教材内容中理论基础产生的土壤与源泉。

当然，教材建设在注重实践需求的同时，还要处理好与理论的关系。教材的质量在一定程度上反映学科的质量，学科建设要依托教材。如果仅仅把教材建设停留在对实践经验的总结以及实践成果的转化上，而没有学前教育学的理论创新，学科发展就会受到限制。在已有的教材中，尽管也能看到学前教育的理论基础等内容，但是大多是介绍国外或者是我国古代和近代的一些思想，在理论研究上还较为薄弱。因此，学前教育学的教材建设要把实践需求和理论创新结合起来，才能推动教材建设的高质量发展。

---

①　陈华：《实际幼稚园学》，6页，上海，商务印书馆，1926。

三、科学研究是学前教育学教材建设的核心要义

从学前教育学教材的产生和发展来看，学前教育学教材建设一方面满足了师范教育发展和师资培训的客观需求，另一方面也促进了教材自身的研究。学前教育学教材建设不仅要反映实践活动，而且要反映理论成果。对教材开展科学研究成为学前教育学教材建设的核心。因此，新中国成立后特别是改革开放以来，学者对教材中涉及的基本概念、基本理论、体系结构等方面开展了大量研究，促进了学前教育学教材理论体系的建构。如潘洁①、刘焱②、张利洪、李静③、苗曼④、杨宁⑤等学者的这些研究中对学前教育学的基本概念、范畴、理论体系、知识生产等问题进行了澄清和分析，对这些问题的理解和认识都会涉及教材的整体架构，在一定程度上也丰富了学前教育学教材建设的内涵。

对学前教育学的元研究可以解决学科的本质问题，对教材自身的研究也是促进教材发展的重要方面。在近 10 年里，开始出现对学前教育学教材研究的文章，据笔者目力所及只有 7 篇文章，发表文章较少，研究范围和深度有限。因此，加强对教材自身的研究应该成为今后教材建设的重要方面。

四、学科建设是学前教育学教材建设的有力保障

学前教育学首先是作为幼儿师范学校中的教学科目在中国形成和发展起来的，从这个意义上讲，学前教育学在中国的形成和发展就具体化为学前教育学的教材建设。一门学科如果没有独立的学科地位，就不会有理论体系的建构，编写教材成为学前教育学学科发展的重要标志。随着 1983 年学前教育学成为一门独立学科，其学科地位建立之后，学前教育学学科的

---

① 潘洁：《当前学前教育中的几个理论问题》，载《华东师范大学学报(教育科学版)》，1984(3)。

② 刘焱：《关于建设有中国特色的幼儿教育理论体系的思考》，载《学前教育研究》，1996(4)。

③ 张利洪、李静：《学前教育学的研究对象》，载《学前教育研究》，2011(9)。

④ 苗曼：《论学前教育的学前性》，载《教育发展研究》，2017(24)。

⑤ 杨宁：《学前教育专业知识生产的问题、困境与破解路径》，载《中国教育学刊》，2018(12)。

基本概念、基本原理、体系结构、研究方法等方面逐渐形成较为完善的学科规范，教材的理论体系也逐渐完善起来。不管运用什么研究范式构建学科体系，其目的都是建立学前教育学理论体系，其研究成果都可以为建构学前教育学理论体系提供丰富素材，都会对学前教育学教材理论体系的科学化起到积极作用。因此，只有加强学前教育学学科建设，加强学科的元研究以及逐渐完善学科体系，才能推动教材体系的建设，从这个意义上来讲，学科建设是学前教育学教材建设的有力保障。

第四节　新中国成立以来学前教育学教材建设的启示

新中国成立以来学前教育学教材建设的启示主要有以下几个方面。

一、始终坚持以马克思主义为指导的根本立场

坚持以马克思主义为指导的根本立场是学前教育学教材编写的优良传统。1956 年教育部颁发的《师范学院教育系幼儿教育专业暂行教学计划》附件中对专业课程的设置目的和主要内容做出了规定："幼儿教育学作为幼儿教育专业的基本学科，其目的在使学生掌握马克思列宁主义的幼儿教育和教学理论，并能应用于实际，并巩固其献身于人民教育事业的专业思想"。①黄人颂《幼儿教育的理论与实践》前言中写道："在这本书中，我只是尝试着把马克思列宁主义幼儿教育的理论，初步结合中国的实际情况，作一概括的叙述；希望对从事幼儿教育的同志们，提供一本较为有系统的新幼儿教育的参考书。"②

学前教育学教材的编写要始终坚持马克思主义，保持正确的政治方向，立足学前教育实践需要，坚持问题导向，始终以守正创新为发展动力。教材编写要能够自觉地以马克思主义思想为指导，反映当前学前教育改革与发展的实践成就，围绕学前教育改革与发展中存在的一些重大问题，通过科学的理论框架和思维方式，提出有关学术主张和实践建议。同时要关注社会发展状况、学前教育发展状况和学前儿童的发展状况，保障儿童的教

① 中国学前教育研究会：《中华人民共和国幼儿教育重要文献汇编》，71 页，北京，北京师范大学出版社，1999。

② 黄人颂：《幼儿教育的理论和实践》，前言，南京，江苏人民出版社，1954。

育权利，促进学前教育高质量发展。

二、始终坚持以构建中国特色学前教育学教材为目标

学前教育学教材研究要以构建新时代中国特色学前教育学教材为目标，把教材内容和党的政策结合起来，把党和国家的要求融入教材建设中。必须站在国家事权的高度，立足现实需要，着力建设与中国学前教育学学科体系相适应的教材体系。从宏观上发掘中华优秀传统文化蕴含的学前教育思想，守正创新，让中华文化展现出时代的精神和风采。微观上考虑如何将中国式现代化、高质量教育发展、乡村振兴等重要的教育问题写进学前教育学教材。中国的学前教育学教材，要坚持文化自信，促进中国传统文化的继承创新，反映中国学前教育发展中出现的问题，总结中国学前教育既有的经验，表达中国学前教育的内容，形成中国特色的学前教育学的教材体系。

三、始终坚持加强学前教育学教材的科学研究

新中国成立 70 多年来，学前教育学出版了系列教材，无论从数量、质量还是内容体系方面看，教材建设都取得了很大成就。但从查阅的文献资料来看，对于学前教育学教材开展的专门研究很少，仅有的几篇集中在近十年的研究中。研究范围和深度有限。因此要加强学前教育学教材的研究工作，可以把学前教育领域具有权威性和话语权的学术大家集中起来，充分发挥其学术引领和理论中坚的作用，形成由学前教育高等院校、各省市幼儿教育研究机构、幼教行政机构、幼儿园、学前教育杂志社等不同研究主体组成的学术研究共同体，抓住最基本的研究问题，形成学前教育学的研究体系。通过理论层面的互补合作和实践层面的特色探索，通过教材建设研究专项课题等多种措施，不断提高教材建设的科学化水平。

四、始终坚持学前教育学教材建设的国际视野

中国特色学前教育学教材的建设不能固步自封，要坚持国际视野，加强学前教育学教材建设的中外学术交流，正确处理中国化与国际化的关系。坚持国际视野，一方面是向国外学习；另一方面是向国际展现中国的成果。

我国学前教育学教材的建设从一开始就受到西方学前教育学影响，如日本、苏联学前教育学对我国学前教育学教材有很大的影响。在当今时代，学前教育学教材研究还应继续拓宽视野，借鉴其他发达和发展中国家的学前教育学教材，学习借鉴这些国家学前教育学教材研究的理论与方法。同时，注重加强学前教育学教材研究的中外学术交流，运用中国学前教育学的话语体系向国外同行展示我国的学前教育学的学术成果，取得世界学术界的认同，增强教育自信和文化自信。

第十章　新中国成立以来高等教育学[①]教材建设

高等教育学教材建设进入人们的视野中，主要有三种含义：第一种是"高等教育学＋教材"，即以高等教育学学科形态为起点对其教材进行探究，从时间范围来看主要涉及1983年高等教育学成为教育学的二级学科之后；第二种是"《高等教育学》＋教材"，即注重探究以"高等教育学"命名的教材建设的历史，从一般意义上来看应该是1984年5月人民教育出版社出版潘懋元先生的《高等教育学》为起点，但是通过探究发现这本书的历史可以追溯到1956年的《高等学校教育学讲义》；第三种是"高等教育＋学＋教材"，即从实践形态与学科形态两个角度来探究与高等教育相关的教材的发展历史。

从时间范围来看，本章主要探究以"高等教育学"命名的教材建设的历史。《高等教育学》既是高等教育领域内部进行人才培养的重要支撑，又是高等教育学学科发展的基础，还是研究者对高等教育学自主知识体系进行建构的象征。新中国成立以来，高等教育学教材建设取得了辉煌的成就，不同目的、类型、层次的高等教育学教材层出不穷。如何从《高等教育学》教材层面体现高等教育学的独特性、彰显高等教育学的独特价值、回应高等教育学的发展需求均需要我们对高等教育学教材进行回顾与展望。

第一节　新中国成立以来高等教育学教材建设历程

新中国成立之前，高等教育主要作为学制体系的最高级别，是一个统称的概念，并未形成专门的高等教育学，也未形成以"高等教育学"命名

① 本章的高等教育学教材建设，是指作为一门学科的高等教育学教材建设，即书名中出现高等教育学字样的《高等教育学》教材建设。

的教材。新中国成立之后，随着我国引进苏联教育学以及高等教育事业的繁荣与发展，高等教育学教材建设的现实基础得到夯实，特别是党的十一届三中全会以来，高等教育学教材建设的理论性更加凸显；随着高等教育学教材建设经历了发展期，到达平稳期，高等教育学教材知识体系、理论体系等也逐步完善。

一、高等教育学教材建设的萌芽阶段(1949—1977年)

1950年6月，教育部组织召开了新中国第一次高等教育会议，特别强调高等学校要致力于培养“全心全意为人民服务、为新民主主义服务的高级专门人才”，为新中国高等教育指明了正确的发展方向。这些文件为高等教育学教材建设提供了蓝本。这一阶段以《高等学校教育学讲义》为代表的高等教育学教材主要体现为以下三个特点。

第一，高等教育学教材建设的实践取向凸显。受苏联教育体制的影响，在中华人民共和国成立初期我国综合大学承担培养高等教育师资的任务，这为高等教育学教材的出版奠定了基础。为了更好地培养师资，就需要研究者既具有高等学校管理的经验，又具有从实践抽象出理论的能力，还应该清楚高等学校教师的特点。潘懋元先生1957年《高等学校教育学讲义》出台前，不仅依托厦门大学教学改革、学校干部培训的经验，而且在目的上更加注重服务于高等学校改革，服务于高等教育师资的培养。有研究指出，我国曾出版了一种《高等教育通讯》，它的内容，除了发布公告、交流经验之外，也发表了一些针对当时中国高等教育问题的调查研究报告，一些大学的出版物也刊登了一些高等教育研究方面的文章。①

第二，高等教育学教材建设的政策依附性强。这一阶段，受毛泽东主席提到各级干部要学点教育学的影响②，在发展的萌芽阶段高等教育学教材的建设需要依靠政策来进行内容、人员等的组织与安排。自1949年以来，我国多次颁布了关于高等教育的文件，如1956年的《高等学校教材编写暂行办法》等均对高等教育教材建设产生影响。再如“文化大革命”时期，未有高

① 参见秦国柱：《第一部〈高等教育学〉产生的历史回顾及其启示》，载《机械工业高教研究》，1998(3)。

② 参见秦国柱：《第一部〈高等教育学〉产生的历史回顾及其启示》，载《机械工业高教研究》，1998(3)。

等教育学教材的出版。

第三，高等教育学教材内容体系彰显稳定性。《高等学校教育学讲义》中潘懋元先生将逻辑起点定位到大学生，即是适应于高等教育对象的教育学讲义。从内容体例上，主要是将教育学的内容体系与高等教育的特殊性结合起来，这样使得高等教育学教材建设的内容一方面体现教育学的基础性，另一方面又彰显出高等教育学的特殊性。这样的双重属性，既奠定了我国高等教育学教材建设的特色，又为我们合理分析高等教育学特色、高等教育学独立性提供理论基础。作为具有中国特色的《高等学校教育学讲义》，在促进高等教育学知识积累，为高等教育学师资培养、人才培养提供依据时，也使得我们面临着高等教育学如何从普通教育学教材体系中分离出来的困境。

二、高等教育学教材建设的发展阶段(1978—2011 年)

自 1978 年改革开放以来，我国高等教育事业蓬勃发展，特别是高等教育入学人数的增加、中国高等教育学会的成立、高等教育学学位点的获取等均促进高等教育学教材的建设。1983 年 11 月 14 日至 19 日，由朱九思在华中工学院主持召开了关于潘懋元主编的《高等教育学》教材听取意见座谈会。这一阶段，共出版高等教育学教材 69 本，如 1984 年福建教育出版社出版的潘懋元的《高等教育学》，1990 年山东教育出版社出版的田建国的《高等教育学》，1998 年高等教育出版社出版的谢安邦主编的《高等教育学》，2001 年福建教育出版社出版的王伟廉主编的《高等教育学》，2010 年人民教育出版社出版的张楚廷的《高等教育学》等，这些高等教育学教材反映了高等教育学教材建设工作的蓬勃发展。这一阶段，高等教育学教材建设的特点主要体现为以下三个方面。

第一，高等教育学教材建设重视理论取向。一方面随着 1983 年高等教育学作为二级学科纳入教育学学科之中，高等教育学的学科独立性需要有独特的理论支持；另一方面由于高等教育学面临其他学科的质疑，为了彰显高等教育学的学科特性，激起研究者对高等教育学进行探究的热情。出现了如 1992 年陈祖兴《建构现代高等教育学学科体系的新尝试——评田建国同志的专著〈高等教育学〉》、2002 年叶信治《向构建理论体系的高等教育学迈进的新尝试——评王伟廉教授主编的〈高等教育学〉》、2011 年李碧虹《游刃于形而上下之间——读张楚廷先生〈高等教育学导论〉》等书评，这些书评表明研究者对高等教育学进行的理论探索。

第二，高等教育学教材建设的学科性凸显。这一阶段，研究者借鉴教育学教材的知识体系，开始对高等教育学学科理论体系进行探究。在对高等教育学教材进行编写的过程中，研究者更加注重对高等教育学教材的逻辑起点、理论体系、研究视角等的探究。如以大教育视角构建高等教育学①(1980 年，山东教育出版社出版的田建国著的《高等教育学》)、首次将高校的课程与教学领域作为高等教育学逻辑起点②(2001 年，福建教育出版社出版的王伟廉主编的《高等教育学》)、以“高深专门知识的教与学”为高等教育学理论体系的逻辑起点③(2001 年，广西师范大学出版社出版的薛天祥的《高等教育学》)。还有研究者认为由张楚廷著的《高等教育学导论》一书主要对高等教育学进行了深入分析和研究，不仅与其他优秀的高等教育著作一样，推动了我国高等教育学的发展与成熟，而且又一次带来了重大突破。④

第三，高等教育学教材建设队伍得到扩大。这一阶段共出版了高等教育学教材 69 本，这些出版社，既有人民教育出版社、山东教育出版社、高等教育出版社等，又有综合性大学及师范大学的出版社如华东师范大学出版社、华中科技大学出版社等；从高等教育学出版的研究者学科背景来看，既涉及教育学、高等教育学研究者，又涉及社会学、管理学等其他学科的研究者。一批高等教育学研究者参与了高等教育学教材建设。

三、高等教育学教材建设的平稳阶段(2012 年至今)

2012 年随着党的十八大的召开，教育部印发了《关于全面提高高等教育质量的若干意见》(《高教 30 条》)、《国家教育事业第十二个五年规划》《高等教育专题规划》等，为高等教育的未来发展提供了指引。随着高等教育学教材的发展，2012 年后我国进入了高等教育学教材建设的深化阶段。这一阶

① 熊明安、别必亮：《一次大胆的成功的尝试——读田建国的〈高等教育学〉》，载《山东社会科学》，1991(5)。

② 叶信治：《向构建理论体系的高等教育学迈进的新尝试——评王伟廉教授主编的〈高等教育学〉》，载《现代大学教育》，2002(1)。

③ 张忠华、吴莉：《高等教育学教材建设 30 年：历程、经验与问题》，载《高校教育管理》，2010(1)。

④ 参见董阜平：《对高校及高等教育的再认识——评〈高等教育学导论〉》，载《中国教育学刊》，2016(8)。

段，共有高等教育学教材20本，其特点主要有以下两个方面。

第一，高等教育学教材建设整体态势趋向平缓。经历了上一阶段高等教育学教材的发展期，这一阶段高等教育学教材的数量有所下降。这一情况一方面与教材内容强调知识体系的稳定性有关；另一方面则与高等教育学学科发展由强调倾向“外延式”发展转向“内涵式”发展，从强调数量的增加转到质量的提升有关。

第二，高等教育学教材建设目的取向上的整合性。这一阶段，出版的高等教育学教材既有服务于高等教育教师培养的教材，如2014年侯怀银主编的山西人民教育出版社出版的《高等教育学》，2015年胡弼成等主编的湖南师范大学出版社出版的《高等教育学》，2017年胡建华等著的南京师范大学出版社、南京大学出版社出版的《高等教育学》，2017年南京师范大学出版社《高校教师岗前培训教材：高等教育学》，又有对高等教育理论进行探究的教材，如2013年潘懋元、王伟廉主编的福建教育出版社出版的《高等教育学》，2012年韩延明主编的山东人民出版社出版的《高等教育学新论》，2014年顾建民主编的浙江大学出版社出版的《高等教育学 修订版》)等。

第三，高等教育学教材建设的独立性彰显。这一阶段，从整体数量来看高等教育学教材呈现减少的趋势，但高等教育学教材建设彰显出独立性。其一，面对严重的学科合法性危机，高等教育学教材建设仍然在进行中，还有不少研究者希望通过教材来证明高等教育学的独立性。通过构建完善的理论体系将高等教育学提升到一级学科的地位，如有研究者认为建设和发展高等教育学一级学科，更要重视学科内在观念建制的升级。① 其二，高等教育学教材的建设转向高等教育学与专业理论相结合，使得教材的高等教育学特色凸显，高等教育学教材建设的学理性更加突出。其三，高等教育学形成了较为稳定的知识体系。这些知识体系既彰显了高等教育学教材的特殊性，又体现了高等教育与普通教育之间的区别。有研究者认为，探究高等教育学作为一门学科的本质所在成为一种主要趋向。②

第四，高等教育学教材建设注重元研究。在经过上一阶段对高等教育学不同内容的争鸣之后，多样的教材为高等教育学教材建设的元研究奠定了基础。这一阶段就教材已有体例来看，出现了以存在论、本质论、价值

① 参见刘小强：《关于建设高等教育学一级学科的思考》，载《高等教育研究》，2017(1)。

② 参见贾佳：《我国高等教育学学科建设的演进》，载《教育与考试》，2016(4)。

论、主体论、活动论和质量论等对《高等教育学》教材进行组织的情况，其内容涵盖高等教育史、高等教育基本原理、高等教育功能、高等教育结构、高等教育制度。①

第二节　新中国成立以来高等教育学教材建设的成就

经历了70多年的发展，高等教育学教材建设经历了萌芽阶段、发展阶段以及平稳阶段。在这些不同阶段中，对高等教育学教材进行建设取得的成就体现在以下几个方面。

一、高等教育学教材建设彰显了中国特色

高等教育学从一开始走的就是学科发展道路，与国外将高等教育学作为一个领域是不同的。学科的发展道路奠定了高等教育学教材建设的基础。高等教育学教材建设从目的来看，遵循学科与实践的双重逻辑；从历史渊源来看，将高等教育学教材作为“学”来进行建设是具有中国特色的；从推动高等教育学建设的力量来看，高等教育学教材的建设是高等教育领域群策群力结出的果实。从高等教育学教材内容来看，涉及学科总论、高等教育发展简史、高等教育本质(含概念)、高等教育规律、高等教育目的(含目标)、高等教育结构、高等教育功能(含职能)、高等教育体制、高等教育主体、专业与课程、教学论、科研论、社会服务论、高等教育质量、评价论、德体美育论、学科建设、高等教育发展趋势等方面。高等教育学教材体现出中国特色，彰显了中国特色的教材建设道路。

二、高等教育学教材建设重视了高等教育学的知识体系建设

潘懋元先生在1983年将自己有关高等教育理论问题的报告编撰成册，出版了《高等教育学讲座》②，从该书的目录可以看出，高等教育学的知识体系主要分为三大类：元理论、规律性探讨以及高校教学。元理论涉及高等

---

① 参见山西省高校师资培训中心组、侯怀银：《高等教育学》，1～3页，太原，山西人民出版社，2014。

② 参见潘懋元：《高等教育学讲座》，1～2页，北京，人民教育出版社，1983。

教育学研究的对象、特点、体系、研究方法等基础性问题；在规律性探讨中，创造性地提出了教育的内外部规律；在高校教学层面，涉及内容较多，如教学过程、原则、目标与计划、课堂以及德育等。

高等教育学教材是高等教育学自主知识体系的重要承载，高等教育学自主知识体系是高等教育学教材进行内容安排、组织的依据。有研究认为，由于知识要借助教材进行传播，所以教材建设往往成为某种学科体系讨论的平台。① 以潘懋元先生的《高等教育学》为例，高等教育学教材为代表的知识体系涉及高等学校、大学生、大学教师三个主体，以教育论、课程论为核心，以课程实施的全过程为主要的依据。从高等教育学教材为代表的知识体系来看，潘懋元先生 1984 年的《高等教育学》突出了高等教育学承担培养高等教育师资的重要作用。1990 年田建国的《高等教育学》则分为基础理论、宏观高等教育学、微观高等教育学三部分，从其内容体系上看涉及高等教育的基本特点、教育思想、基本职能、外部规律、体制、结构、科类、发展战略、运行机制、横向联合、对外开放、德育、创造智慧、体育、美育、社会实践、科学研究、管理、校风、教师、学生、图书情报、实验室等内容。② 从知识体系来看，高等教育学的知识体系越来越庞大，既涉及高等教育培养人才的全过程，又涉及高等教育自身的体制、结构、科类等部分。

潘懋元《高等教育学》教材(1984 年版)章目编排

第一章	第二章	第三章	第四章	第五章	第六章	第七章	第八章	第九章
高等教育性质与任务	高等学校培养目标	大学生身心发展的一般特征	大学教师	教学过程和原则	课程论	高等学校的教学形式和教学方法	高等学校学业的检查与评定	教学手段

三、高等教育学教材建设推进了高校师资和高等教育学人才培养工作

作为教材的高等教育学，从产生之日就承担着培养人才的重任。新中国成立之初，面临着对高等教育教师进行培训的任务。改革开放之后，高

① 参见刘庆昌、卢红：《论教育学的体系》，载《现代教育论丛》，2002(3)。

② 参见田建国：《高等教育学》，1～7 页，济南，山东教育出版社，1990。

等教育学学科的成立使得对高等教育学人进行培养成为高等教育学教材发展的又一任务。1983年高等教育学成为二级学科之后，高等教育学学科的建设既需要高等教育学人的努力，又需要培育高等教育学的后备军，还需要高等教育学人才对高等教育学教材进行完善。自新中国成立以来，高等教育学教材数量庞大、层次多元、类型多样。这些不同数量、层次、类型的高等教育学教材成为培养高等教育学人才的重要依据，也是奠定高等教育学人才培养知识体系的重要抓手。

四、高等教育学教材建设促进了高等教育学元研究

高等教育学教材的建设，代表着高等教育实践发展的道路，也标志着高等教育学学科建设的历程，还彰显着高等教育未来的发展趋势。作为教材的高等教育学具有基础性、固定性、系统性等特征，这些特征标志着高等教育学知识体系逐渐向更加系统性、完善性等方向发展。这些教材成为高等教育学元研究的重要分析对象，高等教育学元研究会促进具有新思想、新观点、新方法的高等教育学教材出版，对高等教育学逻辑起点、理论体系、研究范畴等学科基本问题的反思和探究，需要依据已有高等教育学教材的内容体例为研究者提供基础的知识结构、分析框架。不同研究者在高等教育学教材中提出关于逻辑起点的争论，如培养人才、高深知识、高深专门知识教与学、高深知识与社会的关系等均为高等教育学元研究提供重要的参考。基于整合性知识论的高等教育学研究会增强自身研究的代表性，促进高等教育学学科独立性的提升，促进高等教育学知识体系的建设。

第三节　新中国成立以来高等教育学教材建设的经验

在剖析新中国成立以来高等教育学教材建设的历程和取得的成就的基础上，我们认为高等教育学教材建设的经验主要有以下几个方面。

一、明晰高等教育学教材建设的目的

通过对高等教育学教材的分析发现，我国存在两种教材建设的重要取向：一方面，以高等教育的教与学为中心，旨在培育高等教育的师资；另一方面，以高等教育学学科理论体系为中心，旨在促进自身理论体系的完

善，通过观点、思想的碰撞促进高等教育学的学科建设。除此之外，一些教材还体现实践逻辑与理论逻辑的双重取向。我们应该明晰不同取向的高等教育学教材在内容组织、特点安排、观点产出等方面是不同的。作为教材的高等教育学仍需要明晰自身作为教材的使命——培养人才，应该注重从高等教育人才培养的角度出发编写教材。从培养人才方面来看，高等教育学不仅仅是高校工作人员服务于政策的咨询，还应该包括高等教育领域人才的培养。作为教材的高等教育学，应该注重保持基本内容的稳定性、基础性。从这一观点看，在文本分析的过程中应该注重将以"高等教育学"命名的教材与专著进行区分。

高等教育学教材建设存在着政策先行，知识随政策进行组织的情况。正如有的研究者认为高等教育学的发展是先有外在建制，后有内在建制一样，高等教育学教材的建设也是与国家政策相一致，在教材建设的初期体现出鲜明的政策依附性。当进入发展期以及平稳期之后，在教材的目的取向、内容取向上存在不同层次的分化，如教材目的的单一取向与双重取向、内容取向上的单一逻辑与双重逻辑等情况。这些情况的出现，需要研究者对教材建设的目的进行合理区分，也应该注重对不同取向高等教育学教材的划分问题。高等教育学教材建设还应该注重对教材与著作的划分，更应该强调对课程与教材之间关系的合理处理。

二、处理好以教材为代表的知识体系更新问题

高等教育学教材承载着高等教育学学科内部的基础知识结构，作为培养高等教育学人才的重要依据，高等教育学教材应该注重自身知识体系的更新与完善。高等教育学教材知识更新速度慢既由于高等教育理论与实践转化的中介机制研究不足，又由于高等教育学的逻辑起点尚不明晰，还在"高深知识""高等学校教学""人"等方面进行争论，就导致从逻辑起点出发建构高等教育知识论难度较大。

高等教育学教材应该合理处理人才培养体系与知识体系之间的关系。人才培养体系下的高等教育学教材应该结合高等学校学生自身的特性，强调服务高等教育学人的工作体系；知识体系下的高等教育学教材则强调教材知识的完善性、知识的可传授性，教材需要注重自身理论体系的完善。高等教育学教材应该明晰，高等教育学的人才培养需要基于稳定的知识，彰显高等教育学的学科规训。因此，我们应该注重基于完整性的知识体系

促进高等教育学教材建设，这一完整性一方面需要有高等教育学的视野，要清晰地认识到高等教育学教材对于高等教育学的建设、高等教育学人的培养、高等教育学工作的开展等均有重要意义。与此同时，高等教育学教材的建设还将促进教育学教材建设工作的顺利开展，为教育学教材建设提供经验。另一方面，需要扩充高等教育学教材的容纳空间。在高等教育学教材建设的过程中，应该注重对于一些前沿观点的吸纳与呈现，以及对高等教育实践领域中重大问题进行回应。

三、处理好高等教育学教材与其他教材的关系

高等教育学教材在发展的不同时期，呈现出与高等学校教育学讲义、高等教育、高等教育学等混用的情况。高等教育学教材建设的历史证明，高等教育学教材建设不仅面临着处理与高等教育学内部教材的关系，还面临着处理与不同学科教材的关系，如社会学、政治学等。随着高等教育学教材的发展，高等教育学教材如何在继承已有经验的基础上，促进自身的发展，得到了研究者的重视。高等教育学教材的建设具有中国特色，高等教育学教材的建设离不开中国高等教育教材的建设。在高等教育学教材建设的道路上，处理好高等教育学教材与其他教材的关系是亟待解决的问题。

在高等教育学、高等教育、高校教学与管理等方面，研究者对相关概念之间的联系与区别进行了分析。高等教育学教材建设要处理好高等教育学教材与其他教材的关系。我们一方面要认识到高等教育学教材需要有其他教材的经验；另一方面要认识到在高等教育学内部，高等教育学教材是基础性的教材，这一基础性的地位决定了高等教育学教材建设不能仅仅依靠其他学科的经验，要注重对独属于高等教育学的教材进行探究。

四、处理好高等教育学教材与高等教育实践的关系

作为教材的高等教育学，在发展的过程中应该注意处理好与高等教育实践的关系。如何使高等教育学教材及时反映高等教育实践发展的需要，提升教材内容的知识更新速度是研究者需要解决的重要问题。高等教育实践，是高等教育学教材更新换代的基石，高等教育学教材的建设需要直面已有的高等教育实践。有研究者认为，如果不去接触高等教育实践，理论

就会脱离实践，高等教育学最终也难以走向成熟。[①] 高等教育学教材是高等教育实践的总结和提升，是高等教育学人才培养的依据。如果高等教育学教材不能够反映高等教育实践的发展，会影响高等教育学教材的时代性与现实性，降低其影响力。

我国研究者在研究的过程中，一方面注重对高等教育学教材自身内容体系的更新换代，强调对重大实践的反映，对高等教育实践领域的重大问题进行关注；另一方面注重强化高等教育实践与理论对话能力，促进高等教育学教材自身建设。研究者应该提升高等教育学教材建设与高等教育实践关系处理的意识，使得高等教育学教材反映高等教育实践，高等教育实践促进高等教育学教材建设。

第四节　新中国成立以来高等教育学教材建设的启示

新中国成立以来，高等教育学教材建设的启示主要有以下几个方面的内容。

一、坚持马克思主义思想的指导

坚持马克思主义的指导，是高等教育学教材建设的应有之义。作为教材的高等教育学，在根本思想上要与国家的大政方针保持一致。萌芽于20世纪50年代，发展于80年代，平稳于新时代的高等教育学需要坚持马克思主义的指导思想。马克思主义思想的指导为高等教育学教材建设提供指引，正如在第一本《高等教育学》座谈会上潘懋元先生所讲："我们力图以马列主义、毛泽东思想为指导，坚持思想基本原则，总结高等教育的实践经验，特别是1949年以来高等教育的经验和教训；吸取已被历史证明为符合规律的中外教育理论，特别是马列主义的教育基本原理，用以分析和研究高等教育的理论和实际问题。"[②]高等教育学教材建设需要马克思主义思想的指导，需要明晰教材建设的方针、政策，从而更好地促进高等教育学教材建设。

---

① 参见侯怀银、王霞：《高等教育学发展面临的主要问题》，载《教育研究》，2006(4)。

② 潘懋元：《在〈高等教育学〉教材听取意见座谈会上的发言》，载《高等教育研究》，1984(1)。

二、坚持高等教育学教材建设扎根中国实践

高等教育学教材建设既服务于高校师资的培育，又服务于高等教育学人才的培育，还服务于高等学校的政策咨询等。高等教育学教材自产生之日，就与我国实践发展密切相关，如与高等教育实践、高等教育改革与发展、教育振兴等均有联系。作为一门与实践密切相关的学科，高等教育学的特殊性体现在高等教育学作为人才培养的专业与社会实践的岗位密切相关。这就更使得高等教育学教材需要服务于社会实践，需要依托社会实践来彰显自己的价值，也需要通过人才的培养来促进学科自信的提升。高等教育学教材建设，需要明晰自身存在的实践基础，需要对高等教育学领域中的重大实践问题进行回应，也需要更好地与社会实践相联系。从而彰显作为专业的高等教育学在人才培养过程中的优势。

三、注重开展高等教育学元研究

高等教育学教材知识体系的更新、完善有赖于相关研究的开展。高等教育学教材的建设历史，伴随着高等教育学学科建设的历史。两者是相辅相成、协调发展的关系。高等教育学元研究对于高等教育学逻辑起点、基本概念、范畴的厘清，能够廓清高等教育学的学科边界，提升高等教育学的学科独立性，为高等教育学教材建设提供知识基础。注重开展高等教育学元研究，一方面需要研究者从思想上认识到高等教育学元研究在高等教育学学科发展、高等教育学相关的教材建设、高等教育学的知识体系构建等方面具有重要意义；另一方面，还需要研究者倡导对于高等教育学领域“真”问题的研究，不仅对高等教育学教材内容进行分析，还应该注重对分析框架的来源、价值判断的依据进行再抽象，从而促进高等教育学教材更加具有理论性；除此之外，需要研究者强化自身知识，不断进行学习，将新的研究视角、研究方法应用到学科建设与发展的过程中。

四、处理好高等教育学教材与教育学教材的关系

从《高等学校教育学讲义》到中国第一本《高等教育学》专著，再到之后不同层次、类型的高等教育学教材的出版，高等教育学教材一直面临如何

处理与教育学教材关系的问题。在萌芽阶段高等教育学的教材就是沿用教育学的体系与高等教育学的特色相结合，这一阶段的实践性导向较为明确。而发展期开始有研究者独立探索高等教育学的教材，这一阶段的学科特色较为明显，即希望构建完善的理论体系支撑教材体系。平稳阶段高等教育学教材的特殊性开始彰显，具体表现为一些研究者开始用不同的研究视角、研究方法对高等教育学教材进行了建设。这一点与高等教育学与教育学的关系相似，有研究者认为，高等教育学以学科身份存在已经得到了大多数学者的认可，但是高等教育学要保证自己的学科独立性并获得良好发展，首先要处理好与相关学科的关系。①

高等教育学教材应该处理好两者之间的关系，从教材建设的历史来看，教育学教材建设的历史经验能够为高等教育学教材建设提供参考意见；从两者的学科独立性来看，不论是高等教育学还是教育学在教材层面都应该注重对自身理论体系、逻辑起点的寻找，两者均面临着学科的危机；从教材建设的方法论层面来看，研究者对于教育学教材建设相关逻辑起点的探究与高等教育学逻辑起点的探究的方式是不同的，教育学教材的逻辑起点更加注重从理论形态进行考虑，而高等教育学教材的逻辑起点更加突出实践性以及社会性，出现诸如“高等学校教与学”“高等教育与社会关系”等内容。

---

① 参见侯怀银、李艳莉：《21世纪初高等教育学学科建设的探索》，载《苏州大学学报(教育科学版)》，2014(4)。

第十一章　新中国成立以来特殊教育学教材建设

新中国成立以来，特殊教育学教材建设经历了积累经验阶段(1949—1977年)、萌芽建设阶段(1978—2000年)和发展完善阶段(2001年至今)，除积累经验阶段由于刚起步缺少代表性教材之外，其余两个阶段都具有相应的代表教材，形成了不同阶段的建设特征。特殊教育学教材建设也取得了教材内容日趋完善，教材知识核心体系基本形成，教材编写体例兼重理论与实践，指导性强的成就。特殊教育学教材的发展建设给我们留下了深刻的启示，教材建设要保持学科特色，扎根时代需求，扩大科研队伍，丰富实践素材。

第一节　新中国成立以来特殊教育学教材建设历程

1874年，我国第一所盲校——瞽叟通文馆在北京创办，创办者为英国长老会牧师威廉·穆瑞，这也是我国第一个特殊教育机构。1905年，山东师范学堂教习时克荫与刘冠三在山东济南创办了我国第一所民间“盲哑学堂”。1927年，我国成立了近代以来第一所公立特殊教育学校——南京市盲童学校。1949年新中国成立以后相继颁布了多个与特殊教育相关的文件。1951年颁布了《政务院关于改革学制的决定》，1956年颁布了《关于盲童学校、聋哑学校经费问题的通知》，1957年颁布了《办好盲童学校、聋哑学校的几点指示》，这些政策法令确立了特殊教育活动的教育属性以及其在教育体系中的地位，极大地推动了我国特殊教育事业的发展。随着特殊教育活动不断发展壮大，作为教育学分支的特殊教育学也随之起步，承载具有理论指导意义的特殊教育学教材也应运而生。

回顾我国特殊教育学的发展历程，其教材的建设大致经历了以下几个阶段。

一、积累经验阶段(1949—1977年)

新中国成立之前，我国的特殊教育活动以“看护”和“养护”为主，其性质基本上属于慈善救济性质。新中国成立以后，特殊教育主要采用以政府包办和包管为主的办学与行政管理机制，国家和政府是这一阶段特殊教育活动引导者。在这一阶段中，我国的特殊教育活动主要遵循政务院颁布的《关于改革学制的决定》的要求，由建国前“看护”和“养护”为主的慈善救济性质转变为国家政府提供主要引导与经济帮助的福利性质。由此，特殊教育开始被纳入国家教育活动体系中，作为其中一个重要组成部分，但这一阶段国家教育帮助的对象主要为盲、聋哑学生。慈善救济性质下的看护养护和国家福利性质下的政府包办和包管都以对盲、聋哑学生的身心看护、养护和成长为主要目的，对其的教育教学活动主要集中和表现在实践层面。因此，这一阶段的特殊教育学以实践活动为主，教材建设也处于积累实践经验的过程中，但这些经验都为之后特殊教育学教材的发展建设奠定了坚实的实践基础。

二、萌芽建设阶段(1978—2000年)

(一)建设概况

改革开放后，特殊教育事业的发展逐渐得以复苏。1980年4月，我国召开了中国盲人、聋哑人第三届全国代表大会，大会提出要“尽快地筹办一所全国性质的特殊教育师范学校，为各地新建学校培养特殊教育师资”①。1982年《中华人民共和国宪法》提出，“国家和社会帮助安排盲、聋、哑和其他有残疾的公民的劳动、生活和教育”。随后，我国又相继修订颁布了《中华人民共和国义务教育法》《中华人民共和国残疾人保障法》《中华人民共和国残疾人教育条例》等教育法令。在这些政策法令的引导下，我国的特殊教育事业逐渐有法可依，有法可循，步入了依法治教的道路。1988年，我国启动了残疾人教育事业发展的五年规划、召开了第一次全国特殊教育工作会议。1989年，国务院办公厅转发了国家教委等部

---

① 雷江华：《中国特殊教育学学科论初探》，载《华中师范大学学报(人文社会科学版)》，2005(4)。

门《关于发展特殊教育的若干意见》，这一系列的举措推动了我国特殊教育事业的蓬勃发展。在此之后，我国各高等师范院校也纷纷设立特殊教育研究机构、开设特殊教育专业并开始招生。为了满足高校特殊教育专业的发展，各学校纷纷开设特殊教育课程。自此以后，我国特殊教育学教材也随之相继问世。

在这一阶段，我国比较有代表性的特殊教育学教材有：《特殊教育概论》(朴永馨主编，1991 年)，《特殊教育学》(朴永馨主编，1995 年)，《特殊教育概论》(汤盛钦主编，1998 年)，《当代特殊教育导论》(方俊明编著，1998 年)。

(二)阶段特征分析

1978—2000 年，我国特殊教育学教材建设总体处于萌芽阶段，此时我国特殊教育学教材呈现出适用对象主要面向一线特殊教育工作者、知识体系逐步完善有序和编写体例兼重理论与实践的三大特点。

1. 适用对象主要面向各级一线特殊教育工作者及学生

教材是理论知识的载体，最终目的是为实践服务。这一时期我国具有代表性的特殊教育学教材共 4 本，编者以朴永馨、方俊明和汤盛钦为主，书名多以特殊教育学学科直接命名，其适用对象各有不同。《特殊教育概论》(朴永馨主编，1991 年)一书适用于我国设立的三年制或四年制的中等特殊教育师范院校的各专业在校学生；《特殊教育学》(朴永馨主编，1995 年)一书适用于我国大中专文化水平以上的各界各类特殊教育教学工作者；《特殊教育概论》(汤盛钦主编，1998 年)一书主要针对我国中小学、幼儿园教师；《当代特殊教育导论》(方俊明，1998 年)一书适用于我国各师范大学特殊教育专业学生、特殊教育师资培训以及有一定阅读能力和学习能力的特殊儿童家长使用。由以上分析可以发现，这一阶段的特殊教育学教材偏重对各学校特殊教育教学和特殊儿童成长的实践的指导。

1978—2000 年特殊教育学教材主要适用对象

书名	作者	出版年份	适用对象
《特殊教育概论》	朴永馨	1991	三年制或四年制的中等特殊教育师范院校各专业在校生

续表

书名	作者	出版年份	适用对象
《特殊教育学》	朴永馨	1995	大中专文化水平以上的各界各类特殊教育教学工作者
《特殊教育概论》	汤盛钦	1998	中小学、幼儿园教师
《当代特殊教育导论》	方俊明	1998	师范大学中特殊教育专业学生、特殊教育师资培训以及有一定阅读能力和学习能力的特殊儿童的家长

2. 特殊教育学教材知识体系逐步完善有序

知识体系是高度有序的集合体，它由两部分组成：一是知识内容本身，二是知识之间科学有序的内在逻辑结构。通俗地说，知识体系就是无数个关联的标准知识的集合，是把一些零碎的、分散的、相对独立的知识概念或观点加以整合，使之形成具有一定联系的知识系统。① 这一阶段我国特殊教育学教材的知识编写体系以教育学和管理学以及历史发展脉络为基础，主要涉及特殊教育学的相关概念、教育方法、组织管理和各类特殊儿童的教育，并结合教育政策和时代需求创造性地提出随班就读的教育方法。在概念方面以历史发展为时间线索主要梳理特殊教育的产生、发展、基本理论、立法和发展动向，教育方法则从宏观和微观结合侧重论述特殊教育的原则、过程及有效课堂的组织与实施，根据实践经验分别对各类特殊儿童的教育进行详细讲解，同时从管理学的角度对特殊教育机构的建立、管理、评估等不同层面做出了相关规定。从纵向分析，教育方法从一般走向具体，由一般的教育方法走向着眼关注特殊教育的教育对象——特殊儿童，并结合心理学的发展逐渐关注特殊儿童的心理成长，各类儿童的教育也由着眼于其身体外在疾病，开始关注情绪与行为问题儿童。

① 参见王海建：《学习方式和学习工具改进对提升数学学习效益的实证研究》，载《中学课程辅导(教师教育)》，2019(3)。

1978—2000 年特殊教育学教材知识体系

书名	作者	概念阐述	教育方法	各类特殊儿童教育	组织和管理
《特殊教育学》	朴永馨	特殊教育的对象和分类、鉴定；产生和发展、理论基础和基本观点；立法和发展动向		智力落后儿童、听力残疾儿童、视力残疾儿童、学习困难儿童、言语和语言障碍儿童、情感和行为障碍儿童、肢残和病弱儿童等	特殊教育机构的建立和任务、领导和管理、机构工作的评价、特殊教育师资的培养
《特殊教育概论》	汤盛钦	特殊教育概念、法律法规	有效教学形式和课堂策略、随班就读、早期干预	学习困难、弱智、言语和语言障碍学生、听觉障碍学生、视觉障碍学生	特殊教育机构
《当代特殊教育导论》	方俊明	特殊教育与特殊儿童、特殊教育的发展历史	特殊教育原则与过程	盲和弱势儿童、聋和重听儿童、弱智儿童、肢体残疾和病弱儿童、学习困难儿童、情绪与行为问题儿童	特殊教育评估

3. 编写体例兼重理论与实践

《特殊教育概论》(朴永馨主编，1991 年)适用于三年制或四年制的中等特教师范院校各专业在校生，其编写体例由特殊教育学基本理论知识和各知识点的相关习题构成，既注重对中等特教师范学生的理论教育，又侧重对其所学理论知识的实践情境指导，理论与实践相结合，可以使其适用对象——三年制或四年制的中等特教师范院校各专业在校生更好地从事特殊教育工作，服务特殊教育事业。《特殊教育学》(朴永馨主编，1995 年)适用于大、中专文化水平以上的各界各类特殊教育教学工作者，此类适用对象有一定的特殊教育活动的实践经验。因此，《特殊教育学》更注重对特殊教育理论的阐述以及理论对特殊教育实践活动的指导性。《特殊教育概论》(汤盛钦主编，1998 年)主要面向的对象是中小学、幼儿园教师，处于义务教育阶段的特殊儿童的教育尤为重要，因此，汤盛钦主编的《特殊教育概论》一书中不仅有对于理论知识的阐述与相关知识点习题的练习，还设立了一些特殊教育活动中可能发生的问题以及问题发生的具体情境，这样的教材体系的编写对于义务教育阶段中一线特殊教育工作者处理在具体情况中发生的问题更具有实际指导意义。《当代特殊教育导论》(方俊明，1998 年)一书面向各师范大学特殊教育专业学生、特殊教育师资培训以及有一定阅读能力和学习能力的特殊儿童家长。本书面向的对象更加广泛。《当代特殊教育导论》一书兼重理论阐述、实践案例引导和习题练习。由以上分析可见，这一阶段的特殊教育学教材编写面向的群体更加广泛，所涉及的理论与实践更加完善，教材编写体例基本形成。

1978—2000 年特殊教育学教材编写体例

书名	理论知识	实践案例	相关习题
《特殊教育概论》(1991)	√		√
《特殊教育学》(1995)	√		
《特殊教育概论》(1998)	√	√	√
《当代特殊教育导论》(1998)	√		√

三、发展完善阶段(2001 年至今)

(一)建设概况

随着党和政府对特殊教育事业发展的高度重视，特殊教育事业的发展也成为办好教育、推进教育公平的一项重要内容。党的十九大明确要求要“办好特殊教育”，这也是继党的十七大“关心特殊教育”、党的十八大“支持特殊教育”之后，对特殊教育事业的发展提出的更高要求。总体来说，我国特殊教育事业在这个阶段获得了有史以来最好的发展条件。

在这一阶段，《中华人民共和国义务教育法》《中华人民共和国残疾人保障法》等相继进行修订并实施，这些与特殊教育事业发展相关的重要法律法规指出，我们要在继续关注特殊教育活动数量和规模发展的同时，更加关注特殊教育的教育质量问题。特别是2017年修订的《中华人民共和国残疾人教育条例》中，不仅为进一步保障残疾儿童接受义务教育提供了强有力的支持，而且还确立了推进普特教育融合、优先采取普通教育方式的特殊教育发展原则。

一系列与特殊教育发展相关的发展规划或政策文件，如《关于进一步加快特殊教育事业发展的意见》《国家中长期教育改革和发展规划纲要(2010—2020年)》等相继出台，第一期和第二期“特殊教育提升计划”等相继实施，更加快速高效地推动了特殊教育事业的发展。《国家中长期教育改革和发展规划纲要(2010—2020年)》把特殊教育作为我国八大教育发展任务之一，对特殊教育活动真正纳入国家教育事业发展整体规划中、实施普特融合教育活动具有重要意义。

这一阶段我国比较有代表性的特殊教育学教材有《特殊教育导论》(顾定倩，2001年)，《特殊教育导论》(刘全礼，2003年)，《中国特殊教育学基础》(陈云英，2004年)，《特殊教育学》(方俊明，2005年)，《特殊教育学基础》(潘一，2006年)，《特殊教育概论》(刘春玲，2008年)，《特殊教育学基础》(盛永进，2011年)，《特殊教育学》(方俊明，2011年)，《特殊儿童教育导论》(盛永进，2015年)，《特殊教育导论》(肖非、傅王倩，2020年)。

(二)阶段特征

1. 教材定位倾向于高等教育在校学生

课程是教材建设的主要依据。21世纪，我国特殊教育事业面临着建立和发展具有中国特色的特殊教育学学科的任务。这一阶段，我国特殊教育专业迅速发展，特殊教育学逐步形成了本、硕、博多层次的人才培养体系，课程设置渐趋多样化，且整体上日趋符合学生的学习兴趣与需求，学生选择的自主性增强。① 作为课程载体的特殊教育学教材，其定位和面对的对象也发生了改变。通过对这一时期具有代表性的特殊教育学教材分析，我们发现其适用对象转向各高等院校在校学生，承担起了培养高等特殊教育人才的任务。且其专业定位十分明确，主要针对各普通高等院校和各高等师范院校特殊教育专业的学生。较上一时期特殊教育学教材，其定位更倾向于理论知识的载体和高等特殊教育人才的培养。

---

① 参见侯怀银主编：《新时期教育史纲》，211页，福州，福建教育出版社，2020。

2001 年至今特殊教育学教材适用对象

书名	作者	出版年份	适用对象
《特殊教育导论》	顾定倩	2001	特殊教育专业(专科)自考生
《特殊教育导论》	刘全礼	2003	特殊教育专业本科生
《中国特殊教育学基础》	陈云英	2004	
《特殊教育学》	方俊明	2005	本科生和研究生
《特殊教育学基础》	潘一	2006	特殊教育师范院校学生
《特殊教育概论》	刘春玲	2008	非特殊教育专业的在校大学生
《特殊教育学基础》	盛永进	2011	
《特殊教育学》	方俊明	2011	本科生和研究生
《特殊儿童教育导论》	盛永进	2015	特殊教育教师，特殊儿童家长，残疾人社会工作者
《特殊教育导论》	肖非、傅王倩	2020	特殊教育专业本科生

2. 紧跟政策发展，内容日益完善

特殊教育学教材的编写在基于其施教对象的特殊性的基础上，结合社会发展对特殊教育提出的新要求，不断完善教学内容，紧跟政策发展。

“随班就读”，原本是指让部分肢残、轻度弱智、弱视和重听等残障孩子进入普通班就读进行教育的一种方式，其目的就是要让这些特殊孩子能够与普通学生一起活动、相互交往的同时，获得必要的有针对性的特殊教育和服务，以及必要的康复和补偿训练，以便使这些孩子能够更好地融入社会，开发潜能，为他们今后自主、平等地参与社会生活，成为有理想、有道德、有文化、有纪律的社会主义事业的建设者和接班人打好基础。①

随班就读充分体现了我国的科学发展观。以人为本是科学发展观的核心，它关注人的全面发展，关注全体人的发展，更关注人的可持续发

① 参见陈超：《随班就读学生学习能力提高的有效策略》，载《甘肃教育》，2019(18)。

展。随班就读可以使特殊儿童在受教育的过程中满足对尊重的需要，满足获得友谊的需要，以及满足其正常发展的需要。对他们的教育引导及矫正治疗需要从身心到情感的全面关怀，要在教育活动中充分给予他们足够的友爱、善良、信任、互助，这对于培养他们自尊、自信、自律、自强的品格有着十分重要的意义。因此，特殊教育学教材关注时代发展的需求，与时俱进，完善教材内容，推进了随班就读的特殊教育活动的组织形式。

全纳教育作为一种教育思潮，兴起于20世纪90年代。全纳教育以覆盖所有适龄儿童为共识，以正规系统负责教育所有儿童为信念，它涉及教育内容、教育途径、教育结构与教育战略的变革与调整。全纳涉及在正式与非正式的教育环境中为多样化的学习需要作出适当的回应。全纳教育不是一个如何让部分学生融入主流的小问题，它是考察如何改革教育系统和其他学习环境以适应学习者多样性的一种方法。其目的是使教师和学生都能接纳多样性并视之为机会，视之为学习环境的丰富，而不是问题。① 2014年，我国出台的《特殊教育提升计划(2014—2016年)》提出，要全面推进全纳教育，使每一个残疾孩子都能接受合适自己的教育。而全纳教育就是通过增加学习、文化与社区参与的机会，减少已有的教育系统内外的排斥，更多地关注并满足所有学习者多样化需求的过程。特殊教育学研究者紧跟时代需求和政策要求，将全纳教育的相关内容写进了特殊教育学教材，为我国培养具有“四有”建设者和接班人能力的特殊教育儿童提供了理论指导。

2001年至今特殊教育学教材知识体系

书名	概念阐述	教学形式	各类特殊儿童教育	师资培养与队伍建设
《特殊教育导论》	特殊教育概述、特殊教育的产生与发展、特殊教育的理论基础	特殊教育的体系、特殊教育的教学组织形式和原则		特殊教育教师、特殊教育学校的设施和设备

① 参见王挺鉴：《基于多中心治理理论的定安县农村留守儿童管理研究》，硕士论文，海南大学，2019。

续表

书名	概念阐述	教学形式	各类特殊儿童教育	师资培养与队伍建设
《中国特殊教育学基础》	特殊教育学基础、发展、特殊教育的研究方法	随班就读与全纳教育、学校以外的特殊教育	听觉障碍儿童、发展障碍儿童、视觉障碍儿童、超常儿童、残疾儿童职业教育与康复	特殊教育师资的培养
《特殊教育学》	特殊教育概述、产生和发展、特殊教育研究的理论与方法	特殊教育的体系与模式、高等特殊教育、特殊儿童的家长教育	听觉障碍儿童、智力障碍儿童、言语与语言障碍儿童、肢体障碍和病弱儿童、自闭症儿童、多重障碍儿童的教育与训练、学习障碍儿童、情绪与行为障碍儿童、超常儿童、特殊儿童的职业教育	特殊教育的评估、特殊教育的法律法规、特殊教育教师的培养与培训
《特殊教育学基础》	特殊教育学基础的研究对象、研究方法、意义、特殊教育的历史、现状及今后的发展趋势	特殊教育的体系与模式、特殊需要的教学与管理、早期干预、随班就读、心理教育、行为矫正、康复	听觉障碍儿童、智力障碍儿童、言语与语言障碍儿童、多重障碍儿童的教育与训练、学习障碍儿童、情绪与行为障碍儿童、孤独症、多动症	特殊教育的法律法规、特殊需要的测量及评估、特殊教育教师、特殊需要家长的教育

第二节　新中国成立以来特殊教育学教材建设的成就

一、教材内容日趋完善

受其学科视野拓展的影响，特殊教育学的知识体系也发生了相应的变化。其变化表现为适时适当地删减、改变和增加。如从朴永馨先生主编的《特殊教育概论》(1991 年)到《特殊教育学》(1995 年)，轻微违法犯罪儿童心理与教育的教学内容已渐从教材中隐退。① 随着时间的推演和学科的发展，特殊教育学教材中对特殊儿童的称呼从最初的“残废儿童”“缺陷儿童”转变为“残疾儿童”“特殊教育需要儿童”。特殊教育对象范围也在逐渐扩大，特殊儿童由视力残疾、听力残疾、智力残疾三类儿童过渡到更多类别的残疾儿童、问题儿童和超常儿童。随后出现的教材不断根据时代需要增加情绪行为障碍、孤独症、学习障碍、注意力缺陷与多动症等不同类别的儿童。此外，随着特殊儿童教学有效性的探讨，融合教育逐渐被普及推广。

二、教材知识核心体系基本形成

特殊教育学知识领域趋于一致，核心内容基本达成共识。特殊教育学经历 20 多年的发展变化，特殊儿童心理与教育依然是不同时代学者关注度最高的话题。研究对象是学科属性的决定因素。虽然不同时期的教材呈现不同的特点，但主要内容均聚焦于各类特殊儿童的心理与教育、教育教学、特殊教育基本概论等三个部分，特殊教育学越来越具有多学科发展的视野，但并没有因学科融合借鉴而冲淡了“特殊教育”的本质。②

三、教材编写体例兼重理论与实践，指导性强

教材的编写体例和组织方式虽属外在表现形式，但往往可以直接影响

① 参见贾玲、供慧娜、陈影、雷江华：《我国特殊教育学教材的实证分析——基于 13 本教材的内容比较》，载《中国特殊教育》，2017(3)。

② 参见贾玲、供慧娜、陈影、雷江华：《我国特殊教育学教材的实证分析——基于 13 本教材的内容比较》，载《中国特殊教育》，2017(3)。

教学效果。2015年11月，联合国教科文组织颁布《反思教育：向"全球共同利益"的理念转变》报告，明确提出知识是通过学习获得的信息、认识、技能、价值观和态度，知识本身与创造及复制知识的文化、社会、环境和体制背景密不可分，教育应培养出能够继续学习、解决问题、具有创造力的人才。特殊教育学教材编写形式新颖，注重编写的可读性，便于学生自学。我国的特殊教育学教材编写体例基本形成，大致包括特殊教育学理论知识的阐述、各类特殊儿童的具体教育和特殊教育的组织管理形式，既有理论的传习，又具有实践指导意义。

第三节　新中国成立以来特殊教育学教材建设的经验

一、针对性强，学科特点突出

作为一个学科群的特殊教育学的教材体系，其主要根据专业培养目标的需要与依据人才培养的目标而构建专业教材体系。特殊教育学专业教材体系一般由基础学科、专业基础学科和专业学科三个层次组成。[①] 特殊教育专业的基础学科一般包括社会学、教育学、心理学、语言学、医学、特殊教育、管理学、哲学等学科。特殊教育专业的专业基础学科包括特殊教育学、特殊儿童心理学、特殊儿童语言学、特殊儿童病理学、特殊教育史、特殊教育管理学、特殊教育哲学、特殊教育社会学等学科。特殊教育专业的专业学科，从不同的特殊教育对象出发，分别有智力落后儿童教育学、听觉障碍儿童教育学、视觉障碍儿童教育学、学习困难儿童教育学等；从教育的层次来看包括学前特殊教育学、初等特殊教育学、中等特殊教育学、高等特殊教育学；从教育的对象看，有特殊成人教育学和特殊青少年教育学、特殊儿童教育学；从特殊教育的内容看，有特殊儿童心理健康教育、特殊儿童德育、特殊儿童智育、特殊儿童劳动教育、特殊儿童体育。我国特殊教育学教材的内容选择融合教育学、心理学、社会学、管理学等学科知识为基础，同时又使其为自身服务，专注于自身特殊教育对象，不过分夸大相关学科的理论性，具有较强的专业指导性。[②]

---

① 参见侯怀银主编：《新时期教育史纲》，211页，福州，福建教育出版社，2020。

② 参见雷江华：《中国特殊教育学学科论初探》，载《华中师范大学学报(人文社会科学版)》，2005(4)。

二、与时俱进，内容具有时代性

人才培养目标是一切教育实践活动的出发点和归宿，它规定着一个国家人才培养的方向和内涵。我国新时期的人才培养目标蕴含着德、智、体、美、劳全面发展的新要求，是道德理想、科学知识与实践创新的有机统一。道德理想是人才培养目标的信念灵魂，决定人的精神世界的高度和深度；科学知识是人才培养目标的核心内容，是实现人才培养目标的重要基石；实践创新是人才培养目标的内涵升华与价值呈现形式，是激发人才思维活力之路径。围绕人才培养目标构建人才培养体系是我国新时代教育改革的重要任务，而教材体系是落实教育方针、教育目标和教育内容的重要的有机系统，在我国的人才培养体系中发挥着至关重要的作用。①

学科教材体系的构建是人才培养体系形成的一项重要工程，是实现人才培养目标过程中的重要举措。推进学科教材体系的建设更有助于党的教育方针的贯彻。贯彻党的教育方针的实质是达成以立德树人为导向，培养德智体美劳全面发展的社会主义建设者和接班人的根本目标。因此，学科教材体系的构建必然要求将理想信念、爱国情操、道德品质、知识见识、审美情趣、劳动精神等系统地融入教材体系中，最终达到培养高综合素质的学生的目的。自新中国成立以来，我国特殊教育学教材的编写经历了由关注实践运用到理论指导人才培养的历程，这一历程直接体现出特殊教育学教材编写的成功经验——内容与时俱进，为社会主义建设者和接班人的培养贡献自己的学科力量。

三、实用性与理论性相结合，应用范围广

理论必须和实践相结合，实践只有在科学理论的指导下，才能达到改造客观世界的目的，理论只有同实践相结合，才能得到检验和发展，才能变为物质力量。实践是理论的本源，理论的价值在于指导实践。习近平总书记指出，“要把学习党史同总结经验、观照现实、推动工作结合起来，同解决实际问题结合起来”。这提醒我们，在中国特色特殊教育学学科建设的过程中坚持

---

① 参见马云鹏、李哨兵：《德智体美劳培养体系下的教材体系建设》，载《教育研究》，2019(2)。

理论联系实际。从新中国成立以来，我国特殊教育学学科建设稳步推进，作为特殊教育学知识载体的教材也贯彻了理论联系实践的宗旨，既有对一线特殊教育工作者和特殊需要家庭、家长的理论指导，又有在特殊教育实践过程中所积累的教育教学经验，实现了特殊教育学教材理论与实践的融合共进。

四、循序渐进，科学性与内在系统性相统一

万事万物皆有章可寻，特殊教育学教材编写过程中遵循了由一般到特殊，由抽象到具体，由理论到实践的循序渐进的原则。特殊教育学教材的编写在教育对象、教学方法、教育内容上，由广泛意义上的特殊儿童逐步细化，形成对各类特殊儿童的教育，如听障、智力落后等儿童的特殊教育内容与方法。且特殊教育学教材在编写过程中，都由特殊教育学的理论发展逐步过渡到特殊教育实践活动的指导，由理论向实践的逐步过渡符合学习者的认知规律，也便于将特殊教育理论更好地运用于实践教学中，指导特殊教育实践活动。

第四节　新中国成立以来特殊教育学教材建设的启示

一、保持学科特色

新中国成立以来，我国特殊教育事业取得了很大成就，初步形成了“以特殊教育学校为骨干，以大量随班就读和特教班为主体，以送教上门为辅助”，具有中国特色的教育发展模式。在教材编写方面，特殊教育学也始终坚持科学性与思想性相统一。教材中的知识必须是科学上已经有定论的真理性的知识，同时还必须适当地反映科学技术的新成果，保证教材内容的先进性、科学性。教材的编写，还要保证教材的思想性。因此，必须以正确的立场、观点和方法为指导进行组织和阐述，力图体现正确的思想和道德精神。教材的思想性应属于科学性，做到科学性与思想性相统一。

二、扎根时代需求

自党的十八大召开以来，习近平总书记从理论和实践结合上系统回答了新时代坚持和发展什么样的中国特色社会主义、怎样坚持和发展中国特色社会主义这个重大时代命题，创立了习近平新时代中国特色社会主义思

想。坚持扎根中国大地办教育正是以习近平同志为核心的党中央以马克思主义为指导，顺应教育发展规律、结合中国教育发展实际提出的关于教育指导思想的新观点，是马克思主义关于教育指导思想的最新成果。[①] 坚持扎根中国大地办教育是以马克思主义为指导思想、对新时代我国教育改革发展面临的重大理论和实践问题的深刻回答，体现了中国共产党对中国特色社会主义教育规律的准确把握，是新时代建设中国特色世界水平现代教育的指导思想与行动指南。建设中国特色社会主义过程中，会对特殊教育学学科建设提出不同的要求，此要求反映在特殊教育学教材建设中，内容的选择、教材的定位、编写体例的确定等无一不响应时代发展的需求，扎根切实需求来发展自身，建设自身。

三、扩大科研队伍

人才是实现民族振兴、赢得国际竞争主动的战略资源，是衡量一个国家综合国力的重要指标。2021 年 9 月 27 日，习近平总书记在中央人才工作会议上发表重要讲话，全面总结了党的十八大以来我国人才工作取得的历史性成就、发生的历史性变革，精辟概括和深刻阐述了新时代我国人才工作的新理念、新战略、新举措，发出了深入实施新时代人才强国战略的动员令，为做好新时代人才工作指明了前进方向、提供了根本遵循。特殊教育学教材发展正是深入贯彻了人才战略，科研队伍不断壮大，青年力量层出不穷，高等教育的后备军跃跃欲试，为加快特殊教育学教材建设提供了有力的人才保障。

四、丰富实践素材

特殊教育学是以教育基本理论为指导，特殊儿童为教育对象的学科。其教材的编写在重视理论基础发展的同时更要注重丰富实践教学案例。特殊儿童教学方法的选择、教学内容的选择与编排、课程的设计都与普通受教育对象存在一定的差别，这种差别导致特殊教学活动的特殊性。因此，作为教学指导的特殊教育学教材要注重其教育活动的特殊性，选取丰富的典型的教育实践以更好地指导特殊教育活动。

---

① 参见檀慧玲、万兴睿、罗良：《坚持扎根中国大地办教育》，载《中国高等教育》，2019(6)。

第十二章　新中国成立以来教育研究方法教材建设

教育研究方法作为“解决教育实践问题和发展教育理论的重要工具”①，已经形成“一门体系庞杂、内容丰富的实用性学科”②。为进一步推进教育研究方法学科的深化与发展，我们需要回顾教育研究方法教材的建设历程，剖析新中国教育研究方法教材在建设过程中取得的成就和积累的经验，以期为教育研究方法教材建设提供借鉴与启发。

第一节　新中国成立以来教育研究方法教材建设历程

民国时期，在大学的教育学专业中，一些大学将教育研究方法设置为学习的课程，并有配套的教育研究方法方面的教材。这标志着教育研究方法已成为一门教育学的分支学科。③ 新中国成立后，教育研究方法教材建设在总体趋势上呈现发展的样态，在教材命名上，教育研究方法教材的命名多样，除了以教育研究方法命名外，还包括教育科学研究方法、教育研究方法导论、教育研究及方法等名称。根据教育研究方法教材的具体情况，教育研究方法教材建设可划分为缓慢起步(1949—1979 年)、初步发展(1980—1995 年)、快速发展(1996—2011 年)和繁荣兴盛(2012 年至今)四个阶段，实现了由少到多、由缓到快，由发轫到繁荣、由借鉴到创新的深刻转变，并取得了一定的成效。

---

① 侯怀银：《教育研究方法》，3 页，北京，高等教育出版社，2009。

② 侯怀银：《教育研究方法》，后记，北京，高等教育出版社，2009。

③ 侯怀银、郭建斌：《民国时期教育研究方法的考察》，载《教育学报》，2018(1)。民国时期出版了一些有关教育研究方法的教材，具体有罗廷光的《教育科学研究大纲》(中华书局 1932 年版)、钟鲁斋的《教育之科学研究法》(商务印书馆 1935 年版)、朱智贤的《教育研究法》(正中书局 1934 年版)等。

一、教育研究方法教材建设的缓慢起步阶段(1949—1979年)

新中国成立初期，以凯洛夫主编的《教育学》为代表的苏联教育学进入中国学界，这一时期，教育学教材主要以苏联引进为主。就教育研究方法教材而言，没有出现以教育研究方法独立命名的教材。[①] 但教育研究方法作为主要内容在一些教育学教材中呈现却是客观存在的。1950年，人民教育出版社翻译出版了凯洛夫主编的《教育学》一书，该书“教育学总论”的第五节“教育学是科学”中，包含“教育科学底本源与科学的教育学底研究方法”部分，其中明确指出，在研究教育时直接应用的基本方法是：观察、实验、研究学校文件、研究儿童作业和谈话[②]；1955年翻译出版的申比廖夫、奥哥洛德尼柯夫的《教育学》一书，第一章“教育学的对象和方法”的第四节就明确出现了“教育科学的研究方法”为名的节标题，书中第四节提到，教育学研究需要观察、教育实验、谈话以及文件、档案和文献的研究[③]；由苏联学者崔可夫讲述，北京师范大学教育学教研室翻译的《教育学讲义：上》，第十三章“苏维埃教育学发展的源泉、教育科学的体系以及科学教育学的研究方法(三)”明确指出，研究教育学普遍采用的方法有观察、实验、学校文件的研究、儿童作业的研究、谈话[④]；开封师范学院教育教研室编的《教育学讲义》也在第一章“教育学的对象和方法”的第二节“科学教育学的哲学基础及其研究方法”中提出，要根据辩证唯物主义与历史唯物主义的观点运用观察、实验、文件研究和谈话的方法来研究教育的实际问题[⑤]；张文郁的《教育学一般原理五讲》中，第一讲“教育学的对象和方法”的第四节“教育科

---

① 仅有的一本以《教育科学研究法》命名的出版物翻译自苏联的论文集。厄·伊·莫诺兹昂等：《教育科学研究法(论文集)》，陈友松、邰爽秋等译，北京，人民教育出版社，1957年。

② 参见[苏]凯洛夫：《教育学》，沈颖、南至善等译，33页，北京，人民教育出版社，1950。

③ 参见[苏]申比廖夫，奥哥洛德尼柯夫：《教育学》，陈侠、熊承涤等译，20～22页，北京，人民教育出版社，1955。

④ 参见[苏]崔可夫讲述，北京师范大学教育学教研室译：《教育学讲义：上》，99～104页，北京，人民教育出版社，1954。

⑤ 参见开封师范学院教育教研室编：《教育学讲义》，12页，武汉，湖北人民出版社，1957。

学的体系和研究方法”部分提到，教育学的科学研究方法，最基本的是：观察、实验、谈话和研究学校文件四种方法。① 对这些教育学教材进行分析我们发现，这一时期教育研究方法包含在教育学教材中作为某一章节内容呈现，其内容上深受苏联教育学的影响。

从现有资料可知，在引进苏联教育学过程中，没有出现以教育研究方法命名的教材，对教育研究方法内容的介绍主要体现在其他教育学教材中。中苏关系破裂之后，国人自编了很多教育学教材，然而由于教育部颁布的高等师范教育课程计划中没有设置专门的教育研究方法课程②，教育研究方法教材仍然没有独立出现。

这一阶段，教育研究方法教材建设呈现出两个特征：第一，民国时期的教育研究方法教材不再选用，而新中国成立后没有继续推出以教育研究方法命名的教材。第二，受苏联教育学的影响，教育研究方法教材没有从教育学教材中独立分化出来形成专门教材，而是包含在其他教育学教材中，主要介绍了观察、实验、谈话和文献等教育研究方法。

二、教育研究方法教材建设的初步发展阶段(1980—1995年)

随着国家的拨乱反正，教育学学科建设开始逐渐恢复生机。为满足师范院校教学需要，教育研究方法教材开始陆续编写、出版，逐步扭转了新中国成立后缺乏教育研究方法教材的窘迫状况。

1979年，李秉德教授在《教育研究》第1期(创刊号)上发表《教育研究必须讲求科学的研究方法》一文。③ 1980年，由陈震东编写的《教育科学研究方法》在人民教育出版社出版，此书是较早的教育研究方法教材，但没有被师范院校广泛使用。④ 20世纪80年代后，随着师范院校教育专业教

① 参见张文郁：《教育学一般原理五讲》，18～20页，武汉，湖北人民出版社，1956。

② 参见《当代中国》丛书教育卷编辑室：《当代中国高等师范教育资料选：上》，441～444页；679～687页，上海，华东师范大学出版社，1986。

③ 参见李秉德：《教育研究必须讲求科学的研究方法》，载《教育研究》，1979(1)。

④ 陈震东是西北师范学院(后改为甘肃师范大学，今天的西北师范大学)副教授。此书写成于20世纪60年代初期，人民教育出版社曾经原则上同意出版，后因种种原因没有能够及时出版。陈震东：《教育科学研究方法》，出版说明，北京，人民教育出版社，1980。

学计划中“教育科学研究方法”课程的开设，亟须教育研究方法教材。1986年，西北师范学院李秉德教授主编的高等学校文科教材《教育科学研究方法》由人民教育出版社出版。① 该书先后印刷17次，在全国30余所师范院校使用，是目前国内影响最广的教育科学研究方法教材之一。② 全书包括十六章，内容涉及教育科学研究方法概述、抽样、观察法、调查法、实验法等具体教育科学研究方法，适应了教育研究方法课程发展的需要。

李秉德《教育科学研究方法》的篇章

第一章　绪论	第一节　从教育的重要性说到教育科学研究的重要性 第二节　教育科学研究的方向和态度 第三节　科学研究的思维过程与教育科学研究的步骤 第四节　教育科学研究方法
第二章　抽样	第一节　抽样的意义与必要性 第二节　抽样的要求与方法
第三章　观察法与调查法	第一节　观察法 第二节　调查法的意义及种类 第三节　调查的步骤 第四节　教育调查的具体方法 第五节　实行调查法应注意的事项
第四章　实验法与追因法	第一节　教育实验法的意义与条件 第二节　教育实验的三种基本方法 第三节　实验情况的控制 第四节　实验结果准确性的检验 第五节　搞好教育实验应注意的若干事项 第六节　追因法
第五章　经验总结法	第一节　经验总结的意义和作用 第二节　经验总结的方法步骤 第三节　经验总结的基本要求 第四节　先进经验的推广

① 该书1987年被评为甘肃省社会科学成果一等奖。

② 参见曾天山：《新中国教育科研通论》，173页，北京，人民教育出版社，2015。

续表

第六章　比较法	第一节　比较法的意义和作用 第二节　比较法的种类 第三节　比较法的运用
第七章　历史法与文献法	第一节　历史法的作用和原则 第二节　历史法的步骤 第三节　运用历史法应注意的事项 第四节　文献法
第八章　预测法	第一节　教育预测法的意义和作用 第二节　几种主要的教育预测 第三节　教育预测的方法及其应用
第九章　统计法	第一节　统计法的意义和作用 第二节　统计法的基本步骤 第三节　几种常用的统计检验的意义和方法
第十章　测量法	第一节　测量法的意义和要求 第二节　测量的标准和条件 第三节　测量的类型和方法 第四节　测量在教育科研上的作用
第十一章　表列法与图示法	第一节　表列法的意义及编制统计表的原则和要求 第二节　图示法的意义及绘制统计图的规则和方法
第十二章　内容分析法	第一节　内容分析法的意义 第二节　内容分析法的步骤 第三节　内容分析法在教育科学研究中的应用
第十三章　材料的整理与研究	第一节　材料的整理 第二节　对材料的研究
第十四章　研究报告的撰写	第一节　撰写研究报告的目的和意义 第二节　研究报告的类型和结构 第三节　如何撰写研究报告
第十五章　现代教育技术手段在教育科学研究中的应用	第一节　现代教育技术手段在教育科学研究中的意义和作用 第二节　现代教育技术手段在教育观察和实验中的应用 第三节　微型电子计算机进行教育研究数据处理 第四节　现代教育情报检索系统

续表

第十六章　“三论”与教育科学研究	第一节　控制论的基本方法及其在教育科学研究上的应用 第二节　信息论的基本方法及其在教育科学研究上的应用 第三节　系统论的基本方法及其在教育科学研究上的应用

通过系统梳理可知，这一阶段出版的教育研究方法教材多达 17 本①。其中，在一定范围内使用且具有一定影响的有：华南师范大学教育系李方去香港中文大学进修期间主攻教育研究方法，在搜集港台及英美有关教育研究方法资料的基础上撰写的《现代教育科学研究方法》(广东高等教育出版社 1989 年版)；上海教育学院盛昌兆、解守宗在多年给在职中学教师讲授“教育科学研究方法”的基础上撰写的《教育科学研究方法基础》(上海科学普及出版社 1989 年版)；顾天祯、高德建的《教育科学研究入门》(人民教育出版社 1989 年版)；叶澜为在职教师编写的《教育研究及其方法》(中国科学技术出版社 1990 年版)；裴娣娜在多年为本科生、研究生讲授教育研究方法课的讲稿基础上整理修改而成的《教育研究方法导论》(安徽教育出版社 1995 年版)②；杨小微、刘卫华的《教育研究的理论与方法》(湖北教育出版社 1994 年版)。另外，还有一些地方教材委员会编写了相关教材，如 1992 年，河北省教委师教处编写了《教育科学研究方法》。

这一阶段，教育研究方法教材建设呈现出两方面特征：其一，论述了教育科学研究理论的基本知识，包括教育科学研究的历史演进、基本概念、意义等内容。其二，重点偏向对具体教育研究方法的展现，特别是移植自然科学的研究方法，如教育统计、教育测量、教育实验、教育调查等。

三、教育研究方法教材建设的快速发展阶段(1996—2011 年)

1996 年以来，教育研究方法教材建设进入了快速发展阶段，主要表现在教育研究方法教材出版数量明显增加，达到 77 本之多。③ 其中，影响较

① 滕瀚、曾天山：《新中国教育科研方法著作(教材)的文献计量分析》，载《国家教育行政学院学报》，2013(4)。

② 该书影响广泛，是考生参加全国硕士研究生统考教育学专业基础综合考试的主要参考书之一。

③ 滕瀚、曾天山：《新中国教育科研方法著作(教材)的文献计量分析》，载《国家教育行政学院学报》，2013(4)。

大的有裴娣娜主编的《教育科学研究方法》(辽宁大学出版社 1999 年版，全国高等教育自学考试指定教材)，周家骥编写的《教育科研方法》(上海教育出版社 1999 年版)，袁振国主编的《教育研究方法》(高等教育出版社 2000 年版)，杨小微主编的《教育研究方法》(人民教育出版社 2005 年版)，陈时见主编的《教育研究方法》(高等教育出版社 2007 年版)，侯怀银主编的《教育研究方法》(高等教育出版社 2009 年版)，孙亚玲主编的《教育科学研究方法》(科学出版社 2009 年版)，宁虹主编的《教育研究导论》(北京师范大学出版社 2010 年版)等。除此之外，国外教育研究方法教材也在这一时期被翻译引进并使用，如维尔斯曼编写、袁振国翻译的《教育研究方法导论》(教育科学出版社 1997 年版)。

与之前相比，这一阶段的教育研究方法教材较为全面、系统，并新引进质性研究内容，增加具体案例。裴娣娜主编的《教育科学研究方法》共十章，分别是：教育科学研究方法的一般原理；教育科学研究的构思与设计；教育科学的历史研究；教育观察研究；教育调查研究；教育实验研究；教育科学的理论研究；教育科学研究定性资料的分析；教育科学研究定量资料的分析；教育科学研究成果的表述与评价。袁振国主编的《教育研究方法》共十四章，分别是：教育研究的意义和过程；研究问题的确定；查阅文献；定量研究的设计；实验研究；准实验研究；调查研究；定性研究；文献研究；比较研究；实地研究的方法；定性研究资料的分析；两个案例；行动研究。陈时见主编的《教育研究方法》共六章，分别是：教育研究概论；教育研究的范式；教育研究的主要方法；教育研究的基本技术；教育研究的实施过程；教育研究成果的运用。侯怀银主编的《教育研究方法》共十二章，分别是：教育研究方法概述；教育研究的选题与设计；教育文献检索与综述；历史研究法；教育观察法；教育调查法；教育测量法；教育实验法；教育行动研究；教育叙事研究；教育研究资料的整理与分析；教育研究论文与报告的撰写。杨小微主编的《教育研究方法》共十章，分别是：教育研究的对象、性质和价值；教育研究的历史与现状；教育研究的范式与准则；教育研究的实证方法；教育研究的质性方法；运用系统思维的教育研究；运用复杂思维的教育研究；教育研究课题的选择；教育研究方案的设计；教育研究的资料整理与成果表述。

总体上来看，这一阶段教育研究方法教材呈现出以下三方面基本特征：第一，教育研究方法教材强调解决现实教育问题，实践导向逐步增强。第二，教育研究方法教材体系趋于系统和全面。第三，教育研究方法教材借鉴了国外最新的研究成果，开始引进国外一些新的研究方法，如叙事研究、行动研究等。

四、教育研究方法教材建设的繁荣兴盛阶段(2012年至今)

自2012年以来，教育研究方法教材建设进入了繁荣发展的阶段，主要表现在教育研究方法教材编写质量的全面提高。2013年，教育部办公厅发布《关于公布教师教育国家级精品资源共享课立项建设课程名单的通知》，2016年和2017年，教育部办公厅又相继公布第一批和第二批“国家级精品资源共享课”名单，包含西南大学在内的多所大学开设的《教育研究方法》课程都名列其中。这也说明这一时期教育研究方法的教材有了质的提升。特别是2017年国家教材委员会成立之后，更是加强了教材管理工作。进一步为教育研究方法的教材建设指明了方向，对教材编写质量提出了更高的要求。

这一阶段出版的教育研究方法教材，大致可划分为“十二五”普通高等教育规划教材、“十三五”普通高等教育规划教材和其他类别教材。其中，属于“十二五”普通高等教育规划教材的有：陈秀珍、王玉江和张道祥著的《教育研究方法》(山东人民出版社2014年版)，顾永安主编的《教育研究方法》(南京大学出版社2015年版)等；属于“十三五”普通高等教育规划教材的有：李浩泉、陈元主编的《教育研究方法》(西南交通大学出版社2018年版)，黄争春、李鸿玮和肖学文主编的《教育科学研究方法》(延边大学出版社2017年版)；其他类别的教材有：邵光华、张振新主编的《教育研究方法》(高等教育出版社2012年版，实践导向型教师教育系列教材)，孙杰远主编的《教育研究方法》(高等教育出版社2016年版，教师教育国家级精品资源共享课配套教材)，周东明、熊淳主编的《教育科研方法基础》(华中师范大学出版社2012年版，教师教育系列教材)，刘良华著的《教育研究方法》(华东师范大学出版社2014年版，基于标准的教师教育新教材)，华国栋主编的《教育研究方法》(南京大学出版社2013年版，高等学校小学教育专业教材)，和学新、徐文彬主编的《教育研究方法》(北京师范大学出版社2015年版，全国百所高校规划教材)，李中国著的《教育研究方法》(北京师范大学出版社2016年版，教师教育“十三五”规划教材)，胡中锋主编的《教育科学研究方法》(中国人民大学出版社2018年版，新编21世纪教育学系列教材)等。

这一阶段教育研究方法教材呈现出两方面特征：其一，教育研究方法教材与教育前沿联系密切，引用了最新的学术研究成果。其二，教育研究方法教材与教育实践联系密切，教材中的具体实例反映了教育实践的最新要求，更加符合我国教育实际。

第二节　新中国成立以来教育研究方法教材建设的成就

新中国成立以来，在中国共产党的领导下，教育研究方法教材建设取得了重要的成就，概括起来主要有以下五个方面。

一、教育研究方法教材的中国特色日益凸显

方法作为手段或工具，其根本的目的是为处理或解决相应的问题。教育研究方法的存在意义，是在面对纷繁复杂的教育现象和生动鲜活的教育图景时，能够为我们提供针对性实践操作的抓手和具体化理论剖析的工具。作为教育研究方法，无论是质化研究方法还是量化研究方法，都不可能脱离具体时代、情境、文化、价值、情感、意义，放之四海而皆准的，可以随机匹配的客观性操作方案。教育研究方法教材在建设中应当匹配中国本土的教育问题，突出有中国特色的教育研究。

新中国成立初期，教育研究方法的内容更多地模仿苏联，而没有形成独立的教育研究方法教材。20 世纪 80 年代以来，随着教育学学科体系的不断完善与发展，由我国学者编写的独立的教育研究方法教材开始出现。1980 年，由陈震东编写的新中国第一本《教育研究方法》教材出版，书中特别强调教育工作者应坚持马克思主义的立场、观点和方法[①]，充分体现了我国教材编写者在努力摆脱国外教育学教材影响的同时坚持自身的教育学立场。进入 21 世纪，教育研究方法教材的出版数量日益增加，教材编写质量逐渐提升，教材内容不断丰富，教材中的案例多角度、全方位地反映了我国教育教学实际。我国教育研究方法教材在编写过程中不仅吸收了国外优秀的研究成果，同时也认真总结了我国教育科学研究的经验，体现出了一定的本土化特色。只有扎根于中国本土，体现中国特色，教育研究方法教

① 参见陈震东：《教育科学研究方法》，出版说明 1，北京，人民教育出版社，1980。

材的编写才能真正彰显教材适合教学的本土品格。

二、教育研究方法教材的实践导向日益增强

教育研究方法教材服务于教育研究方法课程。教育研究方法是高等教育教育类专业一门重要的必修基础课，旨在通过向学生介绍教育科学研究的一般理论，提高其解决教育实践问题的能力。因此，这门课程的应用性和工具性与其他教育学分支学科相比较强，这也是这门学科的学科特性。

“只有在游泳中才能学会游泳”，通过教育实际问题的研究才能体悟教育研究的真谛。[①] 新中国成立以来，教育研究方法教材密切关注我国教学实际问题，立足于本土教育实践进行编写。特别是 2001 年开始的第八次基础教育课程改革，更加强调基于教师专业发展的教学实践。这一阶段的教育研究方法教材，增加了教育叙事研究、行动研究等内容，完善了研究案例和图表。与此同时，教育研究方法教材在编写过程中开始兼具原理性和实用性，更加强调实践应用，除了论述教育科学研究的一般理论，越来越重视培养学生运用知识的能力和实际操作的能力，其实践导向性逐渐增强。

三、教育研究方法教材的逻辑体系不断完善

教材编写的逻辑起点决定着教材编写的逻辑思路乃至整个逻辑体系。由于受教材编写逻辑起点之差异的影响，在编写教材的逻辑体系上，也存在着明显的差异。[②] 教材逻辑的清晰直接关乎教师教学质量和学生学习质量。新中国成立以来，教育研究方法教材基本围绕“确定研究问题—选取研究方法—得出研究结论”的逻辑进行编排，主要内容包括教育科学研究的一般理论、基本程序、具体方法、成果编写等。从总体上看，教育研究方法教材在编写过程中既突出了学科体系，体现了教育研究方法的内在知识逻辑，又遵循了受教育者的认知规律。教材的逻辑体系在

① 参见裴娣娜：《教育科学研究方法》，导言，沈阳，辽宁大学出版社，1999。

② 参见杜尚荣、李森：《中小学教材编写逻辑体系的反思与重构——兼论教材编写的教学逻辑体系》，载《课程·教材·教法》，2014(10)。

编写过程中逐渐系统和全面，这也是教育研究方法教材在建设过程中取得的一大成就。

四、教育研究方法教材的内容呈现日益丰富

教育研究方法教材在编写过程中内容逐渐丰富和多样。第一，表现在具体的研究方法上。新中国成立以来，从教育研究方法教材的发展中不难发现，我国学者一直在朝着丰富教育研究方法的方向努力。20 世纪 80 年代，教育研究方法教材中出现的具体研究方法主要包括历史法、观察法、调查法、实验法、比较法、文献法、预测法、统计法、测量法、系统分析法、评价研究法、内容分析法等；20 世纪 90 年代，新增了元分析法和行动研究的研究方法；21 世纪以来，叙事研究和人种志研究等研究方法在教育研究方法教材中出现，质性研究方法开始在教育研究方法教材中占有一席之地。第二，越来越多的经典案例、专题研究、问题探究在教育研究方法教材中出现，这些丰富的内容对于提升学生的思考空间，开拓学习的视野具有积极作用。

五、教育研究方法教材的功能日趋多样

新中国成立以来，我国教材编写者一直在对教育研究方法教材的编写进行有益的探索，探索过程中，教育研究方法教材的功能逐渐多样。随着我国教师教育的发展，国家对教师教育越来越重视。教育研究方法教材不仅具有师范生培养的功能，同时也满足了中小学校教师培训的需求。近几年来，教育研究方法教材在本科生阶段和研究生阶段的版本也有所区别，越来越关注不同发展阶段和学习阶段学生学习的理论要求。教育研究方法教材的建设满足了师范院校学生教育教学和师资培训的双重需要，并在一定程度上促进了继续教育和教师专业成长与发展。

第三节　新中国成立以来教育研究方法教材建设的经验

通过梳理新中国成立以来教育研究方法教材的建设历程和分析其取得的成就，我们认为教育研究方法教材建设有以下四方面经验。

一、教育研究方法教材建设要坚持马克思主义的指导地位

加强教材建设就要“坚持马克思主义指导地位，体现马克思主义中国化要求，体现中国和中华民族风格，体现党和国家对教育的基本要求，体现国家和民族基本价值观，体现人类文化知识积累和创新成果，‘一坚持五体现’指明了教材建设的指导思想和总体要求，为加强新时代教材建设提供了基本遵循”①。这是新时代对教材建设工作提出的要求。新中国成立以来，教育研究方法教材在编写过程中一直坚持马克思主义的指导地位，这是中国共产党领导下的教育研究方法教材建设的特色。坚持马克思主义的指导地位，就是要坚持马克思主义方法论的指导。② 在教育研究方法教材中的一般理论部分或具体研究方法的运用过程中，都坚持了马克思主义的立场、观点和方法，以唯物辩证法和历史唯物主义作为教材编写的指导方法，如在具体的研究方法的使用原则中，研究者必须遵循研究客观性与真实性，要保证研究过程的科学，最后得出的研究结论才是真实的，具有指导实践的意义。因而，只有坚持马克思主义的指导地位，才能使得教育研究方法教材在编写中把握正确的方向，具有科学性和合理性。

二、教育研究方法教材建设要兼顾历史性和时代性

所谓兼顾历史性和时代性，就是要处理好继承与创新的关系。教材建设既要与时俱进，又要遵循客观规律，继承发展、改革创新是教材建设的基本要求。③ 20 世纪末 21 世纪初，质性研究、行动研究和叙事研究等进入了人们的视野，这些新的研究方法为教育研究注入了活力，教育研究方法教材的编写也开始关注这些人文化的教育研究范式，实践导向的不断增强成为教育研究方法教材编写的一个趋势。特别是进入 21 世纪，教育信息化

---

① 郑富芝：《尺寸教材 悠悠国事——全面落实教材建设国家事权》，载《人民教育》，2020(z1)。

② 参见侯怀银、周郅壹：《中国共产党领导下我国教育学教材建设的回顾与启示》，载《课程·教材·教法》，2022(5)。

③ 参见曾天山：《我国教材建设的实践历程和发展经验》，载《课程·教材·教法》，2017(12)。

的进程不断加快，在网络、数据库、云计算等先进技术支持下，教育研究方法不断创新发展，呈现多元化、综合化发展趋势。①

时代是思想之母，实践是理论之源。② 教育研究方法教材的编写在坚持历史性，遵循客观规律的同时，也与时俱进，坚持时代性，满足时代对教育研究方法课程的教学需求，使每个时期的教育研究方法教材满足时代对于教育发展的需求。

三、教育研究方法教材建设要处理好与其他学科的关系

一门学科模仿、移植另一门学科的观念和研究方法是普遍存在的现象，学科和学科之间的相互渗透已成为现代科学发展的一种趋势，教育科学领域也不例外。教育学学科产生之初，就深受哲学、心理学等学科的影响。赫尔巴特在《普通教育学》中明确提出教育学是一门以哲学、伦理学和心理学为基础的科学，他对教育学体系的论证吸收了当时伦理学、心理学的最新成果。教育科学研究一直关注着其他学科的发展，主动引进、借鉴、移植、吸收着其他学科的研究成果。

移植和借鉴会促进学科的发展，但肤浅的套用、不合理的移植，则有损学科的进一步发展。自 20 世纪 80 年代中后期，教育研究的进展和教育研究方法教材的编写，使得“如何引用其他学科的理论和研究方法，并使之与教育研究对象的特点相适应”③这一问题，开始引起越来越多研究者的关注与思考。几乎每一种方法论、每一种研究范式、每一种研究方法的基础、条件、本质，以及应用于教育研究领域的可行性、合理性和可能的创新都得到了探讨。④ 这些讨论、争鸣不仅努力彰显了教育学的学科底色，而且不断拓展了教育科研的广度和深度。教育研究方法教材在编写的过程中，必须借鉴其他学科的优秀成果，但绝不能照搬、套用，而必须保持自身的学科差异性与学科边界，坚守教育学的学科特性与教育立场，处理好与其他

---

① 参见曾天山：《内容之马与方法之车——以方法创新提高教育研究质量》，载《中国教育学刊》，2012(10)。

② 参见余宏亮：《建设教材强国：时代使命、主要标志与基本路径》，载《课程·教材·教法》，2020(3)。

③ 郭元祥：《论教育科学研究方法的移植》，载《上海教育科研》，1990(3)。

④ 参见裴娣娜：《教育研究方法导论》，60～69 页，合肥，安徽教育出版社，1995。

学科的关系。

四、教育研究方法教材建设要处理好中西关系

教育研究方法教材除了自编外，也不断引进国外使用范围较为广泛的经典教材，如维尔斯曼的《教育研究方法导论》(第 6 版，教育科学出版社 1997 年版)；维尔斯马[①]和于尔斯重新修订的《教育研究方法导论》(第 9 版，教育科学出版社 2010 年版)；弗林克尔和瓦伦合著的《教育研究的设计与评估》(第四版，华夏出版社 2004 年版)；麦克米伦和舒马赫合著的《教育研究：基于实证的探究》(第 7 版，教育科学出版社 2013 年版)。这些国外的教育研究方法教材将理论知识与大量案例相结合，增强了知识的可操作性，为教育研究方法教材的编写提供了借鉴。

教材承载的是一个国家所提倡的文化内核，尤其集中体现了本国、本民族的优秀文化，反映了一个民族共同的价值认同，可以实现文化的代际传递性和育人价值性。[②] 长期以来，我国教育学教材受西方教育学影响，德国教育学、美国教育学、苏联教育学对我国教育学教材的影响都很深。[③] 教育研究方法教材编写过程中，学者们逐渐注意到要处理好中西之间的关系，不随意照搬他国经验，不拒绝吸收世界教育文化中的优秀基因，在不断汲取国外教育研究方法教材中的合理内容，积极借鉴和吸纳国外教育研究的新范式、新趋向、新方法、新成果的同时，还要体现鲜明的民族特色，保留优秀的教育经验。

第四节　新中国成立以来教育研究方法教材建设的启示

一、教育研究方法教材建设必须坚持问题导向

“每个时代总有属于它自己的问题，只要科学地认识、准确地把握、正

① 与第 6 版作者为同一人，翻译不同。

② 参见余宏亮：《建设教材强国：时代使命、主要标志与基本路径》，载《课程·教材·教法》，2020(3)。

③ 参见杨燕、刘立德：《改革开放 40 年来教育学教材研究的回顾与展望》，载《课程·教材·教法》，2018(4)。

确地解决这些问题，就能够把我们的社会不断推向前进。”①人文社会科学领域尽管有些永恒的命题、问题，但不同时代对这些问题的回答不同，时代的发展使人们面临许多不同以往的新问题，也带来解决问题的新方法。不同的哲学认识论基础决定不同的方法论特点，科学技术发展所引起的思维方式变革也对方法论的发展产生深刻影响。不同时代科学的发展和方法论的深刻变革，给教育研究提出了一系列需要回答和解决的问题。教育研究方法教材建设要面对这些问题、回答这些问题。教育研究方法教材的编写者在编写过程中始终把握教育科学研究中具有探索性和启发性的“真问题”，将从教育实践中提出的问题和新的理论解释联系起来，保持教育研究方法教材的问题导向。

二、教育研究方法教材建设应加强方法论的建构

随着20世纪中叶欧美各国后现代主义文化思潮的兴起，人们开始对实证科学和现代主义的方法论展开反思与批判。后现代主义对教育研究产生重要影响，开始由“探究普适性的教育规律转向寻求情境化的教育意义”②，在方法论上开始倡导和追求多元主义，摒弃同一性思维，提倡不同的视角，主张所有研究方法的地位平等，放弃中心主义，放弃传统方法论的二元对立原则。研究者们试图把灵感、直觉、想象、猜想、顿悟等非理性的方法引入教育研究方法中，积极把不同学科的新的研究方法引入教育教学研究中。

在相关学科大力发展的基础上，系统科学、复杂科学、现象学、解释学、社会批判理论等思想和思维逐步融入教育研究领域，并被教育研究者借鉴用来分析解剖当下的种种教育现象、教育事实、教育案例，从而催生了教育研究中的人文主义方法论。“自然科学的理论和发现与它所关注的客体和事件所构成的世界之间是泾渭分明的。这一点保证了科学知识和客观世界之间的关系始终是一种‘技术’关系。”③而社会科学不可避免地要和作为其研究主题的“主体之间的关系”发生关联，它能够参与到对象世界的构成

① 习近平：《之江新语》，235页，杭州，浙江人民出版社，2007。

② [加]大卫·杰弗里·史密斯：《全球化与后现代教育学》，郭洋生译，1页，北京，教育科学出版社，2000。

③ [英]安东尼·吉登斯：《社会的构成》，李康、李猛译，489页，北京，生活·读书·新知三联书店，1998。

过程本身，这使社会科学话语自身具有一种“实践内涵”。

方法论是在具体研究过程中产生，并始终在背后作为具体方法指导的哲学思想。科学的方法论，可以立足于更高的站位角度，对教育研究方法做出积极的规范与导引，提示或指明新的教育研究方法的诞生方向和产生方式，切实推进教育研究方法的科学化与知识体系的完善。近年来，随着人们对教育系统动态化、复杂性、多因性、情境式、生活化的认同，教育研究方法论逐步呈现出交互式、综合化、融合性的特点，不再强调自然科学方法论和社会科学方法论的区别和对立，打破了某一方法论与相应方法的局限。教育研究方法教材的建设要想取得重大的理论突破，就必须进一步加强研究方法论的建构。“教育学有没有充实完善和理论化、科学化程度很高的方法论，不仅是其发展成熟的重要标志，也是其能否顺利发展和进步的基本前提和必要条件。”①“方法论包括三个基本问题，一是理论前提，它是理论何以如此主张的支配性根据；二是学科意识，它是基本原理提供给世界的独特价值与思维视角；三是理论资源，它是研究结论的资源支撑与研究证据。”②教育研究方法教材在编写的过程中，一方面，应当坚持教育学的学科意识，力求通过教育科学的研究方法，凸显学科的基本原理；另一方面，应始终立足于更高的理论角度，对研究方法做出积极的引导，推进教育研究方法的完善与丰富。

三、教育研究方法教材建设应注重教育研究方法综合与创新

在新时代教育研究方法教材的建设中，需要注重教育研究方法的创新与综合。创新离不开研究者个体思维的独特性，也离不开研究者对本土教育现状和切身问题的理解与把握。综合则要打破质性研究与量化研究的对立与隔膜，发现和承认彼此的不足，还应进一步消除相同研究模式中不同研究方法之间的固守与隔离状态，倡导使用多种不同的研究方法同时作用于同一个研究问题相互印证。“科学不是要描述孤立分离的事实，而是要努力给予我们一种综合观。但这种观点不可能靠对我们的普通经验进行单纯

---

① 庄西真：《实证教育学方法论：教育研究者如何解释》，载《教育理论与实践》，2004(3)。

② 王澍、柳海民：《从唯方法论主义到问题与方法论的统一：改革开放 30 年教育学方法论研究的知识论立场探寻》，载《教育研究》，2011(1)。

的扩展、放大和增多而达到，而是需要新的秩序原则，新的理智解释形式。"[①]美国学者丹津曾提出研究同一现象时多种方法论结合并彼此验证的四种类型：数据互证(资料来源不同)；理论互证(解释研究结果的不同视角或理论)；研究者互证(不同的研究人员)；方法互证(不同的研究方法)。[②]这也进一步提示我们，在未来教育研究方法教材的建设中，必须要促进方法之间的对话与融合，尊重差异、倡导多元、彼此认可、相互借鉴，凸显和筑牢教育研究方法在教育研究中不可替代的独特价值，切实发挥研究方法在促进教育学学科的科学化、系统化、合理化方面的重要价值。

四、教育研究方法教材建设应加强对教育研究方法的反思

新中国成立以来，与教育学急于成为一门独立科学的内在需求相匹配，教育研究方法也极力以追求自身科学性来证明自身的合法性。教育研究方法的教材起初也大多冠以"科学"之名，教材中列举的具体研究方法，也多以"观察法""实验法""调查法""统计法""测量法"等取法于自然科学的研究方法为主。自然科学在人类发展和社会进步方面所起到的巨大作用，进一步扩大了它自身的影响力和方法论意义。但引起学界警惕与反思的是，教育学始终是关于培养人的学问，教育研究也无法把人独立于所处身的社会、经济、政治、文化等复杂因素之外。人不仅仅是自然人，更是社会人。我们简单地照抄照搬自然科学的研究方法和评价标准，把"人"及其教育活动当作客观的自然对象进行研究，且认为研究方式和研究结果能实验、可数量化、可重复、可验证，实则既不现实，也不科学。忽视教育学的学科特性，对"科学"的含义与价值认识刻板、单一，对教育学的科学性、专业性和实用性都会造成伤害。

教育研究方法教材建设必须强化反思意识与反思行动。"心里时时刻刻都想着反思性，这对于严格的科学实践来说，确实是个前提条件。"[③]我们要关注对教育研究方法不同理论的反思，追问理论假设的前提、条件，摸排

---

① ［德］恩斯特·卡西尔：《人论》，甘阳译，358页，上海，上海译文出版社，2013。

② 参见张东辉：《美国教育研究方法论的最新进展：混合法研究的兴起与应用》，载《教育研究与实验》，2013(4)。

③ ［法］皮埃尔·布迪厄、［美］华康德：《实践与反思：反思社会学导引》，李猛、李康译，370页，北京，中央编译出版社，1998。

理论归纳、演绎的路径、方向，辨别方法使用的情境、对象，验证方法运用的结论真伪。要反思方法研究者、方法使用者自身的立场，尽最大努力追求教材的学术性、客观性。我们要积极吸纳相关科学的学科发展新成就，不断把新理论、新视角引入教育研究方法，从而使得教育研究方法教材建设更适应教育研究和教育事业发展的需要。

下　编

主要教育学交叉学科教材史

第十三章　新中国成立以来中国教育史教材建设

清末新办大学堂和师范学堂设置教育史课程，催生了中国教育史教材的编撰和出版，使得中国教育史在初创阶段的理论体系建设不仅通过编写中国教育史教材而逐渐实现，而且中国教育史教材成为中国教育史学科成熟理论体系的载体。同时，因中国教育史教材是中国教育史教学目的实现的载体，是中国教育史学习者了解中国教育历史发展脉络的窗口，有助于提升其教育史学素养和培养民族意识和自信心等①，这进一步凸显了中国教育史教材建设的必要性。随着中华人民共和国成立，中国教育史研究进入一个新的阶段，也使得中国教育史教材建设开启了新的篇章。当前非常有必要对新中国成立以来中国教育史教材建设的历程进行回顾，总结其取得的成就和经验，更好地推动教材建设。

第一节　新中国成立以来中国教育史教材建设历程

中华人民共和国成立后，为使中国教育史教材建设事业更好地服务社会主义现代化建设，中国共产党积极吸收借鉴苏联经验，独立进行本土探索。根据中国教育史教材的数量变化以及相关标志性事件，其建设历程大致可以分为以下几个阶段。

一、重构模仿期(1949—1955 年)

(一)运用马克思主义理论编写中国教育史教材

新中国成立后，中国教育史研究者开始系统学习和自觉应用马克思主

① 参见刘立德：《改革开放 30 年来中国教育史学科教材建设反思与前瞻》，载《河北师范大学学报(教育科学版)》，2008(5)。

义理论。这使得新中国成立以前以杨贤江等为代表的马克思主义教育家确立的以唯物史观研究教育史的传统得以继承和延续，也使得此时中国教育史教材建设的指导思想与20世纪上半叶形成的实证主义、实用主义、历史唯物主义等多重指导思想有所不同。以新中国第一本中国教育史教材——沈灌群的《中国古代教育和教育思想》为例，该书对中国教育史的分期，采纳了国内马克思主义史学家对中国历史阶段划分的观点，对教育家的唯物主义思想予以充分发掘和肯定，肯定了其政治观点、哲学观点和教育观点中积极的因素，对消极和应批判的地方也予以指出。①

（二）注重引进和移植苏联的教育史教材

1949年12月23日，教育部召开第一次全国教育工作会议，明确指出我国新教育的建设，特别要借鉴苏联教育建设的先进经验。这一方针首先规定了这一阶段中国教育史教材"以俄为师"的建设方向。1953年9月，教育部召开全国高等师范教育会议，明确了中国教育史等科目的教材，只能借鉴苏联相当科目的教材的精神实质、观点、方法，由自己编写。1954年，教育部颁布了《关于翻译苏联高等学校教材的暂行规定》，这又进一步促使当时出版的教育学教材大多参照苏联教育学教材而编写。在此背景下，我国集中地引进了苏联学者撰写的教育史教材，这些均成为高等师范外国教育史课程使用的教材。这不利于中国教育史教材的直接借鉴和模仿，也阻碍了中国教育史教材的建设，但是其教育史发展阶段划分观点、阶级分析法的运用等，为中国教育史教材的编写提供了一定可供借鉴的范式。

（三）强调编写社会主义性质的中国教育史教材

《共同纲领》明确规定，当前的迫切任务是实现半殖民地半封建教育向新民主主义教育的转变，由此也带来了课程、教材等的变革。为适应建设、发展新教育的需要，编写社会主义性质的中国教育史教材也成为当时教育学教材建设的首要任务。1949年12月23日至31日，第一次全国教育工作会议进一步指出，新民主主义教育要"以老解放区新教育经验为基础，吸收旧教育某些有用的经验"②。清末至民国时期的中国教育史教材，由于是旧

① 参见周洪宇：《教育奠基未来——新中国教育70年70部教育著作》，147页，武汉，湖北教育出版社，2019。

② 廖盖隆等：《中华人民共和国编年史》，9页，郑州，河南人民出版社，2000。

教育的产物，是帝国主义、封建主义和官僚资本主义统治下的产物，主要是对日、美等国教育史教材的模仿和因袭。对清末至民国时期中国教育史教材大多弃之不用，成为此阶段的一个突出表现。

(四)自编中国教育史讲义的出现

这一阶段，由于中国教育史学科处于重新起步之际，加之对清末至民国时期中国教育史教材大多弃之不用等，也使得中国教育史教材大多为各校适应教学需求而自编的讲义，如《中国近代教育史》(东北师范大学，1953年)、《中国教育史》(山西师范学院，1953年)、《中国教育史纲要》(华东师范大学，1954年)等，这些讲义积极参考和借鉴了苏联学者研究教育史的先进经验，以油印本的讲义形式进行校际交流。[①] 此阶段，“由于中国教育史还是我国教育科学领域内一个‘弱门’”[②]，加之20世纪初期到1949年的中国近现代教育发展尚在进行中，使得中国近现代教育史教材、中国教育史通史教材未能得到很好的发展[③]，也使得此时没有公开正式出版的中国教育史教材。

二、独立探索期(1956—1966年)

随着国际国内政治形势的变化，社会主义改造的完成以及苏联教育学教材弊病的日益显现，我国开始独立探索中国教育史教材建设之路。

(一)中国教育史教材编写的统一部署、领导

1956年1月18日，为“组织学校教师在学习苏联高等学校教材基础上，并结合中国实际情况，编写切合我国高等学校用的教材，以保证教学需要、提高教学质量”，高等教育部发出《高等学校教材编写暂行办法》。《高等学校教材编写暂行办法》规定高等学校教材分为教科书和教学参考书两类。[④]

---

① 参见杜成宪等：《中国教育史学九十年》，55页，上海，华东师范大学出版社，1998。

② 沈灌群：《中国古代教育和教育思想》，前言，武汉，湖北人民出版社，1956。

③ 参见蒋纯焦等：《61种中国教育史教材所选入近现代教育人物分析——兼论中国近现代教育家群体的形成》，载《全球教育展望》，2019(5)。

④ 参见何东昌：《中华人民共和国重要教育文献》(1949—1975年)，561页，海口，海南出版社，1998。

1956年，高等师范院校教学经验交流会和第二次高等师范会议召开，高等师范院校教材编写工作全面展开。1961年4月，周扬部长在全国高等学校文科和艺术院校教材编选计划会议上明确指出："要编出一个好的教材，首先要总结自己的经验，整理自己的遗产，同时要有选择有批判地吸收外国的东西。"随后，"'中国教育史'被列入教材建设的重点教材，还成立了专门的教材建设小组"。这次会议之后，教材建设小组按照学科优势，根据中国古代、近代和现代三个历史分期，由四所学校编写两套中国教育史教材，发行全国。[①] 至此，中国教育史教材的编写进入了有领导、有计划、有组织的统一管理阶段，更为注重自力更生地编写切合我国实际的中国教育史教材。

(二)中国古、近、现代教育史教材的并进

与上一阶段没有正式公开出版的中国教育史教材不同，这一阶段仅有一本中国教育史教材正式出版，为沈灌群的《中国古代教育和教育思想》。该书于1958年曾被译成俄文在苏联出版发行。此外，这时编成的中国教育史教材，依然主要以讲义的形式在各师范院校交流使用，但却呈现出中国古、近、现代教育史教材齐头并进的局面。其中，颇具代表性的中国教育史教材为：毛礼锐、瞿菊农、邵鹤亭执笔的《中国古代教育史》，陈景磐的《中国近代教育史》，陈元晖的《中国现代教育史》，沈灌群的《中国现代教育史》。作者在编写这些中国教育史教材时注重自觉运用历史唯物主义，按照社会发展形态进行研究，贯穿阶级分析的方法，基本上勾勒出中国教育制度史和教育思想史的发展脉络。[②] 这些中国教育史教材大多成书于1962至1965年，因"文化大革命"而未能正式出版。

(三)中国教育史教学参考资料的整理出版

中国教育史教学和研究开展的基础是中国教育史的史料，以此为出发点，中国教育史资料和文选的汇编也在此阶段同步跟进。其中，颇具代表性的中国教育史资料汇编且正式出版的有《老解放区教育资料选编》《中国古代教育史资料》《中国近代教育史资料》，未正式出版有《中国古代教育文选》

---

① 参见王炳照：《寻找将教育学托上天空的彩云》，载《教育学报》，2010(6)。

② 参见刘立德：《中国教育史学科教材沿革及改革初探》，载《课程·教材·教法》，1997(9)。

等。这些资料汇编试图为学生提供教学参考材料，为其学习、研究中国教育史提供一手的原始资料，有助于其拓展阅读和培养阅读原始资料的能力，进而满足高等师范学校教学参考所需。这些资料汇编一定程度上继承了20世纪上半叶中国教育史资料汇编的相关成果，也明确指出“读者在研究这些资料的时候，必须运用马克思主义的历史唯物主义观点，特别是阶级分析的观点”①。此阶段中国教育史教学参考资料在学术界产生了广泛影响②，其框架、逻辑、编纂体例、史料分类等，为此后中国教育史史料类书籍的选编提供了可供参考的模板。

三、停滞期(1966—1977年)

在“文化大革命”的背景之下，教育界试图破除对苏联教育学的迷信，树立毛泽东教育思想的权威，开始以毛泽东教育思想为唯一指导思想，中国教育史研究表现为对毛泽东教育思想、党的方针政策的诠释，引用毛主席语录来代替说理和论证，导致中国教育史教材的“语录化”，使中国教育史教材建设受到严重影响和破坏。

四、恢复前进期(1978—2011年)

改革开放是我国命运的大转折，也是中国教育史教材建设命运的大转折。中国教育史教材建设随着改革开放得以拨乱反正，迎来了一个恢复期。20世纪80年代后，中国教育史教材数量不断增加、领域不断拓展，争取编写符合时代特点的新教材。③

(一)正式出版或重印20世纪60年代初期的中国教育史教材

1978年，教育部召开的全国文科教学工作会议指出，要彻底清除“四人帮”在高等学校文科教材教学中的流毒和影响，高校文科教材编写要运用马

---

① 舒新城：《中国近代教育史资料》，出版者的话，北京，人民教育出版社，1961。

② 参见田正平：《我与中国教育史研究》，载《中国教育科学》，2016(2)。

③ 参见宋恩荣、吕达：《当代中国教育史论》，350页，北京，人民教育出版社，2004。

克思主义的立场、观点、方法，研究实际问题、解决实际问题。① 在此精神的引领下，中国教育史课程和教学得到了恢复。为满足中国教育史教学的急切需求，一些成书于20世纪60年代初期，因特殊原因未能出版的中国教育史教材正式出版。其中，人民教育出版社率先正式出版了成书于20世纪60年代初的《中国古代教育史》《中国近代教育史》《中国现代教育史》。② 一些之前正式出版的教学资料也得以再版，如孟宪承编写的《中国古代教育史资料》、舒新城编的《中国近代教育史资料》于20世纪80年代再版。

（二）中国教育通史教材的首次出版

这一阶段，中国教育史教材建设的一个突出表现是，中国教育通史教材于中华人民共和国成立三十多年后第一次出版。如前所述，教育史学界在改革开放前主要编写了中国古代、近代、现代教育史教材，但是“能有一部通史，对于了解中国教育发展史的全貌，把握中国教育发展史的基本线索和总的特点，探索中国教育发展的基本规律，是十分必要的”③。在此背景下，编写中国教育通史教材成为教育史学界努力的方向，涌现了一批具有代表性的中国教育通史教材，如毛礼锐等编写的《中国教育史简编》、王炳照等编写的《简明中国教育史》、孙培青等编写的《中国教育史》等。这些中国教育通史教材涉及从远古时代中国教育起源直至中华人民共和国成立前的教育，中国教育思想和教育制度兼具，史料充实可靠，很好地满足了中国教育史学习者和研究者的需求，也弥补了此前中国教育断代史教材难以通览中国千余年教育史的不足。

（三）中国教育专门史教材和参考资料等的出版

随着全国高校普遍设立了教育管理、学前教育等专业，各种在职培训机构将学前教育史、教育管理史等列为必修课程，中国教育史研究领域逐渐细化，中国教育管理史、中国学前教育史等开始出版。这些教材的编写

---

① 参见《全国文科教学工作会议提出要坚持理论联系实际的方针》，载《新华社新闻稿》，1978(3169)。

② 参见于伟等：《教育学家之路——纪念陈元晖先生诞辰一百周年集》，96页，长春，东北师范大学出版社，2013。

③ 毛礼锐、沈灌群：《中国教育通史》（第1卷），前言，济南，山东教育出版社，1985。

体现了中国教育专门史研究的最新进展，满足了高等学校教学改革和教材建设需要。此外，中国教育专题史教材开始出现，与中国教育断代史教材、中国教育通史教材形成了补充。中国教育史教学参考资料亦应教学和研究所需而齐头并进，朱有瓛主编的《中国近代学制史料》、陈元晖主编的《中国近代教育史资料汇编》等有影响的教学参考资料出版，进一步满足了中国近代教育史教学所需。同时，一些中国古代、近代、现代教育史的学术著作及教育家论著选等不断出版，极大地充实了中国教育史学习者和研究者的教育读物。

（四）民国时期中国教育史教材的重新出版

这一阶段，在重审前辈们的精神财富的视角下，民国时期的中国教育史教材重新进入了中国教育史研究者的视野，一些中国教育史教材通过学界和出版社的共同努力而得以再版，如福建教育出版社邀请华东师范大学瞿葆奎先生和郑金洲教授担任主编出版了“二十世纪中国教育名著丛编”。丛编中包含了黄绍箕、柳诒征的《中国教育史》，被称为当时中国教育史界的“最高成就”的陈青之的《中国教育史》，陈东原的《中国教育史》等，很好地再现了中国教育史教材的历史成就，帮助读者明晰了20世纪上半叶中国教育史学者的观点和学术智慧，体现了中国教育史教材发展的历程，也有助于为当前和未来中国教育史教材建设提供借鉴。

五、规范发展期(2012年至今)

党的十八大以来，中国进入一个全新的发展时期，以习近平同志为核心的党中央高度重视教材建设。2017年，教育部成立教材局，主要负责拟定全国教材建设规划，制定完善的教材建设制度，加强教材信息化建设。这些举措进一步从国家层面保障中国教育史教材建设步入更为规范的发展轨道。

（一）中国教育史教材建设的稳定化和多元化

较之此前阶段，中国教育史教材建设呈现一定的稳定性，这主要表现在一些出现在20世纪八九十年代的中国教育史教材屡次再版，如孙培青的《中国教育史》、王炳照的《简明中国教育史》多次再版。中国教育史教材建设编写队伍呈现多元化发展形态，这主要表现在，一些地方综合大学、师范学院也开始组织编写者编写中国教育史教材。此外，在重构学科体系、完整还原中国教育史全貌以及全面再现人的教育活动等考虑下，教育活动史、教育生活史等开始出现，《中国教育活动通史》等系列学术专著应运而生，也使得编写者在构建中国教育史教材的横向内容时相应地融合了具体形象的教育活动这一维度，形成教育思想、教育制度和教育活动共同充实、完善中国教育史教材体系的局面。

(二)中国教育史教材研究论文的刊发

与前述几个阶段中国教育史教材研究论文零星发表不同，这一阶段研究者对中国教育史教材的建设经验、存在问题、改革建议等方面进行了探讨[①]，指出了中国教育史教材应该注重思想观点的更新、编写体例的创新以及教材内容的多元性，注意利用教材的配套资源等[②]，这些研究成果有助于中国教育史教材更好地根据时代变化、教学需求等进行变化、调整。当然，除中国教育史教材研究的系列论文外，关于中国教育史学科体系构建、历史分期等研究成果，均为中国教育史教材建设和改革提供了一定的学理支撑。因此，随着中国教育史研究的不断深入，研究领域的不断拓展，形成了中国教育史学术研究和中国教育史教材建设互相促进的局面。

第二节　新中国成立以来中国教育史教材建设的成就

新中国成立以来，中国教育史教材满足了中国教育史教学的需要，也与中国教育史学科发展齐头并进。

一、中国教育史教材数量与质量齐头并进

新中国成立以来，中国教育史教材建设的首要成就是数量的不断增加，以及质量的不断提高。

---

① 参见陈元：《改革开放以来“中外教育史”课程教材研究综述》，载《现代教育科学》，2019(10)。

② 参见李双龙、何玲媛：《“中国教育史”课程教材编写的路径探寻》，载《喀什大学学报》，2016(3)。

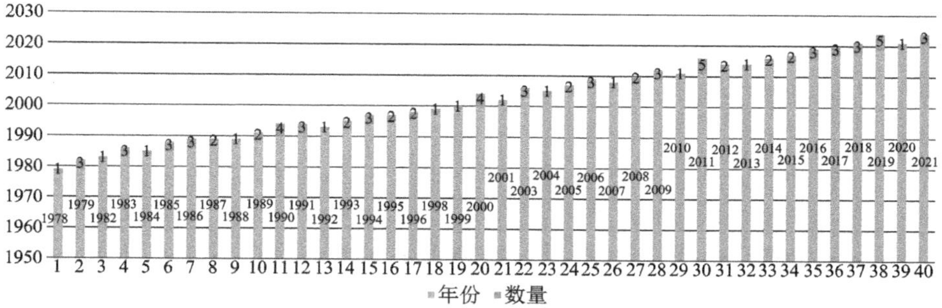

图 13-1　1978—2021 年中国教育史教材历年出版数量图

据不完全统计，1978—2021 年[①]出版的中国教育史教材数量达 90 本，以每年至少 1 本的数量出版。以十年为一个时间段，1978—1990 年为 24 本，1991—2000 年为 19 本，2001—2011 年为 22 本，2012—2021 年为 25 本，可见，改革开放以后至 20 世纪 90 年代初、2011 年至今是中国教育史教材发展的两个高峰期。在这些教材中，有一些中国教育史教材颇具代表性、质量较高。其中，孙培青主编的《中国教育史》是迄今教育类院校中专业使用最广、印数最多的教材。据不完全统计，该教材前三版累计印刷 56 印次，达 794 400 册。第四版于 2019 年出版，首次印刷 21 000 册。

二、中国教育史教材构成日益完善

中国教育史教材的构成日益完善主要体现在两方面，一是中国教育史教材适用对象和范围广泛。如毛礼锐编写的《中国教育史简编》既适用于各级教育行政人员、各类中等以上学校教师以及师范院校本科生、研究生阅读、参考，也可供省、市教育学院、教师进修学院选作中国教育史专题讲座教材。[②] 除这些适用范围广泛的教材外，还形成了适用对象较具针对性的教材，如《中国教育史专题研究》是专门的高等学校研究生教材，《中国教育史话》是幼儿师范学校教材。二是中国教育史教材门类齐全。已有的中国教育史教材既有通史类教材，也有断代史教材，还有中国教育专门史、专题史教材等，同时还配套有中国教育史料等教学参考用书，有助于读者全面

① 因中国教育史著作、教材庞大，此处收入教材的标准与《61 种中国教育史教材所选入近现代教育人物分析——兼论中国近现代教育家群体的形成》一文相同。

② 参见毛礼锐等：《中国教育史简编》，前言，北京，教育科学出版社，1984。

地学习中国教育史，形成教材和教育史料、学术专著的多向互动。

三、中国教育史教材体系不断充实、稳定

改革开放以后，在学术研究的宽松氛围下，中国教育史研究者解放思想，积极投入中国教育史研究中，形成了诸多研究热点，研究领域也不断拓展和深入，相关研究成果涉及不同时期教育思想家的教育思想、历代教育制度、书院、科技教育等主题的研究。① 中国教育史研究成果不断丰富，使得中国教育史教材编写者与时俱进，积极主动地将学术界涌现的相关的、最新的研究成果综合吸纳到中国教育史教材之中。同时，教材编写者在教学工作中不断积累新的经验和新的体会②，也丰富了中国教育史教材体系，充实其内容，形成了中国教育史以研究、教学促进教材编写的局面。此外，中国教育史教材中选定的不同时期教育制度和书院等重要的教育组织形式已趋于稳定，选定的教育人物已经形成一个核心群体。③

四、中国教育史教材建设队伍的壮大和更新

就改革开放初期到2000年左右的中国教育史教材作者来看，主要为毛礼锐、陈景磐、王炳照、陈元晖、孙培青、董宝良等老一代中国教育史学人。随着改革开放以来中国教育史学科地位的恢复，经过二十余年的发展，中国教育史硕士、博士学位授予单位日益增多，全国高校每年招收教育史专业硕士、博士生百余名。中国教育史专业人才培养数量大幅度增加，使得中国教育史研究队伍逐渐多元化和年轻化，一批受过专业训练的硕士生、博士生逐渐成为学科带头人或学术骨干，中国教育史研究队伍老龄化的问

① 参见杜成宪等：《中国教育史学九十年》，151～252页，上海，华东师范大学出版社，1998。

② 参见孙培青：《中国教育史》(第3版)，前言，上海，华东师范大学出版社，2009。

③ 参见杜成宪等：《57种中国教育史教材所选入古代教育人物分析——兼论古代教育家群体的形成》，载《华东师范大学学报》(教育科学版)，2017(4)。蒋纯焦等：《61种中国教育史教材所选入近现代教育人物分析——兼论中国近现代教育家群体的形成》，载《全球教育展望》，2019(5)。

题也得到缓解。[1] 因此，一些中、青年中国教育史研究者也开始成为中国教育史教材的编写者，充实了中国教育史教材建设的队伍，进而推动了中国教育史教材建设的持续发展和更新。

五、中国教育史教材中国特色日益凸显

中国教育史教材中国特色的日益凸显既体现在其指导思想的确立上，也体现在其独特的内容体系上。就其指导思想而言，新中国成立以后，马克思主义、唯物主义思想是中国教育史教材编写的理论指导，编写者以此理论指导为基础对中国教育史上的教育制度、教育家的教育思想进行相应的评判和分析，形成和凸显了中国教育史教材编写指导思想的中国特色。就其内容体系上而言，新中国成立至今，中国教育史教材内容根据编写者的研究、中国特有史料更新等发生了变化，如孙培青的《中国教育史》第四版就特别吸收了近年出土简牍材料整理和研究成果，使得中国教育史教材内容通过史料再现中国独有的教育历史风貌，在一定程度上折射了中国优秀传统文化的底蕴，凸显了中华民族的教育传统。

第三节　新中国成立以来中国教育史教材建设的经验

回顾新中国成立以来的中国教育史教材建设历程，可以发现各个阶段均产生了一批经久不衰的、颇具代表性的教材，其中蕴含的教材建设的经验也值得我们很好地总结和探讨，以期为新时代中国教育史教材建设更好地适应教育事业发展提供参考和借鉴。

一、中国教育史教材建设要处理好政治和教学、学术之间的关系

自新中国成立至今，中国教育史教材编写人员始终坚持马克思主义理论指导地位，拥有高度的政治自信和政治自觉，强调中国教育史教材为国育才，为党铸魂的重要作用，旗帜鲜明地坚持以政治导向总体把握中国教育史教材建设的正确方向。与此同时，中国教育史作为教育科学的一门重要分支学科，

---

① 参见田正平：《老学科 新气象——改革开放30年教育史学科建设述评》，载《教育研究》，2008(9)。

有助于了解中国教育的发展历史，从而可以以史为鉴，在总结古今教育实践经验和教育家理论的基础上，更好地掌握教育发展规律、教育科学的基本理论知识。因此，为了使中国教育史教材更好地反映中国教育史科学研究的新进展，更新教学内容，各教材编写者还适当吸收和融合了一些教育史学界的最新研究成果，帮助拓宽学生的视野，激发学习兴趣，增强教学的吸引力。

二、中国教育史教材建设要处理好本土和国外之间的关系

自新中国成立至今，中国教育史教材建设经历了借鉴苏联等国教育史教材和注重本土实际编写出原创的中国教育史教材的发展路径，着重强调从本国国情出发，在考虑本民族教育的特殊价值取向的基础上，借鉴国外教育史教材的优点，取长补短，更好地实现了中国教育史教材编写的本土化、民族化、现代化以及国际化。正如习近平总书记所言：“建设什么样的教材体系，核心教材传授什么内容、倡导什么价值，体现国家意志，是国家事权。”中国教育史教材建设中做到了扎根本土、符合国情，在此基础上合理借鉴国内外教材的建设成果。

三、中国教育史教材建设要处理好研究和教学之间的关系

中国教育史教材的编写者大多是中国教育史的研究者，也是在高校从事中国教育史教学的一线教师。中国教育史编写者的双重身份，使得中国教育史教材建设形成了中国教育史研究和教学的双向互动。作为研究者，他们会密切关注最新研究成果，在编写中国教育史教材时可以将教育史学界的最新研究成果吸纳其中，反哺中国教育史教材的编写，有助于中国教育史教材在呈现基本内容时，适当融合和反映最新的学术思想和学术观点。与此相应，作为长期在一线从事教学工作的教师，其积累的教学经验，形成的新的体会，也可以促使其适时对中国教育史教材进行补充、修订和完善，也会积极编写适合不同群体学习需要的中国教育史教材。

四、中国教育史教材建设要处理好教材编写与教育实践的关系

新中国成立至今，中国教育史教材建设始终根据时代变化中的教育实践变革而进行，有效地提高了不同类型、不同层次的中国教育史学习者的

学习质量。如孙培青的《中国教育史》因 20 世纪 90 年代初为满足现代化人才的培养对教育质量提出的更高要求适时推出，为适应跨世纪的教育改革和发展需要又于 2000 年以后修订。进入 21 世纪后，随着对中国道路、中国文化、学习西方等问题有了更多的思考和认识，该教材的第三次修订又适时启动。① 此外，中国教育史教材编写者还注重根据教育实践中的热点和难点，强调教育史实与教育实践相联系，旨在通过中国教育史教材的学习更好地为当前教育改革服务。

五、中国教育史教材建设要处理好继承和创新之间的关系

中国教育史教材建设是一代代中国教育史教材编写者不断积累的结果，这些教材很好地参考和批判地继承已有中国教育史教材的编写体例、内容等。② 同时，中国教育史教材建设根据时代的变化、最新的研究成果，也实现了编写体例和内容的变化和创新。其中，一些中国教育史教材将研究时段延长，加入了中华人民共和国时期的教育改革和发展、以往教材中较少涉及的教育家等，便是重要体现。可以说，中国教育史教材建设善于继承前辈编写教材的经验和善于根据时代、教育教学所需等而创新教材。

第四节　新中国成立以来中国教育史教材建设的启示

新中国成立以来，中国教育史教材建设取得了巨大成就，对人才培养、育人铸魂起到了至关重要的作用。未来，中国教育史教材建设还需要从以下几方面努力。

一、坚持中国共产党的统一领导和规划

在新中国成立初期，中国共产党就多次召开专门会议研究中国教育史教材的编写工作。在中国共产党的统一领导和规划下，中国教育史教材编

---

① 参见孙培青：《中国教育史》(第 4 版)，前言，上海，华东师范大学出版社，2019。

② 参见王俊明：《“批判地继承”的历史逻辑——以 20 世纪 60 年代初北师大编写〈中国古代教育史〉为例》，载《教育学报》，2014(3)。

写者注重编写更符合中国国情的中国教育史教材。改革开放以后，中国共产党通过改革教材制度、完善组织机构以及加强队伍建设等重要举措，推动了教材建设，这也使得中国教育史教材建设迎来了良好的发展契机。在党的统一领导和规划下，一系列具有中国特色、具有中国范式的中国教育史教材相继出版。进入新时代，国家相继成立了教材局等教材管理部门，负责全国教材建设的规划，明确教材建设的责任，进一步开创了中国特色高质量教材体系建设新局面。这一系列举措，为中国教育史教材建设的高质量发展提供了机遇和基础。因此，在未来的中国教育史教材建设事业中，我们必须坚持党的核心领导地位不动摇，全面贯彻党关于教材建设工作的方针政策，推动中国教育史教材建设的高质量发展。

二、坚持马克思主义的理论指导

党领导中国教育史教材建设事业取得重大成就，得益于科学的理论指导。[①] 自新中国成立之初，中国教育史研究者便将马克思主义作为中国教育史研究的理论指导。中国教育史教材“母版”的编写者孙培青先生曾在教材前言中指出，“中国教育史……运用历史唯物主义的观点方法，研究中国自古至今教育制度和教育思想发生、发展、演变的过程，总结不同历史阶段教育的经验、教训及其特点，作出科学的评价，探求教育发展的客观规律”。[②] 那么，中国教育史教材作为中国教育史学习者学习、研究中国教育发展历史的载体，也必须坚持以历史唯物主义作为编写教材的指导思想，才有助于学习者树立唯物辩证的教育发展观，实事求是地对教育历史做出评价，以便古为今用，正确认识中华民族的教育发展史，增强中华民族的自信心。中国教育史教材建设要保持正确的发展方向，就必须坚持以马克思主义为指导，自觉运用马克思主义的观点和方法来建构中国教育史教材内容。

三、形成中国教育史教材独特的话语

“教材是承载国家意志和民族文化的重要载体，也是了解一个国家和民

① 参见侯怀银、周郅壹：《中国共产党领导下我国教育学教材建设的回顾与启示》，载《课程・教材・教法》，2022(5)。

② 孙培青：《中国教育史》(第3版)，前言，上海，华东师范大学出版社，2009。

族的重要窗口。"①因此，教材是一个国家文化软实力的集中展示，教材建设还必须明确视野定位，突出本国特色，呈现民族文化，在坚定文化自信和学术自信的基础上，注重形成本国教材独特的话语体系。为适应中国特色社会主义发展的要求，习近平总书记进一步指出，必须要抓好教材体系建设，形成立足国际学术前沿、门类齐全以及彰显中国立场、中国价值、中国智慧的哲学社会科学教材体系。今后中国教育史教材建设也必须视野清晰、准确定位，贯彻落实习近平总书记关于加快构建中国特色哲学社会教材体系的指示精神，顺应新时代经济和社会发展要求，将中华优秀传统文化、革命文化和社会主义先进文化融入中国教育史教材内容中，善于借鉴世界所有国家社会科学的有益成果，强调运用中国教育史独特的话语再现中国教育史教材内容，确保扎根中国大地，站稳中国立场，体现中国精神、中国价值、中国力量，最终编写出体现中国特色、中国气派和中国风格的中国教育史教材。

四、满足中国教育史教学和教育改革所需

中国教育史教材是服务于中国教育史教学所需的载体，必须要重视满足中国教育史的教学所需，注重学生的专业知识和综合素质的双向提升。在此，中国教育史教材建设需要从以下三方面进行目标定位。

第一，区分中国教育史教材的适用范围，使教材更加适应教育改革所需。为了满足不同群体学习中国教育史的需求，也使其能更得心应手地学习中国教育史，中国教育史教材建设必须考虑适用范围，在此基础上组织教材内容，有效地满足各类中国教育史学习者所需。第二，加强中国教育史教材的实践性。中国教育史最终目的在于总结中国教育发展的历史经验，为解决当代教育问题提供启示与借鉴。因此，中国教育史教材建设必须注重突破实践性这一关键问题，致力于通过教材的主体内容、课后思考题等部分加入与当前教育实践相关的内容，培养学生的实践能力和专业素养。②第三，加强中国教育史教材配套资源的建设。中国教育史教材和中国教育

① 仇森、潘信林：《新中国成立以来教材建设的历史脉络、基本经验与发展趋势》，载《出版参考》，2020(6)。

② 参见李丽丽：《〈中国教育史〉教材的特色及使用简论》，载《中国大学教学》，2011(7)。

史史料汇编同步进行，是中国教育史教材建设形成的一个重要现象。今后，中国教育史教材建设仍需要加强中国教育史料汇编的建设工作，形成与教材良好互动的局面。此外，中国教育史教材建设还需要加强数字教材的开发，丰富中国教育史教材的多元化形式，以更好地满足当前线上教学所需以及学习者、研究者时时处处学习的需求。

五、构建体系完整且重点突出的教材内容

中国教育史教材的体系构成以及内容，是中国教育史教材的核心和灵魂。因此，中国教育史教材建设必须注重体系构建、内容的选取。

第一，中国教育史教材体系的构建必须逻辑严谨、梯度明晰。中国教育史的分期问题，既是中国教育史研究和学科建设需要探索的问题，也是影响中国教育史教材体系构建的重要因素。因此，中国教育史教材建设必须以更为合理的标准进行中国教育史发展阶段的分期，才能更好地编排中国教育史的教材体系，保障教材体系的逻辑性、科学性、完整性。① 第二，中国教育史教材的内容必须全面且重点突出。在完成合理构建中国教育史教材体系的基础上，也需要编写者更为重视中国教育史教材内容的选取。编写者要做到中国教育史教材内容的全面性，适当融合学校教育之外的家庭教育、社会教育，加之普通大众的民生教育等，也要考虑不同时期中国教育史发展中的重点内容，突出科举、书院、学制的颁布等中国教育发展史中的关键主题和重大事件，以便学生可以明确需要重点掌握的知识点。同时，中国教育史教材的编写者必须要确保内容准确，史料可靠，文字表述规范、流畅，适当加入图片，使得中国教育史教材图文并茂。

六、注意中国教育史教材的适时修订

中国教育史教材必须根据最新研究成果、自身的教学经验等进行修订。一方面，编研相长，注意思想观点的更新。沈灌群指出，其编写《中国古代教育和教育思想》“曾参考国内历史科学的新成就和前辈学者研究中国教育

① 参见杜成宪：《20世纪关于中国教育史分期问题的探索》，载《华东师范大学学报》(教育科学版)，2000(3)。

史的成果，曾学习苏维埃学者研究教育史的先进经验”①。因此，中国教育史教材编写也需要关注国内外学科前沿问题，吸纳最新研究成果，形成一种自觉地力求中国教育史教材内容不断更新的意识和行为，以此推动学生在学习中国教育史教材的过程中获得思想和知识的创新，不断拓宽思维视野。另一方面，编用相长，注重结合教学经验改进教材。中国教育史教材的编写者大多是多年从事中国教育史教学的教师，其“多年从事这门课程教学实践的体会”②，也成为中国教育史教材体系和内容的来源之一。因此，中国教育史教材建设要以教促编、以用促编，注重中国教育史教育教学实践中形成的教学经验，将其纳入教材编写中，形成教学和教材编写的良好互动和互相完善。

七、重视中国教育史教材编写队伍建设

中国教育史教材建设从来不是依靠一己之力，或是一个学校的一个团队合作完成，如孙培青编写的《中国教育史》，以华东师范大学教育系中国教育史教研室为基础，分工合作，在华东师范大学出版社的积极支持和编辑的热情帮助下，最终促成这本教材的出版。有的中国教育史教材则是多个学校的专家、学者协力完成。因此，教材编写是集体智慧的结晶，在教材的编写中必须要注重发挥集体智慧，形成一个求真务实、科学严谨、合理分工的编写集体。③ 同时，教材的出版还赖于出版单位的支持和对图书品质的把控。以此为出发点，今后中国教育史教材建设，首先必须重视打造一支能紧密合作、求真务实的编写团队，尽心尽力地编写品质高，能够有效地满足中国教育史教学需要的中国教育史教材。同时，中国教育史教材出版也需要与精品出版社和优秀编辑团队合作，实现编写者和读者密切互动，确保教材的高质量出版和高水平使用。④

---

① 沈灌群：《中国古代教育和教育思想》，前言，武汉，湖北人民出版社，1956。

② 孙培青：《中国教育史》(第2版)，前言，上海，华东师范大学出版社，2000。

③ 参见赵春玲：《新中国成立以来高校马克思主义基本原理教材建设的历史演变与基本经验》，载《马克思主义理论教学与研究》，2021(2)。

④ 苏雨恒：《经典教材建设经验与启示——以高教社同济版〈高等数学〉、黄廖版〈现代汉语〉为例》，载《中国出版》，2019(23)。

第十四章　新中国成立以来外国教育史教材建设

外国教育史作为教育学专业的必修课程，对于学生认识教育产生和发展的规律有着不可替代的作用。外国教育史教材建设的进程决定着学生对外国教育历史脉络的了解程度以及对教育学基本理论的认识程度。新中国成立以来，我国研究者基于外国教育史实从不同角度编写了多种类型的外国教育史教材，但鲜有对这一建设历程的研究。为了进一步推动外国教育史教材建设，我们有必要就新中国成立以来外国教育史教材建设的历程进行回顾，分析外国教育史教材建设取得的成就和经验，以期为未来外国教育史教材的建设提供借鉴和启示。

第一节　新中国成立以来外国教育史教材建设历程

自高等师范院校产生至今，教育史一直是高等师范院校专业的修习科目。《奏定学堂章程》中把中外教育史列为经学科大学的选修科目，到20世纪50年代末以前，教育史既是教育专业的重要课程，也是高等师范院校其他专业的必修科目。[①] 新中国成立以前，我国外国教育史教材部分来源于对日本学者著作的翻译，部分来源于学者借鉴欧美教育史教材体例编写的外国教育史教材，如姜琦的《西洋教育史大纲》(商务印书馆1921年版)、王凤喈的《西洋教育史纲要》(商务印书馆1922年版)、瞿世英的《西洋教育思想史》(商务印书馆1931年版)等。新中国成立之后，外国教育史教材建设从借鉴引进走向独立自主和繁荣发展阶段。依据外国教育史教材建设发展的状况，我们将新中国成立以来的外国教育史教材建设历程划分为三个阶段，不同的

① 参见张斌贤：《教育史学科的双重起源与外国教育史课程教材建设的"新思维"》，载《河北大学学报(哲学社会科学版)》，2008(1)。

发展阶段呈现不同的特征。

一、外国教育史教材建设的初步发展阶段(1949—1966年)

新中国成立以后，我国政治、文化等领域开始全面学习苏联。1949年，教育部召开第一次全国教育工作会议，明确指出我国新教育的建设，要借鉴苏联教育建设的先进经验。[①] 1952年11月，《关于翻译苏联高等学校教材的暂行规定》中强调要翻译苏联高等学校教材，以提高我国教育教学质量。[②] 这一阶段，外国教育史教材来源于对苏联教材的直接翻译，以及学者们参考苏联教材编写方法进行的自主编写。

这一阶段，外国教育史教材建设的特征主要体现在以下几个方面。

第一，外国教育史教材编写主要以借鉴苏联的外国教育史教材为主。新中国成立初期，我国引进了麦林斯基的《世界教育史》、米定斯基的《世界教育史》作为外国教育史学科的教材，前书中包括六部分二十六章，包括古代教育、中世纪教育、近代教育——从十七世纪英国革命到十七世纪法国资产阶级革命、近代教育——从十八世纪法国革命到一八七一年巴黎公社、近代教育——从巴黎公社到一九一八年底、晚近教育六个部分。此外，我国还引进了恩·阿·康斯坦丁诺夫等的《教育史》，哥兰塔、加业林的《世界教育学史》，杰普莉茨卡娅的《教育史讲义》等苏联的教育史教材。这些教材也为之后我国编写自己的外国教育史教材提供了可借鉴的模本。

麦林斯基《世界教育史》的篇章

第一部　古代教育	第一章　原始社会中及古代东方各国的教育 第二章　古代希腊的教育 第三章　古代罗马的教育
第二部　中世纪教育	第四章　文艺复兴时代以前的教育 第五章　文艺复兴时代的教育 第六章　夸美纽斯的教育体系

---

① 参见廖盖隆、庄浦明：《中华人民共和国编年史》，9页，郑州，河南人民出版社，2000。

② 参见何东昌：《中华人民共和国重要教育文献1949—1975》，183页，海口，海南出版社，1998。

续表

第三部　近代教育——从十七世纪英国革命到十七世纪法国资产阶级革命	第七章　约翰·洛克的教育体系 第八章　十七—十八世纪学校 第九章　卢梭教育的体系 第十章　十八世纪法国唯物论者的教育思想
第四部　近代教育——从十八世纪法国革命到一八七一年巴黎公社	第十一章　十八世纪法国革命时期的教育问题 第十二章　裴斯塔罗奇的教育体系 第十三章　十八世纪末叶和十九世纪初叶的德国教育 第十四章　弗禄贝尔的教育学说 第十五章　第斯多惠的教育学说 第十六章　十九世纪上半期的欧美学校 第十七章　海尔巴德的教育体系 第十八章　斯宾塞的教育观 第十九章　十九世纪五十—六十年代的欧美学校 第二十章　十九世纪初叶的空想社会主义者的教育思想
第五部　近代教育——从巴黎公社到一九一八年底	第二十一章　十九世纪末叶和二十世纪初叶的教育理论 第二十二章　巴黎公社的教育政策 第二十三章　十九世纪七十年代到一九一八年的欧美各国学校概况 第二十四章　战前帝国主义时代的市民阶级教育学
第六部　晚近教育	第二十五章　晚近教育的特征 第二十六章　从一九一八年到第二次世界大战前的欧美各国学校概况

第二，在引进的同时，我国学者也自行编写了多本外国教育史教材。如毛礼锐、张鸣歧《古代中世纪世界教育史》(湖北人民出版社 1957 年版)、曹孚《外国教育史》(人民教育出版社 1962 年版)、罗炳之《外国教育史 上》(江苏人民出版社 1962 年版)。1961 年 4 月，中共中央宣传部召开了高等学校文科教材会议，确定了外国教育史教材的编写任务，由曹孚承担这一任务。之后，曹孚根据麦林斯基的《世界教育史》和康斯坦丁诺夫的《教育史》编写了一部应高等师范学校教学急需的教材。对比不同的外国教育史教材目录发现，这一阶段外国教育史教材大体按照麦林斯基《世界教育史》中的章节顺序进行编写。

第三，开始注重教学资料的汇编。如上海师范大学教育系编写的《教育史发展资料》等。

第四，新中国成立之后，马克思主义成为中国社会发展的指导思想，外国教育史教材建设也开始以马克思主义的观点和理论为指导，如在曹孚编的《外国教育史》中提到，“本书以马克思主义的立场，研究自远古到近代各个历史时期教育、学校和教育学理论的发展”①。

二、外国教育史教材建设的全面破坏阶段(1967—1977 年)

在“文化大革命”期间，外国教育家的思想被全盘否定，外国教育史工作者也受到了批判，给外国教育史教材建设带来了重大打击。1967—1977年，外国教育史教材编写工作中断。这一时期，只有上海师范大学教育系《外国教育发展史资料》编译组编写的《外国教育发展史资料(近现代史部分)》(1969 年)与北京师范大学出版的《外国教育制度发展史》(1969 年)两本外国教育史教材出版。

三、外国教育史教材建设的“恢复重建”阶段(1978—2000 年)

党的十一届三中全会后，“解放思想、实事求是”为外国教育史教材建设的恢复和重建提供了可能。1978 年教育部制定的《1978—1985 年高等学校文科教材编选规划》，促进了外国教育史教材的建设。1983 年 9 月举行的“外国教育史学科体系讨论会”在确定外国教育史学科名称的同时，确定了外国教育史的研究对象和研究范围是“中国之外的一切国家和地区的教育实践与教育理论的历史发展”，突破以欧洲为中心、以西方为重点的研究传统②，确定了外国教育史教材的内容选择范围。这一阶段，外国教育史教材建设的特征主要体现在以下五个方面。

第一，外国教育史教材引进的国别丰富化。相比于前一阶段以俄为主的引进方式，这一阶段我国开始引进日本、英国等国家的外国教育史教材。1979 年 2 月，为了提高高等学校的教育质量，恢复以及发展我国的教育事业，教育部、外交部、财政部发布了《关于加速引进外国高等学校教材的几

---

① 参见曹孚：《外国教育史》，前言，北京，人民教育出版社，1962。

② 参见顾明远：《中国教育大百科全书》第 3 卷，1778 页，上海，上海教育出版社，2012。

项规定》，指出要引进国外先进的、有重要参考意义的教材，确有参考价值的苏联教材，也应该加以引进。① 在此过程中，我国引进了《西方教育史》(人民教育出版社 1985 年版)、《世界幼儿教育史》(吉林人民出版社 1986 年版)等外国教育史教材。

第二，我国学者开始重视外国教育断代史的研究。如曹孚《外国古代教育史》(人民教育出版社 1981 年版)，赵祥麟《外国现代教育史》(华东师范大学出版社 1987 年版)，滕大春、吴式颖《外国近代教育史》(人民教育出版社 1989 年版)，吴式颖《外国现代教育史》(人民教育出版社 1997 年版)。

第三，外国教育史教材大多以“外国教育史”命名。在 1983 年“外国教育史学科体系讨论会”后，外国教育史学科确定了其学科名称，学者们对外国教育史教材名称的选择也从西方教育史、世界教育史改为外国教育史。如吴式颖、姜文闵《外国教育史话》(江苏人民出版社 1982 年版)，谢觉一、乔有华《简明外国教育史》(山东教育出版社 1984 年版)，王天一、夏之莲《外国教育史》(北京师范大学出版社 1984 年版)等，这一时期的外国教育史教材数量达 30 多本。

第四，外国教育史教材内容选择更加包容。这一阶段，外国教育史教材目录的编制大多以苏联外国教育史教材目录为基础，整体遵循从古代教育到近代教育再到现代教育的顺序。在此基础上，不同作者、不同版本外国教育史教材也呈现不同的内容和特色。这一阶段的外国教育史教材开始关注一些亚洲国家如印度、韩国、日本、朝鲜的教育历史，以及东欧国家、伊斯兰国家、非洲国家的教育历史。在北京教育行政学院等七院校合编的《外国教育史简明教程》一书中，除了关注欧美、苏联的教育制度及教育思想外，还对日本、朝鲜、罗马尼亚、南斯拉夫等国的教育制度进行了论述。吴式颖、赵荣昌等编写的《外国教育史简编》中关注东欧各国的教育以及第三世界有关国家的教育。戴本博、张法琨编写的《外国教育史》中，详细介绍了日本古代、近代、现代的教育历史，也关注了伊斯兰国家的教育历史和印度的教育历史。此外，教材中对教育家的选择也更加包容和多样。在赵祥麟《外国现代教育史》一书中，除关注杜威、蒙台梭利等教育思想家外，还关注了在教育心理学领域作出杰出贡献的桑代克以及“过程哲学”的创始人怀特海等人的教育思想。

---

① 参见孙琬钟：《中华人民共和国教育法律法规全书》下，1516 页，北京，中国法律年鉴社，1998。

第五，外国教育史教材内容阐述更加客观。以对杜威教育思想的态度为例，“文化大革命”期间的教材中，杜威教育思想遭到严厉的批判，认为杜威的实用主义是“主观唯心主义论和赤裸裸的经验论及相对论的结合”①。在1978年之后的外国教育史教材中，国人开始运用马克思主义的立场与观点，对杜威教育思想进行合理评价，既肯定杜威教育思想中积极的、有利于学生发展和教育进步的方面，也否定了其思想中唯心的、片面的、不符合社会现实的部分。

四、外国教育史教材建设的繁荣发展阶段(2001年至今)

2001年3月教育部印发《关于“十五”期间普通高等教育教材建设与改革的意见》，指出要建立门类齐全，适应培养21世纪的高素质、创造型人才需要的教材体系，即“包括多学科、多类型、多层次、多品种系列配套的教材体系”②。进入21世纪后，外国教育史教材在数量和种类上更加丰富。

这一阶段外国教育史教材建设达到高峰，其特征主要体现在以下四个方面。

第一，外国教育史教材类型更加多样，出现了专题史、通史、断代史等各种类型的教材。专题史方面，出现了思想史专题、高等教育史专题、教育问题史专题。思想史专题如张斌贤《外国教育思想史》(高等教育出版社2007年版)等。高等教育史专题如黄福涛《外国高等教育史》(上海教育出版社2003年版)，贺国庆、王保星、朱文富等《外国高等教育史》(人民教育出版社2003年版)。教育问题史方面有单中惠《外国中小学教育问题史》(山东教育出版社2005年版)。也有学者将中国教育史与外国教育史合编，有贺国庆、谢长法《简明中外教育史教程》(河北大学出版社2004年版)，李全生《中外教育简史》(天津人民出版社2010年版)，于洪波等《简明中外教育史》(山东人民出版社2010年版)，曲铁华《中外教育思想史专题》(东北师范大学出版社2017年版)等。还有学者编写了国别教育史，如滕大春《美国教育史 第二版》(人民教育出版社2001年版)等。

第二，外国教育史教材编写队伍更加壮大。21世纪前，仅有河北师范

① 参见曹孚：《外国教育史》，342页，北京，人民教育出版社，1962。

② 参见中华人民共和国教育部：《关于“十五”期间普通高等教育教材建设与改革的意见》，载《中国大学教学》，2001(3)。

大学、北京师范大学、华东师范大学、浙江大学等有外国教育史博士学位授予权。21世纪之后，南京师范大学、华中师范大学、东北师范大学、首都师范大学等都可以招收外国教育史博士生。随着学位点的广泛设立，外国教育史研究人员增加，越来越多的学者致力于教材编写，以图突破已有的外国教育史教材体例。

第三，教材编写重视了学生的心理逻辑。很多学者通过在教材每一章节开始明确学习目标或者学习重难点，在章节后设置习题的方式，来达到使学习者准确把握重难点的效果。

第四，教材建设趋向成熟化。所谓成熟化是指，外国教育史教材编写开始形成固定的范式和结构，不同的学者在编写过程中形成自己的特色，如袁锐锷《外国教育史新编》(广东高等教育出版社2002年版)在按从古到今的时间顺序安排的同时，将内容分为外国学校教育的发展和教育思想的发展两个部分。朱宁波《外国教育史简明教程》(辽宁教育出版社2006年版)一书分教育制度的形成与发展、教育思想、教育改革与教育思潮三个部分展开论述。但总体上都沿着从古代到近代到现代的顺序，包括教育制度史和教育思想史两大部分。

第二节　新中国成立以来外国教育史教材建设的成就

新中国成立以来，外国教育史教材建设走过了曲折发展的道路，在一代又一代教育史学者的不断奋斗过程中，外国教育史教材建设也经历了从以移植为主到独立自主、繁荣发展的过程，这一过程中，外国教育史教材中国化日益凸显，外国教育史教材内容结构逐步形成，外国教育史教材类别更加多元化。

一、外国教育史教材建设“量”与“质”并重

新中国成立以来，外国教育史教材建设在数量上不断增加，同时出现一批有代表性的、质量较高的外国教育史教材。

改革开放以来，外国教育史教材大量出版，据不完全统计，1949—1966年，我国以“世界教育史”“西方教育史”命名的外国教育史教材出版数量为10本，1978—2000年，以“外国教育史”命名的外国教育史教材共有38本，2001年至今，外国教育史教材数量达34本。1978—2000年以及2001

年至今是外国教育史教材建设的两个高峰期。其中由人民教育出版社出版、吴式颖主编的《外国教育史教程》先后于 1999 年、2003 年、2015 年出版了三次，对外国教育史学科最新的研究成果和教育学学科教学过程中的发展趋势进行了呈现。王天一等编著的《外国教育史》在普通高等院校应用广泛。

二、外国教育史教材内容结构逐步形成

在外国教育史教材不断探索进步的过程中，外国教育史教材的结构体系也在逐步形成。

第一，从现有的外国教育史教材目录看，目前的教材编写大多遵循时间顺序，从古代外国教育历史到近代教育史到 19 世纪末至 20 世纪初的教育史。按照时间顺序编写教育史，可以使学习者对外国教育历史形成较为系统的认知。

第二，教材选取内容趋于稳定。外国教育史学科的研究对象虽然是除中国以外的其他国家的教育理论与教育实践发展历史，但是由于教材篇幅的限制以及教学课程设置限制，外国教育史教材中选择的还是能够对我国教育实践发展提供更多借鉴意义的国家，如美国、英国、日本、德国、俄罗斯等国。

第三，对于教育家教育思想的介绍方法趋于一致。以杜威为例，外国教育史教材编写中，介绍杜威的教育思想一般要包括杜威的生平、杜威的思想基础尤其是其哲学基础、杜威的教育思想和对杜威教育思想的评价四个部分。

第四，外国教育史教材结构逐渐成熟。已有的外国教育史教材内容主要分为教育制度史和教育思想史两大部分，教育制度史方面，学者们主要从各国的教育制度的变化、教育法案的颁布，各国的学制变化方面展开研究，教育思想史方面主要研究教育思潮的发生和发展情况、教育家的思想等。

三、外国教育史教材编写队伍逐步壮大

外国教育史学科外在建制的完善，外国教育学硕士以及博士学位点的设立，使外国教育史教材编写队伍得到充实与更新。一些年轻的学者加入外国教育史教材的编写过程。有研究者在分析改革开放以来的 32 种我国自

编外国教育史教材编写队伍中发现，22 种自编教材中，合编或合著的教材占 77%，这些教材中，有的教材是由教授与学生合编完成。学科研究的新生力量为教材的编写提供了新的视角与活力，教材编写获得了继承与延续。

四、外国教育史教材类别更加多元化

新中国成立以来，公开出版的外国教育史教材达 90 余本，尤其是改革开放以来，一大批外国教育史教材得以出版。外国教育史教材数量增加的同时种类也在多样化。

外国教育史教材建设的多元化体现在类别的多样上。新中国成立以来，外国教育史教材逐步改变了只有通史的单一局面，形成了通史、断代史、国别史、人物史、专题史多元发展的格局。首先在断代史方面，《外国古代教育史》《外国近代教育史》《外国现代教育史》等教材的出版丰富了外国教育史断代史研究。国别史方面，除引进日本、英国等的教育史外，我国学者也编写了多部国别史，如《美国教育史》《日本教育史》《英国教育史》等著作。人物史教材主要有薛正斌《卢梭自然教育思想》、杨光富《赫尔巴特教育思想研究》等。在专题史方面出现了教育制度史、教育思想史、幼儿教育史等分专题研究的教材。此外一些教学资料如《外国教育史简明教程 教学资料》(新时代出版社 1987 年版)、《外国教育史教学参考资料》(华东师范大学 1985 年版)等，都体现了外国教育史教材的多样性。突破教育制度史和教育思想史的桎梏，应用新的研究理论和视角，使外国教育史教材多元化特征日益凸显。

五、外国教育史教材中国化日益凸显

新中国成立前，我国大多学习美国的外国教育史教材，新中国成立后，外国教育史教材大多采用苏联的外国教育史教材体系。随着社会的发展，思想的解放，一批又一批的学者致力于建设外国教育史教材，在学者们孜孜以求的研究与探索下，外国教育史教材推陈出新，旧版的教材不断修改，新的教材不断涌现。

在外国教育史教材建设过程中，我国确定了学科名称即“外国教育史”以及研究范围，即除中国外的其他国家及地区的教育活动及教育思想。此后，外国教育史教材中不仅研究欧美发达国家的教育历史，同时也关注其他发展中国家的古今教育历史。研究视野下移，研究领域拓展，外国教育史教材打破了西欧中心、美国中心的传统，把亚非拉等国家和地区的教育历史纳入研究范围，体现了外国教育史研究观照全球的格局。这是我国外国教育史教材区别于其他国家的表现。而对一些教育家的选择，除夸美纽斯、赫尔巴特、杜威等教育思想家外，还关注一些在教育心理学、教育哲学等领域有突出贡献的教育家。

中国化日益凸显的另一个表现是外国教育史教材中开始重视对我国教育的启示。在外国教育史教材建设的不断完善过程中，学者们都会在章节末列一节对我国教育的启示。历史研究的意义就在于"记述人类社会赓续活动之体相，校其总成绩，求得其因果关系，以为现代一般人活动之资鉴者也"①。外国教育史教材的意义除让学生知晓外国教育发展历史外，一个重要的作用就在于使外国教育史的学习者通过比较不同的教育理论，了解不同的教育家，走近不同国家的教育制度，以期找到适合中国的教育理论和教育道路。

第三节　新中国成立以来外国教育史教材建设的经验

在分析新中国成立以来，外国教育史教材建设历程和取得的成就的基础上，我们认为外国教育史教材建设要重视其内含的文化价值，适应外国教育史课程教学的需要，在注重外国教育史本土性的基础上合理借鉴。

一、重视外国教育史教材建设的文化内涵

一方面，遵循外国教育史教材建设的文化逻辑。教材建设有其自身的逻辑取向，表现为知识逻辑、认知逻辑和文化逻辑。② 知识逻辑指外国教育史教材建设要注重知识的系统性，使繁杂、细碎的外国教育历史知识可以依据某种线索串联起来。认知逻辑指外国教育史教材要根据学生的认知水平编写，外国教育史课程设置在师范院校或大学教育类专业，所以教材的编写在易懂的同时也要能带给学生一定的思考。外国教育史教材建设遵循文化逻辑即以一种内在的文化规约规范教材建设的各个环节。

---

① 梁启超：《中国历史研究法》，6页，石家庄，河北教育出版社，2000。

② 参见杨柳、罗生全：《论教材建设的文化逻辑》，载《教育学报》，2021(5)。

另一方面，外国教育史教材有其内在的文化价值。第一，不同时期的外国教育史教材带有其时代的特色，是当时政治经济文化环境的缩影。新中国成立初期，我国从各个方面学习苏联，表现在外国教育史教材编写上就是，我国开始译介苏联的外国教育史，以其为蓝本，编写自己的外国教育史。改革开放以来，我国对外开放程度加深，社会思想更加开放，马克思主义中国化程度更高，外国教育史教材中对教育家的评价也更加客观。第二，外国教育史教材编写与学习过程就是文化交流传播的过程。对外国古代教育、近代教育、现代教育历史的了解，是中国文化与外国文化交流学习的过程。我国对其他国家外国教育史教材编写方法的学习也是文化交流的过程，从教材的编写方法，可以看出教材背后蕴含的教育学思想。第三，教材作为承载知识的载体，文化传承是其本质属性，外国教育史教材的编写是学习者了解外国教育历史的途径，也是对古代教育文化的传承。第四，外国教育史教材编写与使用过程中体现的人生观、价值观、教育观等也是外国教育史教材的文化价值。

外国教育史作为教育类专业基础课程之一，是培养专业人才不可或缺的必修或选修课程，学习者通过学习外国教育史课程可以形成体系化的知识结构与专业的教育学学术修养。同时，外国教育史课程中所蕴含的人文精神也在潜移默化地影响受教育者，对塑造完善的人格有重要作用。发挥外国教育史教材的文化价值，是教材建设的内在要求。

二、外国教育史教材建设要适应教学需要

教材是根据教学大纲和实际需要，为师生教学应用而选择的材料。作为一门学科，外国教育史是教育学的分支学科，是教育学与历史学等学科融合形成的交叉学科。作为一门课程，外国教育史是师范院校和综合类大学教育系的一门基础课程，而外国教育史教材建设是外国教育史教学和研究的基础工程，可以为青年学子提供较高的起点来学习和研究外国教育史。①

第一，外国教育史教材的编写要满足教学大纲和教学课时的要求。由于学校课程设置不同以及专业差异，不同学校、不同专业的外国教育史课

① 参见续润华：《论滕大春在外国教育史领域的贡献》，载《河北师范大学学报（教育科学版）》，2011(3)。

时设置不同，所以选择合适的外国教育史教材是教学的重要部分。为了满足教学需要，我国学者编写了不同的外国教育史教材来满足不同的需求，如2012年出版的刘新科的《外国教育史》一书致力于教师培训，而2008年出版的朱家存、徐瑞的《外国教育史》一书则更多应用于教育学专业基础综合学习。

第二，外国教育史教材的编写考虑学生的实际需要。教材的编写与著作的编著不同，教材面对的是初学者。在外国教育史教材编写的过程中，有学者提出“为适应教学的需要，教材尽量编写得简明扼要；在编写体例方面每章开头有提要，结尾有‘本章小结’”①。

第三，根据教学需要调整外国教育史教材内容。教材始终为教学服务，教师根据课程安排和课程中与学生互动的结果，反思外国教育史教材内容设置的优缺点，在使用过程中思考教材的可改进之处，对外国教育史教材的完善提供实践价值。在外国教育史教材建设过程中，学者们根据时代的变化与教学的需要修改已有教材，推陈出新，致力于编写符合时代特色的外国教育史教材。

三、在本土化的过程中合理借鉴

纵观外国教育史教材的建设过程，我国学者都在为外国教育史教材的本土化努力。本土化指外国教育史教材建设符合中国国情、中国特色。新中国成立以来，我国学者自编的外国教育史教材越来越多，从照搬苏联外国教育史教材到开始探索新的编写方式，都体现了外国教育史教材建设的本土化过程。这一过程中，我国学者编写完成了外国教育通史、外国教育断代史、外国教育思想史、外国教育制度史等相关教材，还完成了美国教育史、日本教育史等国别史教材，此外，外国教育史的研究者还编制了外国教育史史料如《外国高等教育资料》《外国教育资料汇编》等。外国教育史教材本土化的过程中也体现着马克思主义中国化的过程，外国教育史教材的编写过程中坚持唯物史观，对教育家思想的评价越来越客观，在论述其思想的进步性的同时，也指出其思想背后的时代局限性。以杜威为例，在20世纪六七十年代，杜威的教育思想被猛烈抨击，有学者认为“杜威的实用

① 周采：《外国教育史》，前言，上海，华东师范大学出版社，2008。

主义是资产阶级的哲学，是为帝国主义服务的哲学”[①]，而在20世纪80年代后，我国学者开始重新认识和评价杜威，在指出杜威教育思想的阶级和时代局限性的同时，肯定了杜威教育思想的进步性。这一过程体现了外国教育史教材建设越来越本土化的特点。

在外国教育史教材建设逐步成熟的同时，外国教育史教材建设也面临着许多危机。例如，虽然外国教育史教材数量不断增加，但是不同的教材之间相似度高，教材章节设置相似，创新性不足。所以在注重教材建设的本土化的同时，也要拓宽研究视野，借鉴国外的外国教育史或世界教育史教材编写的新方法、新角度。但是，区别于外国教育史教材建设初始阶段的全盘接受其他国家的教材，新时期借鉴外国教育史教材要做到“以我为主，为我所用”，对待国外教材编写的新视野、新方法，要选择性地采用，使其符合中国特色。

四、处理好外国教育史教材编写与中国教育实践的关系

外国教育史教材编写与中国教育实践息息相关，外国教育史教材建设过程也与中国的教育发展有密切的联系。我国学者以中国的教育实践为基础，以中国的教育情况为背景，选择对中国教育发展有借鉴意义的国家或地区的教育历史，编写我国的外国教育史教材。在21世纪以来的外国教育史教材中，我国学者更注重国外的教育思想以及教育实践对中国教育发展的启示，在书中每一章节末介绍某一思想在中国的传播过程，以及对中国政治、经济、社会发展的影响。

五、处理好外国教育史教材编写的继承与创新之间的关系

新中国成立以来，外国教育史教材的内容结构逐渐成熟，这是几代外国教育史研究者努力的成果，这些教材在继承已有的外国教育史教材编写体例的基础上发展创新，各有特色。新中国成立初期，外国教育史教材编写以苏联的《世界教育史》为模本，研究者开始探索外国教育史教材编写体例。到20世纪末，我国学者在继承前辈编写的外国教育史教材的基础上，探索具有本土特色的外国教育史教材，在内容选择、编写方式等方面进行了创新。

---

① 参见罗炳之：《外国教育史》，256页，南京，江苏人民出版社，1962。

第四节　新中国成立以来外国教育史教材建设的启示

回顾外国教育史教材建设的历程，总结建设过程中的成就和经验，未来的外国教育史教材建设要坚持马克思主义思想的指导地位，重视外国教育史教材的创新，建设中国特色的外国教育史教材。

一、外国教育史教材建设要坚持马克思主义思想的指导地位

坚持马克思主义指导地位是外国教育史教材区别于其他国家外国教育史教材的根本标志，坚持马克思主义指导思想贯串外国教育史教材的研究、编写、使用和评价的全过程。新中国成立以来，外国教育史教材建设经历了从借鉴为主到独立自主再到繁荣发展的过程，马克思主义既为教材建设提供建设目的与指导思想，也为其提供方法论。辩证唯物主义和历史唯物主义是马克思主义指导思想的重要内容。

一方面要坚持唯物史观。坚持依据生产方式划分历史发展阶段的分期法，根据生产方式不同划分古代、近代、现代社会。坚持生产力决定生产关系与经济基础决定上层建筑的分析方法。对外国教育史中教育制度变化的分析，要从经济基础出发，对教育家思想理论的分析也要了解其生活经历与家庭背景。

另一方面，坚持实事求是。外国教育史教材编写首先要重视历史资料，重视对已有史料的收集、积累和重新编纂，同时重视实地社会调查。新中国成立前外国教育史教材的编写者多是留美或留日归国的学生，他们根据在外留学期间的学习与见闻编写教育史教材。新中国成立之后，学者们坚持从原始史料出发，通过阅读教育家的著作、在外访学等方式深入探索，结合教育史课程的实际需求，编写外国教育史教材。因此坚持实事求是的原则强调研究外国教育史要尊重历史，尊重客观存在，不能人为地捏造历史。

二、重视外国教育史教材的创新

外国教育史学科的教学要反映现代学科文化的先进水平，所以外国教育史教材内容也应注意知识更新。新中国成立初期，外国教育史以译介为

主，到20世纪60年代，我国学者开始编写自己的外国教育史教材。自编的外国教育史教材加入了学者们自己的思考与创新。20世纪80年代后，在建设“中国特色的外国教育史学科体系”的思想号召下，外国教育史学者开始探索在教材的编写方式以及编写内容方面实现创新。未来外国教育史教材更新需要注重对史料的挖掘，更新教材编写的观念和方法，创新教材形式。

第一，在研究过程中要溯本清源，注重史料的挖掘。新中国成立以来外国教育史教材对古代教育史轻描淡写，对近现代教育史浓墨重彩，缺乏对外国古代教育史的研究。虽然古代教育史史料获得困难，阅读与理解也颇为不易，但是对外国古代教育史的研究也是教育史研究中不可或缺的一部分。

第二，更新外国教育史教材编写观念和方法。历史史实是静态的，历史研究是动态的。对于外国教育史研究来说，在某种意义上，创新也可以是将已有的史料放在不同的思考框架之中，从而建立起一种新的知识之间的联系，形成新的认识过程。① 在尊重历史事实的前提下，教材编写的创新方式需要依靠更新观念和方法。现有的外国教育史教材大多以时间顺序编排史料，在未来的教材编写过程中，可以打破固有思维，以教育问题的产生与解决过程为核心，创新教材编写结构。

第三，推动传统的外国教育史教材向数字教材转型。人工智能、大数据等技术的发展与应用，为外国教育史教材数字化提供了可能。大数据和算法技术的加入，使外国教育史教材编写过程中信息传递更为便捷，也为信息的拓展与实现虚拟交互提供了技术支持。所以，未来外国教育史教材建设不仅要在知识内容上进行更新，也要在教材形式方面实现创新。

三、建设中国特色的外国教育史教材

外国教育史是分析、研究各个时期人类教育理论与实践发展的实际状况和发展进程，总结外国教育历史发展的经验，探讨与追求教育发展的客观规律，以求给我国的教育实践问题提供理论与思想参考的学科。所以，外国教育史教材编写过程中，对待教育家或者教育思潮，要明确其产生的历史背景、思想渊源，清楚适用范围。

首先，探索中国特色的外国教育史教材要解决教材中教育制度史与教

① 参见郭法奇：《论外国教育史研究的创新问题》，载《首都师范大学学报(社会科学版)》，2012(1)。

育思想史分离的局面，在谈论教育制度变迁的同时关注其背后的思想来源，关注思想发展的同时考虑教育制度与教育实践的影响。其次，关注外国教育史教材中制度通史的编写。整理已公开出版的外国教育史教材可以发现我国有外国教育思想通史，但是尚未发现有公开出版的外国教育制度通史。再次，思考将社会教育史、家庭教育史纳入外国教育史教材编写范围内。除学校教育外，社会教育也是教育的一种组织形式，而目前的外国教育史更加注重学校教育的变迁，忽略了社会教育的研究。最后，外国教育史研究对象是除中国外的国家或地区的教育历史，所以要加强对亚非拉地区以及东欧地区教育史的研究。

四、建设和完善外国教育史教材体系

教材体系就是按照一定的教学理论组织起来的知识体系，主要体现为教学大纲和教科书两种形式。[①] 一门课程有相应的教材，也就有相应的教材体系。外国教育史教材的体系建设一方面要重视内容的选择。作为一门课程的教材，不可能囊括所有外国教育历史知识，应依据外国教育史课程的性质、目的和任务编写外国教育史教材。另一方面，外国教育史的编排应注重知识的内在逻辑和学生的认知发展规律。外国教育通史的编排要进行合理的断代，根据外国教育历史发展以及时代发展的史实，进行客观的分析。外国教育专题史的编排要注重专题设置以及专题之间内在的逻辑关联。

五、重视对外国教育史教材编写队伍的建设

教材的编写不是一蹴而就的事情，需要一批研究者深入外国教育历史，考察外国教育史实，钻研外国教育人物及其思想，所以队伍的建设是外国教育史教材建设的重要工作之一。外国教育史教材编写队伍建设不仅包括外国教育史硕士、博士学位点的建设以及硕博人才的培养，也包括外国教育史教材的出版队伍建设。改革开放以来，外国教育史教材出版数量迅速增加，除了外国教育史学者的努力外也离不开出版社的发展与其对外国教育史学科的支持。所以要紧密联系出版社，实现外国教育史编写者与读者之间的双向互动，更好地推动外国教育史教材的高质量发展。

---

① 参见杜成宪、邓明言：《教育史学》，65页，北京，人民教育出版社，2019。

第十五章　新中国成立以来比较教育学教材建设

教材是特定时代中一门学科理论研究和实践探索成果的集大成者，既包含对这一学科已有成果的概括，也推动这一学科新的研究成果继续创生。比较教育学教材建设是比较教育学学科建设的晴雨表，也是比较教育学研究活动的指向标。编写比较教育学教材的过程，就是进行比较教育研究的过程，也是建设比较教育学学科的过程。比较教育学教材建设成就在很大程度上反映了比较教育学学科建设和比较教育研究的水平。对比较教育学教材建设历程的回顾展望和总结反思，对推动比较教育学学科发展是十分必要的。值得注意的是，学界关于“教材”的界定较为模糊，广义上指根据教学大纲编选的指导学生学习的教学材料，包括教科书、讲义等教学辅助材料①，狭义上仅仅指教科书。根据比较教育学教材建设的实际情况，本章将比较教育学教材定义为：包括教科书和可作为教学参考书的重要专著、译著等。

第一节　新中国成立以来比较教育学教材建设历程

比较教育学研究以其超越国家、民族、文化和学科等界限的研究思想，不断吸纳和借鉴教育领域的各种理论和经验，为推动世界各国教育发展做出了巨大贡献。② 新中国成立以来，比较教育学教材建设曲折前进，具体可以分为探索起步阶段（1949—1977 年）、恢复重建阶段（1978—1984 年）、多元成熟阶段（1985—2007 年）以及整合创生阶段（2008 年至今）四个阶段。

---

① 参见李进才：《高等教育教学评估词语释义》第 8 卷，146 页，武汉，武汉大学出版社，2016。

② 参见王瑜：《比较教育学教材的内容分析》，载《教学研究》，2014(1)。

一、比较教育学教材建设探索起步阶段(1949—1977年)

20世纪50年代，世界教育学正进一步走向分化和产生新的综合，而我国教育学建设和发展却走向相反的道路。在对旧有中国教育学改造的基础上，比较教育学学科被削减，失去了其本应有的位置和价值，在我国的比较教育学学科发展过程中形成了一个断裂带。1957年，陈友松在《文汇报》上发表题为《教育工作中的教条主义和官僚主义》的文章，对“比较教育学”等学科的停开提出了不同意见，指出要恢复开设比较教育学学科。① 然而，这些重要的意见并没有受到应有的重视，比较教育学教材建设并未得到过多关注。直至1962年，张渭城和郭如琴翻译出版了《几个资本主义国家教育制度》一书，该书的问世使国人首次对世界主要资本主义国家的教育制度有了初步的了解。②

这一阶段比较教育学教材建设的特征具体表现为以下两方面：其一，比较教育学教材建设数量少。根据对相关文献的整理，这一阶段的比较教育学领域虽然发表了部分学术论文，但比较教育学教材出版数量较少。其二，比较教育学相关教材以国外比较教育著作译介为主，我国学者自主编著的比较教育学教材尚未出现。

二、比较教育学教材建设恢复重建阶段(1978—1984年)

1978年6月8日至29日，教育部在武汉召开全国高校文科教学工作座谈会，8月28日颁发并试行了《高等师范院校的学校教育专业学时制教学方案(修订草案)》。该方案指出将20世纪上半叶已经形成的比较教育学课程重新开设。③ 随着教育学门类的初步恢复和重建，比较教育学的教材编写及其内容确定也成为比较教育学学科发展的重要内容。这一阶段，比较教育学

---

① 参见叶澜：《二十世纪中国社会科学教育学卷》，389页，上海，上海人民出版社，2005。

② 参见侯怀银、李旭：《20世纪比较教育学学科建设的本土探索》，载《高等教育研究》，2010(2)。

③ 参见张忠华、倪梦娟：《中华人民共和国教育学分支学科发展70年：回顾与展望》，载《高校教育管理》，2019(6)。

教材建设呈现出以下两方面特征。

其一，比较教育学教材建设坚持引进与自编相结合。鉴于比较教育学课程恢复及其对教材的紧迫需求，高等教育司决定引进国外的比较教育学专著，为比较教育学教材建设提供经验，并组织部分院校同志开始编写比较教育学教材。在此基础上，我国研究者引进了康德尔的《教育的新时代》和卡扎米娅斯的《教育的传统与变革》，并组织六所院校的比较教育任课老师协作翻译，同时高教司领导有关专家协作编写中国自己的比较教育学教材。[①] 经过近三年的讨论和修改，王承绪、朱勃、顾明远主编的《比较教育》教材诞生，这是新中国成立以来我国学者自主编写的第一本比较教育学教材，填补了新中国成立以来比较教育学教材史上的"空白"，也为后来比较教育学教材建设奠定了坚实基础。

其二，比较教育学教材建设体现国别研究和专题研究相结合。我国自主编写的第一本比较教育学教材《比较教育》内容安排即是如此。该书重点比较了美国、苏联、英国、法国、联邦德国以及日本的学制，同时比较了各国的学前教育、初等教育、普通中等教育、中等职业技术教育、高等教育、师范教育和教育行政制度，并概括了世界教育的发展形势，以及比较教育学发展的历史和今后的任务。

三、比较教育学教材建设多元成熟阶段(1985—2007 年)

1985 年，《中共中央关于教育体制改革的决定》公布之后，教育发展进入一个新的阶段，比较教育学也进入新的历史阶段。经过前一时期的恢复重建和比较教育研究的进一步开展，我国比较教育学教材建设开始进入更加多元、成熟的阶段。在这一阶段，比较教育学教材建设呈现出以下四方面特征。

第一，比较教育学译著仍是比较教育学教材建设的重要组成部分，且该时期的译著种类不断丰富，更加注重外国教育名著的译介。整体来看，这一阶段比较教育学教材内容选择更具有学术价值。[②] 1990 年赵宝恒等人

---

① 参见王承绪：《比较教育学史》第 3 卷，304、305 页，北京，人民教育出版社，1999。

② 参见滕珺、肖甦：《新中国成立后比较教育学科的创立与发展》，载《比较教育研究》，2021(9)。

翻译了《世界教育危机——八十年代的观点》，该书由菲力浦·孔布斯完成；万秀兰翻译了何塞·加里多的《比较教育概论》(2001 年)；王承绪等人翻译了艾萨克·康德尔的《教育的新时代：比较研究》(2001 年)和埃德蒙·金的《别国的学校和我们的学校——今日比较教育》(2001)等。一系列国外比较教育学名著译介成果，为比较教育研究带来了国际教育新思潮，也为比较教育学教材建设走向多元成熟提供了基础。

第二，我国学者撰写的比较教育学教材日趋增多，国内多所出版社相继开始出版比较教育学教材。这一阶段，国内学者自主撰写的比较教育学教材先后由人民教育出版社出版，具体包括吴文侃和杨汉清主编的《比较教育学》、顾明远和薛理银主编的《比较教育导论——教育与国家发展》；北京师范大学出版社于 1987 年出版成有信编写的《比较教育教程》；江苏教育出版社于 1996 年出版冯增俊主编的《比较教育学》；广东高等教育出版社于 1999 年出版王英杰主编的全国高等教育自学考试指定教材《比较教育》。正如顾明远指出："北京师范大学出版社、华东师范大学出版社、教育科学出版社等也都出版了许多比较教育方面的图书。"一系列比较教育学教材的出现有利于促进比较教育学学科建设，有利于扩大我国比较教育研究的国际影响，更有利于推动我国教育改革发展。

第三，比较教育学教材内容更加丰富充实。这具体表现为作为比较教育学分支的各级各类教育比较研究纷纷出现，教材内容走向深入和细化。符明娟 1987 年出版了《比较高等教育》；商继宗于 1989 年 8 月出版了《中小学比较教育学》；周蕖、司荫贞主编的《中外职业技术教育比较》在 1991 年出版。此外，苏真编写的《比较师范教育》(1991)、毕淑芝和王义高主编的《当代外国教育思想》(1993)等专著教材也相继问世。这一阶段，比较教育学教材建设取得了丰硕的成果，研究者们对各国教育情况也有了更深入的了解。比较教育学教材内容更加翔实，问题分析更加全面。比较教育学教材内容不仅从宏观上对教育制度进行分析比较，而且从微观层面对各个国家教学的组织形式和教学方法也进行了深入研究。①

第四，学者们积极承担科研课题推动了比较教育学教材的建设。在"六五"科研规划期间，顾明远等人承担了"战后苏联教育研究"国家重点课题，其研究成果《战后苏联教育研究》客观公正地总结了第二次世界大战至苏联

---

①　参见肖云瑞：《比较教育学教材建设的回顾与展望》，载《外国中小学教育》，1991(1)。

解体期间苏联教育改革与发展的经验与教训；在“八五”科研规划期间，王英杰承担国家重点课题“亚洲发展中国家农村地区普及义务教育研究”，其成果《亚洲发展中国家的义务教育(合作)》通过国别篇和专题篇为我们呈现了周边国家义务教育的发展现状和困境对策等；与此同时，顾明远承担了“民族文化传统和教育现代化”的研究工作，展开了比较教育的文化研究，其中，《比较教育导论——教育与国家发展》一书即为研究成果。[①] 总体来看，这一时期比较教育学教材内容和教材编写视角逐渐多元，教材编写更加成熟。

四、比较教育学教材建设整合创生阶段(2008 年至今)

在经历了“多元成熟阶段”之后，比较教育学教材建设走向了整合创生的道路。2008 年，由顾明远先生担任顾问，冯增俊、陈时见、项贤明主编的《当代比较教育学》，强调把比较教育运用至更宏观的发展背景中——如当代国家教育、人类社会进化的进程、中国教育现代化实践以及教育变革和现代社会建设。从这个意义上来看，该书是比较教育学参与当代国际教育发展的成果。[②]《当代比较教育学》的出版标志着我国比较教育学学科建设发生了重大转变，也预示着我国比较教育学进入全新的发展阶段。[③] 该阶段比较教育学教材建设特征有以下两方面。

一方面，比较教育学教材建设由多元走向整合。从比较教育学教材宏观建设的角度来看，比较教育学史和大型教育学丛书等涌现。2011 年，生兆欣编写了《二十世纪中国比较教育学史》，由高等教育出版社出版；2015 年，顾明远编写的《中国教育大系：现代教育理论丛编 1》出版，其中涉及比较教育学史的梳理；2016 年，王长春、王建平的《中国比较教育学科研究史》由人民教育出版社出版；2019 年，侯怀银编写的《共和国教育学 70 年》由北京师范大学出版社出版。这一系列丛书和比较教育学史的研究是对我国比较教育研究历程的回顾和整合，也是比较教育学学科建设过程中重要

① 参见顾明远：《我和比较教育》，载《比较教育研究》，2005(1)。

② 冯增俊、陈时见、项贤明：《当代比较教育学》，493 页，北京，人民教育出版社，2008。

③ 侯佳、杨海燕：《新中国成立七十年我国比较教育学学科建设的回顾与展望》，载《教育理论与实践》，2020(16)。

的学术积累。这些资料的整合促进了比较教育学教材建设的进一步开展。从教育学教材内容建构的微观角度来看，比较教育学教材内容逐渐整合。不同于以往学者们局限于国别研究或专题研究，冯增俊、陈时见与项贤明主编的《当代比较教育学》(人民教育出版社 2015 年第 2 版)，重构了比较教育学教材叙述框架，共划分为学科理论体系、重大教育发展前沿主题、区域教育现代化实践与国际学校教育教学变革四个模块化主题内容，这是一部很有特色的国家规划教材。①

另一方面，比较教育学教材建设开始走向自主创生阶段。我国创建中国特色比较教育学学科意识已经形成，对比较教育学教材的中国特色也提出了新的要求。比较教育学教材建设之初，我国学者为节约时间译介了多部国外比较教育学著作来配合《比较教育》的编写，这使得比较教育学教材初建时期难以形成独特的理论和话语体系。如今，比较教育学教材建设者已经形成了学科自觉，学者们试图摆脱外文译著和前人研究成果的影响，不断开拓新的研究领域。比较教育学研究者顾明远先生也一直致力于中国比较教育的建设和发展，倡导从文化的视角构建比较教育理论体系。在此基础上，我国比较教育研究者开始基于文化立场和价值向度来建设比较教育学教材。如孙进、顾明远和曲恒星编写的《定位与发展：比较教育的理论、方法和范式》一书中，着重探讨了文化研究和比较教育之间的关系。②基于本土文化的认同，比较教育学教材建设已经从单向移植输入转向多元理解创生。

比较教育学作为一门年轻学科，同时也是一门重要学科，其教材的编写至关重要。在我国，比较教育学教材经过探索起步、恢复重建、多元成熟和整合创生四个阶段的发展，逐渐形成具有中国特色的比较教育学教材。

第二节　新中国成立以来比较教育学教材建设的成就

新中国成立以来，在科学化、体系化和多样化的发展过程中，比较教育学教材建设逐渐完善。比较教育学教材建设主要取得了以下几个方面的成就。

---

① 参见杨启光：《当代国际教育发展与改革实践之重要知识创新成果——评“十二五”国家级规划教材〈当代比较教育学〉(第 2 版)》，载《教育现代化》，2016(9)。

② 参见孙进、顾明远、曲恒星：《定位与发展：比较教育的理论、方法与范式》，122 页，济南，山东教育出版社，2015。

一、比较教育学教材数量多、受众广

改革开放以来，比较教育学教材建设迎来了高峰期，已有的比较教育学教材和参考书涉及对比较教育学的宏观论述，对比较教育学分支学科的阐释，比较教育思想的论述，对比较教育学学术生态的深入思考。据笔者统计，新中国成立以来我国学者自主编写的比较教育学教材及专著百余本，其中明确以《比较教育学》《比较教育》《比较教育教程》命名的教材 20 余本。这些教材门类齐全，适用范围广泛，涵盖了教育学专业本科教材、比较教育学专业教材、教育史专业教材、教师教育专业教材等。其中，不少教材成为国家规划教材，并逐渐发展成为后世比较教育学教材的典范。由王承绪、朱勃、顾明远主编的《比较教育》几经修改，2015 年出版并发行了第 5 版。多年来，这本教材随着比较教育学理论发展和各国教育的改革实践不断修订，至今仍是师范院校本科生使用的基本教材。①

此外，1987 年成有信编写的《比较教育教程》是全日制普通高等学校使用的比较教育学教材之一②；1989 年由吴文侃、杨汉清主编的《比较教育学》是国家教育委员会"七五"规划教材，1999 年第 2 版问世；1991 年，张维平、张诗亚主编的《比较教育基础》是 18 所高等院校年轻学者共同编写的比较教育学教材③；2008 年由冯增俊、陈时见、项贤明主编的《当代比较教育学》是普通高等教育"十一五"规划重点教材④；2008 年朱旭东主编的《新比较教育：走向新世纪的教育体系变革》是一本适用于教师教育专业、比较教育学专业和教育学专业的教材⑤等。作为国家规划教材，这些比较教育学教材已经成为高校教育学专业以及其他专业的基础课教材，其受众逐渐增多。

---

① 参见顾明远：《我和比较教育》，载《比较教育研究》，2005(1)。

② 王长纯、王建平：《中国比较教育学科研究史》，110 页，北京，人民教育出版社，2016。

③ 参见王长纯、王建平：《中国比较教育学科研究史》，112 页，北京，人民教育出版社，2016。

④ 王瑜：《比较教育学教材的内容分析》，载《教学研究》，2014(1)。

⑤ 王长纯、王建平：《中国比较教育学科研究史》，357、358 页，北京，人民教育出版社，2016。

二、比较教育学教材内容体系不断完善

以改革开放为分界点，比较教育学教材建设前后形成了两个完全不同的发展阶段。在改革开放之前，仅有少数比较教育学译本供研究者学习。改革开放之后，比较教育学教材随着学科的确立和完善迅速发展，取得了巨大的成就和丰硕的成果，研究者不断对其内容体系进行充实完善。已出版教材或按照国别对各国教育进行总体分析，或从教育层级对各国教育进行分析，或从宏观上对教育制度进行分析，或从对教育的微观方面如教学组织形式和教学方法上进行分析。

一方面，对比较教育理论研究的深入推动着比较教育学教材体系的完善。随着研究者对比较教育学本质、比较教育学价值的深入探讨，以及对世界性比较教育学理论问题的研究，教材编写者不断对比较教育学教材基本内容进行补充。研究者开始从哲学的高度关注比较教育学的发展，也促进了比较教育学教材内容的丰富性，如杨涛的《比较教育认识论》(2016 年)、杨素萍的《比较教育范式论》(2016 年)、褚远辉的《比较教育价值论》(2019 年)等著作的产生。

另一方面，比较教育学教材内容体系是在比较教育实践中逐步生成的。比较教育年会、学术分会、世界比较教育论坛等比较教育实践活动的迅速开展，无疑推动了比较教育学教材体系的完善。

三、比较教育学教材中国特色日益彰显

“教育学教材的中国化”在 20 世纪 50 年代为突破苏联化、实现中国教育本土化就已经被提出，也是新中国教育学教材研究第一个文化自觉意识。[①]创建中国特色比较教育学的研究意识在比较教育学界开始萌芽。在我国，“建设有中国特色的比较教育学教材”的提倡在 20 世纪 80 年代就成为一个事实。[②] 有研究者指出，吴文侃、杨汉清主编的《比较教育学》是一部具有中国

① 参见杨燕、刘立德：《改革开放 40 年来比较教育学教材研究的回顾与展望》，载《课程・教材・教法》，2018(4)。

② 参见吴文侃、杨汉清《建设具有中国特色的比较教育教材刍议》，载《教育研究》，1985(9)。

特色的比较教育学教材，它始终坚持用马列主义立场、观点和方法总结、介绍世界主要发达国家的教育发展特点和教育改革经验。最重要的是该教材首次将中国列为研究对象，抓住了我国教育发展的本质问题和根本方向。[①] 此后，这项工作一直在持续展开，发展至今，具有中国特色的比较教育学教材在21世纪出版数量较多、内容较深入。有研究者指出，薛理银的《当代比较教育方法论研究》(2008年)、田小红《知识的境遇：中国比较教育学的学术生态》(2011年)、李文英等人的《比较教育学家思想研究》(2012年)等参考书是新的历史阶段"建设有中国特色的比较教育学"的代表性著作。[②] 这标志着比较教育学教材建设在新的历史阶段呈现出结合本土实践而自主创新的特点。

四、教材建设者发展意识不断觉醒

作为舶来品，比较教育学在中国的发展经历了从外来到本土化的过程，相应地，比较教育学教材也由最初的借鉴模仿走向自主创生。比较教育学教材建设的不断发展与建设者的自觉发展意识息息相关。在比较教育学教材建设之初，由于教材编写人才较少，也无已有经验可以遵循，比较教育学教材建设困难重重。在此背景下，王承绪先生、朱勃先生等应邀主动承担起比较教育学教材的编写任务。此外，王承绪先生在国内首倡并身体力行地建设比较高等教育分支学科，从1987年开始，其主编的"外国高等教育丛书"相继问世[③]；鉴于中国比较教育史学的研究空白，朱勃先生以抱病之躯撰写审校《比较教育史略》，成为新中国比较教育史学的奠基者。[④]

老一辈比较教育学研究者用自己的研究热情和开创精神引领着一代又一代教材建设者，在他们的影响之下，比较教育学研究者继承他们的使命和责任不断前行，开创性地探索比较教育学教材建设之路。顾明远作为我国比较教育研究的代表人物，主动承担多项研究课题，编写比较教育丛书；

① 参见丛泓：《一部具有中国特色的比较教育学教材——评吴文侃、杨汉清主编的〈比较教育学〉》，载《高等教育学报》，1991(2)。

② 参见杨宇、张德伟：《"建设有中国特色的比较教育学"的提倡》，载《外国教育研究》，2018(6)。

③ 参见陈伟：《学海勤耕百年灯——王承绪先生的比较教育研究》，载《教育研究》，2011(4)。

④ 参见施雨丹：《朱勃先生的学术人生及比较教育思想》，载《教育研究》，2018(5)。

吴文侃、杨汉清、张诗亚、王英杰、高如峰、田小红等也相继编写并出版了多本比较教育学教材。比较教育学教材建设者也积极推动比较教育学专业学生的留学活动，积极参与世界比较教育学会的发展，这在很大程度上促进了中国比较教育学学科的发展，也推动了比较教育学教材的建设。

综上所述，新中国成立以来比较教育学教材已经取得了巨大的成就。就教材数量而言，比较教育学教材已满足比较教育学课程发展之需和比较教育学理论研究之需，并呈现数量多、受众广的特点；就比较教育学教材内容来看，其内容体系不断完整，结构安排更加合理，内容深度不断提高；就比较教育学教材特征而言，具有中国特色的比较教育学教材逐渐完善；就比较教育学教材建设者而言，我国培养出一批具有开拓精神、勇于承担比较教育学教材建设重任的人才队伍，极大地推动了比较教育学教材的建设。

第三节　新中国成立以来比较教育学教材建设的经验

纵观我国七十多年比较教育学教材的建设历程，可以发现，比较教育学教材建设之路有崎岖坎坷，也有辉煌成就。比较教育学教材建设积累了丰富的经验。

一、比较教育学教材编写遵循了引进与自编相统一

1978 年以来，为了加强高等教育各类专业的教材建设，原教育部和国家教育委员会制定了不少关于教师编写教材的政策性措施，并在《关于高等学校教材工作若干问题的通知》和《高等学校教材工作规程(试行)》等文件中落实了具体措施。在教材自编的过程中，我国加快引进国外教育学教材，比较教育研究也是如此。随着自编教材和引进教材的出版发行，比较教育学教材建设出现多样化的格局。① 国外比较教育学教材的引进不仅为我国比较教育学教材建设者提供了构建内容体系的基础，也在很大程度上鼓励教材编写者开展编写活动。

随着建设具有中国特色的比较教育学教材的提出，我国学者陆续出版

---

① 参见侯怀银、周郅壹：《中国共产党领导下我国教育学教材建设的回顾与启示》，载《课程·教材·教法》，2022(5)。

了多部比较教育学教材，开展了多项比较教育研究。发展至今，引进和自编相结合仍然是比较教育学研究者进行教材建设所遵循的原则之一。正如有研究者指出，"借鉴"是我国比较教育学服务现实的重要途径①，也是比较教育学教材服务于比较教育学发展需要的主要路径。从比较教育学自身的属性来看，比较教育学研究者需要提供关于国外教育丰富而准确的知识，形成对国外教育深刻的分析和认识。因此，比较教育学教材编写者仍然要以开放的姿态广采博收，关注国外教材的内容，大力吸收其研究成果中的精华，从而能够与国外的比较教育学教材建立起动态的、积极的对话和交流机制，实现比较教育学教材的快速发展。

二、比较教育学教材建设坚守了理论与实践相统一

比较教育学教材建设凸显了理论与实践相统一的原则。作为一本教科书，比较教育学教材常常被定位为"基础理论教材"，强调对比较教育学最基本的概念、命题和理论进行系统科学的梳理，比较教育学对教育的实践指导也已成为比较教育学教材编写的应有之义。因此，在比较教育学内容选择上，存在偏理论或偏实践的倾向。有研究者通过对比王本（王承绪、顾明远主编的《比较教育》）、吴本（吴文侃、杨汉清主编的《比较教育学》）、顾本（顾明远、薛理银主编的《比较教育导论——教育与国家发展》）和冯本（冯增俊主编的《比较教育学》），指出王本、吴本侧重于比较教育学的应用知识，顾本、冯本侧重于比较教育学的理论知识。但是从整体上来看，四本教材都是成体系、成系统的，都对比较教育学的基本概念、研究对象以及实践取向有所涉猎，体现了比较教育学教材建设的理论基础与实践应用二者之间的结合。②

在比较教育学教材建设中，深化理论创新和实践发展，既可以丰富比较教育学教材的理论话语，也能为比较教育学教材建设提供科学依据。比较教育学研究者在教材建设初期就强调在马克思主义指导下，比较教育实践对比较教育学教材建设的推动作用。在比较教育学教材建设的方法上，

① 参见高益民：《改革开放与中国比较教育学三十年》，载《清华大学教育研究》，2008(6)。

② 参见黎进萍、姜峰：《也谈比较教育学的学科建设问题——一种教材比较的视角》，载《外国教育研究》，2007(3)。

研究者也逐渐认识到比较教育学不能仅仅走"书斋式"文献研究的老路，不能一再遵从"描述与借鉴"的传统研究范式，而是应该同时选取质性方法，从实践中获取真知，进而推动比较教育学教材建设工作。

三、比较教育学教材建设体现了本土化与国际化相统一

比较教育学教材内容和体系的"本土化"这一概念首先是建立在"引进"和"借鉴"的基础之上，没有对国外比较教育学教材的引进和学习，就谈不上比较教育学教材的本土化。在改革开放以前，比较教育学教材建设工作借鉴苏联的相关研究，此后开始翻译引进世界各国的比较教育学教材。在此基础上，21 世纪初期，比较教育学教材建设者把比较教育学的本土化问题提上日程①，并为中国比较教育学教材的本土化做了许多尝试和努力。在比较教育学教材内容理论层面，如顾明远的"文化研究范式"、薛理银的"国际教育交流论坛"主张、冯增俊的"辩证实践论"模式等。在比较教育学教材建设过程中，比较教育学工作者扎根于本土教育实践，创造性地提出了比较教育学教材建设的多种具体方法，促进了比较教育学教材建设的本土化。

此外，研究者也指出在国际化时代，纯粹的比较教育学教材本土工作是不存在的，本土化的比较教育学教材也要从世界教育学教材中汲取营养。比较教育学教材建设的国际化与本土化二者辩证发展的关系早已被研究者所重视。这就表明，比较教育学教材建设坚持了本土化和国际化的统一。

四、比较教育学教材建设注重了多元性与整合性相统一

从比较教育学教材的整体发展历程来看，比较教育学教材建设具有多元性和整合性相结合的特点。随着我国学者自编的第一本比较教育学教材的出版，相关的教材在 1980 年之后开始大规模涌现。起初，比较教育学教材多以基础性著作为主，如成有信的《比较教育教程》(1987 年)、高如峰和张保庆的《比较教育学》(1992 年)等，比较教育学基础性理论教材形成了一定规模；随着教材的不断发展，作为比较教育学分支的各级各类教材也相继出现，如《比较职业技术教育》《比较高等教育》《比较成人教育》等；在国别研究和专题研究的不断影响下，开始涌现出一批关注世界教育发展新态

① 参见顾明远：《知识经济时代比较教育的使命》，载《比较教育研究》，2003(1)。

势的相关比较教育学教材。此外，比较教育学文化论、比较教育学方法论等著作也开始大量出现。但是，比较教育学教材建设的研究工作并未停留于此。一大批比较教育学丛书的出现表明研究者对比较教育学研究成果开始进行回顾和反思，如《中国比较教育研究50年》《比较教育论丛》等。从比较教育学教材的具体内容来看，其内容编排坚持了多元性和整合性的统一。

改革开放前后十多年，苏联、美国、英国、法国、日本等国家的教育受到比较教育学教材建设者的广泛关注；21世纪初期，我国周边发展中国家的教育也开始进入研究者的研究视野；之后，比较教育学教材的研究主题不断扩展，如APEC教育、欧盟教育、非洲教育、国际组织教育政策、跨国教育服务的研究等也开始成为比较教育学教材的内容。教材内容主题虽然多元，但不是零散的、片面的，而是整合的，是为比较教育学教材内容完整性而服务的。

第四节　新中国成立以来比较教育学教材建设的启示

比较教育学教材为比较教育学学科建设和比较教育研究所做的巨大贡献是有目共睹的。然而，世界环境和格局的快速变化与发展使得比较教育学教材必须不间断地进行革新，才能回应比较教育学学科所面临的一些挑战。在未来比较教育学教材建设中，应坚持马克思主义的思想指引、实现中国特色教材建设目标、构建教材建设的学术场域、形成“编研结合”的编写方式。

一、马克思主义是比较教育学教材建设的指导思想

从新中国成立初期模仿翻译到改革开放之后自主编写，探索中国特色社会主义教育学教材的过程中，尽管各类教材和结构安排、内容设置均有所差别，但都是在马克思主义理论指导的范围内。在比较教育学教材建设过程中，以马克思主义的立场、观点和方法为指导是比较教育学教材编写的灵魂。一方面，以马克思主义为指导思想从概念层面对比较教育学教材的理念进行规定；另一方面，以马克思主义为思想指引指明了比较教育学教材的内容目标，这使得比较教育学教材建设具有强烈的时代意蕴。成有信、朱勃、顾明远、吴自强、梁忠义等人均在相关著述中提出了要坚持马克思主义指导，进而建设具有中国特色的比较教育学学科、教材及学术流

派，同时也对坚持马克思主义指导的内在必要性与适切性进行了合理论证。①

在未来的比较教育学教材建设中，坚持以马克思主义为指导思想，仍是学者应该坚守的信念。这就要求比较教育学研究者坚持以辩证唯物主义和历史唯物主义为方法论指导。在比较教育学教材建设工作实施过程中，研究者应结合马克思主义中国化的最新理论成果、比较教育学教材的理念定位以及自身使命，对比较教育学教材内容不断进行更新调整。在此基础上，比较教育学教材才能在内含马克思主义普遍真理的同时兼具中国特色。

二、中国特色是比较教育学教材建设的根本目标

形成中国特色是比较教育学教材建设的根本目标，这就要求比较教育学教材建设在借鉴西方比较教育学教材体系精华的同时，必须彰显中国传统的文化思想和教育思想、结合中国现实教育实践经验。

一方面，教材自身作为一种“文化传统”，反映着一个国家的文化底蕴。比较教育学教材建设就是在中国特有的文化元素中生成，内含中国特有的认识论、方法论和思维方式。比较教育学教材建设是建立在对中国自身文化认同基础上的创新活动，这是比较教育学教材建设的基础。扎根于中国土壤并独立发展的中国传统哲学，自身也蕴含着与生俱来的中国特色。鉴于此，中国比较教育学教材应将中国传统哲学与中国传统文化一同作为其内容的“孕育母体”，进而塑造自身的独特性。从这一角度出发，具有中国特色的比较教育学参考书以王长纯教授的《和而不同：比较教育的哲学思考》为重要代表，其“和而不同”的中国哲学思想与比较教育学具有异曲同工之妙。

另一方面，中国特色比较教育学教材建设不能仅仅局限于纯粹的理论知识，必须以解决中国的实践问题为最终依归。比较教育学教材扎根本土、服务本土，必须积极回应我国的教育改革、发展的重大战略决策需求，主动介入和服务国家教育实践，与我国的教育实践形成对话，才能不断为比较教育学教材注入新的活力。

---

①　参见王建梁、杨阳：《中国特色比较教育学建设路径：研究回顾与未来展望》，载《教师教育学报》，2022(1)。

三、学术场域是比较教育学教材建设的内核基点

在任何一门学科或学术领域内，存在学术个体、学术群体以及学术机构等重要节点，这些节点动态交错，形成特定的学术关系网络，即特定的学术场域。布迪厄提出场域这一概念，将其界定为各位置之间客观关系所形成的一个独立的网络或构型。从学术场域的角度出发进行思考就是从各个节点之间的关系角度进行思考，这就为我们理解比较教育学教材建设和其他要素形成的关系奠定了逻辑基础。比较教育学教材建设的过程是一个内含学者个体、学派、机构等具有动态界限的关系性过程。比较教育学教材建设首先需要比较教育学派的形成作为教材建设的核心节点，学派的建设和教材的建设二者相互促进。比较教育学学派的形成又需要特定的思想、理论和方法的支撑，也需要比较教育学学者的学科自觉、实践自觉以及扎根中国本土的学术品格等，更需要比较教育学学术会议、学术机构的推动作用。因而，可以看出，比较教育学教材建设处于比较教育学学术场域的一个节点，必须以该场域中的各类关系为基础，进而才能推动比较教育学教材的建设。

这就要求我们一方面提高比较教育学教材建设者的自觉意识，树立他们的学术研究品格，立足本土的同时积极融入世界发展浪潮，寻求中国特色比较教育学教材的进一步发展；另一方面，比较教育学教材建设者不仅仅是教材编写者，也是比较教育学学科发展的引领者，积极开展比较教育学学会和机构的活动，积极进行比较教育实践研究，进而形成良好的比较教育学学术场域。这为比较教育学教材建设提供了动力，也营造了富有活力的教材建设“生态”。

四、“编研结合”是比较教育学教材建设的质量保障

比较教育学教材建设工作不仅是对已有研究的整理，更是对已有研究成果的创新。如果只重编教材之术，而漠视研教材之道，将会大大折损出版教材所应承担的实际价值。因此，教材建设者必须坚持“编研结合”的撰写原则，以教育研究促进比较教育学教材质量的提高。

一方面，比较教育学教材的编写应该成为一种科学研究，以科研的方法和精神保障教材编写的高质量。这需要唤起教育学教材建设者的个体自

觉和集体自觉，尤其是比较教育学专业课程教师的教材编写意识，并强调建设者合作编研，进而促使比较教育学教材建设朝着更专业、更优质、更科学的方向不断发展。

另一方面，比较教育学教材编写有利于推动比较教育学学科学研究。这是由于在编写比较教育学教材时，需要对比较教育学学科研究中最新研究成果、思想精粹、前沿热点问题等进行收集整理，对于今后比较教育学的科研来说，具有铺垫和启迪作用。具有中国特色的比较教育学教材建设过程中，原创理论体系不可或缺。但直至今天，原创性的比较教育基础理论体系尚未成熟，构建具有原创理论体系基础的比较教育学教材任重道远。这就需要比较教育学教材建设者从以下两点开始重视：一是在引进外国比较教育理论和教材的同时，检验其适用性和迁移性，进而致力于生成新的理论；二是从中国的思想资源和丰富实践中总结比较教育学相关理论和经验，并将他们呈现给世界舞台，让中国的理论接受世界的检验，进而促进比较教育学教材质量的提高。

比较教育学教材建设经历了探索起步、恢复重建、多元成熟和整合创生四个阶段的曲折发展，也获得了巨大的成就。比较教育学教材数量多、受众广，内容体系不断完善，中国特色逐渐形成。同时，教材建设者的自觉发展意识觉醒，在比较教育学教材建设过程中发挥着中流砥柱的作用。70 多年来，比较教育学教材建设积累了丰富的经验，坚持了引进和自编相统一、理论和实践相统一、本土化和国际化相统一、多元性和整合性相统一。这些经验是比较教育学教材进一步发展的沃土。基于此，未来比较教育学教材编写应坚持马克思主义的思想指引、具有中国特色的建设目标、学术场域的作用发挥、“编研结合”的编写方式等，进而达到中国比较教育学教材建设的“黄金时代”。

第十六章　新中国成立以来教育哲学教材[①]建设

教育哲学作为教育学专业学生的一门基础课程，同时也是其他教育工作者深度思考教育问题的基础，其教材建设的完善程度对于学生教育学知识入门、教育的专业性认识和教育问题的思考深度有着重要意义。新中国成立以来，教育哲学教材建设取得了一定成就，不同研究者和编写者在前人的基础上，基于自身的认识，编写出了不同的教育哲学教材。为了促进教育哲学教材的进一步建设，我们有必要对新中国成立以来的教育哲学教材的建设历程进行回顾，分析其取得的成就，得出其建设的经验，以期为新时代教育哲学教材的建设提供借鉴和启示。

第一节　新中国成立以来教育哲学教材建设历程

教育哲学于1919年随着杜威来华在我国逐渐兴起，杜威的实用主义教育哲学在中国得以传播。在杜威教育哲学的广泛传播和影响下，我国的教育哲学于20世纪二三十年代获得了发展，翻译和编著了大量的教育哲学著作及教材，其编著者包括范寿康、范琦、吴俊升、傅统先等。课程设置方面，最先开设教育哲学课程的高校是南京高等师范学校，全国高等师范学校和大学教育科也紧随其后开设教育哲学课程。[②] 新中国成立后，教育哲学教材建设一度陷入停滞，进而开始进入恢复重建和繁荣发展阶段。根据教育哲学教材建设的实际状况，我们将新中国成立以来教育哲学教材的建设历程划分为三个阶段，并分析总结不同阶段呈现的不同特征。

---

① 本章中的教育哲学教材若无特别指明，均指以“教育哲学”为名的教材。

② 参见姜琦：《中国教育哲学底派别及今后教育哲学者应取底态度与观察点》，载《厦门大学学报》，1931(1)。

一、教育哲学教材建设的停滞阶段(1949—1977年)

1949年，中华人民共和国成立以后，教育学领域开启了新征程。从“以俄为师”学习苏维埃教育学改造旧中国的教育学到“语录化”的教育学，这两种倾向均使得教育哲学难以存在，教育哲学教材也未能产生。

1949年10月11日，华北高等教育委员会公布了《各大学专科学校文法学院各系课程暂行规定》，此规定确定了教育系的任务，即根据新民主主义的教育方针及马克思主义的理论与方法，培养为人民服务的中级教育工作者的知识与技能。其结果是改造了旧中国教育系的课程，保留了教育学、教育史、教育心理学、教育行政、教学法等，去除了教育哲学、教育社会学、比较教育等，增加了新民主主义概论、苏联及新民主主义国家教育研究等。①

此后，教育部于1952年11月颁布的《师范学院教学计划(草案)》、1954年4月修订的《师范学院暂行教学计划》均未设置教育哲学课程。直至1961年公布的《教育系学校教育专业教学方案(修订草案)》中所规定的选修课中出现了西方教育思想流派研究，接近于西方教育哲学。②

这一阶段，教育哲学教材建设处于停滞状态。其原因在于：一方面，与旧中国教育哲学划清界限的需要。旧中国的教育哲学受属于资产阶级的教育哲学的杜威思想的深刻影响，自然与无产阶级政权不相适应。这一倾向尽管在一定程度上带有极端色彩，但对于维系稳定和发展新中国的教育学具有促进作用。另一方面，“以俄为师”学习苏维埃教育学改造旧中国教育学。苏维埃教育学内容丰富、体系严密，其不仅基于马克思列宁主义哲学，而且总结了苏联先进的教育教学经验和科学成果。③ 苏联的师范院校中不存在“教育哲学”这一课程。据其理解，社会主义国家的教育学是以马克思主义为指导的，马克思主义是教育中的哲学，在此情况下“教育哲学”课

---

① 参见华北人民政府高等教育委员会：《各大学专科学校文法学院各系课程暂行规定》，载《中华教育界》(复刊)第3卷(10)。

② 参见《当代中国》丛书教育卷编辑室：《当代中国高等师范教育资料选》，679～682页，上海，华东师范大学出版社，1986。

③ 参见王焕勋：《对于师范学院暂行教育系教学计划中几个问题的认识》，载《人民教育》，1954(4)。

程不需要单独设置。在教育哲学课程设置取消的情况下，教育哲学教材建设也陷入停滞状态。

1961 年，周扬在中宣部高等学校文科教材会议上提出，要使教育学教材具有科学水平并且具有中国特色，不仅需要总结历代的教育经验，而且需要批判借鉴国外优秀成果。① 但此时教育学教材建设重心在作为一门学科的教育学上，未能顾及教育哲学教材建设。

20 世纪 50 年代末，中国和苏联关系恶化，我国教育学者开始对学习苏联教育学过程中的各种错误倾向和问题进行反思，建设具有中国特色的教育学。与此同时，我国对西方教育学一改新中国成立初期全盘摒弃的倾向，开始继续引进西方教育学，在此过程中，当代西方教育哲学被引进，如《当代资产阶级教育哲学》(人民教育出版社 1964 年版)。正当我国教育哲学研究者开始教育哲学的研究工作时，“文化大革命”席卷了教育学领域，教育哲学的发展被迫中断，教育哲学教材建设也未能成行。

二、教育哲学教材建设的恢复重建阶段(1978—2000 年)

“文化大革命”之后，教育学教材建设工作在邓小平的《关于科学和教育工作的几点意见》《教育战线的拨乱反正问题》等重要讲话的引导下得以重新开展。② 教育哲学教材建设也得以恢复。

教育哲学课程在全国高等师范院校教育院系的逐步设置，促进了教育哲学教材的恢复重建。教育哲学课程在 1978 年教育部颁布《高等师范院校教育系学校教育专业学时制教学方案(修订草案)》后，以选修课的身份重新回到高等师范院校教育系学校教育专业的教学计划中。③ 1979 年，教育部在北京召开全国教育科学规划会议，决定在高等师范院校教育系教学计划中恢复“教育哲学”学科。1980 年秋季学期，北京师范大学率先开设本科生的教育哲学课程。此后，华东师范大学、南京师范大学等院校也纷纷把教育

---

① 参见袁振国：《中国当代教育思潮》，101 页，上海，生活·读书·新知三联书店上海分店，1991。

② 参见瞿葆奎：《建国以来教育学教材事略》，载《华东师范大学学报(教育科学版)》，1991(3)。

③ 参见《当代中国》丛书教育卷编辑室：《当代中国高等师范教育资料选》，767～771 页，上海，华东师范大学出版社，1986。

哲学作为教育系本科生的选修课。[①] 20 世纪 90 年代末，教育哲学又成为教育专业的必修课程。

1979 年，教育部在提出重建教育哲学后，委托黄济和傅统先着手教育哲学教材的编写。1982 年，黄济的《教育哲学初稿》出版，经修改后，1985 年正式定名为《教育哲学》。1986 年，傅统先和张文郁合作的《教育哲学》出版。这两本教材成为恢复重建时期教育哲学的奠基之作。此外，各大师范学院教育学教研室还编写了教育哲学参考资料，其编写者包括南京师范学院教育系教育学教研室、陕西师大教育系教育学教研室、华南师范学院教育系教育学教研室等。

教育哲学教材的重建不是从翻译和引进外国教育哲学开始，而是从自主编著教育哲学教材开始的。一方面是由于新中国成立之前教育哲学建设的良好基础，另一方面又有新中国成立之后教育学中国化探索的基础，二者的结合，使教育学研究者有意识也有能力编写中国自己的教育哲学教材。黄济编著的《教育哲学》和傅统先、张文郁编著的《教育哲学》，都是针对我国教育事业发展和改革过程中的重大理论和现实问题，坚持以马列主义、毛泽东思想为指导，作出中国特色社会主义教育的解答，逐步建立起自主的教育哲学教材体系。这一探索，使教育哲学教材建设摆脱了对西方教育哲学的依赖，走上了自觉的主体建构之路。

在马克思主义教育哲学教材建设的探索过程中，黄济的《教育哲学》和傅统先、张文郁的《教育哲学》运用了马克思主义原理和方法，试图体现马克思主义的思想。刁培萼、丁沅编著的《马克思主义教育哲学》(华东师范大学出版社 1987 年版)将马克思主义教育哲学作为一门专门学科，探讨自然、社会、思维的发展与教育相互作用的规律性问题，以马克思主义辩证法为主线，力图从总体上把握教育运动的一般规律和发展规律，为教育实践活动的开展奠定理论基础。[②]

这一阶段，教育哲学教材建设的特征主要表现在以下四个方面。

第一，在教育学教材建设过程中，教育哲学教材逐渐丰富和完善。据

---

① 参见冯建军：《共和国教育学 70 年：教育哲学卷》，23 页，北京，北京师范大学出版社，2020。

② 参见刁培萼、丁沅：《马克思主义教育哲学》，前言，上海，华东师范大学出版社，1987。

笔者统计，在本阶段以“教育哲学”命名的教材共有 11 本[①]，这些教育哲学教材都是我国教育学研究者在中国共产党领导下、在教育学教材建设过程中的重要成果，教育哲学教材逐渐丰富和完善。

第二，教育哲学课程的恢复促进了教育哲学教材建设。20 世纪 70 年代末教育部在高等师范院校教育系的教学计划中逐步恢复“教育哲学”课程。北京师范大学、华东师范大学、南京师范大学、山东师范大学等院校在本科教学中开设教育哲学课程，促进了教育哲学的教材建设。其中，包括南京师院、陕西师大、华南师院教育系教育学教研室和辽宁省教育科学研究所在内的教育学研究机构就进行了教育哲学教材的编写工作，形成了一系列的教育哲学参考资料。

第三，教育哲学教材在国人自主探索与对国外教育哲学思想批判吸收的过程中呈现出中国特色。改革开放之后，在教育哲学恢复重建之初，国内翻译和介绍了西方教育哲学思想流派，译著者包括陆有铨、张焕庭、陈友松等。[②] 西方教育哲学思想流派的译介，使国人及时了解了西方教育哲学发展的新动向，也促进了教育哲学教材的建设。与此同时，教育哲学教材的建设者力图以马克思主义为指导，立足于中国本土的教育理论和教育实践，对其进行哲学分析，在教材的内容体例上囊括了中国传统教育哲学思想、西方教育哲学思想和教育哲学的基本问题，使得教育哲学教材从根本上具有了中国特色。

---

① 这 11 本教材包括：华南师院教育系教育学教研室《教育哲学教学参考资料》(1981 年版 2 册)，黄济《教育哲学初稿》(北京师范大学出版社 1982 年版)，辽宁省教育科学研究所《教育科学参考资料选编 第 5 辑 教育哲学部分》(南京师范学院教育系教育学教研室 1983 年版)，南京师范学院教育系教育学教研室《马克思主义教育哲学：初稿》(南京师范学院教育系教育学教研室 1984 年版)，黄济《教育哲学》(北京师范大学出版社 1985 年版)，傅统先、张文郁《教育哲学》(山东教育出版社 1986 年版)，《教育哲学教学参考资料》编辑组《教育哲学教学参考资料》(北京师范大学出版社 1986 年版)，刁培萼、丁沅《马克思主义教育哲学》(华东师范大学出版社 1987 年版)，王坤庆《现代教育哲学》(华中师范大学出版社 1996 年版)，梁渭雄、孔棣华《现代教育哲学》(广东高等教育出版社 1997 年版)，黄济《教育哲学通论》(山西教育出版社 1998 年版)。

② 包括张焕庭主编的《西方资产阶级教育论著选》(人民教育出版社 1979 年版)，陈友松编译的《当代西方教育哲学》(教育科学出版社 1982 年版)，陆有铨译的罗伯特·梅逊的《西方当代教育理论》(文化教育出版社 1984 年版)，崔相录著的《二十世纪西方教育哲学》(黑龙江教育出版社 1989 年版)，陆有铨著的《西方现代教育哲学》(河南教育出版社 1993 年版)等。

第四，教育哲学专业学会的成立促进了教育哲学教材的建设。1986 年，中国教育学会教育学分会教育哲学专业委员会成立。教育哲学专业学会的成立，凝聚了一批教育哲学研究者，研究者不仅自身致力于教育哲学教材的建设，还通过培养后备人才促进了教育哲学教材的建设。

三、教育哲学教材建设的繁荣发展阶段(2001—2022 年)

21 世纪以来，作为教师理论素养提升的重要理论学科，教育哲学在我国教育学学科中占有重要地位。2011 年教育部颁布的《教师教育课程标准（试行）》将教育哲学列为中小学教师教育课程的重要模块。

21 世纪以来，教育哲学教材建设取得了丰富的成果。据笔者目力所及，这一阶段以“教育哲学”命名的教材有 19 本。[①] 其中最具代表性的是“马克思主义理论研究和建设工程”《教育哲学》编写组的《教育哲学》(高等教育出版社 2019 年版)，其运用马克思主义的立场、观点和方法来分析、研究和解决问题，更加强化了马克思主义的指导作用。该书除绪论外，分为十章，分别是教育哲学的历史发展、教育的本质、人性论与教育、认识论与教育、价值论与教育、伦理学与教育、美学与教育、社会哲学与教育、文化哲学与教育、教育哲学与教师发展。各章先论述哲学范畴的一般原理，再谈其与教育的关系，最后落实到以哲学分析教育问题上。作者在论述各个哲学范畴时，以马克思主义哲学对其他不同思想进行科学评价的方式，呈现中

---

① 这 19 本教材包括：童世骏《教育哲学简明读本》(东北师范大学出版社 2001 年版)，石中英《教育哲学导论》(北京师范大学出版社 2002 年版、2004 年版)，薛滩《教育哲学》(河北大学出版社 2004 年版)，王坤庆《教育哲学——一种哲学价值论视角的研究》(华中师范大学出版社 2006 年版)，石中英《教育哲学》(北京师范大学出版社 2007 年版)，张斌贤、刘慧珍《西方高等教育哲学》(北京师范大学出版社 2007 年版)，王坤庆《教育哲学新编》(华中师范大学出版社 2010 年版)，王坤庆、岳伟《教育哲学简明教程》(华中师范大学出版社 2011 年版)，冯建军《教育哲学》(武汉大学出版社 2011 年版)，伍红林《教育哲学》(南京大学出版社 2014 年版)，周恩成《教育哲学基础》(现代出版社 2014 年版)，曹长德《教育哲学》(中国科学技术大学出版社 2015 年版)，于伟《教育哲学》(教育科学出版社 2015 年版、北京师范大学出版社 2015 年版)，郝文武、郭祥超、张旸《教育哲学概论》(高等教育出版社 2015 年版)，王尹芬《教育哲学》(吉林大学出版社 2016 年版)，荣艳红、张宛《教育哲学教程》(科学出版社 2016 年版)，刘良华《教育哲学》(华东师范大学出版社 2017 年版、2019 年版)，刘庆昌《教育哲学新论》(科学出版社 2018 年版)，《教育哲学》编写组《教育哲学》(高等教育出版社 2019 年版)。

国传统哲学、西方哲学、马克思主义哲学的不同思想。①

在这一阶段，教育哲学教材的结构内容体系与上一阶段大致相同，均包含中国传统教育哲学思想、西方教育哲学思想和教育哲学的基本问题。不同之处则在于加深了教育哲学与中国当前教育改革发展实际的联系，如素质教育、生命教育、主体教育、教育公平等。

这一阶段教育哲学教材建设的特征表现在以下三个方面。

第一，教育哲学教材建设的目的更加明确。经过上一阶段教育哲学教材建设的恢复与重建，教育哲学教材逐渐走出一条自主建设的道路，在这一阶段，教育哲学教材建设者在建设过程中深刻认识到教育哲学对于教师理论素养提升的重要意义。如在 2011 年教育部颁布的《教师教育课程标准(试行)》中，教育哲学被列为中小学教师教育课程的重要模块，承担着养成教师正确教育观念，提升教师理论思维的重要使命。教育哲学教材建设的目的在于促进教育哲学的课程建设以提升教师的理论素养，通过教师素养的提升促进学习者的提升。

第二，教育哲学教材建设的视角更加多元化。在这一阶段教育哲学教材建设者在教材编写的过程中，开始显现出多元视角。其中有学者以学科建设为视角进行教育哲学教材的编写，如于伟的《教育哲学》(教育科学出版社 2015 年版)不仅包含教育哲学学科发展的线索和基本状况的梳理，还包含对教育基本问题的探讨；有学者以哲学价值论为视角进行教育哲学教材的编写，如王坤庆的《教育哲学——一种哲学价值论视角的研究》(华中师范大学出版社 2006 年版)；有学者通过自身对教育哲学的体认与感知进行教育哲学教材的编写，如刘庆昌的《教育哲学新论》(科学出版社 2018 年版)基于自身的思考分为教育、教育者和教育学三部分对教育哲学进行论述。

第三，教育哲学教材建设与教育实践紧密结合。这主要表现在两个方面：其一，教育哲学教材建设是与教育重大事件相联系的，如 2011 年教育部颁布的《教师教育课程标准(试行)》将教育哲学列为中小学教师教育课程的重要模块，2016 年《关于加强和改进新形势下大中小学教材建设的意见》规定要进一步完善教材制度等；其二，教育哲学教材中所体现的教育实践内容越来越丰富，如教育公平这一主题在本阶段开始被纳入教育哲学教材之中。21 世纪以来，教育哲学研究者开始探讨新中国及成立以来教育公平事业的发展、存在问题以及解决问题的哲学基础。在本阶段教育哲学教材

① 参见《教育哲学》编写组：《教育哲学》，北京，高等教育出版社，2019。

中开始出现"公正与教育"这一主题，如石中英《教育哲学》(北京师范大学出版社 2007 年版)、于伟《教育哲学》(教育科学出版社 2015 年版)不仅援引中西方哲学中关于公正问题的论述，还联系我国教育公正问题的实际进行了思考。此外，还有冯建军《教育哲学》(武汉大学出版社 2011 年版)专列一章"当代中国的教育理念与教育改革"对素质教育理念、主体教育理念、生命教育理念、教育公平理念和教育改革进行深度论述。

第二节　新中国成立以来教育哲学教材建设的成就

新中国成立以来，在中国共产党的领导下，教育学教材建设者在教材建设工作会议思想的指引下开始教育学的教材建设，其中就包括教育哲学教材的建设工作。教育哲学教材建设工作使得教育哲学教材的本土化得以显现，教育哲学教材的中国特色得以明晰，教育哲学教材的结构内容体系得以确立，教育哲学教材的定位得以明确。

一、教育哲学教材的本土化得以显现

教育哲学教材本土化指外国教育哲学在中国传播过程中结合本土的教育实践而形成独特的研究范畴、研究领域等，其实质是外国教育哲学为模板，套用在中国教育实践之上，带有"中体西用"的意味。

20 世纪上半叶，随着西方教育学在中国的引进，中国师范教育的兴起和杜威教育哲学的传入，我国的教育哲学开始兴起，作为一门课程的教育哲学开始出现。在这一时期教育哲学教材的体系结构和具体内容都受到杜威教育哲学的影响。据笔者目力所及，20 世纪上半叶我国教育学人编著的以"教育哲学"命名的著作和教材达 60 本，其中以杜威教育哲学命名的有 10 本。在这一时期我国教育学者受杜威实用主义教育哲学的影响，采取以哲学立场研究教育问题的研究方法，将哲学的原理、思想和方法应用于教育，这可以视为哲学的实际应用。如我国第一本教育哲学——范寿康的《教育哲学大纲》(中华学艺社 1923 年版)把教育哲学分为教育论理学、教育美学和教育伦理学三个部分，就是哲学的论理学(逻辑学)、美学、伦理学的教育应用。

新中国成立后恢复重建阶段的教育哲学教材，继承了新中国成立初期学习苏联教育学的成果，力图从教育立场对教育进行哲学分析，其目的是

指导教育实践，为教育实践服务，认为教育哲学是教育学的基础学科。如黄济在《教育哲学初稿》(北京师范大学出版社 1982 年版)中指出，马克思主义教育哲学应当以辩证唯物主义和历史唯物主义为指导思想，从哲学的高度对教育中的根本问题进行研究和探讨，探寻普遍规律，以期指导教育理论和实际。①

教育哲学教材中关于教育哲学基本问题的探讨也显现出本土化。如关于教育哲学的学科性质问题。新中国成立以来，我国教育学人对教育哲学的定位主要有两种观点，且都是以教育学为根本立场的，将教育哲学作为教育学的分支学科，只是定位不同。其一，教育哲学是教育学中的一个独立学科。如黄济认为，教育哲学是一门带有边缘学科的特点的独立学科，是教育学与哲学的有机结合。② 其二，教育哲学是一门交叉学科。如傅统先和张文郁认为，教育哲学和哲学、教育学、心理学及其他一些学科有相互交叉的联系。③

教育哲学课程在改革开放后开始恢复，教育哲学教材的建设同时也提上日程，教育哲学教材的建设者在教材建设的过程中，在对西方教育哲学译介和借鉴吸收的基础上，力图以马克思主义为指导，立足于中国本土的教育理论和教育实践，对其进行哲学分析，使得教育哲学教材从根本上打上了本土化的烙印。

二、教育哲学教材的中国特色得以呈现

教育哲学教材建设是伴随着中国教育学者的“教育学中国化”梦想而进行的。在中国共产党的领导下，在中国教育学者“教育学中国化”的努力之下，教育哲学教材逐渐体现出中国特色。教育哲学教材的中国特色相对于“中国化”和“本土化”的提法，体现了主体地位的转变。在学习西方教育哲学的过程中，中国教育哲学教材的建设逐步体现了“以我为主，为我所用”的思想，走上了主体建构之路。

新中国成立以来，教育哲学教材的建设者完成了教育哲学从哲学立场到教育学立场的转变，并且注重从中华优秀传统文化中汲取教育哲学思想，

---

① 参见黄济：《教育哲学初稿》，10 页，北京，北京师范大学出版社，1982。

② 参见黄济：《教育哲学通论》，318 页，太原，山西教育出版社，1998。

③ 参见傅统先、张文郁：《教育哲学》，2 页，济南，山东教育出版社，1986。

同时还注重联系我国教育改革发展的实际状况，体现了包容性、时代性、实践性。如黄济的《教育哲学通论》(山西出版社 1998 年版)，其中不但包括对中国传统教育哲学思想的论述，而且对西方教育哲学新产生的教育哲学流派进行了介绍，还联系我国教育发展的实际状况对教育本质、教育价值、教育目的、知识论与教学等教育哲学的基本问题进行了探讨。以此为教育哲学教材体例的教材不在少数。此外，还有研究者从多元视角进行教育哲学教材的编写，如学科建设视角①、哲学价值论视角②以及研究者自身的体认与感知③等。基于此，我们可以说教育哲学教材建设的中国特色得以呈现。

三、教育哲学教材的结构内容体系得以确立

在新中国成立至改革开放前的教育哲学教材建设停滞阶段中，我国学习苏联教育学的全部成果，取消了教育哲学课程设置，对杜威实用主义教育哲学和凯洛夫主编的《教育学》进行批判，并且在此过程中出现了教育学中国化的萌芽。在“文化大革命”中教育学变为“语录化”的教育学和“政策汇编式”的教育学，这使得教育哲学的教材建设陷入停滞。改革开放以后，教育哲学教材建设在恢复教育哲学学科之后重回正轨，据笔者目力所及，至今已有以“教育哲学”命名的教材 30 本，其编写者包括黄济、傅统先、张文郁、刁培萼、丁沅、王坤庆、石中英、冯建军、于伟等。

黄济编写了三本教育哲学教材。④《教育哲学初稿》与《教育哲学》内容相差不大，都包括教育哲学的基本问题，其中未专门对中国传统教育哲学和西方教育哲学进行论述，而是涵盖在每一章节的论述中。在《教育哲学通论》中将中国传统教育哲学思想和现代西方教育哲学流派的内容单列出来。傅统先和张文郁编写的《教育哲学》(山东教育出版社 1986 年版)包括教育哲学的基本问题和当代西方教育哲学的新发展等方面。于伟编写的作为高等

---

① 参见于伟：《教育哲学》，北京，教育科学出版社，2015。

② 参见王坤庆：《教育哲学——一种哲学价值论视角的研究》，武汉，华中师范大学出版社，2006。

③ 参见刘庆昌：《教育哲学新论》，北京，科学出版社，2018。

④ 分别为《教育哲学初稿》(北京师范大学 1982 年版)、《教育哲学》(北京师范大学 1985 年版)、《教育哲学通论》(山西教育出版社 1998 年版)。

师范院校专业基础课教材的《教育哲学》(教育科学出版社 2015 年版)也包含了中国传统教育哲学思想、西方教育哲学思想以及对教育哲学基本问题的探讨。

因此，教育哲学教材的结构内容体系得以确立，其中包含中国传统教育哲学思想、西方教育哲学思想以及对教育本质、教育价值、教育目的、知识论与教学、伦理学与德育、美育与美学等教育哲学基本问题的探讨。

四、教育哲学教材的定位得以明确

新中国成立以来，我国教育学者关于教育哲学的定位基本上有两种观点。一方面，教育哲学是教育学的分支学科。另一方面，教育哲学是一门课程。无论是 20 世纪上半叶还是新中国成立后恢复重建和繁荣发展阶段的教育哲学教材都是为了服务各院校教育类专业的教育哲学教学而编写的。刁培萼和丁沅的《马克思主义教育哲学》直言，《马克思主义教育哲学》教材的编写和出版不仅是教学工作的需要，而且是繁荣教育科学、推动教育实践的需要。①

无论是将教育哲学作为教育学的一门分支学科，还是将教育哲学作为各院校教育类专业的一门课程，其定位都是在于对教育理论和教育实践中的根本问题进行哲学意义上的讨论，以求指导教育理论和教育实践。教育哲学是教育学的入门课程，教育哲学教材主要服务于这门课程的教学和学习，其目的在于使学习者学习和学会利用哲学来思考教育问题。

第三节　新中国成立以来教育哲学教材建设的经验

在分析新中国成立以来教育哲学教材建设历程，阐明在此过程中教育哲学教材取得的成就的基础上，我们认为教育哲学教材建设需要处理好中与西之间的关系，处理好古与今之间的关系，处理好与教育实践的关系，处理好学科和课程之间的关系。

---

① 参见刁培萼、丁沅：《马克思主义教育哲学》，前言，上海，华东师范大学出版社，1987。

一、处理好中与西之间的关系

西方教育哲学在我国教育哲学发展过程中起着重要的作用。教育哲学随着1919年杜威来华而逐渐兴起，20世纪上半叶杜威实用主义教育哲学在我国的教育哲学发展中起着重要的作用。杜威运用实用主义教育哲学来研究教育，这就是站在哲学的立场上以哲学的观点来研究教育现象和教育问题，这种理解一度在我国教育学者群体中占据主流。在改革开放以后，我国教育哲学中再次出现了西方教育哲学的身影，它同时也出现在了教育哲学教材中，其中包括分析主义的教育哲学、存在主义的教育哲学、改造主义的教育哲学等。①

研究国外教育哲学需要站在我国传统教育哲学和教育实际的基础之上。研究国外教育哲学的目的是通过系统地译介和研究，在教材建设的过程中取其精华、去其糟粕、消化改造，使其成为我国教育哲学教材的重要组成部分，成为当代中国教育哲学的有机组成部分。教育哲学教材建设在继承中国传统哲学、中国现当代哲学的基础上，使外国哲学，特别是教育哲学成为本国教育哲学教材建设的思想资源，才能避免闭门造车，才能跟上当今国际社会发展之大势，以更强的姿态屹立于世界教育哲学之林。

二、处理好古与今之间的关系

我国的教育哲学是“进口”的教育哲学，并且在此后半个多世纪里，依附进口教育哲学来发展我国教育哲学成为教育哲学研究的一大传统。我国历史悠久、文化传统丰富，教育哲学思想同样也异常丰富，如天人观、义利观、人性论、生死观、知行观等主张，关于理想人格、教学、教育作用、道德教化等问题的见解，时至今日仍旧是教育哲学教材建设中需要重视的思想资源。自改革开放以来，教育哲学教材建设者在教育哲学教材的建设过程中就注意到了这一点，并且将其融入教育哲学教材中。恢复重建阶段和繁荣发展阶段的教育哲学教材中无不包含中国古代传统教育哲学思想，教材建设者继承了传统文化中有价值的思想，致力于处理好传统教育哲学思想和现代教育哲学思想之间的关系。

---

① 详见《教育学参考资料》（北京师范大学出版社1986年版）、傅统先和张文郁的《教育哲学》（山东教育出版社1986年版）、黄济的《教育哲学通论》（山西教育出版社1998年版）、于伟的《教育哲学》（教育科学出版社2015年版）等教育哲学教材。

三、处理好与教育实践的关系

教育哲学教材的服务对象是教育学的学习者、研究者和实践者。教育哲学教材对于教育哲学学习者来说，是基础的教育哲学知识在其头脑中被掌握之前的一种实体存在；对于教育哲学研究者来说，是形成其教育哲学基础知识，促进其进行教育问题的哲学思考进而形成教育哲学知识创新的基础；对于教育哲学实践者来说，是其内化于心，外化于行的一种思想资源。教育哲学教材既要让受众群体掌握教育哲学的理论知识，又要在其驱使下形成教育的实践知识。就教育实践层面而言，教育哲学教材要处理好与教育实践的关系。具体而言，教育哲学教材需要集中呈现国内外典型的教育实践概况并对其进行分析。就国内而言，近年来我国教育实践领域进行了一系列教育改革探索，如“素质教育”“主体教育”“生命教育”“教育公平”等。教育哲学要从教育实践中来，到教育实践中去，要把教育实践中遇到的教育问题进行哲学思考上升到教育哲学的高度，要把上升到哲学高度的具有普遍意义的教育哲学应用于教育实践中的教育问题，以此来指导教育实践。已有教育哲学教材中对此虽然有所呈现，但还不够深入。教育哲学教材不但要呈现国家大政方针及教育改革的政策，而且要呈现教育实践领域的改革状况，并不断与时俱进，推陈出新。

四、处理好学科与课程之间的关系

作为学科的教育哲学是研究者进行学术研究的结果，作为课程的教育哲学是教育类专业人才培养的基本课程之一，属于人才培养的范畴。这两者既有内在联系，又有区别。教育哲学学科本质上是教育哲学知识的集合体，是系统化的教育哲学知识，而教育哲学知识又是教育哲学课程的基础，通过教育哲学课程，一代又一代教育学人传递和保存教育哲学知识。

新中国成立以来，教育哲学教材大多包含对作为一门学科的教育哲学的研究对象、研究任务、研究内容和研究目的等进行介绍，而20世纪上半叶的教育哲学教材较少涉及这方面的内容。一方面由于我国的教育学学科的繁荣发展，教育学学科群的逐步完善，教育哲学在其中的地位也日趋稳固；另一方面由于我国教育学研究者学科意识的萌生和逐步坚定。从教育哲学的研究对象的角度来看，教育哲学教材的建设者持两种基本观点：其一，教育哲学是运用哲学观点研究教育问题的学问①；其二，教育哲学研究教育领域中带有哲学意味的一般问题和根本问题。② 作为各院校教育类专业基础课程的教育哲学的课程目标的设定直接决定着教育哲学教材的编写思路。有研究者认为学习教育哲学需要达到增强教育者的理性、引导和批判大众的教育理念、促进教育研究者反思的目的③；“马克思主义理论研究和建设工程”《教育哲学》认为教育哲学需要完成对教育实践、教育政策和教育研究的作用。④ 教育哲学课程的目标就在于要使学生对教育哲学从理论和实践方面形成整体认识，能够学习利用哲学观点研究教育问题，学习教育哲学能够为深入探索教育理论和教育实践提供哲学认识论和方法论基础。

第四节　新中国成立以来教育哲学教材建设的启示

在分析新中国成立以来教育哲学教材建设历程，阐明在此过程中教育哲学教材取得的成就，总结教育哲学教材建设经验的基础上，继续进行教育哲学的教材建设，需要我们坚持以马克思主义为指导，坚持以教育哲学教材的中国特色为目标，坚持以服务教育哲学课程教学的目标为导向，坚持以教育哲学教材的多样化为路径。

一、坚持以马克思主义为指导

教育哲学的价值特征是鲜明的。教育哲学需要秉持自己的社会立场和价值立场，反思重大的教育理论、政策和现实问题。“马克思主义是立党立国的根本指导思想，因此，教育哲学必须以马克思主义为指导。这是社会主义政治意识形态的必然要求，也是中国教育哲学区别于其他教育哲学的根本标志。”⑤1949 年后，马克思主义成为我国社会主义建设的指导思想，而教育学理论自然而然要坚持以马克思主义为指导，并将其教育思想体现

---

① 参见黄济：《教育哲学通论》，318 页，太原，山西教育出版社，1998。

② 参见《教育哲学》编写组：《教育哲学》，2 页，北京，高等教育出版社，2019。

③ 参见于伟：《教育哲学》，17～18 页，北京，教育科学出版社，2015。

④ 参见《教育哲学》编写组：《教育哲学》，7～10 页，北京，高等教育出版社，2019。

⑤ 黄济：《构建具有中国特色、中国风格、中国气派的教育哲学》，载《教育研究》，2004(9)。

出来。中国教育哲学必然需要体现社会主义政治意识形态。所以，教育哲学教材建设，也要坚持以马克思主义为指导。

新中国成立以来，教育哲学教材的建设者在马克思主义的指导下，编写了一系列具有中国特色的教育哲学教材，形成了稳定的教育哲学教材结构体系。其中，刁培萼和丁沅编著的《马克思主义教育哲学》(华东师范大学出版社 1987 年版)将马克思主义教育哲学作为一门专门学科，“马克思主义理论研究和建设工程”《教育哲学》编写组的《教育哲学》(高等教育出版社 2019 年版)作为马克思主义理论研究和建设工程重点教材，也更加突出了马克思主义的指导地位。

坚持马克思主义在教育哲学领域的指导地位，一方面，需要国家继续坚持马克思主义在哲学社会科学领域的指导地位，为教育哲学教材的建设者提供政治引领和思想保障的作用；另一方面，需要研究者自觉增强自身的马克思主义理论素养，自觉运用马克思主义实践观、历史观等的立场、观点和方法来分析和解决教育领域的问题，进行教育哲学的理论建构，完善教育哲学的教材建设。

二、坚持以教育哲学教材的中国特色为目标

我国的教育哲学是由国外引进而来，在其建设初期，国外教育哲学著作和教材的译介对于教育哲学的发展起着重要的作用。新中国成立后，教育哲学发展中断，教育哲学教材建设自然也无从谈起，对凯洛夫主编的《教育学》从推崇到批判，对杜威实用主义教育哲学的批判，20 世纪 60 年代出现教育学中国化的尝试，都未出现教育哲学的身影。直至改革开放以后教育哲学恢复重建以来，教育哲学教材才逐渐丰富，我国教育学者译介和编写了大量的西方教育哲学著作和教材，一定程度上有利于教育哲学教材建设。21 世纪以来，教育哲学教材在内容上更加贴合当今教育实践，把握教育理论的脉搏，如对素质教育、生命教育、主体教育等的关注和思考。

中国化在一定程度上有利于教育哲学教材建设，但不能过度将国外的教育哲学理论作为“体”，“用”于中国的教育实践。教育哲学作为教育实践的价值导向，具有鲜明的国别性和民族性。① 我们应该增强教育哲学教材建

① 参见冯建军：《中国教育哲学百年发展中的问题审思——兼议中国特色教育哲学的构建》，载《高等教育研究》，2019(9)。

设的“中国意识”和“本土意识”，教育哲学教材建设必须要扎根于中国的教育实践，必须直面中国的教育问题，必须概括中国的教育经验，坚持马克思主义的政治立场，以中国优秀传统文化滋养教育哲学，增强教育哲学教材的主体性和原创性，以培养新时代的中国教育学人和教育工作者。

三、坚持以服务教育哲学课程教学的目标为导向

教育哲学教材是为教育哲学课程而编写的，承载着教育哲学知识体系，是教师与学生之间重要的教育设施。教育哲学课程所使用的教材集中反映了教育哲学学科的发展状况，教育哲学课程服务于教育学专业的本科生、硕士生、博士生以及其他教育工作者，他们是教育哲学教材的受众群体。为了使受众群体更好地了解教育哲学学科发展的基本状况，教育哲学教材的建设应当以服务于教育哲学课程教学的目标为导向。具体而言，教育哲学教材建设要服务于教育哲学课程中所设置的目标，即通过学习教育哲学课程，学习者要达到怎样的一个预设目标；教育哲学教材建设要符合学习者的认知水平和认知层次；教育哲学教材建设要服务于教育哲学课程的教学实践。

四、坚持以教育哲学教材的多样化为路径

新中国成立以来，教育哲学教材建设取得了丰富的成果，据笔者目力所及，至今已有 30 本以“教育哲学”命名的教育哲学教材。研究者在其中运用多重视角来进行教育哲学教材的建设，如于伟的《教育哲学》(教育科学出版社 2015 年版)以教育哲学学科建设为视角进行教育哲学教材的建设；王坤庆的《教育哲学——一种哲学价值论视角的研究》(华中师范大学出版社 2006 年版)以哲学价值论为视角进行教育哲学教材的建设；刘庆昌的《教育哲学新论》(科学出版社 2018 年版)以自身对教育哲学的体认与感知进行教育哲学教材的建设等。无论以何种视角进行教育哲学教材的建设，均使得教育哲学教材得以多样化。我们在教育哲学教材的建设过程中要力图以多样化为路径，从哲学的多元视角来进行教育哲学的教材建设。

第十七章　新中国成立以来教育社会学教材建设

教材既是一门学科发展的折射，也是理论创新、思想更迭的反映。梳理新中国成立以来教育社会学教材建设的历程，总结其成就与经验，在此基础上寻求启示，以思过往之理，启未来之道。“‘接着讲’是一种传承、习艺的重要方式。只有在‘接着讲’的过程中，学者才会找到自身所处的学术位置，才有可能在积累中形成有一定影响力的理论。”①教育社会学教材的建设，既是基于“接着讲”的传承，也是基于“接着讲”的创新。

20世纪上半叶，国人已编著了一批高水平的教育社会学著作和教材，其中主要有孟宪承的《教育社会学讲义》(1923年印)②，雷通群的《教育社会学》(商务印书馆1931年)，陈翊林的《教育社会学概论》(中华书局1933年)，沈冠群、吴同福合编的《教育社会学通论》(南京书店1932年)，卢绍稷的《教育社会学》(商务印书馆1933年)，苏芗雨的《教育社会学》(人人书店1934年)，陈科美的《教育社会学讲话》(世界书局1934年)，厚生等著的《社会学与教育》(商务印书馆1925年)。也有一些国外的相关著作在国内翻译出版，如美国学者史密斯的《教育社会学导言》(刘著良译，在《安徽教育月刊》1919年第15期刊出)，日本田制佐重的《教育社会学》(刘世尧译，民智书局1932年)，美国芬赖原的《教育社会哲学》(余家菊译述，中华书局1932年)，美国彼得斯的《教育社会学原论》(鲁继曾译，商务印书馆1935年)。教育社会学教材建设的历程变化，既有社会变迁的影响，也有所在学科的规范与制约，从而展现了不同历史时期的发展图景。

---

① 郑杭生、童潇：《中国社会学史研究的理论框架与现实追求》，载《河北学刊》，2011(1)。

② 《教育社会学讲义》为孟宪承1923年在江苏全省师范讲习所联合会的讲演词。

第一节　新中国成立以来教育社会学教材建设历程

新中国成立以后，教育社会学教材建设呈现出新的面貌。鉴于教材建设与学科发展的相关性，综合已有研究关于教育社会学发展阶段及其教材建设历程的划分，我们将新中国成立以来教育社会学的教材建设分为以下四个阶段，即停滞阶段(1949—1978 年)、重建阶段(1978—1992 年)、繁荣发展阶段(1992—2012 年)，深化探索阶段(2012—2022 年)。

一、停滞阶段(1949—1978 年)

这一阶段，教育社会学的发展状况处于停滞状态。“1949 之后，由于政治意识形态等方面原因，教育社会学与社会学一起被打入冷宫，‘冻结’了三十年之久。”[①]在这近三十年的历史中，教育社会学的教材建设基本中断。

二、重建阶段(1978—1992 年)

党的十一届三中全会以后，教育社会学的学科建设逐渐恢复。1982 年 2 月，南京师范大学教育系开始为本科生开设教育社会学课程。1989 年 4 月，中国教育学会全国教育社会学专业委员会在杭州成立，这是我国第一个全国性教育社会学学术团体。在学科发展、人才培养等多方面需求的推动下，这一阶段的教材建设带有“重建”阶段的独特性，较为重视在元层面上对学科发展的“正本清源”，特别是关于教育社会学的基本理论与概念等问题在教材中均有探究。不同教材的体系构建和具体阐述的侧重点各有不同，除《国外教育社会学基本文选》(张人杰)、《教育与社会》(吴铎、张人杰)、《教育社会学》(金一鸣)、《教育与社会》(王逢贤、顾明远)这四本著作以外，其余七本都对教育社会学的产生发展、学科性质、研究对象、研究方法、地位作用等问题进行了分析与阐释。此外，教育与社会之间的关系、社会结构与教育、社会流动与教育、人的社会化与教育、学校及其教师与学生的

---

① 吴康宁：《我国教育社会学的三十年发展(1979—2008)》，载《华东师范大学学报(教育科学版)》，2009(2)。

社会学分析、社区教育、家庭教育等内容也在教材中有所体现。这一时期教育社会学的教材、论文集共出版了11本。

教育社会学教材、著作一览表(1978—1992年)

序号	作者	著作名称	出版地与出版社	出版时间
1	裴时英编著	《教育社会学概论》	南开大学出版社	1986
2	桂万宏、苏玉兰著	《教育社会学》	天津人民出版社	1987
3	刘慧珍著	《教育社会学》	辽宁教育出版社	1988
4	卫道治、沈煜峰著	《人·关系·文化——教育社会学观略》	湖南教育出版社、广东教育出版社	1988
5	厉以贤、毕诚著	《教育社会学引论》	黑龙江教育出版社	1989
6	张人杰主编	《国外教育社会学基本文选》	华东师范大学出版社	1989
7	鲁洁主编、吴康宁副主编	《教育社会学》	人民教育出版社	1990
8	董泽芳编著	《教育社会学》	华中师范大学出版社	1990
9	吴铎、张人杰编	《教育与社会》	中国科学技术出版社	1991
10	金一鸣主编	《教育社会学》	江苏教育出版社	1992
11	王逢贤、顾明远选编	《教育与社会——中青年教育理论工作者研讨会论文集》	四川教育出版社	1992

三、繁荣发展阶段(1992—2012年)

面对中国社会的变迁和转型，教育如何与整个社会系统实现协调发展，这不仅成为教育社会学学科研究与探索的重要问题，同时也关系到教育社会学教材内容的更新。这一阶段，教材的编写不仅充分考虑到教育社会学自身的知识脉络和发展谱系，同时也十分重视学生的学习兴趣和需求，既有对学科发展历程的梳理与回顾，也有对教育与社会的关系、教育自身社会系统、社会功能的分析。

从教育社会学教材建设的整体情况来看，一是撰写者不仅考虑到教材知识的系统性和学术性，同时也注重内容的引导性和拓展性。在关注国内现实问题的同时，追踪国际学术前沿，充分体现了教育社会学的学科特色。二是在问题分析上体现了多学科的视野。教育社会学内容的丰富性与复杂性对研究方法提出了新的要求，教材中对一些问题的分析体现了经济学、政治学、社会心理学等不同学科的研究视野。三是内容的现实性与针对性。既有对教育社会学、教育活动等概念的解释与说明，也有聚焦于中国社会现实与教育改革境况及其相互关系的探究。四是部分教材在这一时期再版修订。如《教育社会学》(金一鸣，2000 年)一书在保持 1992 年版教材基本观点、原有章节的基础上，增加了"中国农村现代化与农村教育、知识经济与教育创新、网络社会与教育"等七章的内容。马和民的《新编教育社会学》2009 年的版本也对教材的逻辑体系和研究成果进行了完善，更新了数据、案例、问题与参考书目，在相应章节补充了新的内容。《教育社会学》(董泽芳，2009 年)一书也在结构调整、理论体系构建、重大教育社会问题研究、最新研究成果的补充等方面进行了完善。

此外，雷通群的《教育社会学》、卢绍稷的《教育社会学》均入选"二十世纪中国教育名著丛编"，由福建教育出版社分别在 2008 年、2011 年出版。"试图展现 20 世纪中国教育学者的学术智慧，盘点中国教育科学的世纪历程，鉴往追来，在过去、现在、未来之间铺设中国教育科学的桥梁。"①这一阶段也涌现出一批新生代的教育社会学家，为这门学科的发展注入了新鲜的血液。"其专著的独特价值不仅体现在学术上的睿智、理论上的犀利，还体现了这些年轻学者个人的风格，甚至是他们的感受与激情。"②

教育社会学教材、著作一览表(1992—2012 年)

序号	作者	著作名称	出版社	出版时间
1	傅松涛著	《教育社会学新论》	河北大学出版社	1997
2	吴康宁著	《教育社会学》	人民教育出版社	1998
3	马和民、高旭平著	《教育社会学研究》	上海教育出版社	1998
4	金一鸣主编	《教育社会学》	江苏教育出版社	2000
5	谢维和著	《教育活动的社会学分析——一种教育社会学的研究》	教育科学出版社	2000

① 雷通群：《教育社会学》，出版说明，1 页，福州，福建教育出版社，2008。

② 徐瑞、刘慧珍：《教育社会学》，序 1 页，北京，北京师范大学出版社，2010。

续表

序号	作者	著作名称	出版社	出版时间
6	钱扑编著	《教育社会学的理论与实践》	广西教育出版社	2001
7	鲁洁主编	《教育社会学》	人民教育出版社	2001
8	马和民著	《新编教育社会学》	华东师范大学出版社	2002
9	钱民辉著	《教育社会学——现代性的思考与建构》	北京大学出版社	2004
10	杨昌勇著	《新教育社会学：连续与断裂的学术历程》	中国社会科学出版社	2004
11	杨昌勇、郑淮著	《教育社会学》	广东人民出版社	2005
12	邓和平著	《教育社会学研究》	湖北人民出版社	2006
13	雷通群著	《教育社会学》	福建教育出版社	2008
14	张人杰著	《国外教育社会学基本文选》	华东师范大学出版社	2009
15	马和民主编	《新编教育社会学》	华东师范大学出版社	2009
16	董泽芳著	《教育社会学》	华中师范大学出版社	2009
17	缪建东主编	《教育社会学》	高等教育出版社	2009
18	徐瑞、刘慧珍著	《教育社会学》	北京师范大学出版社	2010
19	钱民辉著	《教育社会学概论》	北京大学出版社	2010
20	闫旭蕾主编	《教育社会学》	高等教育出版社	2011
21	吴刚主编	《教育社会学的前沿议题》	上海教育出版社	2011
22	卢绍稷	《教育社会学》	福建教育出版社	2011

四、深化探索阶段(2012 年至今)

教育优先发展战略的实施、立德树人根本任务的落实、德智体美劳全面发展的社会主义建设者和接班人的培养，无不与教材的建设息息相关。因此，这一阶段的教育社会学教材建设仍然坚持以育人为本，着力提升教材质量。教育社会学教材的建设历程不仅反映了研究者个体持续的思考与追求，而且也体现了研究共同体“传帮带”的良好氛围，一些学术前辈通过主编丛书、审阅书稿、撰写序言、学术交流等多种方式引导、帮助后学开展研究、探索新知，使得这一阶段的教材建设取得长足进展。

首先，这一阶段的教材建设充分关注学术热点与前沿动态。2015 年 7 月，北京大学社会学系举办了全国首届教育社会学研究生暑期学校，并将相关论文以文集形式出版。所刊论文“突出社会学的中心视野，兼容跨学科的研究态度，围绕教育领域的理论热点与前沿动向，强调理论与经验相结合的社会学研究旨趣”①。从研究内容来看，既有对教育政策、教育实践的深刻分析，也有对教育社会学理论及社会科学研究方法运用的探索。有的教材基于社会学的想象力和理论视角，对社会中的教育现象、教育问题、教育本质与规律，以及教育社会学中的基本概念、研究对象与方法、理论流派等内容进行了梳理与探究。有的教材多次修订再版，及时补充了新的内容。如《教育社会学概论》(钱民辉)于 2004 年、2005 年、2010 年、2017 年分别出版了 4 版。“第 4 版的教材修订了近五分之二的内容，章节都有了变化。教材中一旦涉及教育社会学核心领域问题，都要事先进行铺垫，注重知识的系统连贯以及知识、问题的由浅入深。”②特别是作者对社会学问题、社会学中的教育问题、教育中的社会学问题的梳理，有助于学习者理解教育社会学的研究主题具有边缘性与核心性之分，通过研究问题的界定厘清了教育社会学的学科属性。

有的教材则对社会学视域研究中媒体素质教育的发展与理论、实践，以及媒体素质教育的教学案例与思考提出了相应的观点和见解。③ 2022 年 6 月出版的《教育社会学基础》一书则在梳理中国教育社会学百年发展历程的基础上，对教育社会学原理、核心概念、名家和理论流派、问题研究和想象力进行了阐释，对教育功能、学校竞争、教师职业等问题展开探究，同时对自我形成、情感发展、德性养成、性别建构、网络学习、学业判断等事关个体发展的重要问题进行了分析。

其次，这一阶段的教材建设也极为重视对已有学术成果的传承与研究。2013 年，雷通群的《教育社会学》作为“民国大学丛书”中的一本重编出版，以期“再现民国大学学术繁荣之盛景，又可为今日之大学学科建设

---

① 钱民辉：《教育社会学专题研究选集：社会学视野中的教育与现代性》，封二，北京，人民日报出版社，2016。

② 钱民辉：《教育社会学概论》，前言(三)9 页，北京，北京大学出版社，2017。

③ 参见王国勇：《教育社会学》，北京，社会科学文献出版社，2020。

服务”[①]。2021年，雷通群的《教育社会学》又入选厦门大学百年学术论著选刊。“教育社会学自1922年创立以来，出版的本土教育社会学书籍不到十本，雷通群先生根据讲义写成了此书，这对教材体系做出了开创性贡献。”[②]也有研究者对近代中国教育社会学的发展进行了系统梳理和回顾，“勾画了近代中国教育社会学学科体制化、制度化的历史面貌……力求分析揭示近代中国教育社会学的理论体系……及教育社会学学者推进教育社会学‘中国化’的尝试及其努力”[③]。此外，教育社会学视野中的教师专业发展、教师流动、成人教育、学校生活，以及教育学知识的社会学考察[④]等内容也进入了人们的研究视野。

教育社会学教材、著作一览表(2012—2022年)

序号	作者	著作名称	出版地与出版社	出版时间
1	雷通群著	《教育社会学》	东方出版社	2013
2	刘志敏主编	《教育社会学》	吉林大学出版社	2014
3	朱洵著	《西方教育社会学近著导读》	社会科学文献出版社	2015
4	钱民辉主编	《教育社会学专题研究选集：社会学视野中的教育与现代性》	人民日报出版社	2016
5	许刘英著	《近代中国教育社会学研究》	中国社会科学出版社	2016
6	贺晓星主编	《教育与社会：学科·记忆·梦想》	南京师范大学出版社	2016
7	胡金平主编	《教育与社会：阅读·思考·对话》	南京师范大学出版社	2016
8	黄庭康著	《批判教育社会学九讲》	社会科学文献出版社	2017

① 雷通群：《教育社会学》，出版说明2页，北京，东方出版社，2013。

② 雷通群：《教育社会学》，前言6页，厦门，厦门大学出版社，2021。

③ 许刘英：《近代中国教育社会学研究》，序言2～3页，北京，中国社会科学出版社，2016。

④ 参见薛正斌：《教育社会学视野下的教师流动》，兰州，甘肃人民出版社，2012；刁玉敏：《教育社会学视域下的成人教育》，郑州，郑州大学出版社，2017；胡春光：《规训与抗拒：教育社会学视野中的学校生活》，武汉，华中师范大学出版社，2017；徐继存：《教育学的学科立场——教育学知识的社会学考察》，北京，北京师范大学出版社，2014。

续表

序号	作者	著作名称	出版地与出版社	出版时间
9	胡春光著	《规训与抗拒：教育社会学视野中的学校生活》	华中师范大学出版社	2017
10	钱民辉著	《教育社会学概论》	北京大学出版社	2017
11	吴康宁著	《教育社会学》	人民教育出版社	2019
12	李卫东、刘丽丽、张静主编	《教育社会学》	中国商务出版社	2019
13	王国勇编著	《教育社会学》	社会科学文献出版社	2020
14	范晔著	《涂尔干教育社会学研究》	山西人民出版社	2020
15	雷通群著	《教育社会学》	厦门大学出版社	2021
16	马和民主编	《教育社会学基础》	中国人民大学出版社	2022

第二节　新中国成立以来教育社会学教材建设的成就

新中国成立以来，在马克思主义的指导下，教育社会学的教材建设从无到有，在选择性借鉴西方社会学、教育社会学相关理论的基础上，开始重建并取得了迅速发展。教材内容中既有关于中国社会变迁与教育发展的宏观研究，也有深入教育实践的中观、微观层面的探索，取得了突出的成就。

一、教材建设更加科学规范

在新中国成立以来70余年的建设历程中，教育社会学教材编写队伍的结构更加优化，专业化水平持续提升。具有教育学、社会学等不同学科背景的一线教师和专家学者，为教育社会学的教材编写付出了开拓性的努力，为建设中国特色的现代教育学体系、为中国哲学社会科学的繁荣发展做出了自己的贡献。有的教材是作者长期从事教学科研工作的结晶，有的教材则是一个团队集体攻关、协同合作的结果，教材编写的科学性不断增强。“学术研究从来不是纯粹个人的事情，而教材的写作更是奠基于前辈和同行的研究成果。”①教育社会学教材建设的历程充分反映出我国学者在其中所付出的努力，这些融时代变迁、教育变革研究经历于教学体悟中的思考结晶，以一种个性化的表达呈现在教材的编写之中。《教育活动的社会学分析》一书在导言中写道：“从总体上看，本书既是一本关于教育社会学的研究性著作，也是一本关于教育社会学的教材。”②写作过程即作者进行研究的过程，书中的许多观点就是作者学术论文和课题研究的产物。而对于研究结果并不满意的“教师与学生的关系以及课程”等内容，并未在书中涉及，体现了作者实事求是、客观严谨的态度。

新中国成立以来，教育社会学教材或者以社会学丛书、现代教育科学丛书、教育探索者丛书、当代教育理论丛书的形式出版，或者是高校文科教材、高校教师发展系列教材、社会学系列教材、教育学系列教材、国家级规划教材的重要组成，充分体现了教材建设的组织性和规范性。从教育社会学教材建设的整体情况来看，相关部门和高等院校全面统筹、精心规划，使教材建设工作进一步规范化和制度化，促进了课程体系的优化和教学内容的改革。党的十一届三中全会以后，教育社会学课程在南京师范大学及其他高等师范院校陆续开设。对于一门刚刚恢复重建和教学的学科来说，教材建设迫在眉睫，需要在国家层面上进行统一组织和规划。如《教育社会学》(鲁洁、吴康宁，1990 年)一书即按照《高等学校文科教育类专业教材编写计划(1985—1990)》的要求编著。伴随着教育社会学学科体系的重建、学术资源的优化整合，以及研究领域的分化与拓展，教育社会学的教材建设既体现了本学科的研究进展和学术动态，也反映了社会变迁和人才培养的客观需求，彰显了教材编写的科学性、适用性和高质量、高标准。

二、教材体系持续创新完善

新中国成立以来，教育社会学在回应时代课题与教育的复杂变革中发展壮大，在历史研究、比较研究、理论研究和实践研究中，逐步明确了教材建设的目标，构建了逻辑严密、结构清晰的教材体系。大部分教材都在

① 马和民：《新编教育社会学》，前言 3 页，上海，华东师范大学出版社，2002。

② 谢维和：《教育活动的社会学分析——一种教育社会学的研究》，导言 4 页，北京，教育科学出版社，2000。

绪论或第一章对教育社会学的概念、性质、特点、作用等内容进行梳理阐释，继之回顾中西教育社会学的发展，进而对宏观、中观、微观层面的相关理论和实践问题进行分析。既有围绕学科基本理论的思考与探索，也有聚焦教育实际问题展开的论述与分析，推动了教材体系构建的多样化。

有的教材以教育与社会的关系为研究重点，有的教材则从教育社会学的学科视角出发，基于关系的维度探究人的社会化以及教育与社会的变迁。有的教材对教育社会学视野中的教育观、社会功能、教育与环境之间的关系进行了分析，从不同维度进行体系的创新与探索。《教育社会学引论》的后记中写："力图将本书作为在高层次上进一步研究的引论。第二编共八章的内容阐述的是中国教育社会学思想发展史略，以作为填补中国教育社会学这一方面问题的'引论'。这些内容还没有见到有任何著作和文章，完全是新尝试。"[①]教材编写者有着不同的学科背景和"本体性"知识基础，加之从事一线教学工作的直观思考与切身体验，为教材的编写和内容的选择提供了鲜活的实践基础，在健全完善知识体系的同时，折射出不同学科背景所带来的丰富性与多元性，推动了教育社会学教材体系的完善与创新。

如鲁洁教授主编的《教育社会学》在 1990 年出版，2001 年由人民教育出版社出版第 2 版，2015 年 6 月已经是第 24 次印刷。"该书是第一本列入国家高等学校文科教材规划的教育社会学教科书，1991 年荣获'光明杯'优秀哲学、社会科学成果二等奖。该书体现了全面梳理评述已有研究成果、注重反映时代特色、注重理论联系实际、介绍国外教育社会学理论与实践、说理透彻且论证有力的特征。"[②]马和民的《新编教育社会学》(2002 年)则对本学科的知识结构进行了新的建构，六编的内容经由教育社会学学科论再到教育行为论、教育活动论、教育组织论、教育制度论和教育功能论，"上述结构表达了作者对教育社会学知识体系的新的逻辑演绎方式。第一编实际上为学科概述，从第二编开始至第六编，则采取了'微观—中观—宏观'的分析路径，选择了由对'教育行动'的微观研究逐渐切入对'教育事实'的

① 厉以贤、毕诚：《教育社会学引论》，217 页，哈尔滨，黑龙江教育出版社，1989。

② 李国榕、杨昌勇：《教育科学研究的新贡献——评鲁洁主编的〈教育社会学〉》，载《南京师大学报(社会科学版)》，1993(2)。

宏观探讨这一逻辑进程"①。这样的体系建构与编排不仅有助于学习者理解这门学科独特的分析视角与研究方法，也有利于学习者掌握教育社会学的研究视野与方法，进而更为清晰地认识教育社会学理论与教育实践之间的复杂关系。

三、教材内容不断丰富优化

新中国成立以来，编著者充分发挥自己的学科优势和研究特长，在引进、借鉴西方社会学、西方教育社会学学科理论、研究方法的过程中，在教学相长、教研互动的过程中，注重开展实证调查研究，重视理论建构和对已有研究成果的借鉴，学术争鸣日趋活跃，研究成果不断涌现，编写了一批高水平的教材。其中有研究者自己的观点表达，也有商榷基础上的交流对话，如对教育社会学学科性质、研究方法、教师角色等问题的不同认识与讨论。编著者在宏观、中观、微观不同层面拓展研究视野、更新研究范式，使教材内容更加丰富，主要体现在以下几个方面。

一是系统开展教育社会学的历史研究。这既是对本学科研究成果的回顾和总结，也是反映教育社会学发展进程的重要工作。教育社会学教材的建设，从一个侧面反映了不同时期中西社会和教育的发展变化。从对教育社会学发展历史、经典著作、代表人物及其观点的回顾中，从对教育社会学学科性质、学科地位、研究方法的分析中，我们不仅看到了什么是教育社会学，而且看到了教育与社会之间相互影响、相互制约的关系，看到了教育对社会分层、社会流动的影响。

二是重视学科的基本理论研究。新中国成立以来的教育社会学教材建设深入分析现实问题，尽可能全面系统、客观翔实地反映本领域的学术成果。在内容上不仅有着丰富的知识体量，而且有对核心概念和专业术语的分析与论证，层层递进、环环相扣，激发了学习者的阅读兴趣。受益者不仅仅是学生，还有教师以及教育管理者。尽管学界对教育社会学的概念界定和研究对象尚未达成共识，但也正因为如此，为教材内容的丰富化和多样化提供了可能性空间。如在《教育社会学新论》(1997年，傅松涛)一书中，作者对人类社会、教育社会学、业缘社会、体缘社会，实是研究、能是研究、应是研究、怎是研究，教育社会个体、教

① 马和民：《新编教育社会学》，前言2页，上海，华东师范大学出版社，2002。

育社会角色、教师角色，教育社区、教育社会运行、教育社会功能等概念进行了分析和界定。

三是深入探讨教育实践问题。教育社会学的综合性、整体性、现实性等学科特征，就决定了其面向教育实践、关怀教育实践的品格。部分教材运用社会角色理论、组织理论、冲突理论、结构功能理论、符号互动理论等分析教育中存在的社会问题，对人类社会与教育之间关系的多样性和丰富性进行了探索。社会文化的实质、结构与类型，教育制度的实质、教育制度的特征及功能等问题，教育制度与社会变迁、社会分层、教育公平等问题在教材中都有不同程度的探讨。也有教材在微观层面探讨个体作为社会成员的一般性、作为社会角色的特殊性，揭示了教师、学生作为特殊社会群体的结构和特征。

四是注重对西方教育社会学的借鉴与学习。教育社会学教材在体系架构和具体内容方面，都能看到西方教育社会学的影响，体现了知识的内在开放性。有作者在序言中写："近几年来，我浏览了不少欧美各国出版的有关教育社会学的书刊，不管是英文的、德文的，还是俄文的……看国外的东西，目的在于'洋为中用'。"①在《教育社会学引论》(厉以贤、毕诚)第一编"西方教育社会学的发展及其理论学派"中，以五章的篇幅分别介绍了西方教育社会学的发展阶段及其特点、功能主义学派等内容。张人杰主编的《国外教育社会学基本文选》一书则按照"优先考虑名家名篇……全面反映各主要学派取向……着眼于我国教育理论和实践的需要"②选编原则，对涂尔干、阿兰·格拉、厄尔·霍珀等7个国家28位学者的主要著作及其观点进行了介绍。

此外，教育社会学中的专题性研究成果也日益丰富，相关著作先后出版，如吴康宁等著的《课堂教学社会学》(1991年)、吴永军的《课程教学社会学》(2000年)、刘云杉的《学校生活社会学》(2001年)等。

四、教材编写的国际视野更加开阔

教材编写的国际视野一方面体现在与国外同行的学术交流上，编著者

① 桂万宏、苏玉兰：《教育社会学》，序言2页，天津，天津人民出版社，1987。

② 张人杰：《国外教育社会学基本文选》，主编序，上海，华东师范大学出版社，2008。

不仅在撰写过程中深入研读国外成果，运用其理论和思想分析相关问题，而且与国外学者进行交流并将结果及时吸纳到著作中。如钱扑在撰写《教育社会学的理论与实践》(2001年)一书时，就与加拿大西安大略大学和美国威斯康星大学的多位教授就该书的内容进行了探讨。

《批判教育社会学九讲》共涉及西方教育社会学著作11本及1篇文章，是作者根据自己的课程讲稿撰写而成的教材，作者特别注重将抽象概念和理论的解释建基于已有研究成果和生活的实例之上，力争使相关内容浅显易懂。"本书每一讲都从批判教育社会学的经典论著(通常以一部专著为核心)出发，解释它的中心论点、贡献与引起的争议。"①该书作者与美国威斯康星大学的阿普尔、凯奥都进行过学术交流，在学术态度、历史学理论等方面深受两位学者的启发。

另一方面，出现了系统研究西方教育社会学的学术成果。2009年，我国台湾地区学者撰写的《教育社会学：人物与思想》②一书由华东师范大学出版社出版，该书主要对马克思、涂尔干、韦伯、舒兹、帕森斯、威廉姆斯、弗莱雷、戈夫曼、利奥塔、伯恩斯坦、福柯、卢曼、哈贝马斯、布迪厄、吉登斯、阿普尔、吉鲁、波普科维茨18位学者的生平著作、思想要点、研究贡献进行了系统梳理和介绍。2011年，《教育社会学的前沿议题》出版，该书包括"教育社会学的理论历程与前沿议题、语码理论与符号控制、课程的社会过程与隐性课程、社会资本与教师群体的专业成长、教育平等的女性主义视角、国际媒体素养教育研究、转型社会中的教师身份认同"七章的内容，该书"试图将全球视野与本土探索相结合，希望形成参与国际对话的理论视野和学术素养"③。

《西方教育社会学近著导读》的作者在攻读博士期间，发现国内学界对本领域西方前沿著作的介绍多集中于20世纪90年代以前的作品，深感这方面的工作应该进一步加强。因此，作者对2010年前后出版的西方学术著作进行了归纳梳理，指出西方教育社会学的动向可以大致归纳为"批判、理论、政策、问题、变革"这五个关键词，及时将西方教育社会学学界的相关著作及其观点介绍到国内。该书的出版，使人们看到了西

① 黄庭康：《批判教育社会学九讲》，序1页，北京，社会科学文献出版社，2017。

② 参见谭光鼎、王丽云：《教育社会学：人物与思想》，上海，华东师范大学出版社，2009。

③ 吴刚：《教育社会学的前沿议题》，序言3页，上海，上海教育出版社，2011。

方教育社会学“这个‘反’不是反对和推翻之义，而是从相反的方向再去研究”①。

2020年，《涂尔干教育社会学研究》一书出版，该书针对涂尔干教育社会学思想的被误读和遗漏等问题，对涂尔干社会学研究中的道德教育及教育社会学研究的基本理论、核心问题、改革实践、历史评价进行了探讨和分析，力争客观还原其基本理论与知识体系。在作者看来，“涂尔干及其教育社会学思想……是整个世界社会学与教育学改革发展的重要历史里程碑……教育社会学的创立，为我们提供了一个新颖的理论视角和实用的研究方法，为深刻阐释复杂性的教育社会学现象开拓了道路”②。此外，关于社会理论与教育、教育与社会的关系、从教育社会学角度对课程与知识③等问题进行研究的一些国外学术专著也相继在国内翻译出版。

第三节　新中国成立以来教育社会学教材建设的经验

总结新中国成立以来教育社会学教材建设的经验，有助于进一步增强教材建设的研究性、前瞻性，更为深入地认识这门学科对社会行动、社会事实、教育活动、教育事业之间错综复杂关系的把握，充分发挥教材在学科建设、人才培养等方面的重要作用。

一、教材建设与人才培养并举

教材建设关系到一门学科发展水平和人才培养的质量。新中国成立以

① 朱洵：《西方教育社会学近著导读》，序言2页，北京，社会科学文献出版社，2015。

② 范晔：《涂尔干教育社会学研究》，序8页，太原，山西人民出版社，2020。

③ [加]雷蒙德·艾伦·蒙罗、[美]卡洛斯·阿尔伯特·托雷斯：《社会理论与教育：社会与文化再生产理论批判》，宇文利译，上海，上海人民出版社，2012；[美]迈克尔·W·阿普尔：《教育能够改变社会吗?》，王占魁译，上海，华东师范大学出版社，2014；[美]珍妮·H.巴兰坦等：《教育社会学》，苏尚锋译，北京，商务印书馆，2021；[澳]卡尔·梅顿：《知识与知者：教育社会学的现实主义构建》，王振华、田华静等译，北京，外语教学与研究出版社，2021；[英]麦克·扬、[南非]约翰·穆勒：《课程与知识的专门化：教育社会学研究》，许甜译，上海，华东师范大学出版社，2021。

来的教育社会学教材建设，十分重视学生的学习需求，高度重视教材编写在人才培养中的基础性作用。一方面，教材的内容始于教学和课堂。如董泽芳老师在编写《教育社会学》一书的过程中，调查与搜集资料、教学与撰写书稿都是一起进行的，在完成书稿之前为本科生、函授生、夜大生已讲授教育社会学二十余遍。《教育活动的社会学分析——一种教育社会学的研究》(谢维和，2000 年)在出版之前，相关内容也为研究生多次讲授。《教育社会学研究》(邓和平，2006 年)一书也是作者基于课程讲义撰写而成的。有的教材是学术性较高且又便于教学使用的专著式教科书，《教育社会学新论》的作者考虑到教材的使用对象是教育学专业本科的高年级学生和研究生，就特别注重内容的基础研讨性和综合学术性的有机结合。"教材是站在学习者角度来呈现知识的，它必须全程关注学习者的心理状态与经验基础；其价值立场主要是为学生学习服务的，学习者能读懂、学懂是教材质量的首要评判标准。"①

另一方面，教材的编写也充分考虑了对学习者能力的培养，体现了教学和育人的结合。教材体系围绕教学目标和培养目标进行编排和呈现，既体现了学科的知识逻辑，也兼及学生对知识的理解和接受，注重培养学生的问题意识和研究能力。《教育社会学概论》(钱民辉，2017 年)一书的撰写就充分考虑了学习者不同学科背景的差异性，认真思考开设该门课程对学生的实际意义，认为"教学目的是让学生在学习多学科知识的同时，获得对知识的组织、管理与运用的能力，这种能力同样也可以运用到其他知识的学习中"②。

二、学理性与实用性并重

新中国成立以来教育社会学教材的编写一方面致力于教学质量的提升，另一方面也使人们对社会与教育之间的关系形成更为全面、深刻的认识，指导并推动着教育实践的发展。在教材建设的过程中，既有对理论的构建和创新、对规律的揭示和把握，又有基于现实基础上的对策研究，以服务于教育改革的客观需求，体现了教材建设与科学研究、人才培养、学科发

---

① 折延东、周超、黄灿灿：《论教材的本质及其重建》，载《课程·教材·教法》，2016(6)。

② 钱民辉：《教育社会学概论》，前言(一)3 页，北京，北京大学出版社，2017。

展的结合。教材内容聚焦于不同类型的教育社会学知识，在社会事实与教育活动的交织中寻找相关课题，明确研究范畴与核心概念，形成了科学完善的理论体系。从研究方法来看，既有涉及定量、定性等具体方法的研究，也有关注研究范式的学科方法论，以及聚焦于思维方式的哲学方法论思考，体现了教材编写的学理性。

教材在内容的选取上充分考虑了学习群体的多样性，既能作为教育学、社会学、教育管理学、教育社会学、教师教育等专业的教材，也能为一线教师和教育管理者的工作提供参考和借鉴。有的教材适宜作为普及社会教育科学的公众读物，有的教材则以教育改革实践为基础，注重提高学生的教育理论素养和教学基本技能，结合中小学教育实际把握基础教育和教师教育改革动态，充分发挥理论对教育实际的指导作用。这一阶段还出版了面向社区工作者的培训丛书，使社区工作者在了解教育社会学基本知识、分析框架的基础上，通过相关案例和具体实践认识社区中教育社会现象的主要内容、表现形式和运作方式，以把握社区教育的基本现象、发展规律和时代脉络。学理性与实用性的结合，不仅推动了教材内容的深化与拓展，而且在师生的交流互动中产生了新的知识。

三、本土化追求与开放性借鉴并行

中国教育社会学的创建与发展，既是西学东渐的产物，也是中西学术对话交流的创造性阐释与构建。从教材的具体内容和对相关问题的分析中，能够看到西方经典社会学理论、教育社会学理论的影响。这些相应的理论与观点或者体现在中国教育社会学教材对学科发展历程的回顾中，或者成为分析现实问题的理论基础。同时，在教育社会学教材建设过程中也逐渐彰显出我国学者的本土情怀，这种本土情怀一方面体现在教材体系的架构和编写旨趣中，另一方面也体现在对中国教育实践的关注上，对教育社会学如何研究、解决教育问题进行了探索。早在1930年，雷通群就提出他的写作宗旨“在使教育社会学成为中国化，用统系的研究法，兼顾理论与实用双方面”①。“该书堪称中国最早的一部具有原创性的教育社会学教材和专

---

① 雷通群：《教育社会学》，例言1页，北京，东方出版社，2013。

著，其‘中国化’特征在书中得到比较充分的呈现。”[①]

教材编写的本土化取向，不仅体现了教育社会学教材的中国特色，而且推动了教育社会学学科体系的构建。“鲁洁老师主编的《教育社会学》是建国后受国家教委委托编写出版的第一本高校文科同类教材，在学科建设方面起到了填补空白的作用。该书为我国教育社会学研究搭建了宏观教育社会学、中观教育社会学、微观教育社会学的学科框架，至今仍然指导着教育社会学研究。”[②]教育社会学教材在编写的过程中，学习西方相关理论是必要且必需的，但同时也要注意，开放不等于全盘拿来和简单移植，而是要结合本国的国情与社会、教育发展实际进行借鉴和应用。在教材建设历程中，教育社会学理论与应用研究在本土化方面都取得了重要进展。不仅重视问题提出、理论构建的本土化，也更加重视教材功能发挥的本土化，即致力于培养中国未来的教育社会学研究者。这些未来的研究者通过对高水平教材的学习，为将来开展高质量的学术研究和实践工作夯实知识基础。在人们已经意识到本土化的重要性，且中国教育社会学发展的自主性、研究的原创性日益增强的今天，教材建设也应更加重视国际贡献度和影响力的提升，这也需要越来越多的教育社会学研究者参与到国际性的学术交流和对话之中。

第四节　新中国成立以来教育社会学教材建设的启示

新中国成立以来的教育社会学教材建设，坚持马克思主义的指导地位，以坚定的政治信仰、深沉的家国情怀和宽广的学术视野把握时代脉动，坚持学科发展与问题研究相结合，坚持历史传承与创新发展相统一，对未来教育社会学的教材建设也具有一定的启示和借鉴意义。

一、坚持马克思主义的指导地位

教育社会学的教材建设应以马克思主义的基本立场、观点和方法指导

① 肖朗、许刘英：《雷通群与教育社会学“中国化”的早期尝试——学术史的视角》，载《华南师范大学学报(社会科学版)》，2011(3)。

② 冯建军、高德胜、赵志毅：《用生命谱写教育学——鲁洁教授学术思想记述》，载《国家教育行政学院学报》，2006(4)。

教材的编写，形成能够反映中国特色社会主义新时代特点的理论体系和思想观点。“新时代建设教材强国，必须坚守教材主阵地，把好育人育才的重要关口，坚持正确的政治方向和价值导向，把培育和弘扬社会主义核心价值观作为凝魂聚气、强基固本的基础工程。”①作为教育社会学教材建设的思想指南和理论基础，马克思主义的生命力不仅表现在自身所具有的真理性，也表现在它们对教育理论研究和教育实践所具有的指导意义。马克思主义中包含着丰富的概念、观点、原理和范畴，蕴含着独特的思维方式和科学的价值取向，对教育社会学的发展具有奠基、引导、批判和整合的功能，对我们从哲学的视角认识教育活动、改造教育实践具有重要的指导作用。“《教育与社会》的作者是一批现在的教师和未来的教师，都是决心献身教育事业的人。在写作过程中，他们力图将马克思主义教育原理、我国社会现实、外国有关材料融于一体。”②

以马克思主义为指导，坚定理论自信、文化自信和学术自信，也有助于我们充分认识教材建设的重要性，深入思考持续变化的社会结构对教育社会学提出的新挑战。“新中国成立后，对马克思主义关于社会发展规律的学说和教育基本问题的探讨，为我国教育社会学的发展奠定了科学基础。”③从对教育社会学的界定来看，“我国则是以马克思列宁主义、毛泽东思想为指导，综合运用社会学和教育学学科理论和方法，对教育与社会的交互作用全面进行探索”④。“《教育社会学新论》以马克思实践唯物主义关于社会历史科学的前提论、起点论和方法论为指导……”⑤“教材建设是中国现代化教育体系的重要组成部分，对教材建设的关切直接关系到党的教育方针和教育目标的有力实现。教材之于中国教育现代化进程的重要性不言而喻，对教材的关注就是对人类文明发展史和社会变革史微观缩影的过程再认。”⑥教材建设在价值引领方面具有基础性作用，应注重教材建设历史逻辑与价值逻辑的统一，以马克思主义为指导进行知识体系建构和理论的阐释与创新，将人类文明新形态、中国发展新道路纳入教材内容，提出具有原创性、标

① 余宏亮：《建设教材强国：时代使命、主要标志与基本路径》，载《课程·教材·教法》，2020(3)。

② 吴铎、张人杰：《教育与社会》，前言2页，北京，中国科学技术出版社，1991。

③ 董泽芳：《教育社会学》，13页，武汉，华中师范大学出版社，1990。

④ 裴时英：《教育社会学概论》，2页，天津，南开大学出版社，1986。

⑤ 傅松涛：《教育社会学新论》，前言3页，保定，河北大学出版社，1997。

⑥ 杨柳、罗生全：《论教材建设的文化逻辑》，载《教育学报》，2021(5)。

识性的概念，打造中国教育社会学教材的建设优势和制高点。

二、坚持学科发展与问题研究相结合

从教育社会学教材的建设进程来看，始终将教育社会学的学科发展与实际问题相结合，体现了理论的与时俱进和问题的“此在性”。陈友松曾在《教育社会学概论》(裴时英)一书的序中写道：“这本书充分体现了开拓者的精神，他基于从事这方面研究的早期经验，并广泛搜集筛选国内外有关资料，著成此编，虽然在教育与社会基本关系上还有待通过一些社会调查，作进一步探索，但这一起步工作是有一定贡献的。这种勇于探索的精神，也是很可贵的。”[①]1993 年，李国榕、杨昌勇在《教育科学研究的新贡献——评鲁洁主编的〈教育社会学〉》中指出，该书的出版为建立具有中国特色的教育社会学作出了可喜的贡献，而对于宏观层面的农科教结合等课题，微观层面的隐蔽课程、非正式群体、学生同伴作用等问题仍需开展专题化探究。同时，《教育社会学》的学科体系需进一步完善，“课程社会学”与“课堂教学社会学”等内容亦需增加。[②] 时至今日，上述问题均取得了不同程度的进展，充分体现了我国学者在教育社会学教材建设过程中的探索精神与学术追求。

教育社会学教材的编写始终聚焦我国教育改革发展过程中面临的重大理论问题与实践问题，深入开展研究，充分发挥了理论的解释力和影响力。这是由教育社会学的现实性所决定的，这一特点决定了教育社会学从创建之日起，就不仅仅是象牙塔里的学问，而是与社会变迁中丰富生动的教育现实交织在一起，既关注教育决策的制定、教育制度的出台，也关注教育场域中的师生互动、课程实施的具体细节。有的著作主要就是基于问题而展开研究的，如《教育社会学》(1992 年，金一鸣)一书，作者在前言中写道：“由于我们并不想写一本教育社会学的教科书，所以，也就没有按教育社会学的体系辟专章论述教育社会学的研究对象和研究方法之类的问题，而只是就一个一个问题写下来的。”[③]教育社会学当前需要重视的六类研究主题分别是家庭和社区研究、学生日常生活社会学研究、中国教育的历史社会学

---

① 裴时英：《教育社会学概论》，序，天津，南开大学出版社，1986。

② 参见李国榕、杨昌勇：《教育科学研究的新贡献——评鲁洁主编〈教育社会学〉》，载《南京师大学报(社会科学版)》，1993(2)。

③ 金一鸣：《教育社会学》，前言 4 页，南京，江苏教育出版社，1992。

研究、教育技术社会学或网络教育社会学研究、文化及个体性与社会化研究、教育政策社会学研究。[①] 教育社会学的教材建设应关注社会变迁中的教育问题，强化学术意识和实践意识，以综合性、整体性、现实性的学科视角开展研究，进一步提高教材编写的质量和水平。

三、坚持历史传承与创新发展相统一

中国教育社会学教材建设应坚持历史传承与创新发展相统一，一方面应基于传统，实现对已有成果的创造性转化和创新性发展。教育社会学虽是一个舶来品，但它在中国创建之始，就天然地与中国的文化传统和学科传统血脉相连。中国教育社会学教材的建设历史，也是教育社会学作为一门学科在中国产生发展的历史。因此，我们也应重视中国教育社会学通史的研究。21 世纪，人们对重建后的教育社会学进行回顾和反思，目的在于“一是理清脉络，基于历史事实，展现学科发展迄今为止的基本面目。二是寻找启示，基于历史经验阐明学科下一步发展所需解决的主要问题”[②]。这既说明了回溯学科发展史的必要性，也反映出经典著作本身的重要性。研读经典的目的在于利用已知探索未知，重新发现其价值与意义。这就需要对存于其中的代表性人物及其观点进行梳理与总结。在此基础上，透过历史的帷幕揭示教育社会学的知识谱系和发展轨迹。

另一方面应着眼未来，把握好中国教育社会学的发展方向。“中国大陆教育社会学发展走向，至少应该注意以下四方面：如何体现其既区别于一般社会学又区别于教育学的学科独特性；如何处理理论研究与经验研究，以及量化研究与质化研究的关系；如何对西方教育社会学的研究成果进行价值定位；研究应该专于认识问题，还是应同时对其进行改造。”[③]教材建设需要历史与现实的有机结合，如果没有对中国教育社会学发展历程的回顾，就会使教材的编写缺乏来自积累与继承的历史底蕴。如果没有对创新的追

---

① 参见马和民、何芳：《中国教育社会学面临的问题及取舍》，载《教育研究与实验》，2007(1)。

② 吴康宁：《当前我国教育社会学发展的三个基本问题》，载《教育研究与实验》，2008(6)。

③ 张人杰：《中国大陆教育社会学的二十年建设(1979—2000 年)》，载《华东师范大学学报(教育科学版)》，2001(2)。

求与期待，历史的回顾也可能只囿于史料的堆积。为此，教育社会学的教材建设应体现发展的继承性、问题的“此在性”和理论的创新性。教育社会学的综合性使其研究内容不仅涉及教育与文化、经济、政治等其他子系统之间的关系，而且结合具体问题形成了如学校社会学、课程社会学、课堂教学社会学、家庭社会学、教育改革社会学等分支研究领域。教育社会学的这种综合性特征为其应对复杂的教育问题提供了诸多可能，在吸收、借鉴相关学科的理论观点和研究方法中发挥着独特的学科优势。

新中国成立以来，教育社会学教材的建设历程跌宕起伏，有停滞不前的沉重与无奈，也有繁荣发展的成就与进展，有令人深思的教训，也有催人奋进的经验与启示，体现了一代又一代学人在不同阶段所做出的不懈努力。在这种努力中，我们看到了教育社会学在教育学大家族中的价值与意义。它向我们展示了一个独特的教育世界，这样说并不是刻意凸显其重要和特殊，而是基于教育社会学的学科之眼和想象力，对时代提出的教育新课题加以探索和解决。坚持教研结合，在承继传统中实现古今贯通，在开放交流的基础上达至中西会通。加强对教育社会学发展历程、研究方法，以及比较教育社会学、西方教育社会学等方面的研究，在理性思考中彰显教材编著的客观性、逻辑性和科学性，在直观体验中彰显教育教学的主体性、现实性和人文性，及时记录、反映、传播本学科的前沿知识与研究动态。教育社会学的教材建设，应以完善的体系、丰富的内容、深刻的思想，承担起培养人才、推动学科发展的基础性作用，服务于中国特色现代教育学体系的构建、服务于学习型社会和终身教育体系的建设。

第十八章　新中国成立以来教育经济学教材建设

教育经济学主要运用经济学的理论方法，研究教育与经济的关系及教育领域的经济现象，是融合经济学、教育学、管理学等多学科的一门新兴交叉学科。教育经济学教材建设情况可以帮助学生更全面地认识教育经济学、更深刻地了解教育学，形成对教育学的总体认知。新中国成立以来，中国教育经济学不断从幼稚走向成熟，在广大国内学者的不断努力下，教育经济学教材建设成就显著。为促进教育经济学教材的进一步建设，有必要系统回顾新中国成立以来的教育经济学教材建设的发展历程，总结教育经济学教材建设取得的成就和经验，以期为教育经济学教材的新建设提供借鉴和启示。

第一节　新中国成立以来教育经济学教材建设历程

教育经济学形成于20世纪五六十年代的西方国家，20世纪80年代逐渐被引入我国。① 新中国成立以来，中国教育经济学教材建设经历萌芽期(1981—1990年)、发展期(1991—2000年)、个性化探索期(2001年至今)三个阶段，涌现出邱渊、厉以宁、杨葆焜、王善迈、靳希斌、范先佐、闵维方等一批教育经济学者，形成了许多代表性教材，为我国教育改革提供了理论参照。

一、教育经济学教材建设的萌芽阶段(1981—1990年)

20世纪70年代开始，教育经济学作为一个学科从西方和苏联引进。因此，高等院校使用的教育经济学课程教材初期主要是在借鉴了苏联和欧美

---

① 参见陈平水、王雪娟：《中国教育经济学教材内容体系现状研究》，载《教育研究》，2006(7)。

等西方发达国家的教育经济学教材基础上形成的，教材的内容与学科体系都受到苏联和北美、西欧的影响。①

20 世纪 80 年代是教育经济学的萌芽时期。在引入苏联和西方发达国家教育经济学教材的同时，国内学者开始了对本土教材的特色探索。此阶段教育经济学教材建设的主要特点：第一，教材体系构建形成雏形；第二，教材内容以介绍国外理论为主；第三，研究主题相对有限；第四，内容的理论深度及方法的科学性不够规范。总体来看，此阶段的教育经济学教材凸显宏观层面教育经济学的分析。从教材的研究范畴看，核心的内容有教育经济学学科建设、人力资本理论、教育成本与收益、教育经费投入、教师劳动与报酬等。这一时期的主要教育经济学教材见下表。

萌芽阶段，苏联和西方教育经济学教材的翻译、引进为教育经济学教材建设奠定了良好的基础。学习的主要译著教材有英国学者约翰·希恩所著的《教育经济学》(1981 年)，苏联学者科斯坦扬主编的《国民教育经济学》(1981 年)、伊万诺夫编著的《职业技术教育经济学》(1982 年)、达依诺夫斯基编写的《高等教育经济学》，印度学者马久姆达编著的《新教育经济学导论》，美国学者科恩编著的《教育经济学》(1989 年)、布劳格的《教育经济学导论》(1989 年)等。②

1983 年 12 月，全国教育经济学研究会筹备组编写的《教育经济学概论》出版，一般可以认定此书的出版标志着我国教育经济学学科诞生。③ 20 世纪 80 年代中期以后，教育经济学在教材建设、科学研究、社会服务等方面都取得了一些有重大影响的成果，教材方面的成果更为丰富，主要代表性教材有：厉以宁编著的《教育经济学》(1984 年)，这是我国最早的教育经济学正式版本，具有开创性的意义；杨葆焜主编的《教育经济学》(1989 年)，是 80 年代具有代表性的较系统的教育经济学教材；蒲心文编著的《教育经济学初步》(1985 年)；王善迈主编的《教育经济学概论》等。除此之外，全国教育经济学研究会(筹)编写组编写的《教育经济学概论》(1983 年)、北京师范大学教育经济学研究组编写的《教育经济学讲座》(1982 年)和教育系研究组编写的《教育经济学》(1984 年)也对中国教育经济学的发展具有启蒙作用。

---

① 参见李承武：《对教育经济学教材构建的探索》，载《西南师范大学学报(哲学社会科学版)》，1996(4)。

② 参见王玉崑：《中国教育经济学研究 20 年》//《2004 年中国教育经济学学术年会论文》(二)，103～144 页，2004。

③ 参见崔玉平：《中国教育经济学学科发展的特点与机遇》，载《教育与经济》，2014(2)。

20 世纪 80 年代教育经济学教材

	作者	教材名	出版社	年份
译著	[英]约翰·希恩 郑伊雍译	《教育经济学》	教育科学出版社	1981
	[苏]科斯坦扬 孙夏南等译	《国家教育经济学》	吉林人民出版社	1981
	[印]马久姆达 王铁生译	《新教育经济学导论》	中国财政经济出版社	1987
	[英]M·布劳格 韩云等译	《教育经济学导论》	春秋出版社	1989
编著	北京师范大学教育 经济学研究组编	《教育经济学讲座》	北京师大教育系	1982
	全国教育经济学研究会(筹) 《教育经济学概论》编写组编	《教育经济学概论》	青海人民出版社	1983
	林文达(中国台湾)	《教育经济学》	三民书局股份有限公司	1984
	厉以宁	《教育经济学》	北京出版社	1984
	北京师范大学教育系 《教育经济学》研究组编	《教育经济学》	北京师范大学出版社	1984
	盖浙生(中国台湾)	《教育经济学》	三民书局	1985
	蒲心文	《教育经济学初步》	四川人民出版社	1985
	孟明义	《教育经济学通俗读本》	宇航出版社	1986
	杨葆焜	《教育经济学》	华中师范大学出版社	1989
	王善迈	《教育经济学概论》	北京师范大学出版社	1989
	邱渊	《教育经济学导论》	人民教育出版社	1989

二、教育经济学教材建设的发展阶段(1991—2000 年)

20 世纪 90 年代是教育经济学的发展时期。此阶段，国内教育经济学研究者大量涌现，教育经济学的研究成果持续丰富，出版形成了一批高水平的教材，教材建设方面的主要特点是：涌现出以王善迈、范先佐和靳希斌为代表的教育经济学经典教材，为教育经济学教材的本土化发展和高质量建设开启了良好局面。①

① 参见陈平水、王雪娟：《中国教育经济学教材内容体系现状研究》，载《教育研究》，2006(7)。

在发展阶段，教育经济学教材的研究领域迅速扩展，理论深度逐步加深，实证研究方法的运用更加规范，教材内容体系架构基本成型。中国教育经济学研究有比较强的问题意识，侧重反映研究中国教育改革与发展中的教育经济问题。比如，改革开放提出市场经济后，有关教育经济、市场经济的关系引发学界广泛关注。杨葆焜、范先佐、靳希斌和于清涟等学者在其教材中对教育与经济的关系问题进行了分析介绍。20 世纪 90 年代，有关教育经费投资比例、教育市场经济、教育高新技术发展、教育资源配置公平等热点问题的研究逐渐被王善迈、靳希斌等纳入教材之中。

国内的一些教育经济学代表性教材有一定的发行量，反映出教育经济学的影响力在逐渐增强，这些教材有些成为教育经济学的经典教材，大致反映出此阶段教育经济学整体发展较快，为教育经济学的知识体系构建和人才队伍建设作出了巨大贡献。

发展阶段的主要代表教材有王善迈编写的《教育投入与产出研究》(1996 年)和《教育经济学简明教程》(2000 年)、范先佐主编的《教育经济学》(1999 年)、靳希斌编著的《从滞后到超前——20 世纪人力资本学说·教育经济学》(1995 年)、杨葆焜、范先佐编写的《教育经济学新论》(1995 年)等。

20 世纪 90 年代教育经济学教材

	作者	教材名	出版社	年份
译著	[英]G·B·J·阿特金森．鲍怡军、杜作润、施穆、林荣日译	《教育经济学引论》	同济大学出版社	1991
编著	杨葆焜、范先佐	《教育经济学新论》	江苏教育出版社	1995
	靳希斌	《从滞后到超前——20 世纪人力资本学说·教育经济学》	山东教育出版社	1995
	王善迈	《教育投入与产出研究》	河北教育出版社	1996
	靳希斌	《教育经济学》	人民教育出版社	1997
	范先佐	《教育经济学》	人民教育出版社	1999
	王善迈	《教育经济学简明教程》	高等教育出版社	2000

三、教育经济学教材建设的个性化探索阶段(2001年至今)

21世纪以来，教育经济学的研究成果极大地丰富起来，个性化著作大量涌现。这一阶段教材建设的主要特点是发行量大、影响力广且更具个性化。除此之外，教育经济学教材也呈现出研究视角日益多样、研究内容日渐丰富、研究方法不断完善、与国际接轨日益紧密的特点，有力地推动了教育经济学教材建设的完善。

个性化是指在研究兴趣的基础上，研究者结合自己的优势，以独有的研究视角和方法编写教材，构建具有个性特色的体系结构，不再受已有教材体系的束缚。20世纪90年代末以来，范先佐、靳希斌等学者编著的教材将教育市场化、产业化等热点问题融入教材中，教材体系不断完善、与时俱进。用独特的研究视角对热点问题进行专门化研究，使教育经济学教材体现个性化和时代性特征。

这一阶段编写的影响较大的教材包括刘志民的《教育经济学》(2007年)，林荣日的《教育经济学(第2版)》(2008年)，张学敏、叶忠的《教育经济学》(2009年)，范先佐的《教育经济学新编》(2010年)等。对我国教育经济学影响较大的译著教材有英国学者克里夫·R. 贝尔菲尔德的《教育经济学：理论与实践》(2007年)，美国学者埃尔查南·科恩、特雷·G. 盖斯克的《教育经济学》和多米尼克·J. 布鲁维尔、帕崔克·J. 麦克伊万的《教育经济学》。

21世纪以来教育经济学教材

	作者	教材名	出版社	年份
译著	[英]克里夫·R. 贝尔菲尔德 曹淑江译	《教育经济学： 理论与实践》	中国人民大学出版社	2007
译著	[美]埃尔查南·科恩、 特雷·G. 盖斯克 范元伟译	《教育经济学》	格致出版社 上海人民出版社	2009
译著	[美]多米尼克·J. 布鲁维尔、 帕崔克·J. 麦克伊万 刘泽云、郑磊、田志磊译	《教育经济学》	北京师范大学出版社	2017

续表

	作者	教材名	出版社	年份
编著	刘志民	《教育经济学》	北京大学出版社	2007
	林荣日	《教育经济学》	复旦大学出版社	2008
	范先佐	《教育经济学》	中国人民大学出版社	2008
	靳希斌	《教育经济学（第4版）》	人民教育出版社	2009
	张学敏、叶忠	《教育经济学》	高等教育出版社	2009
	范先佐	《教育经济学新编》	人民教育出版社	2010
	范先佐	《教育经济学》	人民教育出版社	2019
	闵维方、马莉萍	《教育经济学》	北京大学出版社	2020

第二节　新中国成立以来教育经济学教材建设的成就

20世纪80年代以来，中国教育经济学逐渐由国外借鉴转向本土探索，由边缘学科变成有影响力的学科，由幼稚走向成熟，为中国的教育改革和发展作出了重要贡献。经过四十多年的发展，中国教育经济学取得了一系列成就，具体表现为研究主题基本明确、公认逻辑与个性化探索相结合、研究主题与时俱进、反映世界水平等。

一、研究主题基本明确

经过四十多年的发展，中国教育经济学教材建设已经从稚嫩走向初步成熟，其研究对象、研究方法、理论基础、研究主题及内容体系日益明确和完善，教育经济学教材的充盈不断为教育经济学学科建设添砖加瓦。迄今为止，教育经济学的研究主题在丰富中日渐清晰，这同样也促进了教材研究主题的明确。

新中国成立以来，我国教育经济学教材的研究主题主要有：学科的形成与发展；学科的基本问题(包括学科性质、研究对象、研究方法、研究问题及内容体系等)；学科的基本理论；教育与经济的关系(包括教育与经济的相互关系及其作用机制、教育与经济增长、教育与人力资本形成、教育与就业、教育与劳动力市场、教育与消费、教育体制与经济体制的关系等)；教育供给与需求；教育投入与产出(包括教育投入及其来源、教育资源配置方式、教育投入的充足、效率与公平、教育生产函数等)；教育成本与收益(包括教育成本及其分担、教育的规模经济与范围经济、教育的内外部收益、教育投资风险等)；教育财政(教育经费的筹集、分配、使用、管理与监督，教育收费、教师薪酬、学生资助等)；教育制度与体制(包括教育产权、教育制度与体制改革等)；教育预测与规划(教育发展规划、教育发展战略、学校布局规划等)。

二、公认逻辑与个性化探索相结合

在教育经济学教材体系的探索过程中，我国学者立足于本国发展现状，在学习和借鉴西方教育经济学研究成果的基础上，越来越清晰地梳理出教育经济学研究的主要问题，构建了基本完善的教育经济学教材内容体系。经过我国学者的不断探索创新，教育经济学教材在与国际接轨的同时，越来越符合本国发展需求，越来越具有个性化。因此，教材内容结构既反映了国内外公认逻辑，也体现了个性化研究。

一方面表现在教材具有鲜明的时代特征，对中国现实问题进行了专门研究和论述。1992 年，构建社会主义市场经济体制首次在我国提出，这一热点迅速成为教育与市场经济之间关系研究的重点，杨葆焜、范先佐、靳希斌和于清涟等都在其教材中对这一问题进行了专门的研究和论述，这些研究在教材中的体现使教育经济学教材更具本土特色和时代特征。

另一方面表现为教材体系、结构的变化。比如在 20 世纪 90 年代出版的《教育经济学新论》(1995 年)中，杨葆焜、范先佐就不再局限于以往教材的框架，结合自己的研究结果构建了新的教材体系。再如靳希斌 1997 年版和 2000 年版的教材，体现出市场经济的基本特征和时代特点。

三、研究主题与时俱进

随着社会的变迁和经济环境的变化，教育经济学教材紧跟学科热点，研究主题与时俱进，内容体系不断完善充实。建立社会主义市场经济体制提出以来，教育与市场经济间的关系引起了教育经济学学者的关注，我国一些有影响力的学者在编著教材过程中纷纷增添了这方面的内容，杨葆焜、范先佐、靳希斌、于清涟等就是这部分学者的代表，其教材均对此热点进行了专业论述。中国加入世界贸易组织(WTO)后，教育服务观念逐渐为人们所知和认同，“教育服务产品”“教育服务是知识服务业”“开放教育服务市场”“教育服务贸易”“国际教育服务贸易”“教育服务能力”“教育服务优势”等概念和观点纷纷提出，这些观点也使教育经济学教材不断充实。

作为处于经济和社会转型期的发展中国家，我国各阶段的教育在国家的大力支持下发展迅速。教育经济学作为新兴学科，不仅大力借鉴外来优秀成果，而且直面我国的教育经济问题，研究主题不仅囊括世界热点话题，更专注本土实际，教育经济学教材作为最有效的教育经济学知识传播途径之一，必然与学科接轨，研究主题既体现国际特点，又具有本土特色，与时俱进。

四、反映世界水平

“中国教育经济学虽然起步较晚，但开端良好，发展迅速。”[①]新中国成立初期，教育经济学教材绝大部分是照搬苏联理论，随着我国教育的大力发展，我国学者在结合当前中国教育实际的基础上形成新的理论，与此同时，教育经济学教材仍在不断吸收借鉴外来优秀成果，不但具有本国特色，而且反映了世界水平。国内学者应用教育经济学理论对中国的教育经济问题进行了初步研究，如邱渊、厉以宁、杨葆焜、王善迈、韩宗礼等对教育与社会主义经济建设的关系、教育投资比例、教育成本等问题进行了研究，这些在其编著的教材中均有体现。

21世纪以来，中国教育经济学教材发展呈现出蓬勃之象，研究成果更为丰富。这同国际上的学术趋势相一致，教育经济学的跨学科特征越来越明显[②]，如行为经济学、新制度经济学与教育经济学的交叉融合为教育问题的研究提供了新视角，这在张学敏、叶忠、范先佐等编著的教材中均有体现。教育需求、教育与经济发展的关系、薪酬问题、人力资本等是国际教

① 陈晓宇、麻嘉玲：《改革开放40年中国教育经济学的发展与成就》，载《教育与经济》，2019(2)。

② 参见闵维方：《中国教育经济学的研究成就与面临的发展任务》，载《教育经济评论》，2020(2)。

育经济学研究热点和前沿问题①，教育经济学教材也越来越重视这些问题的论述，如刘志民在2017年出版的《教育经济学》教材注重教育与人力资本及教师劳动报酬的论述，对接国际研究热点。

此外，学术论文、学术会议也成为教育经济学国际交流的载体，为教育经济学教材建设提供了便利。如1985年创刊的《教育与经济》杂志积极进入国际学术市场，在美国、英国、法国等国家公开发行，扩大了我国教育经济学的国际影响力。同时，中国教育经济学会定期举办的全国性学术研讨会，以及地方教育经济学会不定期举办的研讨会，成为国内教育经济学家交流的重要平台和依托。除此之外，部分高校和一些教育行政部门牵头召开的国际教育经济学研讨会，为中国教育经济学提供了国际交流的机会。这些都为教育经济学教材的编写提供了重要参考，提高了教育经济学教材的国际水平，扩大了教育经济学的国际影响力。

第三节　新中国成立以来教育经济学教材建设的经验

基于对新中国成立以来中国教育经济学教材建设的历史和表现的分析，我们认为教育经济学教材建设的经验主要有以下四个方面。

一、坚持中国共产党的领导和马克思主义

教育经济学教材的主要特点是以马列主义和毛泽东思想为导向。教育经济学教材侧重从教育科学的角度研究教育经济学的理论基础，主要内容包括马克思、恩格斯、毛泽东和邓小平关于社会再生产和教育的理论。

教材建设“需要在知识信息中隐含反映国家意志、价值标准、行为准则等具体思想的东西”②。教材建设所体现的国家意志，与党和国家的思想观念是紧密联系在一起的。坚持党和国家在编写教材中的政治立场，贯彻党的教育方针，加强党对编写教育经济学教材的思想领导，在编写教材时始

---

① 胡咏梅、李佳哲：《21世纪以来国内及国际教育经济学研究的热点与前沿问题——基于〈教育与经济〉与Economics of Education Review的知识图谱分析》，载《教育与经济》，2018(2)。

② 李津：《试论教科书编制中的工匠精神：“善”统御下的“真”“美”之旅》，载《中国编辑》，2018(4)。

终沿着党领导下的正确方向前进，以马克思主义思想为指导，树立正确的政治领导方向。

二、吸收借鉴西方优秀成果

教育经济学肇始于西方，中国教育经济学的起步首先要参考和引进国外教育经济学研究成果。20 世纪 80 年代的中国教育经济学，坚持马克思主义指导和社会主义方向，以批判性介绍国外教育经济学理论为主，对中国教育经济学问题进行了初步探索，涌现出一批译著介绍国外教育经济学研究成果，如贝克尔的《人力资本》(1987 年)、马久姆达的《新教育经济学导论》(1987 年)、马克・布劳格的《教育经济学导论》(1989 年)。此后，中国教育经济学积极自主探索，在借鉴国外教育经济学的同时，建构自己的教育经济学，为中国教育经济学学科的发展开了一个好头，出版了大量的教材，出版了少量的专著。

教育经济学研究的理论和实践自中国本土学术体系建立以来不断深化，对教育经济学的理论探索与实践经验也不断丰富。这也是一个参考和整合西方教育经济学理论和实践的发展过程。因此，要继续吸收借鉴西方优秀教育经济学成果，为本土化教材建设提供经验。

三、注重本土化探索

“我国的教育经济学并不是一味拿来的‘舶来品’，而是本土内生的，具有超前的理论灵魂和鲜明的民族特质，表现出独有的中国气派和中国风格。”①教育经济学传入中国后，许多学者为推动教育经济学在中国的产生和发展取得重大成果，致力于教育经济学学科本身的建设，对学科建设中的各种关键问题进行了有价值的研究。② 教育本土化理论已成为发展中国家乃至世界教育研究领域在教育全球化浪潮下的重要课题。

总而言之，教育经济学领域的教材创作遵循进化发展的逻辑，从借鉴

① 李祖民：《“教育经济”源流考——兼论我国教育经济思想的“学科化”》，载《教育与经济》，2022(3)。

② 参见侯怀银、王雪娟：《20 世纪教育经济学学科建设的本土探索》，载《山西师大学报(社会科学版)》，2008(6)。

到创造，从研究到教学，从经验到实践。中国独特的国情使其成为教育经济学研究不可缺少的试验场。中国教育经济学研究者随着经济体制改革和教育改革的不断深化，研究领域不断扩大，理论和研究方法不断更新，更符合中国实际、更具中国特色的教育经济学研究逐步显现，中国元素不断丰富，与中国教育经济发展实际紧密联系。随着经济体制改革和教育改革的不断深入、研究领域的不断拓展、理论和研究方法的不断更新、中国元素的不断丰富以及中国教育经济发展与实际联系日益紧密，中国的教育经济学研究体系逐渐显现出更符合中国实际、更具中国特色的发展特点。也就是说，以学习和采用西方的教育经济学研究为基础，中国的教育经济学研究在经历了从引进到移植再到适应的过程之后，完成了中国化的历史过渡。① 当前，中国教育经济学的任务是创造性地将国际理论视野和中国问题意识融入研究思维，走中国发展的道路，构建中国教育经济学的话语体系和理论观念，真正孕育出中国大地上的教育经济学理论。②

四、进行国内外学者的交流比较

开展国际学术交流与合作研究，在学科建设和人才培养方面无疑扮演着重要角色。在教育经济学领域，就学术成果上而言，已有数十部国外专著和教材被翻译出版，不少国外学者的学术文章在国内期刊上发表，也有越来越多的中国学者的学术文章发表在国外的知名期刊上。在学术交流方面，众多双边和多边国际学术会议都有我国的研究机构和学者主办和出席，形成了规模庞大的学术交流。在共同研究领域，无论是相关国际组织，还是高等教育机构，都从多角度对教育经济学的理论问题和中国问题进行了探讨，与中国建立了一种普遍的互助关系。在人才培训和交流方面，既有“请进来”，也有“走出去”，国外知名学者来中国讲学、开学术课程，本土学者到国外讲学、开设学术课程，对国外进行学术访问。同时，“归国人员”在研究团队中的占比不断提高。在中国，学术交流以及利用传媒和网络传递相关资讯已经非常普遍。

---

① 参见李桂荣、苏泽：《我国教育经济学研究的演进历程、逻辑及未来展望》，载《高校教育管理》，2019(3)。

② 参见吴开俊：《21世纪初教育经济学研究主题探要》，载《广州大学学报》(社会科学版)，2010(7)。

加强学术交流和联合攻关，将继续发挥重要作用。利用国外先进的研究成果和方法编写教育经济学教科书，以及促进教育经济学学术体系的发展仍是重要方法。

第四节　新中国成立以来教育经济学教材建设的启示

经过四十多年的发展，中国教育经济学发展成绩斐然，为世界教育经济学的发展和我国的教育发展作出了重要贡献。未来一段时间内，我国要在全面建成小康社会的基础上基本实现社会主义现代化，加快教育现代化，实现建设教育强国的战略目标。教育发展乃至经济社会发展所面临一系列难题和挑战，均需要中国教育经济学的强力支持。因此，中国教育经济学应继续以马克思主义为指导，继续吸收西方最新理论成果，继续加强中国特色的教育经济学教材建设，继续在比较交流中开拓创新。

一、教育经济学教材建设必须坚持以马克思主义为指导

在教育领域，教材是渗透、传播和塑造党和国家意识形态的重要手段，占据着重要地位。教材的思想性“体现了党和国家对人才教育的总体要求，反映了党和国家对人才教育的意志和思想”①。这表明，教材的意识形态与党和国家的人才培养目标密切相关，直接影响学生对传授的意识形态的接受和认同程度及其效果。

因此，要以马克思主义思想为指导，加强党在教材编写中的导向作用，使党的主张、思想和国家意志在教材编写的各个环节得到全面贯彻。在编写教材时，要坚守党和国家的政治立场，把握立场鲜明的政治方向，使学生通过对教材的学习达到对党和国家的认同，正确把握和理解党和国家的方针、路线。

在中国的统一教材建设中，“党的领导和国家的重视是统一教材政策的根本保证，要充分体现党和国家的政治思想、意识形态和核心价值观”②。

---

① 田慧生：《新时代教材建设的若干思考》，载《课程・教材・教法》，2019(9)。

② 田慧生：《新时代教材建设的若干思考》，载《课程・教材・教法》，2019(9)。

二、注重吸收西方最新理论成果

借鉴和吸收国外科学和先进成果是学术研究和学科建设的必要过程，也是教材建设中的必经之路。就教育经济学而言，既有理论和方法，也有普适性价值和非普适性价值的部分，我们的目标是发展中国自己的理论和方法，将具有普遍价值的外国理论和方法中国化，并在此基础上建立中国式的教育经济学学术体系。

必须独立思考，才能有所创新。为此，需要处理好借鉴和创新之间的关系。创新的必要前提是对国外的研究成果有充分的把握和借鉴，开拓与创新才是目的所在。对他人和前人的研究成果披沙拣金、去芜存菁，发现问题、解决问题，是基于独立思考之上的创新。要创新，就必须自己思考，从他人和前人的研究成果中排除谬误，发现并解决问题。此外，在教育经济学学术体系尚未建成的情况下，创建中的教育经济学学术体系，更需要自主创新。

三、加强中国特色的教育经济学教材建设

中国教育经济学自诞生以来，就非常重视教材的撰写和学科体系的创设。尽管中国教育经济学教科书和学术体系具有很强的兼容性，但教育经济学是一门应用学科，与实践紧紧关联，不可能独立于社会实际而存在，在发展过程中，教育经济学学科体系逐渐形成了一些中国特色。但总体来看，中国教育经济学在话语体系和内容体系上，仍然存在明显地移植西方经济学的痕迹，这导致中国教育经济学在国际交流和对话中处于弱势地位，对一些本土教育问题的解释力和解决力不强。因此，必须加强中国教育经济学的本土化建设，按照中国模式、中国风格和中国特色来建设教育经济学。

中国特色的教育经济要形成自己的视野，呈现自己的价值，在世界教育经济领域占有独特的地位，就必须构建自己的思想理论体系，建立中国式的教育经济研究。所以，加强具有中国特色的教育经济学教材建设，应该扎根于中国的文化土壤和教育实践。鼓励百家争鸣，培育教育经济学派，具有浓郁的中国特色。① 要充分挖掘中国古代的教育经济思想和教育经济话

① 参见刘志民、王云鹏：《我国教育经济学研究的现状、问题与前瞻——从 2008 年中国教育经济学年会暨首届教育经济学研究生学术论坛谈起》，载《教育与经济》，2009(2)。

语，理解和传承中国的文化，坚持丰富和贯彻马克思主义和中国特色社会主义的教育经济思想，打造教育经济学的中国风格。要立足中国的教育实践，研究具有中国特色的教育问题，在教育实践中形成教育经济学的中国气派。除此之外，还要加强教育经济学人才培养，为教育经济学建设不断注入新鲜血液。

四、不断在比较交流中开拓创新

经过四十多年的发展，中国教育经济学的研究对象和研究主要问题已经比较清晰，国内涌现出不少教育经济学教材构建的方案。然而，与全球最高标准相比，在研究内容、研究系统和研究范式方面仍有差距。创新对经济发展将起到重要的推动作用。① 未来一段时间内，中国教育经济学教材体系的构建，不仅需要继续探索新的内容体系，更重要的是，要加强各种教育经济学学科体系间的交流比较，不断创新。

第一，要着力于加强学术交流，提升我国教育经济学在国际上的知名度和号召力，促使中国教育经济学的理论结构在国际教育经济学的通用知识体系中占有一席之地，使我国学者的研究成果在国外刊物上刊登得越来越多、越来越广。第二，要明晰国际惯例的学术标准，重视微观研究，丰富实证研究，注重案例研究和联合研究，拉近与国际高水平的距离，使中国教育经济学走向世界舞台②。第三，为了建立中国教育经济的内容体系，有必要尝试超越经济学和教育学的内容框架。加强学科研究的交叉融合，寻找学科研究发展的新生长点③，“教育经济学有必要在经济学和教育学之外寻找新的思想源泉”④。

---

① 参见丁小浩、由由：《中国教育经济学的发展、挑战和愿景》，载《教育经济评论》，2018(1)。

② 参见李桂荣：《改革开放 30 年中国教育经济学之回顾与展望》，载《教育研究》，2009(6)。

③ 参见李桂荣、苏泽：《改革开放 40 年中国教育经济学的研究热点》，载《中国教育科学》，2019(1)。

④ 参见张学敏、陈星：《中国教育经济学影响力的成就、问题与发展探索——研究立场的视角》，载《教育经济评论》，2019(6)。

第十九章　新中国成立以来教育管理学教材建设

积极探索教育管理学教材建设工作可以更好地推动教育管理学的发展。教育管理学教材建设既是教育管理学学科发展的必然要求，又是教育学课程教学的重要议题之一。中华人民共和国成立以来，教育管理学的教材建设取得了重要成效，为了教育管理学教材的进一步建设，我们有必要对新中国成立以来的教育管理学教材建设历程进行回顾，分析教育管理学教材建设取得的成就和积累的经验，进而为教育管理学教材未来的建设提供借鉴和启示。

第一节　新中国成立以来教育管理学教材建设历程

自20世纪初教育学被“移植”到中国以来，伴随着教育管理学学科的发展以及教育管理学课程的改革，教育管理学教材历经多次沿革和建设，取得了长足的进步。未来教育管理学教材的建设，需要以历史为基奠。梳理新中国成立以来教育管理学教材建设的情况，以其发展的知识体系建设和成果产出等为依据，大体上可划分为四个阶段，并对每个阶段的特征进行分析和总结。

一、艰难起步阶段(1949—1977年)

中华人民共和国成立之后，教育行政领导权的性质从根本上发生了变化，教育行政系统自上而下得到建立，与此同时，相关部门制定了管理制度，对学校进行改革，并出版有关学校管理的书籍。① 此阶段模仿苏联教育

① 参见李旭、侯怀银：《20世纪我国教育管理学学科建设的本土探索》，载《山西大学学报(哲学社会科学版)》，2011(6)。

管理学科的教材出版，以“教育行政学”“学校管理学”命名的教育管理学教材都有出版，据笔者统计，本阶段出版的教育管理学教材总计为8本，其类型及数量如下(见图19-1)。

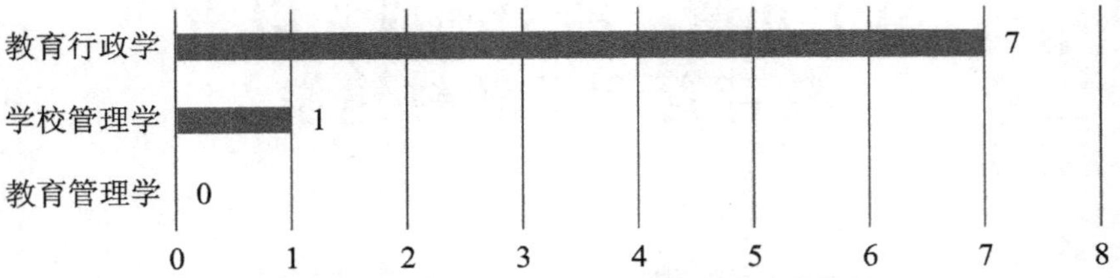

图19-1　1949—1977年出版的教育管理学教材

该阶段，教育管理学教材建设主要呈现以下两方面的特点。

第一，教育管理学教材内容突出“专门人才”培养需求。

新中国成立之初，为了专门人才的培养，国家各种教材以自编为主且多借鉴参考苏联，具体到教育管理学教材建设则聚焦于“教育行政”。教育管理学教材主要运用马克思主义的相关知识论述问题，并分析问题，进而解决问题，反映出我国社会主义现代化建设的实际情况和现实需要。[①] 具有代表性的如常导之、李季开编著的《教育行政》(1949年)，程今吾编著的《延安一学校》(1949年)，郭林编著的《学校行政和管理讲座》(1959年)，李聪明编著的《教育事业的经营管理：教育行政学概要》(1977年)等。

第二，教育管理学教材建设与学科、课程、专业建设关系疏离。

该阶段，教育管理学的教材建设操作性强，教育管理学学科建设的薄弱无法支撑教材建设，课程建设与教材建设相对单一。20世纪50年代我国开始学习苏联，但是教育管理仅作为教育学学科的一部分内容。[②] 这在一定程度上影响了教育管理学学科的发展以及教育管理学教材的编写。在“文化大革命”期间，包括教育管理学在内的整个教育学发展陷入了无专业、无组织、无人员、无著述的研究停滞期。尽管如此，在“文化大革命”的特殊时期也取得了一些成绩和成果，如华中师范大学教育系在湖北省教育厅和武汉市教育局的大力支持下，曾组织人力编写了一本《学校管理与领导》。[③] 总体而言，本阶段“教育管理学”教材出版的数量较少，教育管理学学科的发

① 参见李辉：《我国高校教材建设的历史回顾》，载《江苏高教》，2019(1)。

② 参见刘问岫：《教育行政学科的由来》，载《山西教育科研通讯》，1984(2)。

③ 参见萧宗六：《中小学管理研究二十年(一)》，载《中小学管理》，1999(3)。

展缓慢，我们可以将这个阶段称为教育管理学教材建设的艰难起步阶段。

二、恢复重建阶段(1978—1985年)

党的十一届三中全会实现了思想路线的“拨乱反正”，开启了改革开放的历史新时期，教育事业要在新的历史条件下加以发展。与教育学相关的学科陆续得以恢复重建，教育管理学重新进入了高校教育系。① 教育管理学专业开始培养科班出身的专业人员，承担该专业的教育和科研工作。② 教育管理学专业课程的设置以教育管理学、学校管理学、教育行政学、教育督导学、教育政策法规等课程为主，其他相关课程为辅。这要求加快对我国教育管理学教材的恢复重建。据笔者统计，本阶段出版的教育管理学教材的类型及数量如下(见图19-2)，总计为23本。

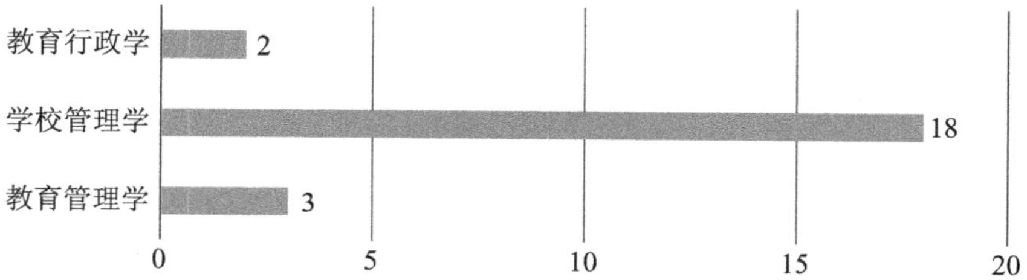

图19-2　1978—1985年出版的教育管理学教材

本阶段教育管理学教材建设呈现出以下三个方面的特点。

第一，由图19-2可知，此阶段与上一阶段相比，教育管理学教材不再集中于“教育行政”上，以“学校管理学”命名的教材占了绝大多数。

本书选取了1984—1985年一些有代表性的“学校管理学”教材进行内容分析。这些教材的内容如下：张济正的《学校管理学导论》(1984年)叙述了学校管理学的研究对象和研究方法、目标和内容、主要原则、管理过程、管理方法、领导管理制度及人员。华东七省市教育学院干训部《学校管理学基础》协作编写组编写的《学校管理学基础》(1984年)阐述了学校管理的概念、研究对象、原则、目标、过程、制度、机构以及领导人员等。齐亮祖

---

① 参见杨天平、陈凯：《在曲折中前行：新中国70年教育管理学的发展》，载《重庆高教研究》，2019(6)。

② 参见李旭、侯怀银：《20世纪我国教育管理学学科建设的本土探索》，载《山西大学学报(哲学社会科学版)》，2011(6)。

编写的《普通学校管理学》(1985 年)在分析学校管理目标、过程及方法的基础上，对学校管理中的相关环节进行具体介绍，主要有计划管理、组织管理、质量管理、常规管理、总务管理、教师管理、时间管理、学校管理者。黄兆龙编写的《普通学校管理学》(1985 年)先是论述了普通学校管理学的科学依据、性质与作用、管理体制、管理目标，再分析学校管理的具体过程，包含教育思想、教学工作、体育卫生、美育、劳动技术教育、教师队伍、后勤工作等的管理。通过对以上教材的分析可知，1984 年的教育管理学教材多是概括地分析学校管理的研究对象和研究方法、原则、目标、管理过程、制度、管理机构及领导人员等。1985 年的教育管理学教材对于学校管理的阐述则是更加具体化。齐亮祖关注到教育管理中的计划、组织、质量、总务、教师、时间等管理因素。黄兆龙还分析了教育思想、劳动技术、后勤工作在教育管理中的作用。

第二，教育管理学教材建设的理论研究不断加强。

这一阶段，教育管理学著作涌现，教材建设过程中理论研究较为突出。教育行政学的教材一般是分两部分论述：先进行理论说明，后探讨实际工作。教育行政学的教材先介绍教育方针、教育政策法规、教育预测规划、教育体制等理论内容，后从教育人事行政、教育财务行政、教育督导等宏观教育行政工作的实际范畴展开论述。学校管理学的著作一般是以学校教育教学及科研、人事、经费、教师和学生管理等管理工作为主，从中抽象出一些规律性的理论来论述学校管理实际。教育管理学论著一般是在对教育行政和教育管理进行综合分析的基础上来阐释教育管理理论。① 教育管理学教材内容根据对教育管理的需要以及教育管理实践的经验总结进行编写，形成学科体系的理论内容②，并促使教育管理学教材建设的发展朝着理论化、系统化的方向演进。③

第三，教育管理学教材建设的学术研究队伍正式成立。

在教育管理学专业恢复和重建之后，我国相继成立各级各类教育管理

① 参见孙绵涛：《中国教育管理学 30 年：成就、特点与问题》，载《教育研究》，2009(2)。

② 参见李旭、侯怀银：《20 世纪我国教育管理学学科建设的本土探索》，载《山西大学学报(哲学社会科学版)》，2011(6)。

③ 参见吴东方、司晓宏：《新中国成立 70 年教育管理学发展的总结、评价与展望》，载《中国教育学刊》，2019(10)。

的组织机构，召开相关的教育管理学的学术年会，开展有关教育管理的学术交流与讨论。这一专业化学术研究组织的成立，既为广大研究者搭建了学术交流的平台，推动研究成果的发展和繁荣，也为教育管理学专业的重建提供了大批的学术研究人才，教材建设也因此获得了人才助力。这一阶段，教育管理学专业队伍的出现，极大地推动了教育管理学教材建设，奠定了坚实的人才基础。

总之，伴随着教育管理学学科的恢复重建，出现了对教育管理学课程教材的需求，教育管理学教材建设在这个阶段进入了恢复重建阶段。

三、深化繁荣阶段(1986—1999 年)

1985 年颁布《中共中央关于教育体制改革的决定》，提出教育管理体制的改革、教育结构的调整等内容。[①] 通过上一阶段的恢复与重建，教育管理学在学科、课程、教材等方面不断推进。基于此，教育管理学教材的编写进入深化繁荣阶段。据笔者统计，本阶段出版的教育管理学教材的类型及数量如下(见图 19-3)，具体而言，“教育管理学”“教育行政学”“学校管理学”这三个是教育管理学教材建设在该阶段内出现的并列教材名称，总计为 177 本。

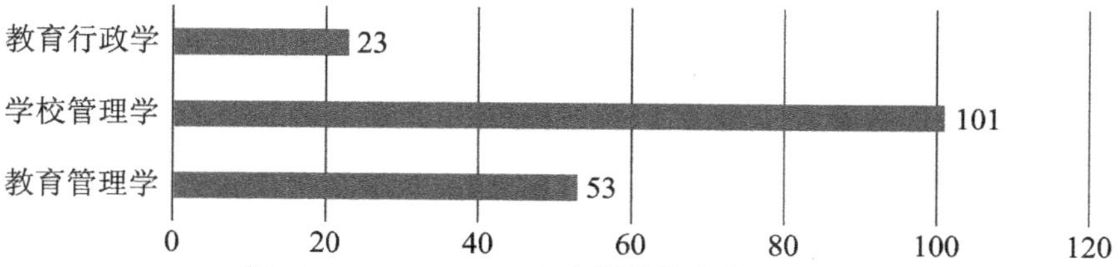

图 19-3 1986—1999 年出版的教育管理学教材

该阶段，教育管理学教材建设主要呈现以下三方面的特点。

第一，“借鉴”和“引用”成为衔接教育管理学学术体系的核心话语。[②]

这一阶段国人引进了日本、尼日利亚、美国、苏联、英国等国的教育管理学教材和著作。如日本松泽光雄著，武强等译的《学校管理的理论与实践》(吉林教育出版社 1986 年版)，美国罗伯特·欧文斯著，孙绵涛等译的

---

① 参见杨天平、沈雁婷：《改革开放 40 年来我国教育管理学研究概况》，载《现代教育管理》，2019(2)。

② 参见李旭、侯怀银：《20 世纪我国教育管理学学科建设的本土探索》，载《山西大学学报(哲学社会科学版)》，2011(6)。

《教育组织行为学》(华中师范大学出版社 1987 年版)，苏联康达柯夫著，李玉兰、张永泰译的《学校管理学理论基础》(教育科学出版社 1989 年版)。教育管理学在教材建设的过程中，对待国外的理论更加客观、更加理性。

第二，教育管理学教材建设偏重探索理论。

在此阶段，对教育管理学教材理论的研究由自发走向自觉，由介绍国外的成果到发展自己的理论，理论的呈现由逻辑思辨到理论与实践相结合，教育管理学教材建设的研究范畴得到扩充。如刘文修、王恩民著的《学校管理》(1987 年)，郎业伟等人编著的《学校管理学基础》(1988 年)，冯惠益的《学校管理学》(1988 年)，史承德、孟广涵的《小学科学管理》(1988 年)等。这些教材在内容上多偏重教育管理学基本理论的讲解，改革力度较大，突破了传统教育管理学课程原有的框架，为教育管理学教材的未来发展做了很好的探索。

第三，教育管理学教材建设初成体系。

这一阶段教育管理学开始了对体系构建的思考，如 1988 年由余立和薛天祥主编的《高等教育管理学体系》成为高等教育管理研究迈向学科体系化道路上一个里程碑式的成果。① 1992 年由萧宗六主编的《学校管理学》被评为全国高等学校优秀教材，获国家教委二等奖，该书是全国第一本高等师范院校通用的学校管理学教材。该阶段的教材建设从管理的一般职能入手，研究热点集中于学校管理，且注重对教育实践经验的总结和提炼。

本阶段教育管理学教材建设不断深化繁荣，一方面继承之前教育管理学教材建设的成果并发扬光大，另一方面为之后教育管理学教材的建设奠定了坚实的基础。

四、反思发展阶段(21 世纪以来)

21 世纪以来，教育管理学教材建设进入反思发展阶段。所谓的“反思发展”，一方面是以“教育行政学”和“学校管理学”命名的教材减少；另一方面是以“教育管理学”命名的教材数量空前增多。研究者不再孤立地进行研究，局限于教育行政学或是学校管理学，而是将二者结合起来，在对之前取得的成果和经验进行回顾的基础上，开展体系化研究。教育管理学出版教材

① 参见彭志越、刘献君：《我国高等教育管理研究的百年回顾》，载《现代教育科学(高教研究)》，2002(1)。

数量的变化，恰好印证了教育管理学迈入了反思发展阶段。[①] 据笔者统计，本阶段出版的教育管理学教材的类型及数量如下(见图 19-4)，总计为 160 本。其中，以“教育管理学”命名的教材有 96 本。

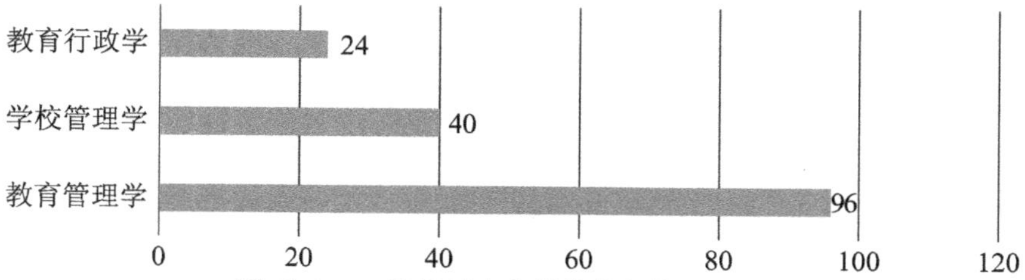

图 19-4　21 世纪以来出版的教育管理学教材

该阶段，教育管理学教材建设呈现以下三方面的特点。

第一，教育管理学教材建设植根于我国教育管理实践。

教育管理学教材在翻译引入国外教育管理学专著的基础上，伴随着对外来理论的吸收和借鉴，本土化的教育管理学研究成果开始诞生并不断丰富。教育管理学研究者在开展原生性、本土化研究的过程中，相继出版了关于我国教育管理实践的教材。教材内容面向中国教育实践，深刻揭示我国教育管理实践的发展现状，对原有的教育管理思维方式进行反思和革新，不断走向本土化研究。

第二，教育管理学教材建设的内容更加深刻和广泛。

教育管理学研究者不断深化对于教育管理学自身的反思，在挖掘已有研究领域的基础上，不断拓展新的研究内容。已有的研究领域被不断深化和细化，如研究的角度从微观的学校管理研究转向宏观的教育管理现象和问题的研究，不再仅局限于学校这一教育管理组织进行分析，而是从政治、文化等更宏观的角度进行探讨。[②③] 此外，教育管理学研究者还不断拓展新的研究内容，如刘卫国编写的《成人教育管理学》(2002 年)，张少波、李惟民编写的《老年教育管理学》(2014 年)等著作，这些内容都在一定程度上填补了教育管理学教材建设中关于成人和老年人教育管理著作的空白。

---

① 参见杨天平、陈凯：《在曲折中前行：新中国 70 年教育管理学的发展》，载《重庆高教研究》，2019(6)。

② 参见赵志军、于广河、李晓元：《思想政治教育管理学》，北京，中国社会科学出版社，2009。

③ 参见彭虹斌：《教育管理学的文化路向》，北京，教育科学出版社，2009。

第三，教育管理学教材建设的反思性特征明显。

教育管理学教材的建设不再是单纯地围绕教育管理学发展中的某一问题进行研究，而是更侧重教材建设的反思与批判研究。教育管理学教材建设要对传统的接受性思维方式进行再认和革新，对固有的教育管理学观念进行分辨和剖析，理论研究和知识生成中的反思批判意识显著增强。① 教育管理学教材建设的反思与批判研究，主要是通过反思已有的教育管理学研究成果、挖掘教育管理学实践中的教育管理新问题以及审视教育管理学自身等途径来开展的，让教育管理学教材建设的内容更有深度和广度。

进入21世纪，教育管理学的教材建设从自发走向自为，教育管理学的学者在编写教材时自觉反思如何处理教育管理理论与实践的关系，处理对于外来理论的引入与开发植根于我国教育管理实践的本土理论的关系。教育管理学学科的教材建设是教育管理学学科发展的重要依托，在此阶段，我国教育管理学的学者对以往形成的以教育管理实践经验、教育管理的职能、教育管理工作的需要等为根据而组织教材的体系内容进行反思的基础上，省思教育管理学教材建设的基本内容和结构，寻求教育管理学自身发展的内在逻辑，在推进教材建设的同时，使得教育管理学科不断得以发展。②

第二节　新中国成立以来教育管理学教材建设的成就

中华人民共和国成立以来，在中国共产党的领导下，教育管理学教材建设的成就与成果不断涌现，概括起来主要有以下四个方面。

一、教育管理学教材理念不断更新

教育管理学的教材理念在一定程度上影响着教育管理学的学科建设和课程建设。③ 传统的教育管理学教材理念将知识视为绝对性、实证性及价值

---

① 参见吴东方、司晓宏：《新中国成立70年教育管理学发展的总结、评价与展望》，载《中国教育学刊》，2019(10)。

② 参见李旭、侯怀银：《教育管理学的学科体系、学术体系和话语体系建设》，载《教育学报》，2022(4)。

③ 参见靳玉乐、王洪席：《十年教材建设：成就、问题及建议》，载《课程·教材·教法》，2012(1)。

无涉性，在此影响下，教育管理学长期将知识“窄化”，把科学知识和知识混为一谈，二者相互交织，关系模糊。在改革开放之后，我国教育管理学教材建设的学者以及专家强调要以逻辑为基础编写相关的教育管理学教材。与此同时，在教育管理的具体实践中把教材等同于教科书。这些都致使教育管理学教材成为了一种手段，主要向学生输送知识。

自20世纪90年代，特别是新一轮课程改革以来，知识被认为是人们在改造世界的实践中所获得的认识和经验的总和①，教育管理学的教材理念也随之发生变化，具有能动性、发展性、情感性、环境性等特征。在教育管理学教材理念变革的影响下，研究者和学者认为，教育管理学教材应是动态的、发展的、变化的、体现人文色彩的，它一方面可以帮助学生拓宽教育管理学相关的知识基础与理论基础；另一方面可以发展学生的教育管理有关的能力和品质，为今后的教育工作打下坚实的基础。教育管理学教材伴随着教材理念的变化和发展，从教科书转化为学生自我发展的学习材料。

二、教育管理学教材建设中理论与实践联系不断紧密

1949年伊始，在教育管理学教材建设中，理论与实践之间的联系是比较微弱的。当时的教育管理学著作多是从国外引译而来，较少有我国教育管理学研究者编写的著作。教育管理学研究者撰写的论著多是模仿国外的教育行政论著，创新比较少，与我国教育实践的联系也比较少。

自改革开放以来，我国开始了中国特色社会主义建设的新探索，教育管理学教材建设也迈上了一个新的台阶，教育管理学的理论开始联系相关的实践。为了满足国家和政府干部教育工作的新要求和教育管理学专业教学的需求，我国加快教育管理学的教材建设，出版了大量的教育管理学教材、著作。出版的教育管理学教材通常是介绍我国目前教育行政、学校管理和教育管理现状，再进行抽象总结，由经验上升到理论，加强了教育管理学教材建设中理论与教育管理实践之间的联系。这些教材的出版也极大地推动了当时教育管理工作的开展和教育管理学的发展。②

进入21世纪以来，教育管理学学者开始对新中国成立以来教育管理学

---

① 参见陈琦、刘儒德：《教育心理学》，北京，高等教育出版社，2005。

② 参见李旭、侯怀银：《20世纪我国教育管理学学科建设的本土探索》，载《山西大学学报(哲学社会科学版)》，2011(6)。

的知识、方法等内容进行体系化研究①，并不断加强教材建设，教材内容更加关注我国的教育管理实践，目的是解决教育管理实践中遇到的难题与困境。教育管理学的教材内容更加丰富，开始由宏观转向微观，由组织转向个人，由以学校为抓手介绍学校管理学转向以学生为抓手分析学校管理，如薛天祥的《研究生教育管理学》(2004 年)从研究生这一学生群体切入来论述学校管理，书中涉及研究生系统、教育目的、教育管理、管理规律、管理原则、管理效益与方法等。教育管理学教材建设深入教育管理实践，通过理论来指导实践，在总结实践经验的基础上进行理论总结，二者之间的联系不断紧密，推进教材建设不断走向本土化。

三、教育管理学教材内容体系不断完善

从新中国成立到改革开放前，教育管理学的教材建设经历了一个曲折发展的过程，无论是教育管理学的内容、体系还是结构都以模仿为主，教育管理学教材的编写还只是一个设想，并未完全实现；在改革开放后，随着教育管理学研究者对教育管理学的分析，教育管理理论、教育管理实践、教育管理学学科发展等各方面都取得了很大的成就，这些成果丰富和完善了教育管理学的教材体系，与此同时，教育管理学教材的编写者也在不断对教材的基本内容进行调整和补充。

1987 年 4 月上海华东师范大学召开“全国高等教育管理学理论体系研讨会”，本次大会对教育管理学教材内容体系的构建具有重大意义。会议上余立和薛天祥强调学科自身的逻辑，陶增骈将教育行政和教育管理融为一体，魏贻通以一般管理学的逻辑体系为基础构建教育管理学教材体系等。② 这些讨论极大地促进了教育管理学教材体系的构建。之后，在 20 世纪 90 年代，学界围绕教育起源展开讨论，就教育管理学研究对象提出不同看法，在教育管理学逻辑起点上进行思考，在教育管理价值观上进行论辩。这些教育管理学的基础理论研究和元研究无疑对中国教育管理学教材内容体系的构建起到巨大的推动作用。

---

① 参见王珏：《教育管理学在近代中国的发展历程》，载《高等教育研究》，2012(3)。

② 参见彭志越、刘献君：《我国高等教育管理研究的百年回顾》，载《现代教育科学》，2002(1)。

四、教育管理学教材不断本土化

教育管理学的研究者通过多种途径来实现教育管理学教材的本土化，并作出了不懈努力。改革开放初期因高等师范院校教学的需要，开始引进和翻译出版一些西方教育管理的著作。此时，教育管理学教材的本土化建设才刚刚起步。后来，我国教育管理学学者不仅对西方教育管理的论著进行翻译和出版，还对国外的教育管理理论内容进行研究①，以期构建具有中国特色的教育管理理论。如张新平在研究西方的范式理论的基础上，撰写了关于我国教育组织范式论的著作《教育组织范式论》。② 教育管理学教材建设开始走向本土化。

进入反思发展阶段之后，教育管理学教材建设开始对之前取得的教育管理成果和发展进行反思和回顾，不再局限于对教育行政学和教育管理学的单方面研究，使得研究内容更加深化和综合。③ 且教育管理学学者编写的教材通过对教育管理进行介绍，全面展示教育办学体制、投资体制、行政管理体制、学校内部管理的发展及其趋势，将学校管理与学校行政管理联系起来，深入教育组织管理实践，使得教育管理学教材建设不断中国化。还有些教材在内容上着重介绍了具有中国特色的教育管理学理论，在结合我国具体的教育管理实践中，不断进行深化研究，编著具有中国特色的教育管理学教材，从而实现全方位的教材建设中国化和本土化。

第三节　新中国成立以来教育管理学教材建设的经验

在分析中华人民共和国成立以来教育管理学教材建设的历程和取得的成就的基础上，我们可以将教育管理学教材建设的经验总结为以下四个方面。

---

① 参见孙绵涛：《中国教育管理学 30 年：成就、特点与问题》，载《教育研究》，2009(2)。

② 参见张新平：《教育组织范式论》，南京，江苏教育出版社，2001。

③ 参见杨天平、沈雁婷：《改革开放 40 年来我国教育管理学研究概况》，载《现代教育管理》，2019(2)。

一、教育管理学教材建设必须坚持党的教育方针

教育管理学教材建设要将国家意志作为教材建设的方向性指南，认真选择、仔细斟酌进入教育管理学教材中的知识和内容，把握我国教育管理学教材建设的发展方向。[①] 在教育管理学教材建设的过程中，要始终以中国共产党的行动指南为向导。只有这样，才能够最大程度地突出党的教育方针的方向性作用，才能确实使“党的领导”相关内容进入教材。2021年国家教材委员会相继印发了《习近平新时代中国特色社会主义思想进课程教材指南》《“党的领导”相关内容进大中小学课程教材指南》，这两个文件的出台，表明在新时代教育管理学教材建设的依据更加具体。教育学类课程教材要系统阐释习近平总书记关于教育的重要论述，教育管理学教材建设也应继续坚持党的教育方针、落实党的教育政策，坚持社会主义的办学方向，加强对各级各类学校及学生进行党的全面领导的教育。

二、教育管理学教材建设坚持中国特色

教育管理学教材建设要始终坚持中国特色，是指作为知识传承载体的教材要表现出中国特色。从空间维度看，教材的中国特色就是民族性、地域性。在教育管理学教材建设中，要充分挖掘能够体现中国特色、传承中华文化的知识，引导学生全面准确地认识中国教育管理的发展脉络，认清教育管理发展的中国道路。[②] 我国教育管理学教材建设的中国特色就是强调教材要体现中国立场，坚定文化自信，凸显中国特色社会主义，服务于新时代中国特色社会主义建设。从微观角度看，教育管理学这一学科的教材建设要凸显本学科特色，在知识选取、理论分析、案例探讨等方面要结合中国教育管理具体实践；还要能涵盖尽可能多的知识，合理安排其内容比例和学习顺序，对教材内容、排版、课后练习题进行灵活设计。从中观角度看，教育管理学教材建设要加强跨学科的研究，增强多学科之间的交流，

---

① 参见靳玉乐、张善超：《教材建设40年：知识变革的检讨与展望》，载《课程·教材·教法》，2018(6)。

② 参见余宏亮：《建设教材强国：时代使命、主要标志与基本路径》，载《课程·教材·教法》，2020(3)。

将教育学、管理学、行政学等相关领域的知识相结合，综合起来看待教育管理学的相关问题。从宏观层面看，教育管理学的教材建设体现中国特色，展现中国面貌，弘扬中国精神，将中国生活更好地融入教育管理学教材当中。

三、教育管理学教材建设坚持理论与实践相结合

在教育管理学教材建设的发展历程中，教材研究凸显理论研究和实践应用相一致的导向。自中华人民共和国成立，教育管理学的教材建设在学习国外教材的过程中，取其精华，弃其糟粕，一方面学习国外教育管理学学科和教材的相关理论；另一方面又将中国教育管理学发展的实际情况考虑在内，结合国情与学情开展教育管理学的教材建设。在改革开放之初，教育管理学开始进行多种相关的实验，致使教育管理学的实验教材"为实践和验证教育理念、教育思想等提供了实质性的文本支撑，成为连接教育理论和教育实践的重要桥梁"①。正是以这些实验及实践为支撑，由此形成的教育管理学教材为相关研究的开展提供了保障和基石。进入 21 世纪后，教育管理学的学科改革、课程改革等各方面改革的进行，一方面使得教育管理学教材的内容、制度、理论、发展、实践等方面得到进一步提高；另一方面致使教育管理学的实践也在不断进步、不断丰富。②

四、教育管理学教材建设坚持与学科建设相结合

教材建设与学科建设二者关系密切，既相互联系，又相互影响。没有高水平的教育管理学学科建设，就不可能有高质量的教育管理学教材建设。从此意义上说，教育管理学的教材建设有助于教育管理学的学科发展。来自不同学科背景的教育管理学学者所组成的教材编写队伍，以教育管理学学科发展过程中出现的新现象、新问题、新理论为中心，共同交流沟通，积极讨论分析，使得教育管理学的教材水平得到进一步提升和发展。教育

① 参见张美静、关成刚：《新中国 70 年中小学教科书发展的历程与反思》，载《当代教育科学》，2019(6)。

② 参见张铭凯、靳玉乐：《我国教科书研究的新世纪图景：基于 CiteSpace 知识图谱的分析》，载《全球教育展望》，2017(3)。

管理学教材会在更广泛的背景下，与现实的社会实践结合在一起，引起教育管理学研究者和学者更加丰富的研讨和辩论。教育管理学教材的理论体系、学术观点、政治立场以及教材编纂所依据的材料数据等，都会在开放自由的环境下得到进一步的检验。[①] 因此，教育管理学教材建设应坚持与学科建设相联系，使得两者相辅相成，具体来说，教育管理学的学科建设为教材建设奠定基础，教育管理学的教材建设为学科建设提供动力。

第四节　新中国成立以来教育管理学教材建设的启示

在分析中华人民共和国成立以来教育管理学教材建设的历程、成就、经验的基础之上，我们可以将教育管理学教材建设的启示总结为以下五个方面。

一、加强马克思主义在教材建设中的指导地位

习近平总书记指出，要抓好教材体系建设。从根本上讲，建设什么样的教材体系，教材要传授什么样的内容、倡导什么样的价值观，是国家事权。[②] 教材建设既是国家意志的体现，又是党的教育方针、政策的落点。教材建设的开展与进行要立足于我国的基本国情和教育发展的实际，着眼于加快建设教育强国、科技强国、人才强国，教材建设要承担起传递知识、发展科技、培养人才的任务。具体到教育管理学要加强教材建设，必须坚持马克思主义的指导地位，体现马克思主义中国化的时代要求，要与时俱进。

教育管理学教材建设的重点是落实。既要坚持中国共产党的领导是根本保证，强调要坚持党管教材，把握好党的方向。建设教材强国，就必须充分发挥党对教材建设的引领和向导作用，重点关注党对教材建设的政治引领。进入新时代之后，依然要加强党对教育工作的全面领导，突出党的重要作用。又要强化国家政府和地方政府对教材建设的统筹管理与治理。教材建设要突出国家职责的范畴，坚持各主体统筹管理，加强地方政府和

---

① 参见张昆：《高校文科专业教材建设的辩证思考》，载《高等教育研究》，2020(11)。

② 参见郑富芝：《尺寸教材悠悠国事——全面落实教材建设国家事权》，载《人民教育》，2020(Z1)。

学校对教材的管理，要明确责任到位。在教育管理学教材的编写过程中，编写组要能够充分利用已有资源，发挥积极主动性，注重教育管理学教材的创新与更新。①

二、厚植教材建设的中国文化基因

教材凝聚着一个国家和民族的文化底蕴、历史脉络、重要思想及价值追求等，既是传承文明的重要载体，又是培养人才的重要根基。具体到教育管理学教材，则是体现了一个国家和民族在教育管理上的国家要求和民族追求，是一个国家和民族教育管理文化与价值观的重要载体。在我国当下加快推进教育现代化的进程中，教材建设的重要性显而易见②，必须重点关注教材建设的开展与落实。因此，教育管理学教材的编写既要充分反映中华民族几千年来形成的价值观念，又要充分展现当代中国教育管理发展的精神风貌和实践状况。

教育管理学教材建设既要立足中国的教育管理传统，又要体现中国教育的文化特色，还要满足中国教育管理的教学实际。中国文化的内在基因要根植于教育现代化的进程之中，厚植于教育管理学教材建设中。教育管理学教材建设要坚守中华文化立场，传承中华优秀传统文化，发展当代社会主义先进文化，进而加快教材强国的构建。同时，要用国家和民族基本价值观教育好我们的接班人，使之继承好、弘扬好伟大的民族精神和时代精神，打牢中国底色，传承民族基因，将教育管理学和中国文化相联系、相结合。

三、教材建设强调理论与实践并重

教材建设既可以深化教材理论的研究，又可以丰富教材实践的发展。因此，教育管理学的教材建设要坚持理论与实践并重。

一方面，教育管理学的教材建设应该突出理论研究，以理论作为教育管理学学科发展支撑，并以此指导教育管理学的实践。需要注意的是，在

① 参见谢娟：《新时代构建中国特色哲学社会科学体系的思考》，载《广西社会科学》，2018(4)。

② 参见杨柳、罗生全：《论教材建设的文化逻辑》，载《教育学报》，2021(5)。

深化教育管理学相关理论的同时，还应该进一步强化学科教材研究、重点教材研究、整体教材研究等①，使得教育管理学教材的理论得到充实与完善；另一方面，教育管理学的教材建设应该加强应用，在实践过程中出现的新问题可以反作用于理论研究，进而提升教育管理学理论研究的水平和高度。与此同时，教育管理学的教材建设的实践与应用不能仅仅局限在国家和政府层面，当然也不能只依靠教育管理学教材的编写者、学者和研究者，而是应该呼吁多主体、各层次的教育实践工作者参与到教育管理学的教材建设当中，共同分析问题、解决问题②，以此为教育管理学的实践探索贡献力量。换言之，教育管理学的教材建设要凝聚各种学科背景、多个层面主体的能力，通过实践与应用促进教育管理学理论的进步与提升，这二者共同为教育管理学的教材建设提供助力与动力。我们依然要不断加强教育管理学的学科逻辑分析，强化教育管理学学科体系研究的广度与深度，更要注意教育管理学的变化发展与创新，要以教育管理的实践为基础和依据，使得教育管理学的教材建设与时俱进，凸显我国教育管理的实践。

四、注重教育管理学教材内容体系的建构

教育管理学的教材建设既体现教育管理学的教学研究，又融合教育管理学的学术探讨。值得注意的是，教育管理学的教材应该是一个系统，而非零散的各个分支，其具有科学性、学术性、实践性、前沿性、发展性等特点。

在信息化时代，教育管理学教材的相关载体趋于多样化和丰富化，不再局限于纸质，而是纸质和电子相结合，这样不仅可以扩大教育管理学书籍和著作的研读面，还可以扩宽教育管理学相关材料的获取途径。但是在教育管理学发展的实践过程中，存在很多有趣的事例、实验并没有被研究者注意到，还有一些理论成果和经验也没有被学者提及。这就使得教育管理学教材建设过程中的一些资源被浪费了，没有进行有效的利用。具体到教育管理学的教材内容体系的建构，要注重加强教材内容的可读性、新颖性、生活性。一方面，可以加大教育管理学教材中相关图片的使用率和呈

① 参见靳玉乐：《努力构建中国特色教材体系》，载《课程·教材·教法》，2019(7)。

② 参见余宏亮：《建设教材强国：时代使命、主要标志与基本路径》，载《课程·教材·教法》，2020(3)。

现率，直观地展现出教育管理的行动和场景，给读者提供生动的形象、新鲜的案例，让读者有继续阅读下去的兴趣与动力；另一方面，可以加强语言的趣味性，不再局限于教育管理学学术性的话语和用词，适当地加入一些故事、寓言和具体的事例，以比喻、拟人等修辞手法为依托，营造出一种独特的、不同于以往的语境与氛围，以此提高教育管理学教材的感染力和吸引力。

五、注重教育管理学教材的编写质量

自从改革开放以来，教育管理学的教材编写发生了变化，由学校独立负责转变为教育部编写组的引领和指导，整体上看，教育管理学教材的编写质量逐步提高，编写水平有所进步。但是由于学校发展水平、地域现状差异、编写人员的质量等因素，导致教育管理学教材编写的水平各不相同，这些都在一定程度上影响了教育管理学的教材建设与发展。因此，教育管理学教材在编写的过程中要以相关学者和研究者为领头人，并且要发挥其他方面的优势，如国家政府的支持、教材制度的完善、学校师资的凝聚等，以此形成多主体、全方位、各层次的教育管理学教材建设队伍。

具体来说，一方面，可以加强教育管理学师资力量的整合，既要有教育部教材编写专家组的引领，又要有各级各类学校一线教师的参与；既要和国外的教育管理学研究者及编写者相互沟通交流，积极借鉴经验，又要突出我国教育管理学学者的论述与分析，并结合我国的具体国情与实践进行教材编写。另一方面，可以建立教育管理学教材编写的激励机制，提高教育管理学教材编写人员的积极性和主动性，从教材编写的动力源入手，以更好地带动教材编写工作的开展与进行，为教育管理学的教材建设进一步注入动力和能量。

第二十章　新中国成立以来教育心理学教材建设

2014年教育部印发了《关于全面深化课程改革落实立德树人根本任务的意见》，文件中提出“着力推进关键领域和主要环节改革”，包括“编写、修订高校和中小学相关学科教材”①。教材作为教学过程中使师生得以沟通联系的重要媒介，对教育教学活动的形成有着重要的影响，教材研究应当是我国课程改革中重点关注的理论问题与实践诉求。② 教育心理学作为心理学专业课程的重要组成部分，对其教材的研究成为全面深化课程改革的应有之义。本章将对新中国成立以来教育心理学教材发展建设历程进行回顾与总结反思，分析建设中取得的成就和经验，为后续教材的建设提供借鉴和启示，为进一步推动学科发展助力增效。

第一节　新中国成立以来教育心理学教材建设历程

1903年桑代克《教育心理学》的出版标志着教育心理学的独立，至今已过百余年。我国学者则于20世纪初，开始了把教育心理学作为一门学科加以专门研究的历程。在20世纪20到40年代，我国出版了一系列的教育心理学论著，主要有：舒新城编写的《教育心理学纲要》(师范学校用书，上海商务印书馆1922年出版)；吴致觉著《教育心理学》(现代师范教科书，上海商务印书馆1923年出版)；廖世承编《教育心理学》(中华书局1924年出版)；高觉敷著《教育心理学大意》(上海商务印书馆1929年出版)；艾韦编写的《教

① 申继亮：《把握育人方向 创新育人模式——解读教育部〈关于全面深化课程改革落实立德树人根本任务的意见〉》，载《基础教育课程》，2015(3)。

② 参见钟启泉：《试述教师的教材研究——兼议乡土教材的价值及其开发》，载《教育发展研究》，2010(12)。

育心理学》(师范学校教科书，上、下册，商务印书馆 1933—1937 年出版)；潘菽、吴绍熙编著《教育心理学》(上海北新书局 1935 年出版)；萧孝嵘著《教育心理学》(部定大学用书，国立编译馆 1944 出版)。这一时期，教育心理学教材的发展主要借鉴西方教育心理学研究成果，与国外最前沿的研究保持着紧密的联系，出现了初步繁荣景象。新中国成立以后，教育心理学教材的建设经历了一条曲折迂回最终柳暗花明的发展之路。依据教育心理学教材建设的实际情况，我们将分成转向、停滞、重启、深化拓展四个阶段来讨论。

一、教育心理学教材建设转向阶段(1949—1966 年)

这一阶段的发展进程中，我国教育心理学学科发展发生了明显的转向，此时我们学习的目标不再是西方发达资本主义国家，而是作为“老大哥”的苏联。通过学习、借鉴、反思，教育心理学学科建设方向逐步明晰，即坚持马克思主义指导思想，辩证分析已有的学科建设经验，确立发展方向，并结合我国的实际开展研究，逐步形成自己的特色。

学习和引进的目的也是为了适应教师教育的需要，尤其是师范院校的教育类课程建设需要，为了适应开设教育心理学课程的需要，1961 年人民教育出版社出版了苏联学者尼·德·列维托夫编著的《儿童教育心理学》的中译本。但该书是儿童心理学和教育心理学内容的混合体，与儿童心理学课程内容大量重复，事实上不适合作为大学心理学专业教育心理学课程教材。1961 年召开的高等学校教材会议上，教育心理学教材的编写被提上日程。1963 年，潘菽主编的《教育心理学》内部讨论稿出版，这是 1949 年后我国学者编写的第一本教育心理学教科书，这本书从体系上带有教育方针的痕迹，它试图结合我国的教育实际，对其中各个主要方面的心理学问题分别论述，智育方面占的篇幅较多。这本书是按综合大学心理专业和师范院校教育系的教育心理学课程要求编写的，此书的出版使用，对当时教育心理学的课程开设和人才培养起到了重要的作用。

这一阶段教育心理学教材建设的特点为：其一，教材建设数量少，还处于进一步探索期。其二，我国心理学工作者坚持以辩证唯物主义为指导，将苏联的经验作为模板，在结合我国现实广泛开展各项研究的基础上，不断发展创新，逐渐明确了教育心理学学科发展及教材建设的方向。

二、教育心理学教材建设停滞阶段(1966—1976年)

这个阶段正值中国的“文化大革命”时期，教育心理学同心理学科一起，遭遇空前的浩劫。这一时期，由于“左”倾思潮泛滥，心理学被归入“伪科学”的行列，专业研究队伍被迫解散，心理学研究机构停止工作，正常的心理学科研、实践受到重创，但值得欣慰的是，由于极少数学者的不懈坚持，为后续教育心理学的发展保留了星星之火。

这一阶段教育心理教材特点为：教育心理学学科发展及教育心理学的教材建设基本上处于停滞不前的状态。

三、教育心理学教材建设重启阶段(1976—2000年)

1976年粉碎“四人帮”后，教育心理学的研究工作得到恢复和发展，1978年5月在杭州召开的全国心理学专业学术会议主要讨论的三个问题中，就有关于教育心理学的问题。这时期的教育心理学研究在学习与借鉴的道路上，经历了同时关注苏联和西方在学科领域取得的先进成果和经验的过程。20世纪90年代，随着苏联的解体，苏联心理学对我国教育心理学的影响呈现下降趋势，而西方教育心理学的研究成果开始备受我国教育心理工作者的关注。

这个阶段，引进、翻译西方教育心理学主要论著成为一项重要工作，主要有布鲁纳的《教育过程》、加涅的《学习的条件》(陆有铨等译)等著作。引进和建设并举，我国学者在学习、借鉴国外先进成果的过程中，结合本土的教育、教学发展的具体情况，开展了一些独立的研究，陆续推出了一系列较高水平的教育心理学教材。1980年，为满足心理学专业发展的需要，提高教育质量，潘菽教授积极响应当时教育部的号召，召集全国有关方面的专家对其1963年的《教育心理学》讨论稿进行了认真修订，由人民教育出版社正式出版。该书集中了我国学者的主要观点，反映了当时国内外学科研究的某些新成果，在中国大陆初创了一个不同于苏联教育心理学的新体系。这本《教育心理学》出版后，成为高等院校心理系、教育系以及有关专业的教材。之后又相继出版了邵瑞珍主编的《教育心理学》(1988/1997年)，韩进之主编的《教育心理学纲要》(1989年)，李伯黍、燕国材主编的《教育心理学》(1993年)，陈琦、刘儒德主编的《当代教育心理学》(1997/2007/2019

年)等比较有影响的教材。

这一阶段教育心理学教材建设的特点是：其一，教材数量增加。1977—2000 年大约有 150 余种教材出版。[①] 其二，体系趋于稳定。从人的发展视角，围绕教与学过程中的经典理论、具体研究成果构建教材的内容体系，阐述有效教与学过程的内容成为大多数教材的核心板块。其三，内容日趋丰富。教育心理学学科本身的纵深发展及相关联学科间影响的加深，对教材内容的构建形成一定的冲击，陆续出版的相关教材中及时捕捉到这些变化，在保留基础理论、经典内容的前提下，内容呈现更为多元化。

四、教育心理学教材建设深化拓展阶段(2000 年至今)

一门学科的课程教材之所以能被预期的目标群体长期使用，关键是有适合目标群体需求的内容体系，而且该内容体系会随着学科的发展不断修订完善。2000 年以后，教育心理学的研究进入深化和迅速发展阶段，除教育心理学教材数量获得极速发展外，教育心理学教材建设更是进一步科学化。这集中体现在一些经典且被国内心理学专业广泛使用教材的再版中，如陈琦、刘儒德主编的《当代教育心理学》(1997/2007/2019 年)，冯忠良、伍新春、姚梅林、王健敏著的《教育心理学》(2000/2010/2015 年)，皮连生主编的《教育心理学》(1983/1988/2004/2011 年)，张大均主编的《教育心理学》(2005/2011/2015 年)等。从上述教材变化中我们可以看到一些共同的发展趋势，即关注学界对教育心理学学科性质、学科基本内容、特点与发展趋势的研究，强化系统性，促进理论研究与应用研究的整合；关注出现的新理论、新观点、新资料，保证教材内容能及时体现发展的前沿；关注我国基础教育实践全面而深刻的变革，既考虑中国特色，又考虑与国际发展的接轨；保证科学性的前提下，关注教育心理学教材内容的现实转换，教材内容的安排和材料的组织方面可读性和教与学的互动性得到增强。

这一阶段教育心理学教材建设的特点是：其一，教育心理学教材的中国化得到加强。立足本土本地的研究，从教与学的整体出发，拓展研究领域，突出文化影响和民族特色，构建教材的内容与方法体系。其二，教育心理学教材设计中实践性、互动性受到进一步关注。教材中学术理论为主体的表达形式逐渐改观，相关实践案例、理论应用与检验等内容的比例增加。

---

① 参见侯怀银：《20 世纪中国教育学史》，12 页，北京，人民教育出版社，2020。

第二节 新中国成立以来教育心理学教材建设的成就

新中国成立至今，我国心理学工作者编著的教育心理学教材近两百种，它们从不同的角度介绍了教育心理学的基本内容，结构安排各有特色，理论阐述各有所长，在一定程度上适应了高等教育教学改革的需要，教材建设取得了丰硕的成果。

一、教育心理学教材内容体系逐步清晰稳定

早在教育心理学创建之初，许多研究者将教育心理学定义为心理学在教育领域中的应用，导致教育心理学学科建设及相应的教材建设呈现忽略自身理论构建、体系不统一、内容庞杂等不足。伴随教育心理学学科研究的不断推进，更多的研究者逐步认识到教育心理学作为一门独立的学科，对其独特的研究对象、理论体系、研究方法和研究范式探讨应成为学科讨论的重点。这一观点形成取决于对于教育心理学学科性质、地位与研究对象关系的清晰理解，因为研究对象规定了学科的体系并决定这门学科的性质、特点。

教育心理学家对教育心理学的研究对象有两类不同的定义和三种观点。① 第一，宽泛的定义。可以用潘菽主编的《教育心理学》(1980 年)的提法作为代表。该书认为："教育心理学的研究对象就是教育过程中的种种心理现象及其变化。"②以这样的观点看教育心理学，优点是研究对象涵盖面广，可以把为教育服务的各种心理学研究囊括其中，缺点是"教育过程中的种种心理现象及其变化"是一种过于含糊的说法，难以将教育心理学与为教育服务的心理学分支学科相区分。第二，非宽泛定义，即把教育心理学的研究对象限定为"学校情境中的学习与教学的心理学规律的探索"。这又分为两种不同的观点，一是强调以学生的学习为主线，二是强调以教师的教为主线。国内学者多采用潘菽主编的《教育心理学》的定义(或类似定义)来界定他们的研究对象；西方学者一般采用非宽泛定义，即用"教学与学习"

① 参见皮连生：《教育心理学(第 4 版)》，12～13 页，上海，上海教育出版社，2011。

② 潘菽：《教育心理学》，2 页，北京，人民教育出版社，1980。

来界定他们的研究对象。但随着时代进步和研究发展，国内学者逐渐接受了非宽泛定义。

纵观 20 世纪 60 年代后教育心理学教材的发展，其内容日趋集中，主要是围绕如何有效地学和有效地教两个方面进行教材的组织，只是不同教材侧重点略有不同，也有两者并重的。这一时期的教育心理学教材，不论其体系如何安排、内容多少以及使用对象如何不同，在综合考虑学科性质与特点、学科体系、发展趋势，兼顾教师教育的培养目标、教与学的独特要求和学习者特点的基础上，内容大致稳定在学生和教师的心理、学习理论及其应用、学习过程、教学心理四个模块上。教材中与教和学直接有关的内容更为丰富，和邻近学科的区分更加明确，伴随独立、系统的学科体系的形成，教材的内容体系逐步清晰稳定。

二、教育心理学教材的中国特色日益凸显

教育心理学作为一门独立学科诞生在西方国家，我国教育心理学的发展经过借鉴西方到借鉴苏联到再次转向借鉴西方的变化。在引进的基础上，国内学者进行了大量的理论探索和实证研究，并逐步形成了具有自己特色的理论体系。例如冯忠良的“结构定向教学的理论与实证研究”、李蔚的“提高课堂教学效率的理论与实证研究”、皮连生的“知识分类与目标导向的理论与实证研究”、张大均的“教与学策略及其教学的理论与实证研究”、申继亮的“教师教学监控的理论与实证研究”，卢家楣的“情感教学心理学”，相关理论融入各自所编/著的教材中，使教育心理学教材的中国特色日益凸显。

冯忠良、伍新春、姚梅林、王健敏著《教育心理学》(2000 年版)，全书贯彻教育心理学的结构—定向—构建的观点，建构相应的教材体系。书中强调教育系统中的心理学核心问题是学生能力与品德心理结构的构建问题。在教育系统中，这些心理结构的形成，是依据有目的、有计划的经验传递，按确定的方向和要求(定向)构建起来的。知识的学习、技能的学习与社会规范的学习应该成为教育心理学的核心内容，作者以自己的理论观点和科研成果为主体，进一步针对三种学习的共有规律和特有规律进行了全面的探讨，从而为教与学提供科学依据。

皮连生主编的《教育心理学》经过 4 次修订，从历次修订中，可以看到知识分类与目标导向理论的不断深化与完善。第一版教材的最大特点是将学习过程的内容扩大至动作技能和情感领域。第二版教材的最大变化是全书

贯穿了知识分类学习论思想。第三版教材的最大变化是在他本人主持的全国教育科学规划“九五”和“十五”重点研究课题基础上，增加了“基于学习分类理论的教学论”和“现代教学设计”两章，解决了学习分类理论如何转化为教学论与教学设计技术的问题，基本形成了一个既与国际教育心理学接轨，又具有中国特色的教育心理学理论体系。第四版教材进一步强化“学习分类与目标导向教学”的思想，补充新近中小学教育实践研究的具体材料，使教材更便于教师教学和学生学习。

三、教育心理学教材实用性得到强化

注重教育心理学的实用性、应用性是当前我国心理学科发展的迫切要求，也成为教材编写的应有之义，现有多数教材注重与实际应用接轨，关注实用性，主要体现在以下三个方面。

第一，在教材编排体例上，遵循便学便用原则，增强可读性。多数教材突破原有较为呆板的教材呈现方式，在章节前设置“内容摘要、学习目标、关键词”等栏目，章节正文部分设置“讨论、学术动态”等栏目，章节结尾部分设置“小结、思考题、学习评价、参考文献”等栏目，增强了教材的可读性和教与学的互动性，有些教材还制作了配套电子资源包(包括多媒体课件和教学参考资料)，供读者免费下载。这些编排方式力图帮助学生掌握教育心理学领域的基本概念、基础知识，系统梳理基本理论，跟进学科发展前沿，促使其在理论联系实际的过程中，加深对学科有关原理的研究思路与方法技术的理解，提高运用基本知识、原理、方法解决教育实践问题的能力。

第二，在教育心理学教材知识结构的安排上，注重与教育教学实践和学生学习心理实际的衔接。如何先友主编的《教育心理学》遵循“知识的学习—知识的构建—知识的运用”这一知识生成与能力培养的基本过程，重在引导学生更好明晰学科发展的实践任务和价值的同时，缩短其知识掌握与应用之间的距离。全书通过对教育心理学学科经典理论与原理的阐述，融合近年来该领域的最新研究成果，结合丰富的教学实践案例，对该学科的基本理论观点与当代教育教学实践问题的思考进行了全面的介绍与分析，促进学生掌握知识的同时，实现了教育心理学的理论学习与教育实践问题解决的结合，增强了教材对学习活动中教与学的指导性。

第三，在内容的取舍上，重视将教育心理学的应用研究成果及时反映在教育教学中。如张大均主编的《教育心理学》将“教学心理”“美育心理”“教育社会心理”“创造性培养”等能较好体现现今教育、教学改革主要关注点的研究成果纳入教材的内容体系，大大提升了教材的应用价值。

总之，现当代教育心理学教材的编写，力求体现学科发展的各种基本关系，突出教材的自身特色，旨在为教师和学生提供便学便教、结构完整、体例新颖、内容充实的教育心理学教材。

第三节　新中国成立以来教育心理学教材建设的经验

纵观我国七十多年教育心理学教材的建设历程，用“前进中的曲折，曲折中的前进”来形容最贴切不过，这一过程中，教育心理学教材建设也积累了丰富的经验。

一、中国化成为教育心理学教材建设的基本路线

教育心理学教材在不断发展中，逐渐确立了中国化这一基本路线，明确了中国化关键在于融会贯通，即通过学习西方的经验，与中国传统文化沟通融合，完善我国的学科建设，为中国教育实践提供借鉴与指导，从而推动教育的变革与发展。①

教育心理学教材贯彻中国化的研究取向主要渗透在以下几个方面的工作中，其一是理论研究中国化。国内教育心理学教科书的发展历程中，国外的相关理论与研究成果占据主流，国人自己的本土理论与研究成果占比相对较小，另外国外的成果在引进过程中由于翻译、信息衰减等因素，教科书的使用效果往往打了折扣，有鉴于此，后期发展中国外相关理论引进引用，更多聚焦与中国社会、文化背景、教育教学发展的实际等方面的有机融合，开启引进过程的中国化进程。同时，还强调从我国自己的教育改革实践出发，研究国人的心理活动特点以及存在的潜在发展规律，提炼鲜活的中国化的理论。其二是研究主题中国化。简单地讲，就是将中国人的“社会经济文化历史”背景放入相关的研究过程中，尽可能地研究中国人自己的问题，反映我国教育、教学发展的实际状况，现有教育心理学教材中体现中国特色的研究问题和研究成果比例逐年增加，教育心理学教材在研

① 参见郭文安：《教育学教材编写的思考》，载《课程·教材·教法》，2011(1)。

究内容中国化方面得以优化。

二、研究对象全人化成为教育心理学教材建设的核心关注点

作为一门兼具基础与应用特征的学科，教育心理学的应用性一直以来备受关注，如何实现其教材内容的现实转换，有助于学习者学以致用，成为核心议题之一。为此，研究者为彰显教育心理学的学科价值，提出了将研究对象的全人化理念作为突破口，以教学历程中师生互动行为为研究对象，聚焦于教育、教学中实际问题解决的前提下，构建教育心理学教材中的系统性教学理论。①

张春兴在《教育心理学——三化取向的理论与实践》一书中对全人化理念进行了全面的论述。② 全书分为五编十三章：第一编教育心理学的教育学基础——教育心理学是促成教育目的实现的科学；第二编教育心理学的心理学基础(一)——身心发展是教育实施的依据；第三编教育心理学的心理学基础(二)——学习原理是教学理论的基础；第四编教育心理学的实践(一)——个别差异是因材施教的原则；第五编教育心理学的实践(二)——教育历程是达成教育目的的途径。五编十三章内容的构建旨在为教师再现学生发展的实体场景，助力教师深入理解学生发展的个体差异，并贯穿于教学实践，主动践行因材施教的理念，促成教学目标的实现，进而达成提升教师专业素养的目的。这种将研究对象全人化的教育理念有效融入教材体系的有益尝试，受到研究者的广泛推荐。

三、体例多样性成为教育心理学教材建设的发展方向

教育心理学的研究认为，充分调动学习者的各种感官参与学习过程，更容易达到学习效果的最优化。大学生的学习和中学生有着很大的不同，他们的学习具有更大的自主性，这就要求教育心理学教材应与单纯的学术著作有所区别，教材需要关注栏目的设计与配置，做到种类设计得当，配

① 参见董刚、陈良：《百年教育心理学发展历程的回顾与反思》，载《重庆理工大学学报(社会科学版)》，2010(7)。

② 参见张春兴：《教育心理学的困境与出路——全人教育取向教育心理学的构想》，载《心理发展与教育》，1993(2)。

置合理，尤其是通过增加实践性、互动性栏目，在丰富的栏目资源中挖掘有效教学成分，使教材变得易读、悦读的前提下，学生自主学习兴趣获得提升，能结合自身发展水平实现知识的有效建构。为此，现有教材的编写在充分考虑这一特点的基础上，在以下方面做出了调整。

一是呈现方式方面，通过多元化设计获得了进一步的完善。教材编写中通过适当增加与章节内容对应的图片、表格及活动设计，丰富与学习者日常学习相关的教学实景，弥补教材中文字性叙述的不足，加强了教材知识和教育实际的联系。这种情况下，学生对教材内容的感性认识增加，学习兴趣得到激发，理论知识的理解和掌握度获得提升。如陈琦、刘儒德主编《当代教育心理学(第 3 版)》，全书撰写以实现易读性、实践性和操作性为宗旨，以高质量的学术水准和学术规范为前提，再版过程中通过尽量找到学习、动机和教学理论等方面的原文，领会教育心理学家的思想和心理，然后根据教科书的要求，进行深入浅出的介绍，并以图片、图解、表格等形式生动呈现，图文并茂，拓展学习者知识的同时，其呈现风格也受到学习者的好评。

二是体例栏目多样性方面，随着网络技术的发展，网络教辅资源作为传统纸质教材的拓展与延伸成为现代教材的重要表现形式。网络教辅资源主要是通过数字二维码的形式嵌于教材中，学习者可以通过手机扫码，方便查阅纸质教材中不易呈现的音频、视频材料，还可以互动方式完成课程习题，及时查阅文献资料，这样学习内容不再受纸质教材的篇幅限制，有利于学习者突破时空界限，拓展个性化学习的场域，增加学习的广度、深度和灵活度，因此，网络教辅资源的发展成为教育心理学教材的有效优化路径。

四、研究方法的多元化成为教育心理学教材建设的有力保障

教育心理学研究方法日趋科学化、客观化、人文化和生态化，使学科研究不断向纵深化方向迈进，在方法学方面为教育心理学教材建设提供支撑。具体来讲，研究方法做到了以下两个方面的有效结合。

其一，量性与质性结合，寻求方法的创新。定量研究更多以处理线性不相容事件为基础，但教育心理学更多研究的是以复杂的信息交互作用为特征的主体互动系统。① 因此单纯的定量方法的使用对信息交互、相容关系

① 参见景怀斌：《西方心理学百年发展的思路与思考》，载《国外社会科学》，1997(5)。

的解读略显力不从心，不利于对问题的全面认知、有效解决。定性研究作为解释研究对象深度信息的研究方法，是一种用语言文字描述结果的研究。定性研究相比定量研究对复杂相容信息的处理优势明显，但因其对研究者较高的要求和研究结果主观性较强受到制约。[①] 因此，由于研究对象的特殊性，近年来，研究者越来越倾向于从线性研究转向非线性研究，即强调用综合、动态、交互的观点去研究心理现象，将定量和定性的研究结果结合起来研究真实教育情境中的心理规律，重视运用多种方法从多角度进行系统的综合性研究，并对研究结果进行相互比较、印证，探讨影响因素间复杂的交互作用，挖掘研究材料的深层意义，提高研究结果的可靠性。

其二，现代化与生态化结合，提高研究效能。现今，各种先进的现代化技术促使研究工具与设备仪器不断推陈出新，促使研究者可以在更深层面探讨之前难以触及的问题，如研究者可以运用眼动仪动态、实时地考察学生的阅读心理，针对性地提出矫正方法。同时，教育心理学研究走出实验室，重视教育心理学中产生的自然心理行为机制，考虑学习者对环境因素的感知、建构、理解对学习和教学的影响，在研究者感兴趣变量结果的精度不降低的前提下，容纳较多的自变量，从而增加了实验的现实性，现场研究得到发展，表现出研究设计的生态化，提升了研究效能，避免了教育心理学理论与现实脱轨的现象。

第四节　新中国成立以来教育心理学教材建设的启示

新中国成立后，教育心理学教材发展历经 70 多年的建设完善，取得了一定的成就，形成了一定的经验，对未来教育心理学教材建设的启示有以下几个方面。

一、教育心理学教材建设要处理好整合与分化的关系

教育心理学教材建设过程中整合和分化贯穿始终，有助于推动教育心理学教材体系的不断完善。

从总体来讲，教育心理学教材建设中的整合是指对学科基本结构和基本理论体系的整体构建，将研究中的实践资料和各理论流派的核心要义做

① 参见吴岩：《也谈教育研究中定量方法的局限性》，载《心理发展与教育》，1999(2)。

进一步的提炼，以积极的态度进行客观的审视，兼收并蓄，不断推进教育心理学学科体系、学科基本结构的发展、完善。从具体的研究主题、研究范式来看，教育心理学教材建设中的整合主要体现在三个方面：一是教育心理学学科层面的整合，从教育心理学学科性质出发，探讨心理学理论与教育实践两方面的研究成果对学科发展的影响；二是个体学习者心理特质层面的整合，关注不同层面心理成分间的相互作用；三是个体发展与情境影响的整合，在动态的、多维互动的场景或情景中，揭示学习与教学过程在具体情境资源构成的系统中表现出来的整合特性及其功能。[①] 整合不是简单的理论与元素的叠加，而是理论层面的有机融合，现实层面重在将学习与教学现象置于影响教育发展的社会背景下，从宏观与微观、个体与群体等不同层面，揭示人类的学习与发展过程中各种因素在真实情境中的复杂交互作用。

分化主要指教育心理学研究领域、内容与方法的拓展。这主要体现在以下两个方面：一是从教育心理学学科本身发展来看，伴随研究的不断深化、细化，有些领域的现实重要性引发关注，成长为新的分支学科，如体现学科教与学过程差异的学科心理学，涉及个体差异的差异心理学等。二是从教育心理学学科与邻近学科发展来看，随着科技的不断进步，多学科融合产生的新研究生长点成为核心发展方向，如认知神经科学、社会学等与教育心理学交叉渗透，可进一步形成新的交叉学科。[②] 教育心理学教材建设过程中，应充分关注相关话题的融入。

分化与整合是一个历史发展过程，也是一个辩证发展过程，分化与整合的有机统一是教育心理学发展的基本路线。不断在细分中整合，在整合中细分，分化与整合相互渗透，有助于教育心理学教材体系的发展朝更深入、更具综合性的方向发展。

二、教育心理学教材建设要处理好理论与实践的关系

教育心理学是教育情境中的心理学，理论联系教育实际是其应有之义。

---

① 参见姚梅林：《教育心理学的整合与超越》，载《北京师范大学学报（社会科学版）》，2005(6)。

② 参见董刚、陈良：《百年教育心理学发展历程的回顾与反思》，载《重庆理工大学学报（社会科学）》，2010(7)。

教育心理学教材建设应充分关注理论与实践两个层面内容体系的构建。

理论研究的重点在于对教育心理学学科中基本心理规律的持续探索，构建相对独立且日趋完善的学科体系和理论框架，为解决教育、教学中的问题提供科学的理论依据。从现有的发展来看，当前教育心理学的理论研究呈现一种“分而治之”的趋势，强调研究的细化和通过具体的变量关系对问题进行科学的解读，具体操作过程更多运用一种分析式的方法。

实践研究的重点则是在现实的发展情境中，在理论与实践的不断互动过程中发现问题，寻求解决实践问题的具体原则和操作方法，与此同时，实践是理论的源泉，实践问题的发现、解决与发展，为理论性研究提供新的课题来源与素材。从现有的发展来看，当前教育心理学的实践研究呈现一种“合而治之”的趋势，强调从个体的心理特性以及社会情境等多维视角进行整合，对真实学习情境中的各种症结予以有效解决。

理论与实践是体现教育心理学价值的彼此联系的两个方面，二者之间是一种双向共生的关系。理论研究与实践探索在具体的教育、教学情境中互动、迭代，理论是对实践的反思和概念化，理论指导实践，服务于实践，并在实践中不断发展；实践在启发和促进理论革新和发展的过程中，成为理论的源泉，也是检验理论正确与否的标准，理论研究和教育实践密切结合，保证研究工作实际效用的同时，理论得到进一步提炼，实践也获得改观。随着教育心理学研究的发展，现实教育情境中儿童青少年认知、社会性等方面的动态互动与整合及整合观下学习环境、学校课程如何创设，成为新的关注点，新的焦点研究在推进过程中，教育心理学理论与实践之间的关系还将得到更高层次的弥合。

三、教育心理学教材建设要处理好继承与发展的关系

继承与发展是学科传承必须面对的问题，因此，教育心理学教材建设在认真提炼基础、经典的同时，应关注学科发展与时俱进的变化。

继承是起点，是基础，是将学科发展中积淀下来的，历经时间检验和在实验、实践中持续被证明的教育心理学基本理论、知识和方法，作为学科的根基和发展的基础，相对稳定地保留在学科体系之中。[①] 基础性主要体现在教材的基本结构和基本内容两个方面，对教育心理学百年发展历史及

① 参见张大均：《教育心理学》，第一版前言，北京，人民教育出版社，2005。

中外不同时期有代表性的教育心理学专著、教材进行分析，可以看到教育心理学教材的基本结构可概括为“基本理论”“学习心理”“教学心理”“制约教与学的因素和条件”这四个基本部分。在基本结构框架内突出内容的基础性，如基本概念的科学界定、基本理论的系统梳理、基本知识的完整介绍、基本事实的客观分析等。

发展是方向，是活力，是将反映学科发展方向和前沿的新思想、新方法、新成果持续纳入教育心理学学科体系，使学科体系得到改组、充实、完善，保持学科发展的生命力。发展过程需在顺应教育心理学基本规律和学科的前提下，紧追学科发展动态，重视新课改和基础教育实践结合的现实需求，及时反映现代教育心理学研究成果，注重前瞻性、突出实践性、强化应用性，从而达到理论联系实际、学以致用的目的。

继承是发展的前提，发展是继承的必然要求。教育心理学教材发展中要把握好继承与发展的关系，积极从教育教学实践中汲取养分，在创造中继承，在推陈中出新，保持学科发展的生命力。

四、教育心理学教材建设要处理好借鉴与创新的关系

借鉴和创新是中国教育心理学学科发展的必然选择，对教育心理学教材建设来讲，关键是如何将借鉴与创新结合加强中国特色教育心理学建设的问题。

尽管中国早在两千多年前的《学记》中就有丰富的教育心理思想，但作为一个科学学科的建立，中国教育心理学和整个心理科学一样属于舶来品。从新中国建立后我国教育心理学发展的历史来看，初期由借鉴西方教育心理学研究成果转而向苏联学习，20 世纪 90 年代后，随着苏联的解体，苏联心理学对我国教育心理学的影响呈现下降趋势，进而转为主要向西方学习。就目前我国的教育心理学教材发展现状来看，除美育心理和体育心理等是国外同类教科书未见到的，其他绝大多数研究内容来自西方，学者普遍将主要精力放在与国际接轨上，教育心理学的本土理论建构和现实问题解决方面还相对不足。

从学科性质来讲，教育心理学既具有基础性又具有实践指导性，兼具理论性和应用性的特点，学科发展应与服务教育、教学实践密切结合。因此，教育心理学的发展历程中西方的研究成果虽然一直以来处于引领的地位，但是过度地推崇和依赖国外的研究理论，会导致理论与实践研究与我

国的实际情况脱钩，是没有任何意义的。鉴于以上理由在借鉴西方科学理论和方法的基础上，以科学求实的态度立足中国文化、教育实际，开展创新性研究，致力于构建中国特色的教育心理学学科体系成为我们的必然选择。

借鉴是手段，创新才是根本。具体来讲，一方面对国外的研究成果在客观分析其“合理内核”的基础上，需结合我国发展实际，做好消化、转换；另一方面对国内的代表性研究成果应予以足够的重视，尤其是将我国现阶段真实和虚拟两种不同情境下的实践性创新成果纳入教材的内容体系，致力于教育心理学的本土理论创新与现实问题解决。立足当下，放眼未来，关注前沿，构建中国特色的教育心理学学科体系，为教育实践和人才培养战略的实施提供理论支撑。在借鉴中创新，在创新中前行，将成为发展的核心要义。

第二十一章　新中国成立以来教育技术学教材建设

教育技术学既是教育技术专业研究生、本科生的专业必修课，也是师范类专、本科生的公共必修课。教育技术学教材建设是培养教育技术学专业人才的重要保障，对教育技术学专业的发展具有重要的作用和意义。新中国成立以来，教育技术学教材建设取得了一定的成效，研究者和编写者编写出了不同的教育技术学教材。为了进一步推动教育技术学教材的建设，我们有必要就新中国成立以来的教育技术学教材建设历程进行回顾，分析教育技术学教材建设取得的成就和积累的经验，进而为教育技术学教材建设提供借鉴和启示。

第一节　新中国成立以来教育技术学教材建设历程

教育技术（电化教育）学作为一门交叉学科，萌芽于20世纪20年代，起步于30年代，至今我国的教育技术发展史已走过百余年的历程。新中国成立以前，教育技术学尚未作为一门专业或主要课程出现。1936年，由当时的教育部专员郭有守、南京金陵大学校长陈礼光、理学院院长魏学仁授命孙明经起草“电化教育训练班”授课内容，“电化教育”这个名称正式出现。根据其当时的授课内容，电化教育的内涵也有明确的规定。① 基于教育技术的发展，新中国成立前已有多部与教育技术学相关的著作，如宗亮东的《教育电影概论》（商务印书馆1936年版），陈友兰的《教育电影论》（商务印书馆1938年版），赵光涛的《电化教育概论》（商务印书馆1948年版）等。新中国成立以后，教育技术学教材建设进入萌芽阶段，进而进入重新起步和繁荣

① 参见江卫华、梁亮平：《中国教育技术学发展脉络综述》，载《中国教育技术装备》，2013(36)。

发展阶段。依据教育技术学教材建设的实际情况，我们将新中国成立以来的教育技术学教材建设历程划分为三个阶段，并总结不同的阶段呈现的不同特征。

一、教育技术学教材建设的萌芽阶段(1949—1977年)

中华人民共和国成立之后，以南国农教授和萧树滋教授为领军人物，提出电化教育观念，开展电化教育实验与实践，并开始构建电化教育理论体系，教育技术得到了发展。但是，以“教育技术学”“电化教育概论”等命名的教材仍未出现。基于此，我们可以将这一阶段称为教育技术学教材建设的萌芽阶段。

南国农先生是新中国教育技术发展的开拓者和奠基人之一，他不仅对我国的教育技术理论与实践方面作出了重要贡献，还对教育技术的学科建设作出了巨大贡献。首先，他提出了“大电教”的观念，对促进基础教育、职业技术教育和成人教育方面的改革和发展起到了不可估量的作用。其次，将电教与实践教改相结合，关注教育实验，积极弘扬现代教育思想。在现代教育思想和理论的指导下，用“三种技术”做“两件事”，实现一个目标。再次，提出“七论”，构建电教理论体系，并在不断地实践中充实发展完善①。最后，参照传播模式建立了三种电化教育模式，将现代教育技术定位于现代教育思想理论与现代信息技术的结合。1953年，萧树滋先生与南国农先生同时进入西北师范大学开始了电化教育的实践工作，开展了电化教育的实验，培养了一大批的中小学教师。萧树滋先生关注我国电教人员的管理与队伍建设，并与南国农先生创办了《电化教育研究》这一电教学术期刊。

这一阶段开展了一系列与电化教育有关的活动。1950年，苏州国立社会教育学院与江苏省立教育学院合并，改名苏南文化教育学院，设有“电化教育专修科”，1951年金陵大学理学院设有电影播音专修科和影音部。1960年5月17日，《人民日报》发表社论《大力改革和制造教学工具》，提出“要实行电化教育，大量增加现代化教学工具和实验设备，以适应教学改革、提高质量的需要”。1964年北京市各区县相继成立电教站，全市性的电化教育

---

① 参见江卫华、梁亮平：《中国教育技术学发展脉络综述》，载《中国教育技术装备》，2013(36)。

初具规模。[①] 在这期间，由于受“文化大革命”影响，许多工作被迫停止或转入地下，所以没办法考证教育技术在此阶段的发展情况。不可否认的是，“文化大革命”之后的几年，相关工作处于逐步复苏的状态，这就为后期的迅速发展做好了准备。

这一阶段，教育技术学教材建设的特征主要表现为两个方面：第一，教育技术理论与实践开始萌芽，出现以南国农先生和萧树滋先生代表的领军人物；第二，教育技术学教材尚未出现。除了建国前1948年赵光亮探索性地编著的《电化教育概论》之外，没有以“教育技术学”命名的教材。

二、教育技术学教材的起步阶段(1978—1995年)

1978年4月22日至5月16日，国务院召开全国教育工作会议，邓小平同志到会讲话指出：“要制订加快发展电视、广播等现代化手段的措施，这是多快好省发展教育事业的重要途径，必须引起充分的重视。”“教育部和各地教育行政部门要采取切实有效的措施，比如充分利用广播、电视，举办各种训练班、进修班，编印教学参考资料等，大力培训师资。”这使得教育技术学教材建设开始起步。教育技术学教材的编写还基于教育技术学(电化教育)专业和课程在全国师范院校的开设。1979年，萧树滋为西北师大开设“电化教育”选修课，在五所师范院校教育学教材会议上，南国农提出应该加上“电化教育”一章。1981年9月7日至13日，中央电化教育馆在杭州召开“电教课程教材讨论会”，草拟了高师和中师“电化教育”课的教学大纲。1983年6月，河北人民出版社出版萧树滋《电化教育》一书。[②] 从此，教育技术学教材的编写进入起步阶段。所谓的“起步”，一方面是有关电化教育(教育技术)的教材编制开始讨论；另一方面是第一本教育技术学著作《电化教育》(萧树滋，河北人民出版社1983年版)出现。

在教育技术学教材编写方面，不仅成立了电化教育课程教材编审组，制定课程和教材编写计划，而且有多本教育技术学教材出版。1984年3月，由高教部批准，电教局和中央电教馆主持建立电化教育课程教材编审组，南国农任组长，李运林任副组长。1985年8月，全国电化教育课程教材编

---

① 参见张宝志：《中国电化教育发展史拾零》，载《电化教育研究》，2009(1)。

② 参见阿伦娜：《中国电化教育(教育技术)年表(二)》，载《电化教育研究》，2006(12)。

审组组织编写并审定的《电化教育学》(南国农主编)、《电化教育基础》(梁育腾主编)，由高等教育出版社出版发行。1985年，在电教局支持下成立的《电化教育丛书》编委会，聘南国农、李运林、李奈为主编，制订了电教专业15门课程和23种电教丛书的编写计划。1986年1月，李运林、李克东合编的《电化教育导论》由高等教育出版社出版发行。1991年，国家教委批准设立全国高等师范院校电化教育(教育技术)教材编审委员会。此外，教育技术学专业的设立很大程度上推动了教育技术学课程和教材的建设和发展。自1983年起，4年时间全国十余所师范高校开设电化教育本科专业，1987年，国家教委发布"高师本科专业目录"，正式确定"电化教育专业"名称。1993年，国家教委颁布普通高等学校本科专业目录，电化教育专业改为教育技术学专业。同年，国务院学位委员会批准在北京师范大学设立教育技术学博士学位点。①

据笔者目力所及，这一阶段有以《电化教育学》《电化教育基础》《电化教育导论》《电化教育概论》《教育技术基础》《教育技术学导论》《现代教育技术》等命名的13本教材出版。它们分别是南国农的《电化教育基础》(甘肃人民出版社1984年版)，南国农的《电化教育学》(高等教育出版社1985年版)，梁育腾的《电化教育基础》(高等教育出版社1985年版)，李运林、李克东的《电化教育导论》(高等教育出版社1986年版)，萧树滋的《电化教育概论》(北京师范大学出版社1988年版)，万嘉若、曹揆申的《现代教育技术学》(中国科学技术出版社1991年版)，尹俊华、赵为华、乌美娜的《教育技术学导论》(北京师范大学出版社1992年版)，任榜坤的《教育技术基础》(新疆大学出版社1993年版)，陈琳、杨鸿德的《现代教育技术》(河海大学出版社1993年版)，杨改学、刘加勤的《教育技术基础》(甘肃民族出版社1994年版)，马维勤的《现代教育技术》(河北科学技术出版社1994年版)，刘家勋的《现代教育技术》(辽宁师范大学出版社1995年版)，张旭、许林的《现代教育技术》(科学出版社1995年版)。这些教育技术学教材是为满足读者对电教专业书籍和参考读物的需要，以及解决教学之需而产生的。如李运林、李克东的《电化教育导论》一书初稿完成后，经全国电化教育课教材编审组会议讨论，认为是教学上急需的书，推荐由出版社出版。该书修改完稿后，在中央电化教育馆组织领导下，由全国电化教育课教材编审组召开审稿会对全书进行审

---

① 参见阿伦娜：《中国电化教育(教育技术)年表(二)》，载《电化教育研究》，2006(12)。

定。1986年10月高等教育出版社正式出版了由李运林、李克东编著的《电化教育导论》第一版。①

这一阶段，不同的教育技术学教材呈现了不同的章目。南国农的《电化教育基础》共七章内容，涉及概念、产生和发展、作用，幻灯投影、广播、录音、电影教学，其他电教手段简介，电化教学课，电化教育管理。南国农的《电化教育学》在《电化教育基础》一书的基础上，增设电化教学的基本理论，计算机教学，语言与实验室教学三章内容。梁育腾的《电化教育基础》共七章内容，涉及电化教育概述，幻灯投影、录音广播、电影电视、电子计算机教学，电化教学法，学校电化教育管理。万嘉若、曹揆申的《现代教育技术学》共四篇十二章内容，涉及信息革命与教育技术学，现代教育技术的理论基础，现代教育技术的硬件基础，现代教育技术的软件基础。陈琳、杨鸿德的《现代教育技术》共八章内容，涉及绪论，数字影像技术及视觉媒体，听觉媒体及数字音频编辑技术，视听媒体及数字视频编辑技术，教学动画的设计与制作，多媒体教学，计算机网络教育，教学设计。

教育技术学教材起步阶段的特征主要表现在以下几个方面：第一，以电化教育和教育技术命名的教育技术学教材建设并行。1993年国家教委颁布的普通高等学校本科专业目录中，将电化教育专业改为教育技术学专业，在此阶段《电化教育学》《电化教育概论》《教育技术学导论》《现代教育技术》等均是教育技术学课程的教材。第二，电化教育专业的发展和课程的开设推动教育技术学教材的建设。第三，教育技术学教材呈现中国特色，如南国农和萧树滋界定了具有中国特色的电化教育概念，强调以现代教育媒体的研究和应用为重心，强调现代教育思想和理论的指导，强调电化教育应与具体的学科相结合，强调现代教育技术与传统教育技术的结合，强调学生学习方式的转变。

三、教育技术学教材建设的持续繁荣发展阶段(1996年至今)

自1996年始，我国的教育技术学教材建设进入持续繁荣发展阶段。持续指教育技术学教材增长稳健，一直呈现良好的势头；繁荣不是以“教育技术学”命名编写的教材空前增多，而以“现代教育技术”等命名的内含教育技

---

① 参见赵玉：《教育技术学导论课程教材的比较与启示》，载《广东技术师范学院学报》，2003(6)。

术学内容的教材大幅度增加。据笔者目力所及，这一阶段以“教育技术学”命名的教材有15本，具体如下表所示，而以“现代教育技术”“现代教育技术学”①等命名的著作和教材多达176本，还有不少以“现代教育技术教程”“现代教育技术基础”等命名的著作和教材。

从图21-1可知，2000—2005年我国教育技术学教材数量增长比较缓慢。2006年教育技术学本、专科专业已超过150个，硕士学位点已经达到38个，博士学位点达到8个，还建有2个博士后流动站。② 我国教育技术开始迅猛发展，教育技术学教材数量也骤然增长。2009年之后教育技术学教材呈现了稳步增加的趋势。总体看，2000—2021年，我国教育技术学教材数量保持稳步上升趋势。

1996年至今以“教育技术学”命名的教材

作者	教材名称	出版年份	出版社
尹俊华	《教育技术学导论》	1996	高等教育出版社
刘俊强等	《教育技术学 上 教育技术导论》	1998	黑龙江教育出版社
乔立恭 安嘉翔	《教育技术学概论》	1998	科学出版社
章伟民 曹揆申	《教育技术学》	1999 2014	人民教育出版社
何克抗	《教育技术学》	2002	北京师范大学出版社
尹俊华	《教育技术学导论》	2002	高等教育出版社
雷体南 金林	《教育技术学导论》	2006	湖北科学技术出版社
黄荣怀等	《教育技术学导论》	2006	高等教育出版社

① 除了以“现代教育技术”“现代教育技术学”命名的著作和教材之外，也有以“教育技术概论”“现代教育技术基础”“现代教育技术教程”“现代教育技术及其应用”等命名的著作和教材。实际上，这一时期的“教育技术学”与“现代教育技术”“现代教育技术学”等处于混用状态。鉴于本章节的研究对象，我们不再细致地考察以“教育技术学”“教育技术学导论”“教育技术学概论”“教育技术学论纲”命名的教材。

② 参见南国农：《教育技术学科建设：中国道路》，载《电化教育研究》，2006(1)。

续表

作者	教材名称	出版年份	出版社
李思维	《教育技术学导论》	2011	中央广播电视大学出版社
尹俊华等	《教育技术学导论第 3 版》	2011	高等教育出版社
施德路 于洪涛	《教育技术学》	2012	北京邮电大学出版社
李芒等	《教育技术学导论》	2013	北京大学出版社
何玲 王阳	《教育技术学》	2017	电子科技大学出版社
张红艳 邹葳	《教育技术学》	2018	吉林大学出版社
李龙	《教育技术学论纲》	2020	华东师范大学出版社

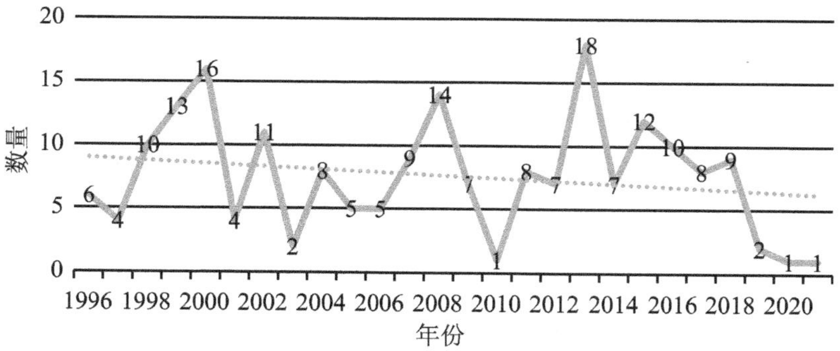

图 21-1　1996 年以来教育技术学教材出版的趋势(注：2022 年未画出)

进一步分析以“教育技术学”命名的教材，我们注意到“教育技术学”教材的体系已基本稳定，章节内容主要包括教育技术学的概念、教育技术发展史、教学系统设计、教育技术学研究方法等。尹俊华的《教育技术学导论》(高等教育出版社 1996 年版)共八章，分别是教育技术学的基本概念、性质及范畴；教育技术发展简史；教育技术在我国的发展；教育媒体；集体教学与视听媒体传播；个别化教学与计算机在教育中的应用；教育系统设计；教育技术学研究方法。① 2002 年版增设三章，分别是教育技术的理论

① 参见尹俊华：《教育技术学导论》，目录页，北京，高等教育出版社，1996。

基础；以过程技术为基础的小组学习模式与方法；以网络技术、通信技术为基础的远程教学模式与方法。[①] 何克抗、李文光的《教育技术学》(北京师范大学出版社 2002 年版)共十章，分别是教育技术学概述；教育技术的发展历史；教学资源；教学过程；教学系统设计；教学系统开发；教育技术运用；教育技术管理；教学资源与教学过程评价；教育技术的发展与教育改革的深化。[②] 李芒等的《教育技术学导论》(北京大学出版社 2013 年版)共四篇九章，分别是第一篇教育技术是什么，包括技术与教育技术，教育技术与教育技术学，教育技术学的学科体系与专业建设；第二篇教育技术的起源与发展，包括教育技术的发展简史，我国教育技术的发展；第三篇教育技术学的理论基础与基本理论，包括教育技术学的理论基础，教育技术学的基本理论；第四篇教育技术学实践领域与研究方法，包括教育技术学实践领域，教育技术学研究方法。[③] 李龙的《教育技术学论纲》(华东师范大学出版社 2020 年版)将教育技术划分为前教育技术(古代)、现代教育技术和后教育技术三个阶段，重点论述了教育技术领域的定义体系，教育技术学科的内涵、学科基础、理论框架和知识体系，以及教育技术学专业的构成，并对教育技术今后的发展给出了建议。若对照比较的话，我们会注意到已有的以"教育技术学"命名的教材与以"现代教育技术学""现代教育技术基础"等命名的教材内容基本一致。正如有研究者在对教育技术学、现代教育技术基础进行比较的基础上，认为其研究重点都集中在教育技术与教育技术学的概念、教育技术的发展历史、教育系统设计、教育媒体与教学资源的开发应用、教育技术的理论基础、教育技术学研究方法等主题上。

整体来看，这一阶段的教育技术学教材建设呈现如下特征：第一，教育技术学教材的主题内容趋于稳定；第二，教育技术学与现代教育技术学、现代教育技术基础等教材内容趋同；第三，教育技术学教材反映了前沿的教育研究与教育实践的成果。

---

① 参见尹俊华等：《教育技术学导论》，目录页，北京，高等教育出版社，2002。

② 参见何克抗、李文光：《教育技术学》，目录页，北京，北京师范大学出版社，2002。

③ 参见李芒、金林、郭俊杰：《教育技术学导论》，目录页，北京，北京大学出版社，2013。

第二节　新中国成立以来教育技术学教材建设的成就

新中国成立以来，在中国共产党的领导下，我国教育技术学教材建设取得了重要的成就，概括起来主要有以下四个方面。

一、教育技术学教材的本土化日益明晰

我国是对教育技术研究较早的国家之一，中华人民共和国成立以来，我国广大教育技术工作者和专家、学者在大量教学实践和科学研究的基础上总结出了一套较为完整的教育技术学理论构架。1998年教育部师范司启动了“高等师范教育面向21世纪教学内容和课程体系改革计划”，教育技术专业主干课程教学内容和体系改革的研究是其中的重要课题之一，该研究的主要目的在于探索新世纪有中国特色的教育技术学理论体系和框架，使培养出的教育技术人才更适应中国社会主义建设的需求。通过该项目的研究，教育技术的课程体系有重大调整，调整后的主干课程由八门课组成，首门课程即教育技术学。

2002年10月，北京师范大学出版社出版由何克抗、李文光编著的《教育技术学》第一版。该书特点是内容新、体系新，作者力图按照20世纪90年代以来国际上在教育技术领域的最新发展所形成的理论框架进行编写。该书根据国际公认的“94教育技术新定义”来确定该课程的内容体系，完全打破了以“媒体的理论与应用”作为教育技术基本内容的传统模式。在借鉴国外最新教育技术研究成果的基础上，对我国教育技术的理论加以系统的梳理，对教育技术的实践进行了分析和总结，并大胆尝试构建符合我国实际的教育技术学课程内容新体系。①

实践证明，我们几十年的努力是成功的，是符合中国国情的。我国教育技术学教材的发展道路虽然坎坷，但发展之快、面积之广、效益之高是其他国家所不可比拟的。正如1985年美国AECT主席在参观我国某大学后所指出的：“想不到在中国有一个办得如此出色、成功的专业。应该为你们

---

① 参见王安琳：《构建教育技术学科专业教材新体系》，载《大学出版》，2003(3)。

做的工作感到自豪。”①诚然，我们也借鉴了发达国家的经验，但没有完全依附，没有照搬照抄，更没有丧失自我，这是我们始终把握“古为今用，洋为中用”的结果，无疑是应当传承的宝贵经验。我们认为，我国的电化教育是教育技术在中国的称谓，是具有中国特色的教育技术，我国的教育技术学教材无论是在体系结构，还是具体的内容方面都吸纳中国本土的教育理论和教育实践的经验，体现了中国化的特色。

二、教育技术学教材的结构内容体系逐渐确立

当下的教育技术学脱胎于电化教育的母体。20 世纪 80 年代，我国之所以会出现以“电化教育学”命名的教材，一方面是因为中国实际的需要，另一方面更重要的是因为电化教育专业的确立。在我国，教育技术学专业的创办(最初称电化教育专业)已有 30 多年的历史。30 多年来，出版过由李运林、李克东编著的《电化教育导论》，尹俊华、庄榕霞、戴正南编著的《教育技术学导论》，何克抗、李文光编著的《教育技术学》三种为专业课所使用的教材。这些教材的出版缓解了专业教学的急需，解决了教材有无的问题，在一定程度上解决了该课程的定位和内容体系等问题。

《电化教育导论》系统地阐述了电化教育的基本概念、基础理论、电化教学过程与媒体、电化教学原则与方法以及电化教育的研究方法等。《教育技术学导论(第一版)》中，第一章着重阐述了教育技术学的基本概念、性质和范畴；第二、第三章阐述了教育技术的发展历史、教育技术学的形成及教育技术在我国的发展；第五至第七章介绍教育技术学的三个实践领域，即媒体传播教育、个别化教学和教学系统设计；第八章简要阐述了教育技术学研究方法的基本内容。《教育技术学导论(第二版)》与第一版相比，在理论和实践两个方面，在深度和广度上都做了较多的扩展，基本上涵盖了本学科的目的任务、发展历史、性质特点、概念定义、对象范畴、理论基础、基本原理、实践领域和研究方法等各个方面。《教育技术学》中，前两章简要介绍教育技术的定义、学科性质、理论基础和发展历史；第三、第四章对教育技术的主要研究对象，即学习资源和学习过程进行详细论述；第五至第九章分别从教学系统设计、教学系统开发、教育技术利用、教育

① 参见张恩成、王小平、姜韬等：《努力建设具有中国特色的教育技术学体系》，载《电化教育研究》，2006(5)。

技术管理、学习资源与学习过程的评价五个方面及其相互关系对教育技术主要研究和实践的内容做了较全面的阐述；第十章对如何运用现代教育技术来推动教育改革的深化进行了多角度的阐释。

从上述三种课程教材内容、章节的设置及其变化可以看到教育技术理论框架的建构过程，各教材对教育技术学科内容的介绍基本上围绕教育技术学这一学科的概念定义、目的任务、性质特点、发展历史、对象范畴、理论基础、基本原理、实践领域和研究方法等问题展开论述。

三、教育技术学教材的定位逐渐明确

学科定位是学科发展的关键问题，直接关系到学科研究的问题域和研究取向。新中国成立以来，中国教育学人关于教育技术学的定位基本上有两种观点。一种观点是将教育技术学作为教育学领域一个独立的二级学科。关于电化教育姓"教"还是姓"电"这一点，南国农先生曾作过论述，他指出"电化教育的对象是人，不是物。办电教的目的，是提高教学、教育效率，高速优质地培养人才。""电化教育所关注的，主要不是电光、电声、电控等现代技术本身，而是各种现代技术在教学、教育中的应用。""电化教育作为一门学科，是教育科学的一个分门；作为一种事业，是一种教育事业。电教工作者，不论是教学研究、教材制作、硬件技术、情报管理等人员，都是教育工作者。"①丁钢教授也认为"教育技术学作为教育学的一门新兴学科，其实质上应该姓'教'而不是姓'技'"②。由此可知，关于教育技术学的学科定位问题目前已经取得了基本共识，即教育技术学是教育学的二级学科，属于教育学的分门，是教育科学这个大系统的子系统，它姓"教"。章伟民、曹揆申著的《教育技术学》(人民教育出版社 1999 年版和 2014 年版)作为教育学学科分支学科丛书之一，从学科定位的角度向读者介绍了演进中的教育技术、教育系统技术、教育传播技术、教育媒体技术、电声媒体及其教学应用、计算机的教育应用等内容。

另一种观点虽然没有指明，但是在编写教材时会提到，那就是将教育技术学作为一门教育技术学专业主干课程。教育技术学教材对应的是教育

---

① 参见南国农：《我们对电化教育知多少》，载《电化教育研究》，1988(2)。

② 参见丁钢、王陆：《教育学视角下的教育技术学学科发展》，载《电化教育研究》，2006(8)。

技术学专业课程。开设课程，就要有与之对应的教材，给什么群体或个人开设课程，教材就要服务于所对应的群体。何克抗、李文光编著的《教育技术学》(北京师范大学出版社 2002 年版)在封面上即指明本书是面向 21 世纪的课程教材，是教育技术学专业主干课程系列教材。余武主编的《教育技术学》(中国科学技术大学出版社 2003 年版)直言“该书是高等师范院校本科生的基础课程之一，该课程的教育目标是使师范生掌握教育技术的基本理论和技术，树立基于信息技术的现代教育思想和观念，提高信息素养和应用教育技术的能力”①。基于教育技术学不同的定位，教育技术学教材要服务于此。

四、教育技术学教材与相关教材的关系逐渐清晰

与教育技术学教材混淆使用的教材称谓主要是教育技术学导论、教育技术学概论、现代教育技术、教育技术基础、电化教育概论等。这与教育技术的名称在世界上不同国家以及不同的历史时期有不同的名称有关。在我国的历史上，出现的名称有电化教育、教育技术、教育工艺、教育传播、教育传意、信息传播、信息媒介、教育媒体、现代教育传播与技术、现代教育技术。② 何克抗教授在 2005 年撰文认为教育技术学的名称更确切的表述应该是“技术化教育学”③。

现阶段，“电化教育”和“教育技术”两个名称在我国并存，因此在教材方面早期有不少学者以电化教育命名。关于教育技术学导论、教育技术学概论等教材的使用主要取决于教育技术学课程体系。从现行的教育技术学专业课程设置来看，主要有公共课和专业课两大部分，其中专业课又分为教育类课程、技术类课程、通识类课程和实践类课程四种类型，进而有必修课程和选修课程。依据不同课程设置，教育技术学教材的性质逐渐区分开来。虽然当前教育技术学教材内容仍有混用和重复的现象出现，但是研究者已明晰了教育技术学与相关概念的联系和区别，故而我们认为教育技术学教材与其他教材的关系逐渐清晰也是新中国成立以来我国教育技术学

---

① 参见余武：《教育技术学》，版权页，合肥，中国科学技术大学出版社，2003。

② 参见南国农：《教育现代化的必由之路——南国农电化教育论文集》，58～60 页，北京，高等教育出版社，2000。

③ 参见何克抗：《关于教育技术学逻辑起点的论证与思考》，载《电化教育研究》，2005 (11)。

教材建设的成就之一。

第三节　新中国成立以来教育技术学教材建设的经验

在剖析新中国成立以来我国教育技术学教材建设的历程和取得的成就的基础上，我们认为我国教育技术学教材建设的经验主要有以下四个方面。

一、教育技术学教材建设要处理好学科与课程之间的定位关系

学科是学术研究的范畴，课程是人才培养(教学)的范畴，二者既有联系，又有区别。教育技术学作为一门课程，最初使用的教材多为“电化教育导论”或“教育技术学导论”，重点放在入门性。从专业发展的历史看，这是必然的，也是必要的。它是我国教育技术学专业初期阶段的产物，是教育技术学理论处于初期发展阶段的反映，即使在今天教育技术学专业也要开设入门性课程。教育技术学专业经过 30 多年的研究和教学，其基本理论有了较大的发展，增加了较丰富的内容，但是，该专业的基础理论与课程体系至今尚不够完善。

教育技术学专业的大部分课程是从其他专业照搬或移植而来，由于本领域技术发展太快，理论涵盖的范围又太广，因此基础理论建设难度很大，至今还不尽如人意。学科基础理论的薄弱已经引发诸多问题，尤其是作为教育技术学专业核心课程的“教育技术学”，不仅缺乏理论深度，甚至缺乏系统性、完整性和科学性。在目前国内使用较为普遍的 20 多种以教育技术学或电化教育学为名的教材和专著中，普遍的体系是“移植过来的理论＋媒体菜单”模式，不仅缺乏本专业自身的范畴——理论体系，而且集中反映了对媒体技术的片面强调。这些局限性决定了本学科培养出的专业人才缺乏“专业特色”，尤其是专业之“不可替代性”。①

新中国成立以来教育技术学教材建设的经验之一是要处理好作为学科的教育技术学和作为课程的教育技术学之间的联系和区别，使其既担负着开启学习者对教育技术学的最初认识之门的重任，又担负着学习者学科基本理论素养的培养任务。

---

① 参见桑新民：《现代教育技术学基础理论创新研究》，载《中国电化教育》，2003(9)。

二、教育技术学教材建设要处理好与其他教材之间的关系

教育技术学教材的质量对教育技术学专业的教学有至关重要的作用。2002年由何克抗教授主编的八本教育技术学专业主干课程系列教程相继出版后，便成为许多高校的教材参考书，也是修订教学大纲的重要参考资料，对教育技术学专业的教材建设具有重要的作用和意义。从目前状况看，教育技术学教材大体上存在以下几个问题：一是内容重叠，即它与教育技术学专业其他课程内容部分重叠；二是课程定位不清，它的内容从基本概念到教育技术运用，从教学设计、教学系统开发、课程开发到教育技术管理等，显得比较庞杂；三是内容之间的内在逻辑关系不清，把涉及教育技术工作的方方面面堆积在一起，缺乏基本理论的内在联系等。① 这些现象也从一个侧面反映了教育技术学基本理论还在发育之中。

教育技术学教材建设与相关学术领域的研究，以及相关学科教材的编写情况给我们的经验是教育技术学教材建设要处理好与其他教材之间的关系，一方面要避免雷同，另一方面要使得教育技术学教材名实相符。

三、教育技术学教材建设要处理好教育理论与教育实践的关系

教育技术学教材服务的对象是教育技术学专业的学习者和实践者。有研究者通过对教育技术学教材目录和内容结构的分析，发现从宏观方面来看，以概论与实践结合类为主体内容的教材最多，技能应用类和学科教育技术类的教材数量居其次，教师应用类教材较前两者少；从微观方面看，以导论类内容为主的书籍最多，以教学设计和课件制作整合类内容为主的书籍数量居其次，课件制作和多媒体技术方面的书籍数量较前两者少。这些数据表明当前教育技术学教材主要以理论知识为主导，实践类的知识尚未获得高度重视。② 因而，教育技术学教材要处理好教育理论与教育实践的关系。

叶澜教授在关于教育理论与教育实践的关系上，认为“新世纪中国教育

① 参见李康：《“教育技术学概论”教材建设的思考》，载《电化教育研究》，2005(7)。

② 参见雷体南：《关于师范院校“现代教育技术”课程设置与教学设计的探索》，载《电化教育研究》，2001(4)。

理论与教育实践新型发展关系的建立，只有靠教育理论研究者、应用理论研究人员和直接从事教育实践的人员这三支能自觉进行自我更新的主体队伍的形成及互补互动、通力合作才能实现"①。具体而言，教育技术学教材中要集中呈现国内外一些教育实践的概况。就国内而言，近些年来我国教育技术学实践领域发生了一系列的教育改革探索，如以桑新民教授为代表的华南师范大学教育技术基础理论学术团队，在二十多年前就率先开展了"五个十"的研究，分别从专家学者、经典著作、学术论文、专业网站、研究机构这几个方面进行系统研究，并将其作为学术团队博士和硕士研究生论文选题的重要方向。已有的教育技术学教材中虽然有所呈现，但是还不够。教育技术学教材中不仅要呈现国家教育改革的政策和扎实的教育技术理论知识，也要呈现实践领域的改革概况。

四、教育技术学教材建设要处理好中西之间的关系

教育技术学教材中呈现什么样的知识，直接决定着教育技术学教材的水平，也决定着人才培养的水平。新中国成立以来的教育技术学教材建设给我们的另一个启示即是要处理好中西之间的关系。

我国的教育技术教材，从诞生就是具有中国特色的。虽然在电化教育的名下引入了美国视听教育中具有现代化特性的内容，即现代教育媒体，没有把图片、模型、展览、实验和实习等内容列为电化教育的内容。教育技术学教材的出现，在命名上没有采用美国的视听教育，在内容上也不同于美国的视听教育。20世纪80年代，随着改革开放的深入和对国外教育技术概念和理论的引进，我国学者提出了中国特色电教理论的问题。1985年，南国农先生出版的《电化教育学》，以现代教育媒体的研究和应用为核心，由"七论"(本质论、功能论、发展论、媒体论、过程论、方法论、管理论)构成，为构建中国特色电化教育理论体系奠定了基础。

20世纪90年代中期，随着美国AECT'94定义的引入和建构主义学习理论在我国的广泛传播，教育技术学教材中出现了用AECT'94定义改造教育技术定义的提法与实践。1996年尹俊华主编的《教育技术学导论》第一版，在理论体系上已经和原来的《电化教育概论》《电化教育学》等有较大区别，

① 参见叶澜：《思维在断裂处穿行：教育理论与教育实践关系的再寻找》，载《中国教育学刊》，2001(4)。

该书将个别化教学、教学系统设计和系统方法纳入教育技术理论框架中，在保留电化教育媒体的基础上，较多地吸收了国外尤其是美国的教学设计理论和系统方法理论，对 AECT 的观点也作了较详细的介绍。随后由于 AECT'94 定义的引入，开始了持久的有关“AECT'94 定义”的研究和争论。针对部分学者过分推崇 AECT'94 定义，致使“学科定义全盘西化”，视 AECT 的定义为“至尊”，我国一些学者重新发出构建中国特色教育技术学的呼唤。教育技术学教材的建设亦是如此。

新时代背景下的教育技术学教材建设既不能盲目照搬国外理论，也不能完全依赖已有的教育技术学教材体系。教育技术学教材的结构与内容建设一方面需要吸收已有教材的建设经验，另一方面要合理科学地呈现国内外教育科学研究成果，结合我国国情进行创造性的发展和应用，以服务教学、学习的需要。

第四节　新中国成立以来教育技术学教材建设的启示

新中国成立以来我国教育技术学教材建设的启示主要有以下四个方面。

一、教育技术学教材建设必须坚持马克思主义的指导

《中国社会科学博士论文文库》总序中说：“中国的问题只能由中国人用自己的理论来解决，让外国人来解决中国的问题，是行不通的。也许有的同志会说，马克思主义也是外来的。但是，要知道，马克思主义只是在中国化了以后才解决中国的问题的。如果没有马克思主义的普遍真理与中国革命和建设的实际相结合而形成的毛泽东思想、邓小平理论，马克思主义同样不能解决中国的问题。教条主义是不行的。东教条不行，西教条也不行，什么教条都不行。把学问、理论当教条，本身就是反科学的。”①这段话对于从事教育技术学教材建设，很有指导意义。也就是潘懋元先生所说：“走依附发展道路是不行的，而应摆脱依附，走自主创新之路。”借鉴是需要的，但还要超越。要“有借鉴、有改造、有创新，最终形成具有本国特色的教育模式”。

---

① 参见杨昌勇：《新社会教育学：连续与断裂的学术历程》，3 页，北京，中国社会科学院出版社，2004。

中国共产党领导下我国教育技术学教材建设的一大启示是要坚持马克思主义的指导。研究者认为坚持马克思主义的指导地位，就要以马克思主义的历史唯物主义和辩证唯物主义的方法论为指导，以马克思主义的立场、观点和方法为教材编写的灵魂。[①] 也有研究者认为教育学教材体系建设坚持以马克思主义为指导，努力反映教育实践的新形态，传承中华民族优秀教育思想，系统整理和选择百年多来教育学研究成就，不断提升具有中国特色的教育学教材质量和水平。[②] 这是中国教育学教材建设必须坚持的，也是给新中国成立以来我国教育技术学教材建设的启示。教育技术学教材编写者坚持马克思主义的指导一方面体现在教材内容的观点方面，另一方面体现在教材编写的思想方面。

二、教育技术学教材建设应重视基础理论研究

新中国成立以来我国教育技术学教材建设既体现了教材编写者对已有认识的整理，也呈现了教材编写者的探讨与开垦。在教育技术学基础理论研究方面，当前的重点和难点是作为教育技术学专业核心课程的“教育技术学”理论体系如何创新，如何同世界前沿对话与交流，这是本专业的标志性课程和核心理论建设，也是专业吸引力的关键。围绕这一问题，教育技术学教材建设主要从以下两方面入手。

一方面，教育技术学教材应坚持专业入门性和基本理论性并重。入门性指该教材具有学科启蒙任务，要把学生引进教育技术学科之门，让他们认识教育技术，了解教育技术要做些什么，知道它的过去、现在和将来。基本理论性指该教材聚焦教育技术学的基本理论问题，它既不涉及媒体技术本身的基本理论，也不涉及具体应用方法和操作性层面的内容，它承担着为本专业其他课程(技术性、方法性课程)奠定理论基础的任务，重点在于培养学生的学科理论素养。

另一方面，教育技术学教材应聚焦学科的基础理论。目前，教育技术学课程内容庞杂重复。一是不明确该学科的基础理论是什么；二是把该学

---

① 参见侯怀银、周郅壹：《中国共产党领导下我国教育学教材建设的回顾与启示》，载《课程·教材·教法》，2022(5)。

② 参见石中英：《新时代中国教育学体系建设面临的挑战及发展路径》，载《中国社会科学网(微信公众号)》，2022-07-04。

科的基础理论与理论基础混为一谈，这种混淆的后果就是忽视教材对基本理论的建设。作为一门学科，教育技术学不仅仅是各种方法和媒体技术的集合，也不仅仅是对方法和媒体技术应用的解释，还应该对教育技术现象和活动规律有较深层次的把握，深入探讨教育技术学理论体系的内在结构和逻辑起点，这是教材在基础理论研究部分要做的工作。

三、教育技术学教材建设应服务于课程教学

教材是课程教学的主要内容依据，为课程内容提供基本的框架。长期以来，我国学术界对课程的理解呈现多元化的态势。其中的一种理解是把课程看作学科，如《中国大百科全书(教育卷)》将课程分为广义和狭义两种，广义是指所有学科(教学科目)的总和，狭义是指一门学科。[①] 实际上，课程与学科既有联系，又有区别。学科的划分遵循知识体系自身的逻辑，有特定的研究对象、相对独立的理论体系和具有自身特色的研究方法，以开展科学研究与技术为目标，向社会贡献科研成果，推进知识的发展与创新。课程是专业的构成要素之一，以为社会培养各级各类专业人才为己任，为社会发展提供不同层次人才。课程的内容可以是学科研究的结果，培养的人才可以为学科知识的丰富与发展提供源源不断的人力资源，但一定是按照受众群体进行编排的。课程所使用的教材集中反映了学科发展的概况。教育技术学课程服务于教育技术专业的入门者，因而教育技术学教材建设应服务于课程教学。

教育技术学教材建设服务于课程教学应注意以下几方面。第一，以系统观为指导，紧扣教学大纲，服务于教育技术学课程的培养目标。在编写教育技术学系列教材的时候应该把教育技术学课程作为一个系统，对其进行教学系统设计，根据教育技术学课程的培养目标来选择教学内容即编写哪些教材。第二，兼顾专业性和普及性，服务于学习者的认知水平和认知序列。教育技术学教材的编写必须兼顾所有读者的专业背景和学习需求，在专业性和大众性之间寻求一个平衡点，教材内容做到深入浅出。第三，坚持理论与实践相辅相成，使教材的实用性和实效性体现在教材的内容安排上，服务于教育技术学课程教学实践。

---

① 参见《中国大百科全书(教育卷)》，207 页，北京，中国大百科全书出版社，1985。

四、教育技术学教材建设力求体现中国特色

回顾教育技术学教材在中国的建设历程，其免不了也印上了借鉴国外走向中国化的痕迹。加强中国特色的教育技术学教材建设，必须立足中国的国情、中国的实践，走中国的道路，既要展现符合各国国情的教育技术普遍规律，更要研究呈现适合中国国情的特殊规律。

南国农先生曾经指出：我国的电化教育虽然来自美国的视听教育，但从它出生之日起，就是适应着我国的国情，走着自己的发展道路。① "电化教育"这个名称就是我们自己创立的，具有鲜明的民族性。正当电化教育界讨论名称、本质、理论体系等学科建设的关键问题时，引进了美国 AECT'94 定义，一部分人把 AECT'94 定义看作解决电化教育发展问题的灵丹妙药，采用了中断传统式的全盘引进方式，教育技术学教材中也多有体现。

对于引进问题，早在 20 世纪 20 年代，教育学界学者就开始反思。舒新城指出"此时我们所当急于预备者，不在专读外国书籍，多取外国材料，而在用科学的方法，切实研究中国的情形，以求出适当之教育方法……使中国的教育中国化。"②这表明，中国的教育问题只有扎根于中国的教育理论才能解决。南先生在总结我国电化教育的经验与教训，尤其是 20 世纪 70 年代末以来，我国电化教育学学科建设发展较快的原因时主要讲了两点：一是"以建立既具有中国特色，又有时代精神的电化教育学为目标，走适合中国国情的自我发展道路"。二是"重视采用新的科学研究方法"③。叶澜教授也指出"教育学在新世纪发展的方向不应再是以西方为本作前提的'中国化'，而是要创建'中国教育学'"④。教育技术学教材建设也是这样，不应再是以西方为本作前提的"中国化"，而是要创建"中国教育技术学教材"。

南先生指出"有人认为，坚持教育技术学中国化，就是否定传统、否定借鉴外国、不要面向未来。这是误解"。我们要在坚持中国化原则时，处理

---

① 参见南国农：《教育现代化的必由之路——南国农电化教育论文集》，102～111页，北京，高等教育出版社，2000。

② 参见舒新城：《论道尔顿制精神学》，转引自叶澜：《中国教育学发展世纪问题的审视》，载《教育研究》，2004(7)。

③ 参见南国农：《教育现代化的必由之路——南国农电化教育论文集》，115～132页，北京，高等教育出版社，2000。

④ 参见叶澜：《中国教育学发展世纪问题的审视》，载《教育研究》，2004(7)。

好“民族与世界”的关系和“继承与发展”的关系。对于国外的经验，我们既不能把它当作灵丹妙药，也不能盲目排外；对于过去我国电化教育的历史，我们既不要把它说得一无是处，也不要把它说成完美无缺，而是要客观、认真地对待国外的经验，认真总结自己历史上的经验和教训，科学地谋划学科今后的发展。站在新的历史方位上，我国教育技术学教材建设应力求中国化，体现符合中国实际的教育技术知识，增强新时代中国特色教育技术学自信力，从教育技术学追随者向领跑者转变，以培养新时代的教育学人和教育工作者，并不断创新全球教育技术文化。

参考文献

一、著作类

吴研因、吴增芥：《小学教材研究》，上海，商务印书馆，1933。

周予同：《中国现代教育史》，上海，良友图书公司，1934。

孟宪承：《中国古代教育文选》，武汉，湖北人民出版社，1956。

孟宪承：《中国古代教育史资料》，北京，人民教育出版社，1961。

舒新城：《中国近代教育史资料》(上、下)，北京，人民教育出版社，1961。

华东师范大学教育系中国教育史研究室、教育科学研究所中国教育研究室：《中国教育史参考资料选编》，1981。

舒新城：《中国近代教育史资料》(上、下)，北京，人民教育出版社，1981。

中国教育学会、中央教育科学研究所：《三个面向与教育改革：中国教育学会第一次全国学术讨论会文集》，北京，教育科学出版社，1984。

王策三：《教学论稿》，北京，人民教育出版社，1985。

《中国大百科全书·教育》，北京，中国大百科全书出版社，1985。

陈学恂：《中国近代教育文选》，北京，人民教育出版社，1983。

华东师范大学教育系：《中国现代教育文选》，北京，人民教育出版社，1985。

吴杰：《教学论——教学理论的历史发展》，长春，吉林教育出版社，1986。

陈学恂：《中国近代教育史教学参考资料》(上、中、下)，北京，人民教育出版社，1987。

朱有瓛：《中国近代学制史料》，上海，华东师范大学出版社，1983—1990。

陈元晖：《中国近代教育史资料汇编》，上海，上海教育出版社，1994—1995。

李桂林：《中国现代教育史教学参考资料》，北京，人民教育出版社，1987。

瞿葆奎、陆亚松、李一平：《教育学文集·课程与教材》(上)，北京，人民教育出版社，1988。

李醒民：《极张力论——不应当抱住昨天的理论不放》，西安，陕西科技出版社，1988。

孙喜亭：《教育学问题研究概述》，天津，天津教育出版社，1989。

[法]米阿拉雷：《教育科学导论》，郑军、张志远译，北京，光明日报出版社，1989。

顾明远：《世界教育发展的启示》，成都，四川教育出版社，1989。

江山野：《简明国际教育百科全书·课程》，北京，教育科学出版社，1991。

吕恒庸：《中外普及义务教育比较研究》，沈阳，辽宁大学出版社，1991。

尚志英：《寻找家园——多维视野中的维特根斯坦语言哲学》，北京，人民出版社，1992。

王智新：《中日教育比较研究》，南京，江苏教育出版社，1996。

廖世承：《廖世承教育论著选》，北京，人民教育出版社，1992。

国家教委师范司教材处：《全国师范院校公共课教育学教材改革研讨会教育学改革论文集》，上海，上海教育出版社，1993。

课程教材研究所：《课程教材研究十年》，北京，人民教育出版社，1993。

瞿葆奎：《教育学文集·教育与教育学》，北京，人民教育出版社，1993。

瞿葆奎：《教育学文集·课程与教材》，北京，人民教育出版社，1993。

桑新民：《呼唤新世纪的教育哲学——人类自身生产之谜》，北京，教育科学出版社，1993。

郭文安：《论教育的主体性思想及教育的规律性》，武汉，华中师范大学出版社，1995。

[德]黑格尔：《逻辑学》(上卷)，杨一之译，北京，商务印书馆，1996。

曾天山：《教材论》，南昌，江西教育出版社，1997。

陆有铨：《躁动的百年——20世纪的教育历程》，济南，山东教育出版社，1997。

赫·斯宾塞：《斯宾塞教育论著选》，胡毅、王承绪译，北京，人民教育出版社，1997。

沈金荣：《外国成人教育概论》，上海，上海科技教育出版社，1997。

张瑞璠、王承绪：《中外教育比较史纲》(1—3卷)，济南，山东教育出版社，1997。

瞿葆奎：《教育基本理论之研究(1978—1995)》，福州，福建教育出版社，1998。

王义高：《当代世界教育思潮与各国教改趋势》，北京，北京师范大学出版社，1998。

陈桂生：《教育学的建构》，长沙，湖南教育出版社，1998。

陈桂生：《“教育学”辨“元教育学”的探索》，福州，福建教育出版社，1998。

陈桂生：《历史的“教育学现象”透视近代教育学史探索》，北京，人民教育出版社，1998。

杜成宪、崔运武、王伦信：《中国教育史学九十年》，上海，华东师范大学出版社，1998。

课程教材研究所编：《课程教材研究15年》，北京，人民教育出版社，1998。

瞿葆奎：《元教育学研究》，杭州，浙江教育出版社，1999。

吕达：《课程史论》，北京，人民教育出版社，1999。

熊庆年：《十七世纪至十九世纪中叶中日教育发展比较》，成都，巴蜀书社，1999。

钱文、封莉容：《中、外幼儿教育的比较与实践》，上海，上海教育出版社，1999。

金林祥：《20世纪中国教育学科的发展与反思》，上海，上海教育出版社，2000。

王坤庆：《教育学史论纲》，武汉，湖北教育出版社，2000。

王坤庆：《20世纪西方教育学科的发展与反思》，上海，上海教育出版社，2000。

刘放桐：《新编现代西方哲学》，北京，人民出版社，2000。
陈桂生：《教育原理(第2版)》，上海，华东师范大学出版社，2000。
郝德永：《课程研制方法论》，北京，教育科学出版社，2000。
靳玉乐、黄清：《课程研究方法论》，重庆，西南师范大学出版社，2000。
[德]沃尔夫冈·布列钦卡：《教育科学的基本概念：分析、批判和建议》，胡劲松译，上海，华东师范大学出版社，2001。
徐辉：《国际教育初探 比较教育的新进展》，成都，四川教育出版社，2001。
郑金洲、瞿葆奎：《中国教育学百年》，北京，教育科学出版社，2002。
郝德永：《课程文化——一个后现代的检视》，北京，教育科学出版社，2002。
黄济、郭齐家：《中国教育传统与教育现代化基本问题研究》，北京，北京师范大学出版社，2003。
托马斯·库恩：《科学革命的结构》，金吾伦、胡新和译，北京，北京大学出版社，2003。
宁虹：《国际视野教育的重新理解》，北京，首都师范大学出版社，2003。
廖哲勋、田慧生：《课程新论》，北京，教育科学出版社，2003。
瞿葆奎：《教育学的探究》，北京，人民教育出版社，2004。
顾明远：《教育：传统与变革》，北京，人民教育出版社，2004。
李定仁、徐继存：《课程论研究二十年：1979—1999》，北京，人民教育出版社，2004。
杜成宪、邓明言：《教育史学》，北京，人民教育出版社，2004。
叶澜：《二十世纪中国社会科学·教育学卷》，上海，上海人民出版社，2005。
王道俊、郭文安：《主体教育论》，北京，人民教育出版社，2005。
靳玉乐、于泽元：《后现代主义课程理论》，北京，人民教育出版社，2005。
张传燧：《行走于传统与现代之间》，长沙，湖南师范大学出版社，2005。
李现平：《比较教育身份危机之研究》，北京，教育科学出版社，2005。
朱宗顺：《交流与改革教育交流视野中的中国教育改革 1978—2000》，杭州，浙江教育出版社，2006。
陈桂生：《中国教育学问题》，福州，福建教育出版社，2006。
俞子夷：《新小学教材和教学法》，福州，福建教育出版社，2006。
丛立新：《课程论问题》，北京，教育科学出版社，2000。
匡瑛：《比较高等职业教育：发展与变革》，上海，上海教育出版社，2006。
陈时见、徐辉：《比较教育的学科发展与研究方法》，北京，商务印书馆，2006。
石中英：《教育学的文化性格》，太原，山西教育出版社，2001。
陈元晖：《中国近代教育史资料汇编》，上海，上海教育出版社，2007。
侯怀银：《中国教育学发展问题研究——以20世纪上半叶为中心》，太原，山西教育出版社，2008。
刘庆昌：《教育知识论》，太原，山西教育出版社，2008。
钟启泉：《课程的逻辑》，上海，华东师范大学出版社，2008。
陈桂生：《教育学的建构》，上海，华东师范大学出版社，2009。

岳伟：《批判与重构——人的形象重塑及其教育意义探索》，武汉，华中师范大学出版社，2009。

欧用生：《课程研究新视野》，台北，师大书苑，2010。

侯怀银：《20世纪中国教育学发展问题研究》，北京，北京师范大学出版社，2011。

郭文安、王坤庆：《教育学研究与反思》，武汉，华中师范大学出版社，2011。

靳玉乐、易连云：《教育基本理论问题专题研究》，重庆，西南师范大学出版社，2011。

生兆欣：《二十世纪中国比较教育学史》，北京，高等教育出版社，2011。

褚远辉：《当代教育问题新视点》，昆明，云南大学出版社，2011。

于述胜：《中国教育口述史》(第1辑)，重庆，重庆大学出版社，2011。

叶志坚：《中国近代教育学原理的知识演进：以文本为线索》，杭州，浙江大学出版社，2012。

吴黛舒：《生成中的中国教育学研究》，北京，中国社会科学出版社，2012。

吴慧平：《西方大学的共同治理》，北京，北京师范大学出版社，2012。

申卫革：《知识转型与教育学知识的实践转向》，镇江，江苏大学出版社，2013。

徐继存：《教育学的学科立场：教育学知识的社会学考察》，北京，北京师范大学出版社，2014。

陈时见：《比较视野下的教育变革：比较教育理论与世界教育发展》，北京，北京师范大学出版社，2014。

王雁、朱楠：《中国特殊教育教师发展报告》，北京，北京师范大学出版社，2015。

顾明远：《定位与发展：比较教育的理论、方法与范式》，济南，山东教育出版社，2015。

汤勇：《回归教育常识》，北京，中国人民大学出版社，2016。

王长纯、王建平：《中国比较教育学科研究史》，北京，人民教育出版社，2016。

王郢：《教材研究导论》，北京，人民出版社，2016。

郭瑞迎：《中国教育学知识生产研究1901—1937》，西安，陕西师范大学出版总社，2017。

罗生全：《课程文化资本研究》，重庆，西南师范大学出版社，2017。

高鹏：《教育学知识科学化探究》，北京，经济日报出版社，2020。

西南大学期刊社：《教育学研究文集》，重庆，西南师范大学出版社，2018。

石佩臣：《教育学基础理论》，北京，教育科学出版社，2018。

侯怀银：《20世纪中国教育学史》，北京，人民教育出版社，2020。

王冠蕙、李晓丽：《认识论视域下的比较教育研究》，延吉，延边大学出版社，2018。

袁利平：《比较教育本体引论》，西安，陕西师范大学出版社，2018。

陈晓宇：《中国教育学四十年》，北京，商务印书馆，2019。

陈桂生：《遭遇教育学》，上海，华东师范大学出版社，2019。

侯怀银：《共和国教育学70年》，北京，北京师范大学出版社，2019。

周洪宇：《新中国教育70年70部教育著作》，武汉，湖北教育出版社，2019。

石中英:《改革开放40年中国教育学科新发展》,北京,高等教育出版社,2019。

张德伟:《"区域研究"与比较教育学》,长春,东北师范大学出版社,2019。

王长纯:《改革开放40年中国教育学科新发展:比较教育学卷》,北京,高等教育出版社,2019。

褚远辉:《比较教育价值论》,北京,中国社会科学出版社,2019。

谢晓宇:《多元与转向》,长春,东北师范大学出版社,2020。

胥秋作:《比较教育专题研究》,武汉,华中科学技术大学出版社,2021。

马健生:《当代中国教育学术史:比较教育研究》,福州,福建教育出版社,2021。

二、期刊论文类

张凌光:《评张栗原先生的"教育哲学"》,载《人民教育》,1950(3)。

孙陶林:《建立我国教育学,革新教育学的教学工作》,载《学术月刊》,1958(8)。

赵敏政:《〈教育学〉教材初稿讨论会在开封举行》,载《开封师院学报》(社会科学版),1978(6)。

王道俊、郭文安、董祥智:《论教育与生产力的关系》,载《华中师院学报》(哲学社会科学版),1979(2)。

戴伯韬:《论研究学校课程的重要性》,载《课程·教材·教法》,1981(1)。

陈侠:《师范院校〈教育学〉教材建设的几个问题》,载《课程·教材·教法》,1981(1)。

郭文安:《试论掌握知识与发展智力的关系》,载《华中师院学报》(人文社会科学版),1981(3)。

何志汉:《西方课程的发展和当前的改革》,载《西南师范大学学报》,1982(3)。

马秋帆:《关于中国教育通史教材建设问题》,载《辽宁高等教育研究》,1982(4)。

郭文安:《马克思主义关于人的发展学说》,载《华中师院学报》(哲学社会科学版),1983(5)。

黄元贞:《教育哲学概述》,载《黑龙江高教研究》,1983(3)。

潘洁:《当前学前教育中的几个理论问题》,载《华东师范大学学报》(教育科学版),1984(3)。

萧宗六:《学校管理学的教材建设问题》,载《课程·教材·教法》,1983(5)。

李守福:《简析70年代国外普通教育学校的课程改革》,载《教育研究》,1983(11)。

潘懋元:《在〈高等教育学〉教材听取意见座谈会上的发言》,载《高等教育研究》,1984(1)。

《〈高等教育学〉教材听取意见座谈会在华中工学院召开》,载《高等教育研究》,1984(1)。

雷尧珠:《试论我国教育学的发展》,载《华东师范大学学报》(教育科学版),1984(2)。

徐毅鹏:《关于当前教育学研究中的几个问题》,载《东北师大学报》,1984(2)。

史国雅:《课程论的研究范围及指导原则》,载《山西教育科研通讯》,1984(2)。

黄学溥:《现行高师外国教育史教材评议》,载《课程·教材·教法》,1984(2)。

洪光理:《改革〈教学论〉教材之我见》,载《四川师院学报(社会科学版)》,1984(3)。

郭文安:《教学过程主要特点之浅见》,载《华中师院学报》(哲学社会科学版),1984(4)。

甄德山:《教学论教材建设浅议》,载《课程·教材·教法》,1984(5)。

高德建：《教育学体系之我见》，载《天津师大学报》，1984(5)。

廖哲勋：《美国课程理论的主要流派》，载《课程・教材・教法》，1984(6)。

甘治湘：《论教育学发展阶段的划分》，载《衡阳师专学报》，1984(C1)。

靳希斌：《国内对教育经济学性质、对象和体系结构的各种见解》，载《教育与经济》，1985(1)。

陈基伟：《抓住核心 更新教材——谈高师公共课教育学中教学论部分教材的更新》，载《课程・教材・教法》，1985(2)。

戴本博：《关于外国教育史教材问题》，载《教育研究与实验》，1985(2)。

纪延：《中国教育史教材的新建树》，载《课程・教材・教法》，1985(2)。

傅资云、胡淑珍：《关于教学论教材更新问题讨论综述》，载《湖南师大学报(哲学社会科学版)》，1985(3)。

桂文星：《我初次上〈电化教育概论〉课的情况和体会》，载《电化教育研究》，1986(1)。

焦宪言：《大胆的尝试 科学的总结——介绍〈大学少年班教育概论〉新著》，载《教育与现代化》，1986(1)。

袁华：《对编写〈外国教育史〉教材的一些想法》，载《安徽师大学报》(哲学社会科学版)，1986(1)。

滕大春：《试谈外国教育史的“古为今用”和“洋为中用”》，载《河北大学学报》(哲学社会科学版)，1986(1)。

洪祥生：《教育学科学体系的逻辑起点刍议》，载《安徽教育学院学报》(社会科学版)，1986(2)。

郭文安：《教育思想纵横谈——湖北省教育思想学术讨论会综述》，载《教育研究与实验》，1986(3)。

潘懋元：《〈高等教育学选讲〉序》，载《辽宁教育研究》，1986(4)。

王肯堂：《〈共产主义教育概论〉读后》，载《思想政治工作研究》，1986(5)。

刘向岫：《一本理论联系实际的〈教育概论〉》，载《课程・教材・教法》，1987(1)。

刘晖、王箭：《“传播”是教育学理论体系的逻辑起点》，载《教育理论与实践》，1987(1)。

于钦波：《谈如何提高教育学教材编写的质量》，载《教育科学研究》，1987(2)。

叶澜：《关于加强教育科学“自我意识”的思考》，载《华东师范大学学报》(教育科学版)，1987(3)。

张晓鹏、张启航：《教育学体系问题初探》，载《教育理论与实践》，1987(3)。

陈侠：《课程论的学科位置和它同教学论的关系》，载《课程・教材・教法》，1987(3)。

夏风：《〈高等教育学选讲〉再版》，载《教育评论》，1987(3)。

张复荃：《对我国学校管理理论发展的一点看法》，载《教育理论与实践》，1987(6)。

张启航、张晓鹏：《教育学体系的历史考察》，载《辽宁师范大学学报》(社会科学版)，1988(1)。

余逸群：《论教育学教材的层次性、科学性和民族性——兼评近年来我国几种主要的教育学版本》，载《教育评论》，1988(1)。

邓才彪：《对教育学改革的思考》，载《中国电力教育》，1988(C1)。

张菊生：《克服教育学教材一般化的几点设想》，载《课程・教材・教法》，1988(2)。

焦清：《应给高校研究生开设〈高等教育学〉课程》，载《现代教育科学》，1988(2)。

钟启泉：《课程的概念》，载《全球教育展望》，1988(4)。

张引：《课程论应当研究的课题》，载《教育理论与实践》，1988(5)。

傅博：《课程论若干现实问题初探》，载《教育理论与实践》，1988(6)。

吴也显：《对教育学改革的一些设想》，载《中国电力教育》，1988(12)。

田玉敏：《教育哲学简论》，载《齐鲁学刊》，1989(2)。

陈桂生：《教育学的迷惘与迷惘的教育学——建国以后教育学发展道路侧面剪影》，载《华东师范大学学报》(教育科学版)，1989(3)。

张济正：《我国教育管理学科的过去、现在和未来》，载《华东师范大学学报》(教育科学版)，1989(3)。

金锵、吴式颖：《四十年来的外国教育史》，载《华东师范大学学报》(教育科学版)，1989(4)。

关伟：《关于学科教育学体系结构的探讨》，载《教育科学》，1990(2)。

王道俊、郭文安：《试论教育的主体性——兼谈教育、社会与人》，载《华东师范大学学报》(教育科学版)，1990(4)。

张铁明：《教育学理论发展的第六次历史性突破及其展望》，载《华南师范大学学报》(社会科学版)，1990(4)。

张敷荣、张武升：《建国以来课程理论与实践的回顾与展望》，载《华东师范大学学报》(教育科学版)，1990(4)。

陈炳三：《高等教育学》，载《厦门大学学报》(哲学社会科学版)，1990(4)。

江晓：《〈高等教育学〉出版》，载《齐鲁学刊》，1990(6)。

王坤庆：《论现代教育哲学体系的改造与重构》，载《华中师范大学学报》(哲学社会科学版)，1990(6)。

苏渭昌：《由教材特点谈公共课教育学教材的改革》，载《教师教育研究》，1991(1)。

何东昌：《教育学教材建设的几个问题 何东昌同志在“全国师范院校公共课教育学教材改革研讨会”开幕式上的讲话摘要》，载《师范教育》，1991(C1)。

冯荫民：《高师公共课教育学教材改革管见》，载《新疆教育学院学报》，1991(C1)。

李刊文：《改变〈教育学〉课程窘境的思考》，载《天水师范学院学报》，1991(2)。

王铁军：《对我国教育学的反思——教育学不是指令而是具有更高的力量》，载《华东师范大学学报》(教育科学版)，1991(2)。

张燕镜：《关于教育学课程改革的几点思考》，载《华东师范大学学报》(教育科学版)，1991(2)。

叶澜：《全面理解和贯彻理论联系实际的原则——编写〈新编教育学教程〉的一点体会》，载《华东师范大学学报》(教育科学版)，1991(2)。

郭文安：《邓小平教育思想与我国教育的现代化建设》，载《教育研究与实验》，1991(2)。

陈侠：《新中国第一部教育学课本出版的前后》，载《课程·教材·教法》，1991(2)。

陈元晖：《中国教育学七十年》，载《北京师范大学学报》(社会科学版)，1991(5)。

郭绍武：《教育学体系结构初探》，载《济南大学学报》(社会科学版)，1991(2)。

倪文锦：《试论学科教育学体系的构建》，载《高等师范教育研究》，1991(2)。

杨德广：《向您推荐——〈高等教育学〉》，载《教育发展研究》，1991(2)。

张承先、顾明远、叶立群、黄济、王道俊、张家祥、陈孝彬、靳乃铮、叶澜、王铁军：《关于编写有中国特色的社会主义教育学的讨论》，载《中国教育学刊》，1991(3)。

邓银城：《浅析教育学教材的科学性》，载《华东师范大学学报》(教育科学版)，1991(3)。

瞿葆奎：《建国以来教育学教材事略》，载《华东师范大学学报》(教育科学版)，1991(3)。

张忠华、林乐波：《教育学教材建设泛论》，载《当代教育科学》，1991(3)。

郭文安：《高校公共课〈教育学〉(新编本)编写的背景与思路》，载《华东师范大学学报》(教育科学版)，1991(4)。

陈侠：《关于教育学教材改革问题的思考》，载《华东师范大学学报》(教育科学版)，1991(4)。

薛焕玉：《一条面向未来、面向实践的成功之路——兼评青年高教专家田建国的成长和他的〈高等教育学〉》，载《山东医科大学学报》(社会科学版)，1991(4)。

李军：《对四十年中国教育史研究的几点反思》，载《教育科学》，1991(4)。

陈元晖：《中国教育学七十年》，载《北京师范大学学报》，1991(5)。

张晓鹏、张启航：《建立教育学体系的方法论思考》，载《教育理论与实践》，1991(5)。

熊明安、别必亮：《一次大胆的成功的尝试——读田建国的〈高等教育学〉》，载《山东社会科学》，1991(5)。

薛焕玉：《一条面向未来、面向实践的成功之路——兼评田建国的〈高等教育学〉一书》，载《未来与发展》，1991(5)。

陈祖兴：《评田建国的〈高等教育学〉》，载《教育评论》，1991(6)。

王殿璋、丁相平：《教育学科教材改革探讨》，载《教材通讯》，1991(6)。

史范思：《为了建设符合我国国情的社会主义教育学——全国师范院校教育学教材改革研讨会综述》，载《师范教育》，1991(6)。

黄学溥：《关于外国教育史教学的几点认识》，载《课程·教材·教法》，1991(11)。

连秀云、赵绰：《全国师范院校公共课教育学教材改革研讨会综述》，载《课程·教材·教法》，1991(C1)。

周国光：《关于教育学理论教材与实际教材的基本构想》，载《华东师范大学学报》(教育科学版)，1992(2)。

赵锡成：《以马克思主义为指导改革教育学教材体系》，载《华东师范大学学报》(教育科学版)，1992(2)。

张晓鹏：《关于教育学体系形式的历史考察》，载《江西教育科研》，1992(2)。

胡其明：《教育学教材改革的核心是教材的适应性》，载《华东师范大学学报》(教育科学版)，1992(2)。

金顺民：《治学作风与教育学教材建设》，载《华东师范大学学报》(教育科学版)，1992(2)。

张华、李雁冰：《关于教育学教材改革的理论探讨》，载《华东师范大学学报》(教育科学版)，1992(2)。

赵锡成：《以马克思主义为指导 改革教育学教材体系》，载《华东师范大学学报》(教育科学版)，1992(2)。

张晓鹏：《"教育学体系"概念辨析》，载《中国教育学刊》，1992(3)。

王锐兰：《高校亟需建立开放的整合式德育体系》，载《江苏高教》，1992(3)。

陈祖兴：《建构现代高等教育学学科体系的新尝试——评田建国同志的专著〈高等教育学〉》，载《中国高教研究》，1992(3)。

陈孝彬：《教育管理学"误区"初探》，载《中小学管理》，1992(3)。

孙绵涛：《论教育体制及其改革的基本内容》，载《教育研究与实验》，1992(4)。

钟祖荣：《教育学教材的新突破——喜读《新编教育学教程》》，载《教师教育研究》，1992(4)。

杨爱程：《西方课程论的哲学社会学基础评介》，载《比较教育研究》，1992(6)。

石中英：《关于教育哲学研究对象的思考》，载《教育研究与实验》，1993(1)。

王道俊：《关于教育主体性问题的几点认识》，载《教育研究与实验》，1993(1)。

郭文安：《为弘扬主体教育思想而努力》，载《教育研究与实验》，1993(1)。

郭文安、王道俊、旷习模：《巨大的贡献——评〈教育学文集〉》，载《教育研究与实验》，1993(2)。

潘懋元：《关于高等教育学科建设的若干问题——在全国高等教育学科建设研讨会上的报告》，载《高等教育研究》，1993(2)。

陆跃峰：《从"教育学(Pedagogy)"到"教育科学(Education Science)"——论教育学科的体系特点及其发展》，载《华中理工大学学报》(社会科学版)，1993(2)。

张春兴：《教育心理学的困境与出路——全人教育取向教育心理学的构想》，载《心理发展与教育》，1993(2)。

陈桂生：《略论对公共课"教育学"的厚望与薄待》，载《高等师范教育研究》，1993(3)。

郭翠菊：《教育学教材建设的方法论指导》，载《殷都学刊》，1993(4)。

史均翰：《教育学教材改革实践与认识谈》，载《教师教育研究》，1993(4)。

郭文安、刘家访：《全国教育学研究会教育基本理论专业委员会第四届年会综述》，载《教育研究》，1994(1)。

董远骞：《中国近代教学论教材编写史略》，载《课程·教材·教法》，1994(1)。

薛天祥、谢安邦、唐玉光：《建立高等教育学理论体系的思考》，载《上海高教研究》，1994(1)。

小珠、程少波：《关于教育学教材的中国化问题》，载《江汉大学学报》(人文科学版)，1994(1)。

黄志成：《教育管理探析》，载《全球教育展望》，1994(1)。

孔杰：《关于构建高等教育学理论体系的基本问题》，载《中国高教研究》，1994(2)。

于京天：《对学前教育研究自身去向的思考》，载《学前教育研究》，1994(2)。

王殿璋、侯怀银：《高师公共课教育学教材改革的方法论原则初探》，载《中国高教研究》，1994(3)。

潘冬芳：《对学前教育研究的思考》，载《学前教育研究》，1994(3)。

曾天山：《教材发展的比较研究》，载《西北师大学报》(社会科学版)，1994(4)。

陈桂生：《略论教育学"中国化"现象》，载《教育理论与实践》，1994(4)。

周国韬：《试析教育心理学教材体系的构建——日本教育心理学教科书内容变化对

我们的启示》，载《外国教育研究》，1994(4)。

吴志宏：《教育管理权下放的模式比较及其思考》，载《教育研究》，1994(6)。

陈桂生：《略论教育学成为“别的学科领地”的现象》，载《教育研究》，1994(7)。

梁志燊：《迎接二十一世纪展望学前教育的发展》，载《启蒙》，1994(7)。

曹世敏：《教育学逻辑起点新论》，载《教育研究》，1994(10)。

谈宝珍：《高等师范院校生物学教学论教材教学研讨会》，载《生物学教学》，1994(12)。

别必亮：《我国高等教育学研究的丰硕成果——简评三本〈高等教育学〉》，载《云南高教研究》，1994(C1)。

孙传宏：《继承优秀德育传统 加强德育学科建设——全国德育专业委员会第七届年会综述》，载《教育研究》，1995(1)。

陈桂生：《“元教育学”问对》，载《华东师范大学学报》(教育科学版)，1995(2)。

王鉴：《如何认识课程论在教育学学科体系中的地位》，载《上海教育科研》，1995(2)。

郭广银：《完善高校德育体系的理论思考》，载《江苏高教》，1995(3)。

全国教育科学规划领导小组办公室：《我国教育学学科研究现状与发展趋势调查报告(一)》，载《教育研究》，1995(9)。

郭文安、邓银城、朱新梅：《教育与文化——全国教育基本理论专业委员会第五届年会综述》，载《教育研究与实验》，1996(1)。

彭豪：《教育学如何走向21世纪——关于教育学内容体系建构之思考》，载《广西师范学院学报》，1996(1)。

杜成宪：《关于中国第一部〈中国教育史〉的几个问题》，载《华东师范大学学报》(教育科学版)，1996(1)。

王道俊：《关于教育的主体性问题》，载《教育研究与实验》，1996(2)。

石鸥：《教材建构中的内容失真与教学论基础的动摇》，载《湖南师范大学社会科学学报》，1996(2)。

陈扬光：《中国当前课程论研究热点评述》，载《福建师范大学学报》(哲学社会科学版)，1996(3)。

姬长周、胡小林、张明：《高校德育体系的基本特征与结构研究》，载《中国高教研究》，1996(4)。

马凤岐：《用哲学的观点和方法研究教育问题——谈教育哲学学科的独立性》，载《教育研究与实验》，1996(4)。

李承武：《对教育经济学教材构建的探索》，载《西南师范大学学报》(哲学社会科学版)，1996(4)。

刘要悟：《试析课程论与教学论的关系》，载《教育研究》，1996(4)。

郝志军、高兰绪：《论课程论的学科地位及其与教学论的关系》，载《高等师范教育研究》，1996(5)。

黄兆龙：《现代教育管理学的发展趋势》，载《教育评论》，1995(5)。

高文：《试论课程与教学的一体化研究》，载《全球教育展望》，1996(6)。

靳玉乐：《当代美国课程研究的五种范式简析》，载《课程·教材·教法》，1996(8)。

蒋笃运：《关于构建“大德育”体系的初步设想》，载《高校理论战线》，1996(9)。

谢维和:《我国教育管理体制改革的走向及其分析》,载《教育研究》,1995(10)。

王嘉毅、许洁英:《教育学体系的更新与教材改革》,载《课程·教材·教法》,1996(12)。

张传燧、易连云:《改革高师公共课教育学的整体构想》,载《课程·教材·教法》,1997(1)。

梁冲珍:《教育哲学的回顾和展望》,载《哲学动态》,1997(1)。

李定仁、潘洪建:《我国教学论教材的比较研究》,载《教育研究》,1997(1)。

崔允漷:《课程与教学》,载《华东师范大学学报(教育科学版)》,1997(1)。

朱国仁:《关于高等教育学的研究对象、体系与方法的思考》,载《教育研究》,1997(2)。

薛焕:《高等教育理论与实践研究的力作——评田建国同志的〈高等教育工作论稿〉》,载《山东工业大学学报》(社会科学版),1997(2)。

张宝臣、王晖、陈艳华:《试论构建教育学体系的生长点》,载《蒲峪学刊》,1997(3)。

和学新:《课程:教育的文化选择——课程设计的文化学思考》,载《教育理论与实践》,1997(3)。

赵卫、岳龙、黄学溥:《关于外国教育史学科建设若干问题的思考》,载《西北师大学报》(社会科学版),1997(3)。

吴康宁:《西方教育社会学的学科发展(上)》,载《外国教育资料》,1997(3)。

仉春兰:《教育管理学研究的新成果——评〈现代教育管理学引论〉》,载《北京师范大学学报》(社会科学版),1997(3)。

孙绵涛、康翠萍:《论教育管理学的研究对象》,载《华东师范大学学报》(教育科学版),1997(3)。

孙绵涛、康翠萍:《论教育管理学的研究对象——兼论教育管理现象的基本范畴》,载《教育评论》,1997(4)。

吴康宁:《西方教育社会学的学科发展(下)》,载《外国教育资料》,1997(4)。

薛国仁、赵文华:《专业:高等教育学理论体系的中介概念》,载《上海高教研究》,1997(4)。

李刊文:《关于教育学体系构建的方法论问题》,载《天水师范学院学报》,1997(4)。

郝德永:《课程研制方法论引论》,载《教育科学》,1997(4)。

孙国庆:《〈高等教育工作论稿〉评介》,载《山东医科大学学报》(社会科学版),1997(4)。

李连宁:《学习、贯彻"十五大"精神,全面开拓中国特殊教育新局面——在中国教育学会特殊教育分会第四次全国代表大会暨内地、香港、澳门、台湾特殊教育学术交流会开幕式上的讲话》,载《中国特殊教育》,1997(4)。

薛焕玉:《评〈高等教育工作论稿〉》,载《武汉大学学报》(人文科学版),1997(6)。

黄宇智:《高等教育学理论研究荟萃——〈潘懋元高等教育学文集〉序》,载《广西大学学报》(哲学社会科学版),1997(6)。

张良才:《对教育学教材建设的几个问题的思考》,载《辽宁教育研究》,1997(6)。

石筠韬:《我国学前教育价值取向探微》,载《学前教育研究》,1997(6)。

南京师大"课程的社会学研究"课题组:《简论课程研究的学科方式》,载《课程·教材·教法》,1997(7)。

田慧生:《对教学论学科性质、地位和研究对象的再认识》,载《教育研究》,

1997(8)。

南京师范大学“课程的社会学研究”课题组：《课程的社会学研究简论》，载《教育研究》，1997(9)。

刘立德：《中国教育史学科教材沿革及改革初探》，载《课程·教材·教法》，1997(9)。

黄甫全：《简析课程论的主要任务、研究对象和基本内容》，载《课程·教材·教法》，1997(12)。

黄宇智：《〈潘懋元高等教育学文集〉序》，载《汕头大学学报》，1997(A1)。

陈桂生：《重评凯洛夫〈教育学〉》，载《河北师范大学学报》(教育科学版)，1998(1)。

丁静、周峰：《20世纪我国教育学的演进与反思》，载《学术研究》，1998(1)。

靳玉乐、师雪琴：《课程论学科发展的方向》，载《课程·教材·教法》，1998(1)。

植秀聪：《关于高校德育教材改革的若干思考》，载《高教探索》，1998(1)。

张廷凯：《我国课程论研究的历史回顾：1922—1997(上)》，载《课程·教材·教法》，1998(1)。

李媛：《现行的三种教育心理学教材内容的比较及检评》，载《太原师范学院学报》，1998(1)。

詹万生：《建设有中国特色的社会主义德育体系》，载《中国青年政治学院学报》，1998(2)。

张廷凯：《我国课程论研究的历史回顾：1922—1997(下)》，载《课程·教材·教法》，1998(2)。

林杰：《公理化方法对高等教育学体系建构的启示——对知识是高等教育学逻辑起点的质疑》，载《上海高教研究》，1998(2)。

秦国柱：《弘大学之道　扬理性之光——读〈高等教育学讲座〉、〈潘懋元高等教育学文集〉》，载《汕头大学学报》，1998(3)。

秦国柱：《第一部〈高等教育学〉产生的历史回顾及其启示》，载《机械工业高教研究》，1998(3)。

侯怀银：《建国后十七年中国教育学科体系建设和发展的基本历程初探》，载《山西大学学报》(哲学社会科学版)，1998(3)。

吴康宁：《简论教育社会学的学科性质》，载《华中师范大学学报》(人文社会科学版)，1998(3)。

董泽芳、黄学文：《教育社会学研究对象新论》，载《华中师范大学学报》(人文社会科学版)，1998(3)。

芮明杰：《走向二十一世纪的管理学》，载《上海管理科学》，1998(4)。

周谷平、王剑：《我国教育学教材现代化历程之研究》，载《课程·教材·教法》，1998(5)。

侯怀银：《我国新时期高等教育学科体系建设和发展的回顾与反思》，载《中国高教研究》，1998(5)。

孙喜亭：《中国教育学近50年来的发展概述》，载《教育研究》，1998(9)。

侯怀银：《我国新时期教育学科体系建设和发展的回顾与展望》，载《教育研究》，

1998(12)。

范先佐：《20世纪中国教育经济学发展的回顾与前瞻》，载《华中师范大学学报》(人文社会科学版)，1999(1)。

孙绵涛：《论教育管理学的学科体系》，载《高等教育研究》，1999(1)。

李政涛：《从“问题”到理论——教育管理学研究的反思与展望》，载《中小学管理》，1999(2)。

林国建：《树立大德育观念、完善高校德育体系》，载《社会科学战线》，1999(3)。

黄清：《课程研究的方法论原则》，载《教育评论》，1999(3)。

李保强：《我国当代学校管理理论发展的走向》，载《教育理论与实践》，1999(3)。

汤林春：《我国十七年来普通教育管理研究之分析》，载《上海教育科研》，1999(4)。

侯怀银：《我国教育学的学术建设初探》，载《中国教育学刊》，1999(4)。

乔锦忠：《当前教育学体系研究的困境及其出路》，载《高等师范教育研究》，1999(4)。

胡淑珍：《论教学规律的特点——兼论教学论教材中的某些问题》，载《高等教育研究》，1999(5)。

王符：《关于〈外国教育史〉学科体系与教学改革——教学实践中引发的哲学思考》，载《华南师范大学学报》(社会科学版)，1999(5)。

王晓蓓：《中国教育管理学二十年》，载《现代教育论丛》，1999(5)。

黄崴：《教育管理学的研究对象，规律、现象、活动还是问题》，载《现代教育论丛》，1999(5)。

孙根年：《论教材体系优化的几个理论问题》，载《高等师范教育研究》，1999(6)。

汪霞：《课程研究若干理论问题的探讨》，载《教育理论与实践》，1999(8)。

郑金洲：《教育理论研究的缺失——世纪末我国教育理论的反思》，载《教育发展研究》，1999(10)。

郭文安：《试论创新教育及其特点》，载《中国教育学刊》，2000(1)。

黄济：《20世纪中国教育学科的发展》，载《北京师范大学学报》(人文社会科学版)，2000(1)。

金顺明：《教育学教材的“知识点”问题》，载《湖州师范学院学报》，2000(2)。

廖哲勋：《论我国课程理论学科群的建设》，载《课程·教材·教法》，2000(2)。

张华：《课程与教学整合论》，载《教育研究》，2000(2)。

贺国庆、王保星：《一部高水平的国家级重点教材——评〈外国教育史教程〉》，载《课程·教材·教法》，2000(2)。

张新平：《美英教育管理理论的三种范式》，载《教育研究》，2000(2)。

周志毅：《教育学应该教给学生什么——关于高师院校教育学教材改革的两个问题》，载《高等师范教育研究》，2000(3)。

顾利亚、苏小桦：《构建大德育体系》，载《思想政治工作研究》，2000(3)。

杨晓微：《近二十年我国基础教育课程研究的方法论探析》，载《教育研究》，2000(3)。

杜成宪：《20世纪关于中国教育史分期问题的探索》，载《华东师范大学学报》(教育科学版)，2000(3)。

郭文安、靖国平：《论当代教育对于人的独立个性的追求与探索》，载《教育研究与实验》，2000(4)。

张丰：《教材研究的历史观察与对象系统》，载《浙江师大学报》，2000(4)。

张承明：《课程改革：高师学科教学论教材重建的出路》，载《楚雄师专学报》，2000(4)。

孙俊三：《教育学研究在当代的发展与教育学逻辑体系的建构》，载《高等师范教育研究》，2000(4)。

丛立新：《课程论理论基础的心理学转向——从学习心理学到发展心理学》，载《北京师范大学学报》，2000(4)。

张斌贤：《全面危机中的外国教育史学科研究》，载《高等师范教育研究》，2000(4)。

黄济：《再谈中国教育哲学》，载《教育研究与实验》，2002(4)。

石中英：《20世纪中国教育哲学的回顾与展望》，载《教育研究与实验》，2000(5)。

焦瑶光：《教育学教材：性质及体系问题》，载《西北师大学报》(社会科学版)，2000(5)。

黄甫全：《大课程论初探——兼论课程(论)与教学(论)的关系》，载《课程·教材·教法》，2000(5)。

郝德永、李泽宇：《论课程研制方法论探究中的茧式多元化现象》，载《外国教育研究》，2000(5)。

勾阿莹：《新编〈小学语文教学论〉教材几点商榷性的建议》，载《哈尔滨师专学报》，2000(6)。

曾祥芹：《高师语文教学论课程教材建设的新成果》，载《中学语文教学》，2000(8)。

黄兆龙：《教育管理学研究的重大成果》，载《中小学管理》，2000(9)。

张新平：《格林菲德教育组织管理理论研究》，载《教育理论与实践》，2000(9)。

张新平：《关于教育组织管理批判理论的探讨》，载《教育研究》，2000(10)。

陈孝大：《教育管理的技术与战略思考——全国教育管理学科专业委员会第五届学术研讨会综述》，载《教育理论与实践》，2000(11)。

张新平：《桎梏教育管理学研究发展的症结所在》，载《中小学管理》，2001(1)。

张新平：《关于我国教育管理学发展中的五个问题》，载《教育理论与实践》，2001(1)。

黄崴：《20世纪西方教育管理理论及其模式的发展》，载《华东师范大学学报》(教育科学版)，2001(1)。

胡致本：《一套有特色有创新的教育学教材》，载《渭南师范学院学报》，2001(1)。

杨超有、梁钊华：《教育学教材建设若干问题的思考》，载《玉林师范学院学报》，2001(1)。

刘立德：《中国教育史学科教科书百年剪影》，载《中国图书评论》，2001(1)。

黄丽茹：《试谈我国教育学的主要问题及理论体系的改造》，载《桂林市教育学院学报》(综合版)，2001(2)。

张人杰：《中国大陆教育社会学的二十年建设(1979—2000年)》，载《华东师范大学学报》(教育科学版)，2001(2)。

陶本一：《论学科教育学在教育学科体系中的逻辑定位》，载《上海师范大学学报》

(哲学社会科学)，2001(2)。

唐莹：《元教育学——西方教育学认识论剪影》(上)，载《教育研究》，2001(2)。

唐莹：《元教育学——西方教育学认识论剪影》(下)，载《教育研究》，2001(3)。

王殿璋：《评〈创新教育概论〉》，载《山西财经大学学报》，2001(3)。

高凌飚：《教材分析评估的模型和层次》，载《课程·教材·教法》，2001(3)。

贺国庆：《外国教育史学科发展的世纪回顾与断想》，载《河北师范大学学报》(教育科学版)，2001(3)。

张有录、许兴龙：《论教育技术学的逻辑起点》，载《甘肃高师学报》，2001(3)。

金舜英：《美国师范院校微观教育学教材特点分析》，载《东疆学刊》，2001(4)。

金舜英、金贵粉：《美国师范院校宏观教育学教材特点分析》，载《东疆学刊》，2001(4)。

王北生：《论教育学的学科性质》，载《河南社会科学》，2001(4)。

吴永军：《课程结构的社会学分析》，载《南京师大学报》(社会科学版)，2001(1)。

张新平：《批判反思，教育管理学的当务之急》，载《高等教育研究》2001(4)。

魏薇：《公共课教育学教材建设的理性思考》，载《山东师范大学学报》(人文社会科学版)，2001(4)。

刘中仁、熊斌：《高等教育教材质量评价指标体系初探》，载《中国大学教学》，2001(5)。

卢晓东：《高等学校教材选用与教材建设》，载《中国大学教学》，2001(5)。

金振坤：《〈远程教育概论〉简介》，载《中国远程教育》，2001(6)。

郭晓明：《从“圣经”到“材料”——论教师教材观的转变》，载《高等师范教育研究》，2001(6)。

王道俊、王坤庆：《面向21世纪师范院校公共教育学课程体系与教学改革探索》，载《课程·教材·教法》，2001(7)。

刘延申：《美国高等师范教育改革简述》，载《教育研究》，2001(10)。

王景群：《教育学研究方法论的新探索——陈敬朴〈基础教育概论〉评价》，载《教育发展研究》，2001(10)。

刘延申：《美国高等师范教育改革简述》，载《教育研究》，2001(10)。

孙宇：《教育学的体系和发展趋势对学科教学论的影响》，载《前沿》，2001(11)。

王文静：《“九五”期间我国课程与教学论研究的回顾》，载《全球教育展望》，2001(12)。

劳凯声：《教育学与教育研究刍议》，载《天津市教科院学报》，2002(1)。

刘庆昌：《论教育学的性质》，载《山西大学师范学院学报》，2002(1)。

赵昌木、徐继存：《我国课程改革研究20年：回顾与前瞻》，载《课程·教材·教法》，2002(1)。

张楚廷：《课程与课程论发展的十大趋势》，载《课程·教材·教法》，2002(1)。

杨天平：《论教育管理学与教育管理学史》，载《教育研究与实验》，2002(1)。

吴志宏：《探讨新世纪教育管理学研究的走向》，载《华东师范大学学报》(教育科学版)，2002(2)。

王莉：《师范院校教育学学科教材建设刍议》，载《课程·教材·教法》，2002(2)。

叶信治：《向构建理论体系的高等教育学迈进的新尝试——评王伟廉教授主编的〈高等教育学〉》，载《现代大学教育》，2002(1)。

《潘懋元教授主编的〈多学科观点的高等教育研究〉出版》，载《现代大学教育》，2002(2)。

杨明全：《论课程研究的诠释学取向》，载《全球教育展望》，2002(2)。

潘洪建：《我国课程实验20年：回顾与展望》，载《课程·教材·教法》，2002(2)。

石中英：《论教育学的文化性格》，载《教育研究》，2002(3)。

刘庆昌、卢红：《论教育学的体系》，载《现代教育论丛》，2002(3)。

季森岭：《终身教育学在教育科学体系中的地位和作用》，载《江苏大学学报》(高教研究版)，2002(3)。

胡斌武、吴杰：《试论课程的文化学基础》，载《西南师范大学学报》(人文社会科学版)，2002(3)。

倪愫襄：《德育学科的比较研究与理论探索——评〈比较德育学〉》，载《武汉大学学报》(社会科学版)，2002(4)。

王牧华、靳玉乐：《生态主义课程研究范式刍议》，载《山东教育科研》，2002(4)。

张灵芝：《试析当代中国课程理论的失语现象》，载《教育理论与实践》，2002(4)。

崔景贵：《职业教育心理学的学科定位与教材建设》，载《职业技术教育》(教科版)，2002(4)。

张忠华：《对高师教育学教材建设20年的反思——历程、经验、问题》，载《现代教育科学》，2002(5)。

杨天平：《教育管理学学科建设的辩证思考》，载《课程·教材·教法》，2002(5)。

梁永丰：《在与实践结合中发展我国教育管理学科的思考》，载《现代教育论丛》，2002(6)。

周谷平、徐立清：《凯洛夫〈教育学〉传入始末考》，载《浙江大学学报》(人文社会科学版)，2002(6)。

侯怀银：《20世纪上半叶中国教育学发展的基本历程》，载《山西大学学报》(哲学社会科学版)，2002(6)。

闫守轩：《基础教育课程改革的教学论审视——兼谈课程(论)与教学(论)的关系》，载《江西教育科研》，2002(6)。

刘亦农：《教育学教材和教学方式改革的实践与探索》，载《渭南师范学院学报》，2002(6)。

许建美、单中惠：《2001年外国教育史研究的若干特点》，载《教育评论》，2002(6)。

周采：《关于外国教育史学史研究的思考》，载《教育研究与实验》，2002(2)。

李强：《对〈比较高等教育概论〉关于高教结构适应性分析的评价》，载《比较教育研究》，2002(7)。

万马：《高师〈学科教学论〉系列新教材开始酝酿》，载《课程·教材·教法》，2002(7)。

杨天平：《论教育管理学的综合性质》，载《教育研究》，2002(8)。

侯怀银:《20世纪上半叶中国教育学学科体系的构建及其特征》,载《课程·教材·教法》,2002(8)。

吴康宁:《教育研究应研究什么样的"问题"——兼谈"真"问题的判断标准》,载《教育研究》,2002(11)。

杨启亮:《教材的功能:一种超越知识观的解释》,载《课程·教材·教法》,2002(12)。

杨小微:《教学论是一门什么样的学问?——兼论教学论与课程论的关系》,载《课程·教材·教法》,2002(12)。

胡银根:《论教育哲学与哲学、教育、教育学之间的关系》,载《江西社会科学》,2002(12)。

黄崴、雷丽珍:《全国教育管理协作研究首届学术会议综述》,载《教育研究》,2002(12)。

肖起清:《现行教育学教材批判》,载《教育导刊》,2002(19)。

李德顺:《人类思维面临着变革》,载《江苏大学学报》(哲学社会科学版),2003(1)。

罗章、欧阳雪梅:《对"元教育"性质的探析》,载《高等建筑教育》,2003(1)。

楚江亭:《教育社会学研究与发展的困境及应重视的问题》,载《当代教育论坛》,2003(1)。

张新平:《价值论与整合论:外国教育管理学理论的新进展》,载《比较教育研究》,2003(1)。

范印哲:《大学教材设计模式的理论框架探索》,载《中国大学教学》,2003(2)。

李凤岐:《新作有新意 体系有特色——评〈远程教育概论〉》,载《现代远距离教育》,2003(2)。

赵德建:《试论〈化学教学论〉教材的修订——从六大类中学化学教材内容的编排顺序谈起》,载《江苏技术师范学院学报》,2003(2)。

王光明:《也谈课程论与教学论的关系》,载《教育理论与实践》,2003(2)。

李玉峰:《现代课程理念下的教育学教材研制分析》,载《南阳师范学院学报》(社会科学版),2003(2)。

任丹凤:《论教材的知识结构》,载《课程·教材·教法》,2003(2)。

靳玉乐、陈妙娥:《新课程改革的文化哲学探讨》,载《教育研究》,2003(3)。

刘世民:《教育功能研究的取向和视角分析》,载《高等教育研究》,2003(2)。

王安琳:《构建教育技术学科专业教材新体系》,载《大学出版》,2003(3)。

李轶芳:《我国高等教育管理学的历史、现状与未来走向》,载《现代大学教育》,2003(6)。

顾明远:《我国教师教育改革的反思》,载《教师教育研究》,2006(6)。

赵玉:《教育技术学导论课程教材的比较与启示》,载《广东技术师范学院学报》,2003(6)。

陈桂生:《教育学的性质和研究取向》,载《当代教育论坛》,2003(7)。

陆有铨、迟艳杰:《中国教育哲学的世纪回顾与展望》,载《教育研究》,2003(7)。

侯怀银:《20世纪上半叶中国教育学科学化思潮述评》,载《教育理论与实践》,

2003(17)。

桑新民：《现代教育技术学基础理论创新研究》，载《中国电化教育》，2003(9)。

孙美堂：《从实体思维到实践思维——兼谈对存在的诠释》，载《哲学动态》，2003(9)。

胡寅生：《师范院校教育学教材建设中的几个问题》，载《课程·教材·教法》，2003(10)。

傅林：《20世纪西方新史学范式对外国教育史研究的启示》，载《教育研究》，2003(11)。

李政涛：《论中国教育学学派创生的意义及其基本路径》，载《教育研究》，2004(1)。

李政涛：《论“教育学理解”的特质》，载《华东师范大学学报》(教育科学版)，2004(1)。

王珏：《关于教育学教材的一点思考》，载《教师教育研究》，2004(1)。

甘剑梅：《论教育学教材文本的性质与书写》，载《南京师大学报》(社会科学版)，2004(1)。

张绍宏：《三个世界与三种辩证法——兼论未来学的方法论》，载《湘潭大学学报》(哲学社会科学版)，2004(1)。

曾智昌：《现行教育学教材中常见的逻辑错误例析》，载《教师教育研究》，2004(1)。

李兴韵：《西方教育哲学在中国的传播》，载《学术研究》，2004(1)。

袁利平：《世纪初的外国教育史研究：范域与现状》，载《长春工业大学学报》(社会科学版)，2004(2)。

杨仲杰：《课程论与教学论的整合与创新》，载《西北成人教育学报》，2004(3)。

陈厚丰：《理论寓于平实 研究源于问题——读潘懋元先生1983年版〈高等教育学讲座〉》，载《大学教育科学》，2004(3)。

杜时忠、卢旭：《我国教育社会学研究的回顾与前瞻》，载《高等教育研究》，2004(3)。

王善迈：《加强教育经济学学科建设》，载《教育与经济》，2004(3)。

周会娟：《从一元到多元：教育研究范式的反思与展望》，载《成人教育》，2004(4)。

李庆豪：《高等教育学学科建设的进展、问题与前景》，载《扬州大学学报》(高教研究版)，2004(4)。

李硕豪、闫月勤：《高等教育学理论体系研究之研究》，载《江苏高教》，2004(3)。

杨天平：《对我国教育管理学研究的反思性研究》，载《教育理论与实践》，2004(5)。

黄崴：《教育管理学科体系：概念、分类与整合》，载《华南师范大学学报》(社会科学版)，2004(5)。

叶平枝：《开创新世纪学前教育学科建设的新局面——“高校学前教育专业学科建设学术研讨会暨中国学前教育研究会学术委员会扩大会议”纪要》，载《学前教育研究》，2004(5)。

王爱民：《试论21世纪“以人为本”的高校德育体系》，载《社会科学家》，2004(6)。

李如密：《基础教育课程改革的几个问题》，载《当代教育科学》，2004(6)。

叶澜：《中国教育学发展世纪问题的审视》，载《教育研究》，2004(7)。

杨小微、吴黛舒：《关系思维视域中的教育“图景”》，载《教育理论与实践》，2004(7)。

范兆雄：《论美国课程研究方法的主流取向》，载《比较教育研究》，2004(7)。

黄清、靳玉乐：《女性主义课程研究方法论评析》，载《比较教育研究》，2004(7)。

哈平安、刘全礼：《师范教育中的特殊教育与特殊教育学》，载《中国特殊教育》，

2004(7)。

周宗钞、盛群力：《从“科学化”到“消亡”——对教育学的回顾和前瞻》，载《教育理论与实践》，2004(5)。

陈厚丰、李莉：《大学理念的哲学审视——潘懋元〈多学科观点的高等教育研究·哲学的观点〉述评》，载《中国高教研究》，2004(9)。

黄济：《构建中国特色、中国风格、中国气派的教育哲学》，载《教育研究》，2004(9)。

杨天平：《西方教育管理研究100年》，载《外国教育研究》，2004(9)。

吴康宁：《对我国教育社会学发展的思考》，载《南阳师范学院学报》(社会科学版)，2004(10)。

庄西真：《教育社会学的本土研究和自主发展》，载《南阳师范学院学报》(社会科学版)，2004(10)。

郑航：《德育教材开发中的叙事素材》，载《课程·教材·教法》，2004(11)。

庄西真：《“接轨”还是“拿来”：教育学本土化的思考》，载《当代教育科学》，2004(11)。

李桂荣：《中国教育经济学话语演进二十年》，载《教育研究》，2004(12)。

张新平、蒋和勇：《新世纪教育管理学的新方向》，载《教育理论与实践》，2004(7)。

李保强：《关于教育管理学发展现状的三维审视》，载《教育理论与实践》，2004(10)。

成长群：《中国教育学研究中几个问题的探讨》，载《山东师范大学学报》(人文社会科学版)，2005(1)。

陈桂生：《略论“教育”概念演变的轨迹》，载《杭州师范学院学报》(社会科学版)，2005(1)。

王涛：《高校应重视德育学科建设》，载《中国高教研究》，2005(1)。

陈桂生：《“教育理论与实践关系问题”的再认识》，载《湖南师范大学教育科学学报》，2005(1)。

侯怀银：《20世纪上半叶中国学者对教育哲学学科建设的探索》，载《教育研究》，2005(1)。

杨天平：《论教育管理学的性质》，载《教育研究》，2005(1)。

邬志辉：《新世纪中国教育管理面临的挑战与教育管理学的使命》，载《中小学管理》，2005(2)。

陈桂生：《关于“教育目的”问题的再认识》，载《河北师范大学学报》(教育科学版)，2005(2)。

田正平、朱宗顺：《从教育交流的视野看我国当代教育理论的构建——以五种〈教育学〉教材的文本分析为中心的实证研究》，载《教育学报》，2005(2)。

成广兴、柳若芍、李风海：《一部培养新型教师的好教材——评高等师范院校新世纪教材〈化学教学论〉》，载《菏泽学院学报》，2005(2)。

杜维彦：《高校学分制德育体系的基本构想》，载《江苏高教》，2005(2)。

洪明：《外国教育史学科建设的回顾与反思——基于外国教育史学科著作类出版物的分析》，载《大学教育科学》，2005(2)。

刘新科：《外国教育史学科在中国的发展历史回溯与新世纪瞻望》，载《大学教育科学》，2005(2)。

靳玉乐、李殿森：《课程研究在大陆》，载《教育学报》，2005(3)。

丁勇：《关于建构高等特殊教育学的初步探讨》，载《中国特殊教育》，2005(3)。

章小谦、杜成宪：《中国课程概念从传统到近代的演变》，载《华东师范大学学报》(教育科学版)，2005(4)。

柳卫民：《关于教育学教材和教学改革的思考》，载《漯河职业技术学院学报》(综合版)，2005(4)。

魏建培、李月华：《人类学与课程研究的发展》，载《泰山学院学报》，2005(4)。

雷江华：《中国特殊教育学学科论初探》，载《华中师范大学学报》(人文社会科学版)，2005(4)。

胡炳仙：《论我国高等教育管理学研究范式》，载《高教探索》，2005(4)。

杨天平：《教育管理学关联的跨学科多维观》，载《课程·教材·教法》，2005(5)。

孙振东：《当前我国教育学建设中的几个问题》，载《教育学报》，2005(5)。

王道俊：《主体教育论的若干构想》，载《教育学报》，2005(5)。

张素蓉：《近20年中国教育经济学教材建设综述》，载《湖南师范大学教育科学学报》，2005(5)。

陈桂生：《“教育宗旨”考辨》，载《河北师范大学学报》(教育科学版)，2005(6)。

胡仁东：《高等教育学科理论体系范畴的逻辑推演》，载《高等理科教育》，2005(6)。

文雯：《高等教育学学科建设理论研究述评》，载《江西教育科研》，2005(7)。

黄崴：《教育管理学的研究对象及其分类》，载《教育研究》，2005(7)。

李康：《“教育技术学概论”教材建设的思考》，载《电化教育研究》，2005(7)。

李继兵：《论中国高等教育管理学的发展与完善》，载《黑龙江高教研究》，2005(8)。

郝军：《20世纪中国教育学体系的嬗变》，载《内蒙古师范大学学报》(教育科学版)，2005(9)。

黄志平：《20世纪下半叶中国社会变迁中的教育学体系》，载《内蒙古师范大学学报》(教育科学版)，2005(9)。

韩大林：《论教育学体系的逻辑起点》，载《内蒙古师范大学学报》(教育科学版)，2005(9)。

丁念金：《课程论体系结构之探讨》，载《课程·教材·教法》，2005(9)。

禹芳琴：《中国传统教育哲学的历程与现代影响》，载《求索》，2005(9)。

南国农：《中国教育技术学专业建设的发展道路》，载《电化教育研究》，2005(9)。

何克抗：《关于教育技术学逻辑起点的论证与思考》，载《电化教育研究》，2005(11)。

郑金洲、程亮：《中国教育学研究的发展趋向》，载《教育研究》，2005(11)。

文雯：《学科视野中的高等教育学》，载《现代教育科学》，2005(11)。

李小红：《论教师的课程创生》，载《高等教育研究》，2005(11)。

周元宽：《教育学研究对象问题、反思与启示》，载《内蒙古师范大学学报》(教育科学版)，2005(11)。

徐警武：《教育管理学的学科建设：问题与范式转换》，载《学术论坛》，2005(12)。

张新平：《教育管理现象规律说及其问题》，载《江西教育科研》，2005(12)。

杨颖秀：《教育管理学的发展轨迹、价值取向及其对研究者素质的挑战》，载《教学与管理》(中学版)，2005(10)。

陈桂生：《教育学“独立的学科地位”问题的再认识》，载《当代教育科学》，2006(16)。

黄甫全：《当代课程与教学论：新内容体系与教材结构》，载《课程·教材·教法》，2006(1)。

彭虹斌：《从“实体”到“关系”——论我国当代课程与文化的定位》，载《教育研究》，2006(1)。

杨龙立、潘丽珠：《“教学”的语言分析——兼述教学论和课程论之争论》，载《教育学报》，2006(1)。

张天雪：《也谈教育管理学的“学科体系”问题》，载《比较教育研究》，2006(1)。

孙绵涛：《我的教育管理理论观(上)》，载《教育管理研究》，2006(1)。

陈桂生：《“教育目的”的逻辑》，载《当代教育科学》，2006(2)。

侯怀银、刘光艳：《中国教育学学科体系的构建及其特征——以20世纪下半叶为中心》，载《华中师范大学学报》(人文社会科学版)，2006(2)。

齐梅、柳海民：《教育学原理学科的科学性质与基本问题》，载《教育研究》，2006(2)。

陈乃林：《深化社区教育研究推进社区教育实践——关于〈社区教育概论〉的评析》，载《武汉商业服务学院学报》，2006(2)。

曾祥芹：《语文课程与教学论教材的最新成果——评刘永康教授主编的〈语文教育学〉》，载《四川师范大学学报》(社会科学版)，2006(2)。

李清：《中美高师中学数学教学论教材比较及启示》，载《外国教育研究》，2006(2)。

陈飞霞：《1980年代以来我国教育哲学研究的回顾和展望》，载《山西师大学报》(社会科学版)，2006(2)。

冯建军：《论教育学的生命立场》，载《教育研究》，2006(3)。

王鹤：《论教育学的研究对象》，载《鞍山师范学院学报》，2006(3)。

冯生尧：《再论课程论研究对象和学科体系》，载《课程·教材·教法》，2006(3)。

何齐宗：《教育学的内容体系、问题、构想与尝试》，载《江西师范大学学报》，2006(4)。

李丽华、刘丽萍：《教育社会学的国际化与本土化》，载《河北理工大学学报》(社会科学版)，2006(4)。

刘晓东：《从学习取向到成长取向：中国学前教育变革的方向》，载《学前教育研究》，2006(4)。

郭文安：《主体教育思想发展的回顾与前瞻》，载《教育研究与实验》，2006(5)。

李德顺：《生活中的“多元”与“一元”》，载《长白学刊》，2006(5)。

李方：《课程论与教学论的联合体》，载《湛江师范学院学报》，2006(5)。

张新平：《析教育管理问题说及其问题》，载《教育理论与实践》，2006(5)。

张恩成、王小平、姜韬、江国学：《努力建设具有中国特色的教育技术学体系》，载《电化教育研究》，2006(5)。

吴黛舒：《中国教育学学科危机探析》，载《教育研究》，2006(6)。

侯宪胜：《小学数学教学论教材建设的思考与改革设想》，载《鞍山师范学院学报》，2006(6)。

赵飞、刘惊铎：《体验式教材：德育教材新样态》，载《教育研究》，2006(7)。

陈平水、王雪娟：《中国教育经济学教材内容体系现状研究》，载《教育研究》，2006(7)。

丁钢、王陆：《教育学视角下的教育技术学学科发展》，载《电化教育研究》，2006(8)。

杨明均：《论课程发展的理论基础》，载《教育与职业》，2006(23)。

刘启迪：《课程理论发展与实践进展》，载《课程·教材·教法》，2006(10)。

史耀媛、曾兴雯、魏峻：《“课程教学”视角下的课程理念——兼谈“课程教学”范式的本土化》，载《中国高教研究》，2006(11)。

张传燧、欧阳文：《课程范式与课程建构性试析》，载《课程·教材·教法》，2006(11)。

阿伦娜：《中国电化教育(教育技术)年表(一)》，载《电化教育研究》，2006(11)。

阿伦娜：《中国电化教育(教育技术)年表(二)》，载《电化教育研究》，2006(12)。

余小茅：《论我国的课程愿景》，载《教育发展研究》，2006(23)。

刘庆昌：《论教育性——关于“教育是什么”新探索》，载《当代教育科学》，2006(15)。

卢敏、李国荣：《新时期高校德育体系之内涵建构》，载《教育发展研究》，2006(16)。

柳海民、王晋：《20世纪中国教育学发展之镜鉴》，载《教育理论与实践》，2006(21)。

洪明：《课程论与教学论关系的历史嬗变》，载《教育评论》，2007(1)。

程天君：《教育社会学的学科发展及其生存困境》，载《教育研究与实验》，2007(1)。

马和民、何芳：《中国教育社会学面临的问题及取舍》，载《教育研究与实验》，2007(1)。

黄兆龙：《社会科学大观园中一朵新的奇葩——评张新平教授新作〈教育管理学导论〉》，载《教育导刊》，2007(1)。

张新平：《论教育管理学的社会科学属性》，载《南京师大学报》(社会科学版)，2007(1)。

魏善春：《国内外教育心理学教科书呈现方式比较及启示》，载《江苏教育学院学报》(社会科学版)，2007(1)

王力娟、张大均：《当代教育心理学研究的多元取向及发展趋势》，载《中国教育学刊》，2007(2)。

朱其训、缪榕楠：《论高等教育学学科建设》，载《江苏高教》，2007(2)。

康伟：《教育学基本理论问题清思》，载《理论导刊》，2007(2)。

陈桂生：《变化中的“课程”概念》，载《江苏教育学院学报》(社会科学版)，2007(2)。

刘光艳：《我国高师教育学教材发展趋势》，载《太原大学教育学院学报》，2007(2)。

杨克瑞：《教育经济学学科性质与体系建构》，载《沈阳师范大学学报》(社会科学版)，2007(2)。

黎进萍、姜峰：《也谈比较教育学的学科建设问题——一种教材比较的视角》，载《外国教育研究》，2007(3)。

张新平：《教育管理学的学科关联探析》，载《教育理论与实践》，2007(3)。

郑利霞：《浅析我国教育管理学研究范式的现状与转换》，载《辽宁教育研究》，2007(4)。

冯建军：《关于“教育原理”的学科称谓与内容现状的研究》，载《教育理论与实践》，2007(7)。

黄伟：《建构面向实践的本土化的教学论——从课程与教学关系谈起》，载《教育学报》，2007(4)。

赵飞、刘惊铎：《试论体验式德育教材的理论前提》，载《山东师范大学学报》(人文社会科学版)，2007(4)。

王建华：《学前教育学、普通教育学、高等教育学与教育学关系刍议——兼论教育学的未来》，载《学前教育研究》，2007(4)。

张西方：《英国中小学德育建设经验及其启示》，载《中国教育学刊》，2007(5)。

何菊玲：《教育学逻辑起点研究之质疑——兼谈教育学理论体系的发展》，载《华中师范大学学报》(人文社会科学版)，2007(6)。

石鸥：《最不该忽视的研究——关于教科书研究的几点思考》，载《湖南师范大学教育科学学报》，2007(5)。

孙宽宁：《从课程论教材反思我国的课程研究》，载《课程·教材·教法》，2007(7)。

康全礼：《高等教育学理论体系构建的回顾与反思》，载《内蒙古师范大学学报》(教育科学版)，2007(7)。

董泽芳、张国强：《我国大陆教育社会学研究的特点与演变(1979—2005)——基于对教育社会学重建以来概论性著作的文本分析》，载《高等教育研究》，2007(7)。

郑利霞：《我国教育管理学研究范式的反思与展望》，载《教育理论与实践》，2007(4)。

肖起清：《我国教育管理学的发展及其研究范式的形成》，载《国家教育行政学院学报》，2007(7)。

郑勇军：《教育心理学教材存在的问题和改进对策》，载《江西教育科研》，2007(8)。

杨启亮：《守护家园：课程与教学变革的本土化》，载《教育研究》，2007(9)。

廖哲勋：《论当代课程论与教学论的关系》，载《教育研究》，2007(11)。

王宗海、肖晓燕：《“小学语文课程与教学论”教材改革新思路》，载《上海教育科研》，2007(12)。

范树成：《中学德育学科知识类型与教学策略》，载《课程·教材·教法》，2007(12)。

闫建璋：《教育管理学学科范式现状及走向》，载《教育理论与实践》，2007(9)。

陈学军、张新平：《我们需要什么样的教育管理学——从陶行知的教育管理思想与实践说开去》，载《教育理论与实践》，2007(11)。

侯怀银、谢晓军：《20世纪我国学者对课程论学科建设的探索》，载《课程·教材·教法》，2008(1)。

陈金江、王骥：《解读〈多学科观点的高等教育研究〉：学科性视角》，载《高教探索》，2008(1)。

毕世响：《德育学科的文化人种与道德人种意义》，载《教育评论》，2008(1)。

陈旻君：《对当前德育体系重构的思考》，载《湖南社会科学》，2008(1)。

张斌贤：《教育史学科的双重起源与外国教育史课程教材建设的“新思维”》，载《河北大学学报》(哲学社会科学版)，2008(1)。

吴庆华：《学科范式与教育管理学创新》，载《当代教育科学》，2008(1)。

李克勤、张晓辉：《学前教育价值研究综述》，载《当代教育论坛》，2008(3)。

姜勇：《理论困境与学前教育学的实践转向》，载《学前教育研究》，2008(1)。

柯皎：《课程理论研究的前沿：当代课程论与教学论关系新论》，载《课程·教材·

教法》，2008(2)。

刘娟娟：《对“小学数学课程与教学论”课程教材建设的新思考》，载《湖南第一师范学报》，2008(3)。

张文军：《后现代课程研究的新航线》，载《浙江大学学报》(人文社会科学版)，2008(3)。

申卫革：《对我国教育学教材存在状态的反思》，载《当代教育科学》，2008(3)。

侯怀银、王晋：《20世纪中国学者对教育社会学学科建设的探索》，载《华东师范大学学报》(教育科学版)，2008(3)。

宋官东、赵薇、黄小林：《论教育经济与管理学是关于公共教育管理的科学》，载《东北大学学报》(社会科学版)，2008(3)。

姜勇、邓素文：《本土困境与学前教育学的文化转向》，载《学前教育研究》，2008(4)。

韩华球：《我国课程与教学论教材内容体系建设瞻望》，载《教育学报》，2008(4)。

杨德广：《潘懋元教授与我国第一本〈高等教育学〉》，载《高等教育研究》，2008(4)。

李峻：《本土高等教育哲学的个性特征——读张楚廷教授的〈高等教育哲学〉》，载《高教探索》，2008(4)。

彭小虎：《小学学科课程与教学论教材的逻辑结构探讨》，载《南京晓庄学院学报》，2008(5)。

王鹏：《中学德育学科实施可持续发展教育的几点思考》，载《教育科学研究》，2008(5)。

董小平：《教师参与学生课程改革：蕴含、缺失与建构》，载《中国教育学刊》，2008(5)。

刘立德：《改革开放30年来中国教育史学科教材建设反思与前瞻》，载《河北师范大学学报》(教育科学版)，2008(5)。

李克勤、罗先华：《学前教育价值体系建构初探》，载《学前教育研究》，2008(5)。

靳玉乐、罗生全：《课程理论的文化自觉》，载《教育研究》，2008(6)。

郑刚：《近代中国教育史研究的回顾与反思》，载《教育评论》，2008(6)。

王晨：《从艰难恢复到积极革新——外国教育史研究三十年(1978—2008)》，载《清华大学教育研究》，2008(6)。

王晋：《教育社会学学科建设的三重立场》，载《湖南师范大学教育科学学报》，2008(6)。

吴康宁：《当前我国教育社会学发展的三个基本问题》，载《教育研究与实验》，2008(6)。

侯怀银、王雪娟：《20世纪教育经济学学科建设的本土探索》，载《山西师大学报》(社会科学版)，2008(6)。

彭阳红：《从“体系建构”到“问题研究”——论我国教育管理学学科研究范式的转换》，载《黑龙江高教研究》，2008(6)。

李春风：《语文课程教学论教材建设的新突破——评高教版“语文课程教学论”系列教材》，载《中学课程资源》，2008(7)。

李忠：《中国教育史研究的几个问题——基于对常用中国教育史教材的一种尝试性分析》，载《河北师范大学学报》(教育科学版)，2008(7)。

孙晓轲：《关于学前教育学历史使命的思考》，载《幼儿教育》，2008(7)。

王运武、陈琳：《关于中国教育技术学科建设与专业建设的思考》，载《现代教育技术》，2008(8)。

田正平：《老学科 新气象——改革开放30年教育史学科建设述评》，载《教育研究》，2008(9)。

王珏：《对2000年以来我国教育管理学研究方式的考察——基于805篇博士硕士学位论文的内容分析》，载《高等教育研究》，2008(9)。

刘瑞儒：《一部著作引领我国电化教育(信息化教育)发展方向——南国农先生编著的〈电化教育学〉(〈信息化教育概论〉)的几点启示》，载《电化教育研究》，2008(10)。

徐建：《价值的德育学科分类方法探讨》，载《学术交流》，2008(11)。

陈枢卉：《马克思的新唯物主义与"主客二分"的思维方式》，载《福建论坛》(人文社会科学版)，2008(11)。

李忠：《中国教育史研究中存在问题的尝试性分解》，载《河北师范大学学报》(教育科学版)，2008(11)。

李广、马云鹏：《国际课程研究范式的多维转换》，载《外国教育研究》，2008(12)。

刘启迪：《课程理论与实践创新——第六次全国课程学术研讨会综述》，载《课程·教材·教法》，2008(12)。

靳玉乐、罗生全：《课程论研究三十年：成就、问题与展望》，载《课程·教材·教法》，2009(1)。

郭娅、周洪宇：《试论教育史学的学科体系》，载《湖北大学学报》(哲学社会科学版)，2009(2)。

吴康宁：《我国教育社会学的三十年发展(1979—2008)》，载《华东师范大学学报》教育科学版，2009(2)。

刘志民、王云鹏：《我国教育经济学研究的现状、问题与前瞻——从2008年中国教育经济学年会暨首届教育经济学研究生学术论坛谈起》，载《教育与经济》，2009(2)。

孙绵涛：《中国教育管理学30年：成就、特点与问题》，载《教育研究》，2009(2)。

王珏：《学位论文中研究方法的自陈情况分析——以教育管理学为例》，载《学位与研究生教育》，2009(3)。

郑金洲：《改革开放30年的教育学研究》，载《教育研究》，2009(3)。

曹静、林长春：《〈化学教学论〉教材内容体系的发展及思考》，载《重庆教育学院学报，2009(3)。

房林玉：《高等院校教学论教材的比较与思考》，载《黑龙江高教研究》，2009(3)。

刘小强：《高等教育学理论体系建设：来自周边学科的启示》，载《江苏高教》，2009(3)。

刘少林：《〈高等教育学新探〉管窥》，载《西安电子科技大学学报》(社会科学版)，2009(4)。

靳玉乐、董小平：《教学论三十年：进展、问题与展望》，载《西南大学学报》(社会科学版)，2009(4)。

张东娇：《中国教育管理学科发展与学术繁荣》，载《教育科学》，2009(4)。

刘春、王续琨：《教育管理学研究前沿的学科互涉》，载《教育科学》，2009(4)。

张忠华：《对教师教育专业教育学教材建设30年的反思》，载《大学教育科学》，2009(5)。

黄京鸿：《〈地理教学论〉与〈地理教育学〉课程教材的和谐化建设研究》，载《内蒙古师范大学学报》(教育科学版)，2009(5)。

李忠、韩继平：《新时期中国教育史教材构建之设想》，载《山东师范大学学报》(人文社会科学版)，2009(5)。

王保星：《外国教育史学科的困境与超越——基于我国外国教育史学科功用的历史分析》，载《河北师范大学学报(教育科学版)》，2009(5)。

蒋园园：《教育管理学研究方法的嬗变与转向：批判性视角》，载《高教探索》，2009(6)。

刘耀斌：《关于数学教学论教材建设的思考》，载《数学教育学报》，2009(6)。

邓宗怡、匡芳涛：《泰勒原理和凯洛夫教学论的比较——兼论课程论和教学论之间的关系》，载《西南大学学报》(社会科学版)，2009(6)。

邓猛、肖非：《特殊教育学科体系探析》，载《中国特殊教育》，2009(6)。

赵军：《〈高等教育哲学〉：诠释与再诠释》，载《高等教育研究》，2009(6)。

李桂荣：《改革开放30年中国教育经济学之回顾与展望》，载《教育研究》，2009(6)。

郝文武：《当代中国教育哲学的变革》，载《陕西师范大学学报》(哲学社会科学版)，2009(6)。

丁海东：《论学前教育的规律》，载《学前教育研究》，2009(7)。

陈超：《改革开放以来中国高等教育哲学理念的发展》，载《国家教育行政学院学报》，2009(9)。

朱友涵：《特校数学课程与教学论教材建设的思考》，载《成才之路》，2009(7)。

刘焱：《对我国学前教育几个基本问题的探讨——兼谈我国学前教育未来发展思路》，载《教育发展研究》，2009(8)。

顾远飞：《高等教育管理学的学科属性：开放社会科学的视角》，载《黑龙江高教研究》，2009(9)。

杨明宏：《人论：教育管理学理论范畴逻辑起点》，载《教育学术月刊》，2009(9)。

潘涌：《从指令到创生：新中国成立60年以来课程改革的范式转型》，载《教育理论与实践》，2009(10)。

齐军：《语文课程与教学论教材建设的新成果——钱加清主编〈语文课程与教学论〉评介》，载《现代语文》(教学研究版)，2009(11)。

章乐、范燕燕：《小学德育教材中"问题"的比较研究——基于人教社两套小学三年级德育教材》，载《上海教育科研》，2009(11)。

陈学军：《教育管理学研究什么：观点论争与问题转换》，载《现代教育管理》，2009(11)。

丁邦平：《教学(理)论与课程论关系新探：基于比较的视角》，载《比较教育研究》，2009(12)。

段玉山、陈澄：《初中地理教材体系结构设计的新尝试》，载《课程·教材·教法》，

2009(12)。

潘懋元、李均:《高等教育研究60年:后来居上 异军突起》,载《中国高等教育》,2009(18)。

刘清文:《教育社会学恢复重建的奠基之作》,载《教育与职业》,2009(22)。

王珏:《教育学的知识形态与现实功能》,载《教育理论与实践》,2009(25)。

李保强、池振国、刘永福:《改革开放后教育管理学发展的阶段性成就梳理与反思》,载《教育理论与实践》,2009(31)。

张忠华、吴莉:《高等教育学教材建设30年:历程、经验与问题》,载《高校教育管理》,2010(1)。

张应强、郭卉:《论高等教育学的学科定位》,载《教育研究》,2010(1)。

杨卫东:《新课改以来历史教学论课程性质与教材建设研究述评》,载《吉林师范大学学报》(人文社会科学版),2010(1)。

沈小碚、王天平、张东:《对中国课程与教学论流派构建的审思》,载《西南大学学报》(社会科学版),2010(1)。

陈桂生:《教育价值的缺失与寻求》,载《北京大学教育评论》,2010(2)。

孙海滨、刘婷婷、耿继国:《我国高师〈物理教学论〉教材特色研究》,载《长春师范学院学报》(自然科学版),2010(1)。

程亮:《吴俊升教育哲学管窥——以〈教育哲学大纲〉为中心的考察》,载《华东师范大学学报》(教育科学版),2010(2)。

王磊、胡中锋:《教育管理学的过去、现在和未来——“改革开放以来教育管理发展的回顾与展望”国际学术研讨会综述》,载《复旦教育论坛》,2010(2)。

张新平、陈学军:《试论我国教育管理学的理论生成方式》,载《高等教育研究》,2010(3)。

王嘉毅、杨和稳:《近二十年来我国教学论研究的历程及趋势——基于对1990—2008年〈课程·教材·教法〉刊发的教学论文章的分析》,载《课程·教材·教法》,2010(3)。

李朝旭、姜璐璐、刘佳、郭连上:《中国社会心理学知识体系初探——基于54本教材的内容分析》,载《心理科学》,2010(3)。

王树婷:《现代教学论思想流派对高中地理新教材的影响述评》,载《教育探索》,2010(4)。

孙峰:《德育学科研究发展的困境与生机》,载《河南师范大学学报》(哲学社会科学版),2010(4)。

张传燧:《关于中国教育史研究与教学的几个问题》,载《湖南师范大学教育科学学报》,2010(5)。

刘晓东:《学前教育理论发展存在的问题与未来的路向》,载《教育学报》,2010(5)。

雷家彬:《高等教育学教材体系建设的回顾与思考》,载《高等理科教育》,2010(6)。

王炳照:《寻找将教育学托上天空的彩云》,载《教育学报》,2010(6)。

周益斌:《社会学视野中的学校文化与教育社会学的研究取向——全国教育学分会教育社会学专业委员会第11届年会综述》,载《教育研究与实验》,2010(6)。

袁祖望：《教育管理学的创新之作——评孙绵涛著〈教育管理学〉》，载《教育研究》，2010(6)。

蔡淑兰、金志远、王利、席燕灵：《“课程与教学论”教材建设与教学改革研究——基于双学位教师教育模式》，载《内蒙古师范大学学报》(教育科学版)，2010(7)。

令狐艳丽：《论课程论与教学论的整合》，载《教育科学论坛》，2010(7)。

黄钊：《再论借鉴中国传统德育思想之于德育学科发展的必要性》，载《学校党建与思想教育》，2010(8)。

樊亚峤、靳玉乐：《我国课程研究：由“依附”走向“自觉”》，载《教育科学研究》，2010(9)。

刘洁：《中国教育哲学 30 年：回顾与展望——全国教育哲学专业委员会 2010 年专题会综述》，载《教育研究》，2010(9)。

袁本涛：《使命与责任：〈高等教育研究〉三十年贡献刍议》，载《高等教育研究》，2010(11)。

郭文安：《教育学教材编写的思考》，载《课程·教材·教法》，2011(1)。

王道俊：《知识的教育价值及其实现方式问题初探——兼谈对杜威教育思想的某些认识》，载《课程·教材·教法》，2011(1)。

陈汉洲：《以〈纲要〉为统领 推进学科体系和教材建设》，载《辽宁省社会主义学院学报》，2011(1)。

李碧虹：《游刃于形而上下之间——读张楚廷先生〈高等教育学导论〉》，载《大学教育科学》，2011(1)。

王保星：《全球史观视野下的我国外国教育史学科建设断想》，载《河北师范大学学报》(教育科学版)，2011(1)。

张新平、陈学军：《试论我国教育管理学的理论类型》，载《教育学报》，2011(1)。

吴晓明：《论当代中国学术话语体系的自主建构》，载《中国社会科学》，2011(2)。

罗祖兵、田友谊、赵苗苗：《教育学教材建设的反思与展望——纪念人教版〈教育学〉(王道俊领衔主编)首版发行 30 周年暨教育学教材建设研讨会综述》，载《课程·教材·教法》，2011(2)。

陈建华：《1927—1937 年的中国教育哲学研究》，载《南京社会科学》，2011(2)。

侯怀银、王霞：《五年来中国教育基本理论发展之路》，载《中国人民大学教育学刊》，2011(3)。

周义军：《关于建立高校教材评价体系的思考》，载《现代出版》，2011(3)。

李洪修、熊梅：《组织社会学视域中的学校课程实施策略》，载《东北师范大学学报》(哲学社会科学版)，2011(4)。

程天君：《中国教育社会学“学科论”百年概要》，载《北京大学教育评论》，2011(4)。

孙萍：《中国教育心理学历史及其发展趋势》，载《发展》，2011(4)。

杨明权：《关于加强宏观学前教育学研究的思考》，载《陕西教育学院学报》，2011(4)。

李木洲：《元教育学若干基本问题研究综述》，载《福建师范大学学报》(哲学社会科学版)，2011(5)。

申卫革：《经验叙事——基于生命体验的教育学教材文本的另一种表达》，载《当代教育科学》，2011(5)。

侯器：《“小学语文教学论”教材编写的批评与专业课程建设的策略》，载《湖南第一师范学院学报》，2011(5)。

迟艳杰、陆有铨：《改革开放以来中国教育哲学与时代的互动》，载《教育研究》，2011(5)。

高明、周建民：《教育管理学研究对象研究述评》，载《现代教育科学》，2011(5)。

张新平、刘建：《教育管理学论纲评介》，载《教育研究》，2011(5)。

汪基德、郝兆杰、赵万霞：《教育技术学专业主干课程教材建设问题探析：信息道德教育的视角》，载《现代远程教育研究》，2011(5)。

李旭、侯怀银：《20世纪我国教育管理学学科建设的本土探索》，载《山西大学学报》(哲学社会科学版)，2011(6)。

蒋雅俊：《对学前教育史研究的三种认识及其学术价值》，载《学前教育研究》，2011(6)。

班建武：《“十一五”期间德育学科发展的回顾与总结》，载《教育科学研究》，2011(7)。

李丽丽：《〈中国教育史〉教材的特色及使用简论》，载《中国大学教学》，2011(7)。

蒋友梅：《我国教育管理学学科范式形成的“格式塔”模型》，载《教育理论与实践》，2011(7)。

李旭：《反思与构建：21世纪初教育管理学学科建设的新选择》，载《现代教育管理》，2012(7)。

段慧兰：《有思想的学术 有学术的思想——〈高等教育学导论〉评介》，载《当代教育论坛》(综合版)，2011(8)。

包国庆：《一本影响一门学科方向的学术专著——评南国农〈信息化教育概论〉》，载《电化教育研究》，2011(9)。

陈文静：《读〈教育概论〉有感》，载《北方文学》(下半月)，2011(9)。

张继明：《论高等教育学科建设中基本理论体系的建构》，载《大学》(学术版)，2011(9)。

张利洪、李静：《学前教育学的研究对象》，载《学前教育研究》，2011(9)。

张静、商蕾杰：《教育技术学科多媒体技术专业课程内容体系的思考——本科教材的选择调查研究》，载《中国教育技术装备》，2011(9)。

权利霞：《关于教材定位的思考》，载《科技与出版》，2011(10)。

汤美娟：《教育社会学何为——教育社会学学科特质的再反思》，载《教育导刊》，2011(10)。

李均：《作为一级学科的高等教育学——基于学科政策与学科历史的视角》，载《高等教育研究》，2011(11)。

石一：《教育管理学学科属性再探》，载《现代教育管理》，2011(12)。

邢进阁、苗世超：《行为科学在教育管理学里的地位和作用》，载《教育教学论坛》，2011(13)。

金志远：《论课程(论)与教学(论)的整合取向——从学科视角到文化视角》，载《当代教育科学》，2011(13)。

朱翠英：《浅析布鲁贝克〈高等教育哲学〉的研究体系》，载《中国高等教育》，

2011(13)。

郭法奇：《论外国教育史研究的创新问题》，载《首都师范大学学报》(社会科学版)，2012(1)。

申卫革：《我国德育政策的去成人化转向——基于小学德育课程的分析》，载《教育科学》，2012(1)。

于素红：《我国本科层次特殊教育专业建设的问题与建议》，载《中国特殊教育》，2012(1)。

邓猛、卢茜：《医教结合：特殊教育中似热实冷话题之冷思考》，载《中国特殊教育》，2012(1)。

王善迈：《创建中国特色的教育经济学科体系》，载《教育与经济》，2012(1)。

李康：《论我国教育技术学科的形成与发展》，载《电化教育研究》，2012(1)。

高维：《“教学”概念史考察——以20世纪以来我国教学论教材为主线》，载《天津师范大学学报》(基础教育版)，2012(2)。

雷江华：《特殊教育理论基础的多维视角辨析》，载《中国特殊教育》，2012(2)。

师文浩、孙亚玲：《教育科学研究方法教材比较研究》，载《大理学院学报》，2012(2)。

张传燧、石雷：《论课程与教学论的本土化》，载《教育研究》，2012(3)。

侯怀银、田小丽：《20世纪下半叶教育哲学学科建设的本土探索》，载《当代教育与文化》，2012(3)。

王珏：《教育管理学在近代中国的发展历程》，载《高等教育研究》，2012(3)。

陈红燕、张新平：《教育管理学方法体系研究：一个紧迫而现实的课题》，载《教育理论与实践》，2012(4)。

赵树贤：《现代教育管理学的范式及其危机》，载《教育学报》，2012(4)。

靳玉乐、王洪席：《十年教材建设：成就、问题及建议》，载《课程·教材·教法》，2012(1)。

刘景超：《高校创新教育教材评价体系的构建研究》，载《当代教育论坛》，2012(5)。

叶浩生、杨文登：《教育心理学：历史、分歧与超越》，载《教育研究》，2012(6)。

王道俊：《把活动概念引入教育学》，载《课程·教材·教法》，2012(7)。

冯加渔：《课程研究的语言转向》，载《全球教育展望》，2012(8)。

王保星：《我国外国教育史研究的“碎片化”与“整合”——再论全球史观的外国教育史学科发展意义》，载《河北师范大学学报》(教育科学版)，2012(9)。

王晓莉、郑航：《为了儿童道德成长的德育教材建设——基于五种版本〈品德与社会〉教科书的比较》，载《思想理论教育》，2012(10)。

焦炜、徐继存：《百年教学论教材发展的回顾与思考》，载《课程·教材·教法》，2012(10)。

夏巍、张利洪：《近二十余年我国学前教育学教材的内容分析》，载《四川教育学院学报》，2012(10)。

朱丰良：《教育管理学学科建设研究——兼论研究、理论和实践之间的张力》，载《教育理论与实践》，2012(10)。

张新平、陈红燕：《论教育管理学的“两层面三层次”方法体系》，载《教育研究》，2012(10)。

黄建君：《德育学科能力特性刍议》，载《全球教育展望》，2012(11)。

杨莹：《有关教育学的学科性质问题的综述》，载《北方文学》(下半月)，2012(11)。

刘欣：《课程与教学论“本土化”发展问题探讨》，载《教育导刊》，2012(12)。

钟柏昌、安涛、李艺：《中国教育技术学基础理论问题研究——关于逻辑起点的评述》，载《电化教育研究》，2012(12)。

王国强：《社区德育资源的挖掘和整合利用》，载《中国德育》，2012(23)。

孙宽宁、徐继存：《我国课程论教材建设90年：反思与展望》，载《课程·教材·教法》，2012(12)。

杨晨：《课程论与教学论关系之我见》，载《教育教学论坛》，2012(A4)。

甘昭良：《学科体系的探新之作——读〈特殊教育学基础〉》，载《现代特殊教育》，2012(7)。

杜成宪：《中国教育史研究中的三次视角下移》，载《河北师范大学学报》(教育科学版)，2013(1)。

肖朗、肖菊梅：《清末民初教学论的知识结构、特征及其影响——以教材文本分析为中心》，载《社会科学战线》，2013(1)。

王雁、李欢、莫春梅、张瑶：《当前我国高等院校特殊教育专业人才培养现状分析及其启示》，载《教师教育研究》，2013(1)。

赵臻：《指瑕与探讨——评周采〈外国教育史〉》，载《大学教育》，2013(1)。

张斌贤：《冲破藩篱　探索新知——外国教育史研究访谈录》，载《河北师范大学学报》(教育科学版)，2013(1)。

郭忠玲：《浅谈以实践性为导向的“学前教育学”课程改革》，载《教育探索》，2013(1)。

胡德海：《关于什么是教育学的问题》，载《中国教育科学》，2013(2)。

廖哲勋：《用发展的眼光透视当代课程与教学的关系——兼论当代课程论与教学论的关系》，载《中国教育科学》，2013(2)。

丁永为：《试析外国教育史教材编写中的去语境现象——基于柯林伍德的视点》，载《宁波大学学报》(教育科学版)，2013(2)。

王飞：《中国学者对教学论与课程论关系的误读》，载《上海教育科研》，2013(2)。

刘庆昌：《教育哲学的存在方式》，载《山东师范大学学报》(人文社会科学版)，2013(2)。

陈红燕、张新平：《再论教育管理学的性质：三维审视》，载《现代教育管理》，2013(2)。

王者鹤：《在“参与”中发展——关于外国教育史研究的一点新思考》，载《当代教育科学》，2013(3)。

杨平、胡娇：《理论理性与情境理性的冲突与融合——以教育概论课堂为例》，载《黑龙江教育》(高教研究与评估)，2013(3)。

李乾明：《中国近代教学论教材的五个基本范畴》，载《现代基础教育研究》，2013(3)。

于伟、张聪：《陈元晖先生与我国当代教育学研究》，载《中国教育科学》，2013(4)。

侯怀银、史慧敏：《20世纪下半叶苏联教育学在中国引进的回顾与反思》，载《教育学报》，2013(4)。

滕瀚、曾天山：《新中国教育科研方法著作(教材)的文献计量分析》，载《国家教育行政学院学报》，2013(4)。

刘齐、胡金平：《留学生与民国时期中国教育史教材编写中的民族主义倾向》，载《现代大学教育》，2013(4)。

王鉴、姜振军：《教育学属于人文社会科学》，载《教育研究》，2013(4)。

丁钢：《20世纪上半叶哥伦比亚大学师范学院的中国留学生——一份博士名单的见证》，载《高等教育研究》，2013(5)。

徐鹏、王以宁、刘艳华、张海：《大数据学习视角分析学习变革》，载《远程教育杂志》，2013(6)。

黄建君：《德育学科核心能力刍议》，载《课程・教材・教法》，2013(7)。

赵军、许克毅：《高等教育学：一个跨学科的规训体系》，载《中国高教研究》，2013(8)。

王续琨、宋刚：《关于中国管理学科发展对策的思考》，载《管理学报》，2013(8)。

黄立志、张翠红：《2000—2012年：我国教育技术相关著作统计分析》，载《现代教育技术》，2013(8)。

冯加渔：《课程与教学本土化的辨识与澄明》，载《中国教育学刊》，2013(11)。

全守杰：《教育管理学教材比较研究》，载《教育与教学研究》，2013(11)。

王树婷、钟儒刚、王仁海：《体验式学习视角下高师学科教学论教材文本的重构与实践》，载《内蒙古师范大学学报》(教育科学版)，2013(12)。

王本陆：《关于加强云课程研究的几点思考》，载《课程・教材・教法》，2013(12)。

陈志刚：《我国学科课程与教学论教材存在的问题及其反思》，载《当代教育科学》，2013(15)。

丁念金：《我国本土课程论建设中的综合创造方略》，载《湖南师范大学教育科学学报》，2014(1)。

刘欣：《范式转换：课程开发走向课程理解的实质与关系辨析》，载《教育研究与试验》，2014(1)。

余清臣：《现代教育学体系的实践取向与逻辑成分》，载《教育学报》，2014(1)。

韩梅晓：《全国教育科学规划课题2006—2012年特殊教育学立项统计分析》，载《绥化学院学报》，2014(1)。

卜玉华：《论教育学的"事理研究"性质》，载《南京社会科学》，2014(2)。

郝文武：《现代中国教育学教材内容的问题和合理化思路》，载《教育学报》，2014(2)。

陈勇、李森：《范式迷茫与走出：教学论学科发展的再思考》，载《湖南师范大学教育科学学报》，2014(2)。

李富贵：《我国课程论研究的世纪变革》，载《当代教育与文化》，2014(2)。

崔玉平：《中国教育经济学学科发展的特点与机遇》，载《教育与经济》，2014(2)。

刘婷婷：《教育基本理论的独特探索——〈教育概论〉评介》，载《无线互联科技》，2014(3)。

何东：《教材研究的实证分析——以61篇博士学位论文为对象》，载《华南师范大学学报》(社会科学版)，2014(3)。

王俊明：《“批判地继承”的历史逻辑——以20世纪60年代初北师大编写〈中国古代教育史〉为例》，载《教育学报》，2014(3)。

胡金木：《师范生正在学习怎样的教育学？——公共教育学教材编写中的问题研究》，载《中国教育科学》，2014(4)。

李辉：《基于教师专业发展的教材创新构想与实践——以〈小学数学课程与教学论〉为例》，载《贺州学院学报》，2014(4)。

侯怀银、李艳莉：《21世纪初高等教育学学科建设的探索》，载《苏州大学学报》(教育科学版)，2014(4)。

《中国社会学会教育社会学研究会2014学术研讨会举行》，载《教育学报》，2014(4)。

楚江亭、李廷洲：《范式重构——教育学研究取得进步的必然选择》，载《北京师范大学学报》(社会科学版)，2014(5)。

桑国元：《文化人类学视域中的课程研究内涵及其方法论变革》，载《湖南师范大学教育科学学报》，2014(5)。

祁东方、侯怀银：《中国高等教育哲学研究的回顾与展望》，载《河北大学学报》(哲学社会科学版)，2014(5)。

李丽：《英美分析教育哲学的涨落——基于分析哲学与分析教育哲学关系的探讨》，载《当代教育与文化》，2014(5)。

檀传宝：《德育教材编写应当恪守的基本原则》，载《课程·教材·教法》，2014(6)。

白晋荣、杨翠英：《高校教材质量问题及解决对策——以〈教育心理学〉为例》，载《河北学刊》，2014(6)。

李拉：《从体系之外到体系之内：我国特殊教育的百年嬗变》，载《教育学术月刊》，2014(7)。

陈桂生、彭尔佳、王建军：《关于“教科书问题”的讨论》，载《上海教育科研》，2014(9)。

程秀兰：《幼儿教育本质的规定性及其意义》，载《学前教育研究》，2014(9)。

郝文武：《现代中国教育学教材内容的问题和合理化思路》，载《教育学报》，2014(2)。

陈德胜：《中国教育社会学的可能路径：基于米尔斯的启示》，载《教育学术月刊》，2014(12)。

李泽林、郭会彩：《我国社区德育课程资源开发：回顾与展望》，载《中国德育》，2014(13)。

吴晓玲：《论课程与教学的深度整合》，载《教育发展研究》，2014(24)。

肖海慧：《当代教育管理学理论与实践发展互动——评〈当代教育管理学专题研究〉》，载《当代教育科学》，2014(24)。

吕达、刘立德：《我国课程论奠基人陈侠先生的教育学术贡献——纪念陈侠先生诞辰100周年》，载《中国教育科学》，2015(1)。

李均：《潘懋元高等教育思想的渊源与中国高等教育学科的创建——基于我国第一部〈高等教育学〉编写过程及贡献的论述》，载《山东高等教育》，2015(1)。

余文森：《先学后教：中国本土的教育学》，载《课程·教材·教法》，2015(2)。

冯建军：《恢复重建以来我国教育哲学三十五年的发展(1979—2014)》，载《教育学报》，2015(2)。

刘源：《近代以来中小学德育教科书中诚信知行的缺位》，载《教育评论》，2015(3)。

周仕德：《国外文献对中国教学论构建的影响实证研究——以我国代表性教学论教材注释为中心》，载《现代教育论丛》，2015(2)。

潘允康：《用社会学理论揭示家庭教育的本质——评〈家庭教育社会学〉》，载《理论与现代化》，2015(2)。

吕达、刘立德：《我国课程论重建的先驱者和奠基人——纪念陈侠先生诞辰100周年》，载《课程·教材·教法》，2015(3)。

《〈高等教育专题新论〉简介》，载《高校教育管理》，2015(3)。

康敏、王伟宜：《我国高等教育学学科的建设与发展》，载《教育与考试》，2015(4)。

孙振东、李仲宇：《论教育问题研究与教育学体系构建的统一》，载《中国人民大学教育学刊》，2015(4)。

刘捷：《外国教育史学科教材建设的一座丰碑——〈外国教育史教程〉(第三版)评介》，载《中国教育科学》，2015(4)。

张大均、苏志强、王鑫强：《中德教育心理学发展的比较研究：基于2000—2010年发表论文的分析》，载《教育研究》，2015(4)。

杨捷：《我国外国教育史学科的发展与回顾探究》，载《河北师范大学学报》(教育科学版)，2015(5)。

肖菊梅：《清末民初(1901—1915)教学论教材研究概述》，载《教师教育学报》，2015(6)。

房石、千春玉、徐国玲：《教育社会学的本土化发展研究》，载《教育与职业》，2015(6)。

唐莉清：《探讨课程论与教学论的关系》，载《教育教学论坛》，2015(8)。

冯建军：《构建教育学的中国话语体系》，载《高等教育研究》，2015(8)。

刘志祥：《2000年以来我国社区德育研究：回顾与反思》，载《职教论坛》，2015(9)。

唐晓玲、徐辉：《大数据时代的跨国比较研究与比较教育学科转型》，载《比较教育研究》，2015(9)。

汤昊、范庭卫：《内容分析法在心理学教材研究中的应用》，载《心理技术与应用》，2015(9)。

刘桂侠、王建力：《中英地理教学论教材体系逻辑结构的对比分析——基于英国〈中学地理教学法〉的分析》，载《全球教育展望》，2015(10)。

曾素林、陈上仁、王从华：《哲学思维方式变革视域下知识与经验的关系新探——从"实体思维"到"关系思维"》，载《教育学术月刊》，2015(10)。

肖薇薇、陈文海：《从他组织到自组织：高校德育体系的困境与超越》，载《学校党建与思想教育》，2015(16)。

王培峰：《"问题—需要"驱动式教学逻辑及其实施——基于"特殊教育概论"课程教学的实践探索》，载《现代特殊教育》，2015(24)。

陈桂生：《对学校教育中学生"个性"与"社会化"问题的再思考——兼评徐俊〈"个体个性化"与"个体社会化"究竟是什么关系〉》，载《北京大学教育评论》，2016(1)。

吉标：《改革开放以来我国课程与教学论学科建制的历程》，载《西南大学学报》(社会科学版)，2016(1)。

汪霞：《建构21世纪的课程研究：超越现代与后现代》，载《教育理论与实践》，2006(1)。

解德渤、王洪才：《高等教育学的学科建设新思维——从"认识论"到"价值论"的逻辑转向》，载《现代大学教育》，2016(1)。

吴式颖：《我们需要这样的外国教育史学建设——读〈西方教育史学百年史论〉有感》，载《教育学报》，2016(1)。

王彦力：《"中国特色"外国教育史研究刍议》，载《天津市教科院学报》，2016(1)。

张斌贤、林伟、杜光强：《外国教育史研究进展：2010—2014年》，载《教育研究》，2016(1)。

乌兰、于洪涛：《教育技术学专业教材建设存在的问题及建议》，载《民族高等教育研究》，2016(1)。

仕超：《远程教育创新体系特色探析——评〈远程教育概论〉》，载《中国教育学刊》，2016(2)。

翟苏莹：《教育科学研究方法教材之比较研究》，载《湖南大众传媒职业技术学院学报》，2016(2)。

杨静微、贲志宇、张杰、王黎黎、钱虹、段梅莉、孙颖、魏红、王晓睿、王伟韦、高静：《"四全四生四成"德育体系建设与实践》，载《中国职业技术教育》，2016(2)。

汪明、张睦楚：《未来十年我国教学论研究的战略思考与目标定位》，载《当代教育科学》，2016(2)。

胡扬洋：《制度与人：课程论与教学论整合之道》，载《宁波大学学报》(教育科学版)，2016(2)。

田正平：《我与中国教育史研究》，载《中国教育科学》，2016(2)。

孙彩平：《小学德育教材中儿童德育境遇的转变及其伦理困境》，载《华中师范大学学报》(人文社会科学版)，2016(3)。

林春蓉：《社会主义核心价值体系引领下高校德育与社区德育双向互动研究》，载《长春师范大学学报》，2016(3)。

唐智松：《教育学学理表述的混乱与梳理》，载《中国教育学刊》，2016(3)。

李双龙、何玲媛：《"中国教育史"课程教材编写的路径探寻》，载《喀什大学学报》，2016(3)。

贾佳：《我国高等教育学学科建设的演进》，载《教育与考试》，2016(4)。

周仕德：《跨国知识在我国当代课程理论的传播与接收实证研究》，载《课程·教材·教法》，2016(4)。

韩华球：《本土经典教育学教材的再锤炼——王道俊、郭文安主编〈教育学〉第七版评介》，载《中国教育科学》，2016(4)。

刘德华、周敏：《基于研究立场的教育学教材比较》，载《内蒙古师范大学学报》(教育科学版)，2016(5)。

刘丽：《教育哲学研究的代表之作——评〈教育哲学概论〉》，载《大学教育科学》，2016(5)。

杨琴、杨姗泽：《我国学前教育研究的现状与展望——基于学前教育博士学位论文的统计与分析》，载《江汉大学学报》(社会科学版)，2016(5)。

陈锋：《外国教育史学科在中国的危机》，载《高等教育研究》，2016(5)。

王宗楚：《对小学语文教材德育内容的反思——以〈语文教学论〉为例》，载《软件导刊》(教育技术)，2016(6)。

王毅、陈迎雪：《教育管理学的理论和逻辑范畴探究——评〈教育管理学(第二版)〉》，载《大学教育科学》，2016(6)。

邓猛、颜廷睿：《社会理论视野下的特殊教育学探讨》，载《教育学报》，2016(6)。

徐胜、郑璇、魏寿洪、蒲云欢：《〈特殊教育学〉双语课程建设及教学实践的探索与创新》，载《重庆师范大学学报》(哲学社会科学版)，2016(6)。

刘旭东：《我国教育学话语体系的反思与重构》，载《中国教育学刊》，2016(7)。

王艳梅：《多学科视角下的特殊教育理论与基础——评《特殊教育学》》，载《教育评论》，2016(7)。

董阜平：《对高校及高等教育的再认识——评〈高等教育学导论〉》，载《中国教育学刊》，2016(8)。

徐龙：《追求美好生活——小学德育教材观念的变革之道》，载《教育科学研究》，2016(8)。

胡金木：《20世纪上半叶中国教育哲学学科发展的回顾与审思》，载《高等教育研究》，2016(8)。

郭文斌：《特殊教育概论课程中PBL＋EMB＋CBL教学效果之实验研究》，载《高教探索》，2016(9)。

汤洁娟：《教育哲学思想下的教育策略分析——评〈教育哲学概论〉》，载《中国教育学刊》，2016(9)。

赵亮：《高校思想政治教育发展研究——评〈大学生思想政治教育概论〉，载《高教探索》，2016(10)。

李秀：《论特殊教育学校对随班就读的支持》，载《绥化学院学报》，2016(10)。

李明德：《论西方"教育心理学化"思潮》，载《课程·教材·教法》，2016(10)。

潘海燕：《关于"小学教育概论"课程建设的若干思考》，载《湖北第二师范学院学报》，2016(11)。

任静：《现代教育学体系的实践取向与逻辑成分》，载《当代教育实践与教学研究》，2016(11)。

罗瑶：《教育改革社会学研究之省思——兼谈如何理解教育改革》，载《当代教育科学》，2016(14)。

雷江华、孙玉梅、余品纹等：《2016年全国特殊教育学科发展三十周年研讨会会议综述》，载《现代特殊教育》，2016(22)。

陈桂生：《再谈"教育理论"与"关于教育的理论"的区分——读吴国平博士〈陈桂生教育学研究思想管窥〉》，载《教育发展研究》，2016(24)。

王海霞：《教育现代化》，载《湖北科技学院学报》，2016(35)。

孙银光、杜时忠：《公民教育视角下的学校德育体系重构》，载《教育发展研究》，

2016(C2)。

张颖帅、张统帅：《成人教育中德育学科的学业评价考核体系构建》，载《成人教育》，2017(1)。

陈文海：《论高校德育体系建构的三重转化》，载《学校党建与思想教育》，2017(1)。

杨燕、刘立德：《改革开放以来师范院校教育学教材中的陶行知》，载《教育史研究》，2017(2)。

吴全华：《“教育概论”课案例教学的教师教学能力论略》，载《教育与教学研究》，2017(2)。

李森：《基于教学论框架建构的有效教学教材——评陈晓端、张立昌主编的〈有效教学〉》，载《当代教育与文化》，2017(2)。

宋汪洋：《反思与重构小学语文课程与教学论教材》，载《语文建设》，2017(2)。

邱华翔：《教师资格考试背景下学前教育专业课程改革的探索与实践——以A师范学院“学前教育概论”课程为例》，载《重庆第二师范学院学报》，2017(2)。

杨红梅：《教育科学研究方法教材的比较研究》，载《齐齐哈尔师范高等专科学校学报》，2017(2)。

贾玲、宫慧娜、陈影、雷江华：《我国特殊教育学教材的实证分析——基于13本教材的内容比较》，载《中国特殊教育》，2017(3)。

李艳：《高等教育制度与建设——评〈高等教育学〉》，载《高教发展与评估》，2017(3)。

童顺平：《高等教育学科建设必须放弃理论体系吗？——与龚放教授商榷》，载《社会科学文摘》，2017(4)。

戚务念：《论中国教育研究的实证转向》，载《四川师范大学学报》(哲学社会科学版)，2017(4)。

田正平：《我学习和研究中国教育史的历程与感悟》，载《课程·教材·教法》，2017(4)。

杜成宪、李得菲、张月佳：《57种中国教育史教材所选入古代教育人物分析——兼论古代教育家群体的形成》，载《华东师范大学学报》(教育科学版)，2017(4)。

卞红梅：《“学前教育学”教学实践改革的反思》，载《扬州教育学院学报》，2017(4)。

卓杰、王续琨：《教学论在中国：称谓演变和学科体系演进》，载《高等教育研究》，2017(5)。

孙自强、许刘英：《社会转型期教育社会学的发展机遇、困境与选择》，载《东北师大学报》(哲学社会科学版)，2017(5)。

韩华球：《关于教育学教材建设的再思考》，载《教育研究与实验》，2017(6)。

杜成宪：《试论中国教育史本科教学》，载《河北师范大学学报》(教育科学版)，2017(6)。

张斌贤：《从“体系时代”转向“问题时代”：我国外国教育史学科振兴的路径》，载《云南师范大学学报》(哲学社会科学版)，2017(6)。

吴吉东：《课程研究范式发展：趋势、特征及启示》，载《教育理论与实践》，2017(7)。

陈昱静：《教育科学研究方法教材比较》，载《佳木斯职业学院学报》，2017(7)。

高德胜：《叙事伦理学与生活事件：解决德育教材困境的尝试》，载《全球教育展望》，2017(8)。

李湘：《基于核心素养的澳大利亚国家课程标准研究》，载《教育与教学研究》，2017(8)。

陈露茜、张斌贤、石佳丽：《近年来我国外国教育史研究进展》，载《高等教育研究》，2017(8)。

柯亮：《基于应用型人才培养的学前教育专业〈学前教育学〉课程考核模式改革探究》，载《陕西学前师范学院学报》，2017(8)。

苏荟、吴玉楠：《以职业能力为导向的专业教学标准之建立——评〈高等教育学导论〉》，载《中国教育学刊》，2017(9)。

郭宝、李琴：《课程与教学论本土化研究》，载《课程教育研究》，2017(10)。

张超：《现代课程论与教学论的关系探究》，载《科教文汇》(上旬刊)，2017，(10)。

王鉴、安富海、李泽林：《"互联网＋"背景下课程与教学论研究的进展与反思》，载《教育研究》，2017(11)。

范红：《我国高等教育学学科的建设与发展——评〈高等教育学〉修订版)》》，载《高教探索》，2017(11)。

刘浩源：《高等教育的职能、功能与理念探析——评〈高等教育学导论〉》，载《中国教育学刊》，2017(11)。

龚放：《坚持问题导向，抑或执着理论体系？——再议高等教育学研究兼答童顺平"一逆三自"之责》，载《社会科学文摘》，2017(11)。

孟庆男、任翠：《中学德育学科教学论百年发展史探究》，载《课程·教材·教法》，2017(12)。

曾天山：《我国教材建设的实践历程和发展经验》，载《课程·教材·教法》，2017(12)。

张文军：《关于未来的社会想象与课程创生》，载《教育发展研究》,2017(12)。

肖非、冯超：《建设有中国特色特殊教育学科之思考》，载《现代特殊教育》，2017(12)。

邓猛：《重读〈努力发展有中国特色的特殊教育学科〉——兼论我国特殊教育学科建设》，载《现代特殊教育》，2017(12)。

母小勇、张卫民：《理性面对教育研究与教育决策的"实证科学"化》，载《教育发展研究》，2017(17)。

卢小龙、杨福义：《我国特殊教育研究的现状与趋势——基于硕博学位论文的文献计量学分析》，载《现代特殊教育》，2017(18)。

范红：《高等教育学专业课程设置研究——评〈高等教育学(修订版)〉》，载《教育发展研究》，2017(19)。

苗曼：《论学前教育的学前性》，载《教育发展研究》，2017(24)。

王咏雪：《浅述当代课程与教学论：新内容体系与教材结构》，载《教育现代化》，2017(29)。

李长伟：《教育社会学学科性质之反思》，载《教育理论与实践》，2017(16)。

陈桂生：《关于教育属于社会上层建筑问题——唯物主义教育历史观的探求》，载《教育发展研究》，2018(8)。

刘旭东、蒋玲玲：《论中国教育学术话语体系的当代建构》，载《教育研究》，2018(1)。

高德胜：《以学习活动为核心建构小学〈道德与法治〉教材》，载《中国教育学刊》，2018(1)。

章乐：《引导儿童生活的建构：小学〈道德与法治〉教材对教学的引领》，载《中国教育学刊》，2018(1)。

唐燕：《"摹仿生活"：小学〈道德与法治〉教材生活化的实现》，载《中国教育学刊》，2018(1)。

程岭：《课程论与教学论关系辨析与本土化构建》，载《现代基础教育研究》，2018(1)。

高士晶：《新世纪以来我国教育哲学研究述评》，载《当代教育与文化》，2018(1)。

彭鑫、燕良轼：《教育心理学发展中存在的问题、原因及应对策略分析》，载《湖北科技学院学报》，2018(1)。

项贤明：《论教育学的术语和概念体系》，载《教育研究》，2018(2)。

米加宁、章昌平、李大宇、林涛：《第四研究范式：大数据驱动的社会科学研究转型》，载《学海》，2018(2)。

李政涛、文娟：《教育学中国话语体系的世界贡献与国际认同》，载《北京大学教育评论》，2018(3)。

陈君、张姝：《21世纪以来我国教学论研究历程与学科发展趋势》，载《西南大学学报》(社会科学版)，2018(3)。

李兴韵、李明婧：《跨时代的教育改革家——中国教育史教材中的张之洞》，载《教育文化论坛》，2018(3)。

刘亭亭：《中国课程学术话语自主建构的困境及路径》，载《课程·教材·教法》，2018(3)。

范先佐：《理论和方法：教育经济学学科建设的关键》，载《教育经济评论》，2018(1)。

马季、徐继存：《近20年来我国课程与教学论研究进展的可视化解读》，载《现代基础教育研究》，2018(4)。

郭文安、王乐、胡金木、马小芳：《重视教育学教材编写推动教育学学科发展——访郭文安先生》，载《当代教师教育》，2018(4)。

杨燕、刘立德：《改革开放40年来教育学教材研究的回顾与展望》，载《课程·教材·教法》，2018(4)。

赵明仁：《新时代中国特色师范教育体系的内涵解读》，载《华东师范大学学报》(教育科学版)，2018(4)。

谷小莉：《教育科学研究方法教材之比较研究》，载《柳州职业技术学院学报》，2018(5)。

靳玉乐、张善超：《教材建设40年：知识变革的检讨与展望》，载《课程·教材·教法》，2018(6)。

罗晓婷：《中国教育学发展世纪问题的审视——评〈中国教育史〉》，载《中国教育学刊》，2018(6)。

冯川钧：《中国高等教育管理学的发展研究——评〈高等教育管理学〉》，载《高教搜索》，2018(6)。

柳海民、邹红军：《教育学原理：历史性飞跃及其时代价值——纪念改革开放40周年》，载《教育研究》，2018(7)。

李政涛、文娟：《教育学中国话语体系的世界贡献与国际认同》，载《北京大学教育评论》，2018(7)。

徐波：《学科教学论教材内容及体系：问题剖析与优化策略》，载《黑龙江高教研究》，2018(9)。

胡建华：《中国高等教育学科发展40年》，载《教育研究》，2018(9)。

高伟：《建构有中国气象的教育哲学》，载《教育研究》，2018(9)。

檀传宝、陈国清：《改革开放40年我国德育学科建设的探索与进步》，载《中国教育学刊》，2018(10)。

郭华：《中国课程论40年》，载《课程·教材·教法》，2018(10)。

吴晓蓉、张晓文：《构建教育学话语体系的本土化省思》，载《广西社会科学》，2018(10)。

季海雁：《教育管理学的研究对象——评〈教育管理学〉》，载《中国高校科技》，2018(10)。

谭维智：《教育学核心概念的嬗变与重构——基于新时代中国特色教育学话语体系建构的思考》，载《教育研究》，2018(11)。

余宏亮：《改革开放40年教材研究：图谱解析与进路探寻》，载《课程·教材·教法》，2018(11)。

熊茜、吴湖玲：《教育社会学学科性质探讨——评〈教育社会学〉》，载《中国教育学刊》，2018(11)。

孙元涛：《论中国教育学的学术自觉与话语体系建构》，载《教育研究》，2018(12)。

刘雨涵：《关于教育学教材的若干思考》，载《中国民商》，2018(12)。

王声平、贺静霞：《改革开放40年我国教育管理学学科体系研究的反思与展望》，载《现代教育管理》，2018(12)。

赵南：《学前教育学在我国的发展定位及其对学前教育事业的影响》，载《教师发展研究》，2018(15-16)。

刘永萍、左秋芳、刘明清、崔芳芳、潘欣：《基于翻转课堂的数字化教学资源应用研究——以"特殊教育学"课程为例》，载《现代特殊教育》，2018(18)。

丁雯：《高等教育事业发展的途径——评〈高等教育学导论〉》，载《教育发展研究》，2018(19)。

何晶：《论课程与教学论的本土化》，载《课程教育研究》，2018(45)。

谢焕庭、方俊逸：《教育学类教材如何走向正本清源——兼评〈教育原理，研究与教学〉》，载《教师教育学报》，2019(1)。

周敏：《教育学教材编写再思考——基于学生研究能力培养的教材建设思路》，载《江西电力职业技术学院学报》，2019(1)。

石烨、刘长海：《日本小学"部编本"德育教材研究》，载《上海教育科研》，2019(1)。

王鉴、李泽林：《探寻课程与教学论研究的"知识地图"》，载《教育研究》，2019(1)。

靳玉乐、张铭凯：《新时代中国特色社会主义教育思想体系的核心理念》，载《西南大学学报》(社会科学版)，2019(1)。

林思雨：《静水流深，闻道求真——读潘懋元先生〈高等教育学讲座〉有感》，载《山东高等教育》，2019(1)。

曹荭蕾：《师者，教之以事而喻诸德也——读潘懋元先生〈高等教育学讲座〉之感受》，载《山东高等教育》，2019(1)。

李勇：《高校转型发展视野下的特殊教育学学科建设研究》，载《绥化学院学报》，2019(1)。

吴式颖：《改革开放40年外国教育史学科发展的回顾与展望》，载《教育史研究》，2019(1)。

郭法奇、周晓丹：《关于外国教育史研究中几个问题的思考》，载《教育史研究》，2019(1)。

吴式颖：《改革开放40周年外国教育史发展的回顾与展望》，载《中国教育科学》，2019(1)。

许刘英：《近代中国教育社会学"本土化"的兴起、进展与实践——基于学术史的考察》，载《南京师大学报》(社会科学版)，2019(1)。

王勤国：《我国教育学课程体系的问题和合理构建》，载《文化创新比较研究》，2019(2)。

黄学溥、张义生、刘旭东、郝文武：《外国教育史课程的发展与外国教育史研究——访黄学溥先生》，载《当代教师教育》，2019(2)。

陈露茜：《外国教育史学在中国》，载《浙江大学学报》(人文社会科学版)，2019(2)。

陈晓宇、麻嘉玲：《改革开放40年中国教育经济学的发展与成就》，载《教育与经济》，2019(2)。

杨天平、沈雁婷：《改革开放40年来我国教育管理学研究概况》，载《现代教育管理》，2019(2)。

叶澜、罗雯瑶、庞庆举：《中国文化传统与教育学中国话语体系的建设——叶澜教授专访》，载《苏州大学学报》(教育科学版)，2019(3)。

陈桂生：《略论教育学"西学中化"问题的症结——三谈教育学究竟是怎么一回事》，载《教育学报》，2019(3)。

刘立德、杨燕：《新中国小学师资培养教育学教材建设70年回顾与反思》，载《教育史研究》，2019(3)。

周敏：《基于核心素养的教育学教材编写策略》，载《长春工程学院学报》(社会科学版)，2019(3)。

吕学琴、许寻：《浅谈中学语文课程与教学论教材的建设》，载《学周刊》，2019(3)。

吉标：《新中国成立70年课程与教学论学科前辈学者群像》，载《中国教育科学》(中英文)，2019(3)。

李黔蜀：《关于课程与教学论的本土化研究》，载《遵义师范学院学报》，2019(3)。

罗生全：《70年课程研究范式的回顾与展望》，载《湖南师范大学教育科学学报》，2019(3)。

侯怀银、任桂平：《中国课程论学科建设70年：历程、进展和展望》，载《中国教育科学》，2019(3)。

余艳辉、沈顺珍：《我国高等教育面临的形势和挑战——评〈高等教育学概论〉》，载《中国高校科技》，2019(3)。

陈露茜、钱晓菲、石佳丽：《新中国成立70年来外国学校教育史研究回顾与反思》，载《教育史研究》，2019(3)。

王运武、黄荣怀、杨萍、李璐、王宇茹：《改革开放40年中国特色教育技术学的回顾与前瞻》，载《现代远程教育研究》，2019(3)。

赵梦雷、刘永虎、董香君、何振海：《2018年外国教育史研究述评》，载《宁波大学学报》(教育科学版)，2019(4)。

吴式颖、郭法奇：《新中国外国教育史教学与研究70年回顾与展望》，载《教育史研究》，2019(4)。

徐继存：《新中国教学论学科建设70年回顾与反思》，载《中国教育科学》(中英文)，2019(4)。

靳玉乐、张铭凯、孟宪云：《信息技术时代的课程论发展》，载《华东师范大学学报》(教育科学版)，2019(4)。

陈燕：《中国教育社会学研究领域的绿树繁花——"高等教育与社会发展论丛"简评》，载《重庆高教研究》，2019(4)。

陈桂生：《教学—课程理论一元化说》，载《上海教育科研》，2019(5)。

冯建军：《中国教育哲学百年》，载《中国教育科学》(中英文)，2019(5)。

蒋纯焦、李得菲、张月佳、杜成宪：《61种中国教育史教材所选入近现代教育人物分析——兼论中国近现代教育家群体的形成》，载《全球教育展望》，2019(5)。

杜亮、牛丽莉、张莉莉：《21世纪以来我国教育社会学研究进展述评》，载《清华大学教育研究》，2019(5)。

李莎、孙绵涛：《对作为一门学科的教育管理学70年的理论探索》，载《中国教育科学》，2019(6)。

禹薇、胡中锋：《当下教育管理研究中的困境及其超越》，载《中小学管理》，2019(6)。

杨天平、陈凯：《在曲折中前行：新中国70年教育管理学的发展》，载《重庆高教研究》，2019(6)。

史颖博、扈中平：《新中国70年教育学教材中"教育与社会"知识的演变》，载《教育研究与实验》，2019(6)。

张学敏、陈星：《中国教育经济学影响力的成就、问题与发展探索——研究立场的视角》，载《教育经济评论》，2019(6)。

李旭、王娇：《新中国成立以来教育管理学学科建设的回顾与反思》，载《教育学报》，2019(6)。

梁延秋：《高等教育学基本理论与发展研究——评〈高等教育学(修订版)〉》，载《教育发展研究》，2019(7)。

李秋明、杨银：《我国特殊教育领域博士学位论文的文献计量分析》，载《绥化学院学报》，2019(7)。

包丹丹：《前十七年"教育学中国化"的理论探索》，载《当代教育科学》，2019(7)。

李彦群：《特殊教育学科的应用型转型与路径选择》，载《绥化学院学报》，2019(7)。

杨天平、陈凯：《近现代中国教育管理学的发展》，载《现代教育管理》，2019(8)。

陈桂生：《中西教育文化比较——四谈教育学究竟是怎么一回事》，载《全球教育展望》，2019(8)。

孙杰：《新中国教育史学七十年发展历程的回顾与反思》，载《高等教育研究》，2019(8)。

黄长麒：《教育学的术语和概念体系探讨》，载《当代教育实践与教学研究》，2019(9)。

孙益、陈露茜、张斌贤：《70年来外国教育史学科进展》，载《教育研究》，2019(9)。

冯建军：《中国教育哲学百年发展中的问题审思——兼议中国特色教育哲学的构建》，载《高等教育研究》，2019(9)。

廖晓晓、朱俐：《新形势下教育管理学发展新思路——评〈教育管理学〉》，载《新闻与写作》，2019(9)。

吴东方、司晓宏：《新中国成立70年教育管理学发展的总结、评价与展望》，载《中国教育学刊》，2019(10)。

刘庆昌：《从教育事理到教育学理："教育学原理"70年发展的理论反思》，载《中国教育学刊》，2019(10)。

张忠华、倪梦娟：《高等教育学学科发展70年：回顾与展望》，载《江苏高教》，2019(10)。

朱文辉、李世霆：《从学苏、仿美到本土化——新中国成立70年来课程与教学论发展的回顾与前瞻(上)》，载《教师教育论坛》，2019(10)。

王树荫：《立德树人70年——中国共产党"培养什么人"的战略抉择》，载《教学与研究》，2019(10)。

陈元：《改革开放以来"中外教育史"课程教材研究综述》，载《现代教育科学》，2019(10)。

王雁、朱楠：《70年的跨越：特殊教育学学科发展》，载《教育研究》，2019，(10)。

姚利民、舒俊：《新中国成立70年教学论的发展轨迹与基本经验》，载《中国教育学刊》，2019(10)。

阮成武、郑梦娜：《新中国成立70年来教学论的学科发展：审思与展望》，载《课程·教材·教法》，2019(10)。

李大千：《基于信息化建设的高职教学模式改革探究——评〈信息化教育概论(第2版)〉》，载《中国教育学刊》，2019(11)。

冯建军：《中国教育学70年，从中国化到主体建构——基于不同时期教育学文本的分析》，载《课程·教材·教法》，2019(12)。

朱文辉、李世霆：《从学苏、仿美到本土化——新中国成立70年来课程与教学论发展的回顾与前瞻(下)》，载《教师教育论坛》，2019(12)。

周峰：《新时代一体化德育体系的构建》，载《中学政治教学参考》，2019(12)。

房燕榜：《新形势下教育管理学发展新要求和新思路研究》，载《教育教学论坛》，2019(15)。

赵斌、吴婕：《新中国七十年特殊教育学学科发展的回顾与思考》，载《现代特殊教育》，2019(20)。

浩洪涛：《当代教育管理学内容体系建构的研究——评〈教育管理学教程〉》，载《化学教育》(中英文)，2019(21)。

万言：《新时代高校教育管理创新研究——评〈新编教育管理学(第二版)〉》，载《化学教育》(中英文)，2019(22)。

齐逸翎：《中美化学教学论教材的比较研究——以 Teaching Chemistry——A Study book 和〈化学教学论〉为例》，载《当代教育实践与教学研究》，2019(24)。

王培峰、何侃、马建强：《中国特殊教育学发展七十年回顾》，载《现代特殊教育》，2019(24)。

房燕榜：《教育管理学发展现状与改革措施研究》，载《教育教学论坛》，2019(33)。

董宝良：《回忆与感悟：教育出版与教育科学研究的和谐共振》，载《教育史研究》，2020(1)。

李津：《新中国七十年教学论的发展与启示》，载《四川文理学院学报》，2020(1)。

张典兵、张忠华：《新中国成立 70 年高等教育学学科发展的回顾与前瞻》，载《高教探索》，2020(1)。

马进：《教育哲学的存在论维度及其价值启示》，载《安徽师范大学学报》(人文社会科学版)，2020(1)。

陈渝、陈晓端：《中美教育心理学教材比较与启示》，载《中国教育科学》，2020(1)。

杜华、顾小清：《教育技术学理论五问——兼论教育技术学之于教育学理论建构的贡献》，载《教育研究》，2020(1)。

侯怀银：《新中国成立以来教育学的发展历程及启示》，载《中国教育科学》(中英文)，2020(2)。

高宇翔、买合甫来提·坎吉：《扎根中国大地：特殊教育学中国化的回顾与前瞻》，载《当代教育论坛》，2020(2)。

张卓远、侯怀银：《十年来西方教育哲学研究的进展与反思——基于〈哲学与教育研究〉刊文的分析》，载《当代教育与文化》，2020(2)。

张旸、张雪：《中国文化传统在教育学中国话语体系构建中的价值与创生》，载《教育科学研究》，2020(3)。

周仕德、刘翠青：《建构有中国气派的课程论学科体系——40 年来中国课程论发展的回顾与展望》，载《中国人民大学教育学刊》，2020(3)。

侯雨佳、颜廷睿：《从多学科到跨学科：对我国特殊教育学科发展范式的思考》，载《残疾人研究》，2020(3)。

何齐宗：《五院校教育学教材在新中国教育学教材史上的地位和贡献》，载《课程·教材·教法》，2020(4)。

杨明全：《课程知识的谱系建构及其学术取向的演变：现代课程论百年发展的钩沉与展望》，载《全球教育展望》，2020(4)。

吴式颖：《关于外国教育史著作和教材的回忆与感怀——写在人民教育出版社成立 70 周年之际》，载《教育史研究》，2020(4)。

田芬：《选择中道：布鲁贝克〈高等教育哲学〉的新诠释》，载《现代教育科学》，2020(4)。

彭荣础：《中国教育社会学 40 年：回顾与展望》，载《江海学刊》，2020(4)。

刘梅珍：《教学论范畴的文化表征及其启示》，载《教育研究与实验》，2020(5)。

邬大光：《论我国高等教育学体系的特殊性》，载《厦门大学学报》(哲学社会科学版)，2020(5)。

王鉴、胡红杏：《中国特色现代教学论学科体系的形成与发展》，载《教育研究》，2020(5)。

刘启迪：《关于构建中国特色课程理论的若干思考》，载《湖南师范大学教育科学学报》，2020(5)。

赵梦雷：《论中国特色教育学话语体系构建的逻辑》，载《当代教育科学》，2020(6)。

李秀：《案例教学法在融合教育师资培养课程教学中的应用研究——以"特殊教育概论"课程为例》，载《乐山师范学院学报》，2020(8)。

柏浩然：《以人为本的哲学教育价值取向研究——评〈教育哲学新论〉》，载《高教探索》，2020(8)。

蔡文芬：《基于系统理论的教育管理体系建构及实践——评〈教育管理学：概念与实践(第五版)〉》，载《中国教育学刊》，2020(9)。

王鉴、单新涛：《中国课程论百年发展的历程、特点与展望》，载《课程·教材·教法》，2020(10)。

张德祥：《高等教育基本关系与高等教育学体系建设》，载《高等教育研究》，2020(10)。

崔藏金：《我国学科教学论研究七十年回顾与展望》，载《宁夏师范学院学报》，2020(11)。

肖贵清、李洁：《立德树人——中国特色社会主义教育发展道路的根本价值取向》，载《东岳论丛》，2020(11)。

卢丽华、孙新洋：《当前我国教材研究的特点及趋势——基于CSSCI期刊收录文献的可视化分析》，载《中国教育技术装备》，2020(12)。

卢彩晨：《高等教育学体系建设：主体、客体及路径》，载《江苏高教》，2020(12)。

王天宇：《"全球教育史"抑或"外国教育史"——全球史观视野下的外国教育史研究》，载《黑龙江教育》(理论与实践)，2020(12)。

张娟：《系统论视角下高等教育管理实践研究与发展——评〈教育管理学：概念与实践(第五版)〉》，载《中国教育学刊》，2020(12)。

高鲜萍：《知识生产模式转型背景下职业教育管理创新——评〈现代教育管理学〉》，载《科技管理研究》，2020(14)。

李凯月：《成人教育学的哲学审视——评〈成人教育哲学〉》，载《中国成人教育》，2020(20)。

赵炜：《教育管理学理论与实践发展互动——评〈教育管理学(第五版)〉》，载《化学教育》(中英文)，2020(20)。

杨克瑞、马建强：《中国特殊教育学术研究的百年发展与嬗变》，载《现代特殊教育》，2021(20)。

杨克瑞、郭永：《促进新文科建设背景下特殊教育学科与历史研究的融合——"学科建设与特教史研究"高层论坛综述》，载《现代特殊教育》，2020(24)。

马雪婷：《关于教育管理学内容体系建构的研究》，载《教育教学论坛》，2020(29)。

黄丹：《世界课程与教学论发展趋势》，载《新教育》，2020(35)。

高悦：《高等教育学发展与未来构化——评〈高等教育学导论〉》，载《中国高校科技》，2020(C1)。

曾蕾、洪丹：《德育教材生态话语之图文态度评价模式探讨》，载《中国外语》，2021(1)。

乔桂英：《基于学习方式转变的本科课程“教案＋学案”教材建设——以“语文教学论”课程为例》，载《晋中学院学报》，2021(1)。

侯怀银、王晓丹：《教育学中国话语体系的大教育学建构》，载《教育研究》，2022(1)。

赵冲：《论教育哲学的追求、性质与范围——兼论刘庆昌教授的〈教育哲学新论〉》，载《教育理论与实践》，2021(1)。

钟勇为、王木林：《中国课程与教学论百年发展回顾与展望》，载《现代大学教育》，2021(2)。

邱利见、刘学智：《守正创新：我国初中德育教材建设的回顾与展望》，载《出版科学》，2021(2)。

程伟：《中小学德育教材研究二十年：回顾与前瞻》，载《中国教育科学》(中英文)，2021(2)。

詹亚力、王赫名、陈春茂：《信息技术背景下的课程建设思考与实践——以“环境监测”课程为例》，载《中国大学教学》，2021(1)。

赵斌、秦铭欢：《从学术会议看中国特殊教育学术发展热点——基于2017—2019年中国特殊教育学术会议的研究》，载《昆明学院学报》，2021(2)。

国宁：《“自己讲”与“讲自己”：教育哲学中国话语体系构建的逻辑与路径》，载《当代教育科学》，2021(2)。

赵娟娟：《教育心理学在教师教育过程中的应用——评〈教育心理学理论与实践〉(第8版双语教学版)》，载《领导科学》，2021(2)。

王雪：《基于效率的大学教育课表编排及运行管理——评〈高等教育学的建构〉》，载《中国高校科技》，2021(3)。

张笑铭：《慕课背景下“教育心理学”课程教学研究》，载《黑龙江教师发展学院学报》，2021(3)。

李晓丽：《教育心理学课程思政建设路径探索——评〈当代教育心理学〉》，载《新闻爱好者》，2021(4)。

许红敏、王智秋：《中国师范院校小学教育学教材百年回眸与反思》，载《中国教育科学》(中英文)，2021(4)。

王本陆：《课程与教学论研究的基本问题和当前热点》，载《开放学习研究》，2021(5)。

唐智松、唐一山、杨婕：《教育学教材体例的反思与重构——基于“学习”的视角》，载《教师教育学报》，2021(5)。

石中英：《中国教育哲学学科百年：回顾与前瞻》，载《社会科学战线》，2021(5)。

李志河、刘杜娟、蒲咪咪：《我国教育技术学学科研究方法回顾与现实反思——基于1999—2020年教育技术学博士学位论文的分析》，载《远程教育杂志》，2021(5)。

黄强、张廷凯、任长松、贾彦琪：《中国共产党领导教材建设事业的百年历程与基本经验》，载《课程·教材·教法》，2021(6)。

刘楠：《论中国教育学的理论自觉与话语体系构建》，载《学术探索》，2021(6)。

陶志琼、黄鑫：《中国式教育哲学之思》，载《教育学报》，2021(6)。

刘峻杉：《中国传统教育哲学的研究方法论探讨》，载《教育学报》，2021(6)。

靳玉乐、杨艺伟：《中国共产党成立百年来课程论发展的历程、经验与展望》，载《西南大学学报》(社会科学版)，2021(7)。

冯建军：《构建中国特色教育学的“三大体系”——基于改革开放后教育学发展的分析》，载《社会科学战线》，2021(9)。

李天凤、许金金、刘子榆：《2011—2021年我国教育学教材主要知识增量的学术梳理》，载《开封文化艺术职业学院学报》，2021(9)。

安顺凤：《新时期民族地区学生教育与管理研究——评〈新编教育管理学〉》，载《科技管理研究》，2021(10)。

殷新：《大数据背景下高校教育管理信息化建设探索与思考——评〈教育管理学：理论、研究、实践(第7版)〉》，载《中国教育学刊》，2021(11)。

朱红：《高师院校“发展与教育心理学”课程内容重构及资源开发实践研究》，载《教育教学论坛》，2021(11)。

熊华夏、刘璎乐、吴吉惠：《高师院校教育心理学课程与教学改革：研究现状、局限与趋势》，载《乐山师范学院学报》，2021(11)。

侯怀银：《中国特殊教育学学科建设的未来走向》，载《现代特殊教育》，2021(12)。

代晶晶：《中国教学论百年借鉴历程与启示》，载《教师教育论坛》，2021(12)。

张菊荣：《构建教室里的课程与教学论》，载《中国教师》，2021(12)。

胡梦迪、陈云奔：《回顾与反思：从近十年我国课程与教学论专业博士学位论文选题看学科发展》，载《黑龙江高教研究》，2021(12)。

赵占良：《试论教材的功能定位》，载《课程·教材·教法》，2021(12)。

殷婉娟：《比较教育视野下的高校高等教育创新发展与价值取向——评〈高等教育学的持续探究〉》，载《热带作物学报》，2021(12)。

杨小燕：《当代中国社区教育服务质量提升研究——评〈社区教育概论〉》，载《科技管理研究》，2021(15)。

于小艳、吴世勇：《40年高等教育学学科研究：知识交流、扩散与更新——基于期刊共被引分析》，载《教育理论与实践》，2021(15)。

郭文斌、刘邦丽：《特殊教育学硕士学位论文选题的特点、不足及建议——基于528篇特殊教育学硕士学位论文选题的内容分析》，载《现代特殊教育》，2021(18)。

党晓梅：《〈早期教育概论〉课程思政设计与实践》，载《产业与科技论坛》，2021(21)。

李政：《“教材学”的建构何以可能：基于教材媒介性的分析》，载《全球教育展望》，2022(1)。

赵志群：《职业教育教学论：职业教育研究重要的基础性学科》，载《中国高教研究》，2022(2)。

王鉴：《课堂教学论论纲》，载《新课程评论》，2022(2)。

谢雨宸：《课堂教学论的理论创生及实践意蕴》，载《新课程评论》，2022(2)。

陶金婵、周达、徐福利：《师范类专业认证标准下“课程与教学论”改革研究》，载《科技视界》，2022(2)。

侯怀银：《论中国特色现代教育学体系的发展与创新》，载《河北师范大学学报》(教育科学版)，2022(2)。

杨帆、代钦：《国际数学教育心理学研究的里程碑——述评〈数学教育心理学研究手册：过去、现在与未来〉》，载《数学教育学报》，2022(2)。

王天健、李政涛：《中国特色教育学理论体系：历史回眸与当代审视》，载《西北师大学报》(社会科学版)，2022(4)。

侯怀银：《新中国成立以来教育学学科体系建设的回顾与展望》，载《西北师大学报》(社会科学版)，2022(4)。

侯怀银、周郅壹：《中国共产党领导下我国教育学教材建设的回顾与启示》，载《课程·教材·教法》，2022(5)。

肖冬民：《师范专业认证背景下“小学语文课程与教学论”课程与教材建设》，载《语文教学与研究》，2022(7)。

石佳悦：《教育心理学视角下化学教学的优化——评〈化学教育心理学〉》，载《化学教育》(中英文)，2022(7)。

三、学位论文类

侯怀银：《20世纪上半叶中国教育学发展问题的反思》，博士学位论文，华东师范大学，2000。

刘仲全：《高师公共课教育学教材知识结构研究》，硕士学位论文，西南师范大学，2001。

张学波：《网络课程中专题导向异步学习模式研究——〈网络教育概论〉的实践与反思》，硕士学位论文，华南师范大学，2003。

胡凤阳：《外国教育史学科发展的世纪历程》，硕士学位论文，河北大学，2003。

黄清：《论质的课程研究》，博士学位论文，西南师范大学，2004。

王牧华：《课程研究的生态主义向度》，博士学位论文，西南师范大学，2004。

陈志萍：《1914—2000年的“教育概论”教科书》，硕士学位论文，华南师范大学，2005。

王玉东：《高师公共教育学教材实用化改革的实证研究》，硕士学位论文，苏州大学，2005。

周静：《1901—1940年中国教育哲学研究的历史演化》，硕士学位论文，华南师范大学，2005。

李殿森：《论课程知识的社会建构》，博士学位论文，西南大学，2006。

冯用军：《高等教育学学科建设探析——跨学科的视角》，硕士学位论文，汕头大学，2006。

张洪志：《西方高等教育哲学的历史演变》，硕士学位论文，华中科技大学，2006。

王磊：《教育哲学在当代中国的发展研究》，硕士学位论文，曲阜师范大学，2006。

刘光艳：《我国新时期教育学教材建设的回顾与反思》，硕士学位论文，山西大学，2007。

赵秀文：《从实体思维走向关系思维——教学论研究思维方式的新走向》，硕士学位论文，天津师范大学，2007。

宋彩琴：《对中小学教材的知识社会学审视》，硕士学位论文，西北师范大学，2007。

单敏：《关于教育管理学研究方法之研究》，硕士学位论文，浙江师范大学，2007。

徐吉洪：《关于教育管理学内容体系建构的研究》，硕士学位论文，浙江师范大学，2007。

李菲：《当代教育管理学术话语分析》，硕士学位论文，曲阜师范大学，2007。

杜少凡：《高等师范院校语文课程与教学论教材研究发凡》，硕士学位论文，东北师范大学，2008。

罗生全：《符号权力支配下的课程文化资本运作研究》，博士学位论文，西南大学，2008。

赵福芹：《我国高等教育研究主题变化研究》，硕士学位论文，华东师范大学，2008。

刘小强：《学科建设：元视角的考察》，博士学位论文，厦门大学，2008。

雷勇：《以体系结构为视点检视 20 世纪我国〈教育概论〉的发展》，硕士学位论文，四川师范大学，2009。

吴俊华：《教育学中国化的探索——基于凯洛夫主编〈教育学〉与王道俊主编〈教育学〉的比较》，硕士学位论文，四川师范大学，2009。

魏晓婧：《本土化中国课程教学论建构方法论研究》，硕士学位论文，湖南师范大学，2009。

席安娜：《凯洛夫主编〈教育学〉在我国的引进及其影响》，硕士学位论文，山西大学，2009。

孔卫萍：《公共管理视阈下教育经济与管理学内容体系的构建》，硕士学位论文，东北大学，2009。

易琴：《知识传授与学术探究：中国教育史学科的发展图景》，博士学位论文，华东师范大学，2010。

程腊梅：《教育技术学本科专业课程设置研究》，硕士学位论文，苏州大学，2010。

刘春：《跨学科视角的教育管理学探视》，博士学位论文，大连理工大学，2010。

王珏：《我国近代教育管理学科研究》，硕士学位论文，南京师范大学，2010。

柏杨：《人性化视野下的教育学教材审视》，硕士学位论文，西南大学，2011。

高山：《复杂性视野下的教育技术学研究范式初探》，硕士学位论文，云南大学，2011。

丁国勇：《教育技术学领域的研究者、合著关系与研究热点》，硕士学位论文，南京师范大学，2012。

夏波：《教育技术学专业图书领域本体构建研究》，硕士学位论文，曲阜师范大学，2012。

石明宇：《物理教学论教材中教育测量与评价部分的比较研究》，硕士学位论文，山东师范大学，2012。

吴玮：《近十年中学语文课程与教学论教材研究》，硕士学位论文，西南大学，2012。

陈羽洁：《中美高等教育学科结构比较研究》，硕士学位论文，天津大学，2012。

岳丽娟：《我国教育技术学研究热点与趋势概观》，硕士学位论文，山东师范大学，2012。

杨彦栋：《中国教育技术学理论体系构建探索》，硕士学位论文，云南大学，2012。

梁洁：《教育技术学 CSSCI 来源期刊的引文网络结构分析》，硕士学位论文，山东师范大学，2012。

王飞：《教学论与课程论关系研究》，博士学位论文，首都师范大学，2013。

程秀兰：《基于实证视角的幼儿教育本质特征研究》，博士学位论文，陕西师范大学，2013。

蒋菲：《新世纪中国课程与教学论的知识图谱研究》，博士学位论文，湖南师范大学，2014。

代抒娉：《独立与纠缠：1949—1977 年中国课程与教学论发展的研究》，硕士学位论文，山西师范大学，2014。

何茜：《美学取向课程探究》，博士学位论文，西南大学，2014。

赵鑫：《中小学德育教材中道德教育内容衔接研究》，硕士学位论文，上海师范大学，2015。

李拉：《对新中国特殊师范教育制度建设的考察》，博士学位论文，南京师范大学，2015。

李怡蝶：《五院校〈教育学〉1982 年、1988 年两版内容的变化及原因分析》，硕士学位论文，四川师范大学，2016。

王慧：《乡村伦理的价值回归：农村小学德育课程研究》，硕士学位论文，扬州大学，2016。

陈紫华：《民国初期小学德育教材分析与启示》，硕士学位论文，广州大学，2016。

刘娇：《小学德育教科书价值取向的比较研究》，硕士学位论文，南京师范大学，2017。

周敏：《中美教育学教材比较》，湖南师范大学，硕士学位论文，2017。

雷袆晴：《新世纪以来我国外国教育史研究知识图谱分析》，硕士学位论文，河南大学，2017。

王世崇：《我国教育技术研究热点与发展趋势探析》，硕士学位论文，河南师范大学，2017。

陶芳铭：《初中德育教科书价值取向研究》，博士学位论文，浙江大学，2017。

杨翠娥：《基于主体间性的教育学教材反思与建构研究》，博士学位论文，陕西师范大学，2018。

王航：《教育学教材建设：历史、经验与展望》，硕士学位论文，华中师范大学，2018。

张彩霞：《基于“以学定教”的高师公共课课堂教学改进研究》，硕士学位论文，西南大学，2018。

李玉蛟：《小学德育教科书人教版、教科版〈品德与社会〉，台湾翰林版〈社会〉编写者的价值取向比较研究》，硕士学位论文，山东师范大学，2018。

苗睿岚：《社会主义核心价值观教育在中小学德育中的整合与建构研究》，硕士学位论文，扬州大学，2018。

吴海茵：《初中新旧德育教科书的比较研究》，硕士学位论文，广州大学，2018。

刘晓英：《人工智能教材和教育学教材中的知识构建比较研究》，硕士学位论文，厦门大学，2018。

陈渝：《中美大学教育心理学教材比较研究》，硕士学位论文，陕西师范大学，2018。

司云飞：《教育学理论体系建构问题研究》，硕士学位论文，东北师范大学，2019。

王毛文：《建国七十年来我国中小学德育发展变迁研究》，硕士学位论文，陕西师范大学，2019。

王斐：《民国时期特殊教育学术研究之演进》，硕士学位论文，浙江师范大学，2019。

赖鑫：《1949—1966年外国教育史学科发展历程研究》，硕士学位论文，江西师范大学，2019。

热孜万古丽·阿巴斯：《我国教育管理学知识图谱研究》，博士学位论文，华东师范大学，2019。

程方鹏：《教育管理学研究方法发展历程回顾与体系建构》，硕士学位论文，浙江师范大学，2019。

李金铠：《教育管理学研究七十年》，硕士学位论文，沈阳师范大学，2020。

陈凯：《近现代中国教育管理学的发展研究》，硕士学位论文，浙江师范大学，2020。

毕家齐：《人教版七年级教科书〈思想品德〉与〈道德与法治〉的比较研究》，硕士学位论文，渤海大学，2020。

刘倩男：《基于功能转型的特殊教育学校设计研究》，硕士学位论文，西安建筑科技大学，2020。

余露：《改革开放以来我国自编外国教育史教材的流变研究》，硕士学位论文，安徽师范大学，2020。

周郅壹：《新中国成立以来我国教育学教材建设研究》，硕士学位论文，山西大学，2021。

成千：《本土教育学话语体系构建路径探究》，硕士学位论文，沈阳师范大学，2021。

孙莉：《21世纪初我国高等教育学的知识基础研究》，硕士学位论文，吉林大学，2021。

王利：《建国以来我国教育学教材的元分析》，硕士学位论文，东北师范大学，2021。

闫惠：《近四十年两岸教育学理论体系建构对比研究》，硕士学位论文，东北师范大学，2021。

苏悦：《我国教育技术学硕博论文的研究与分析》，硕士学位论文，哈尔滨师范大学，2021。

四、会议论文类

邓友超：《庄泽宣及其〈教育概论〉》，《教育史研究》创刊二十周年暨中国教育史研究六十年学术研讨会，北京，2009。

诸惠芳、刘立德：《教育史学科教材建设的回顾与前瞻》，纪念《教育史研究》创刊二十周年论文集(1)——教育史学理论及史学史研究，北京，2009。

五、报纸类

丁之奇：《把学科的基本结构教给学生——布鲁纳的课程论思想简介》，载《光明日报》，1981-01-19。

习近平：《在文艺工作座谈会上的讲话》，载《光明日报》，2015-10-15。

胡扬洋：《推动课程论与教学论整合发展》，载《中国社会科学报》，2016-06-23。

靳晓燕：《教材建设是国家事权——对话国家教材委员会委员》，载《光明日报》，2017-07-14。

张雁：《学科和教材不能当西方理论的"搬运工"》，载《光明日报》，2017-02-14。

张烁：《习近平在全国教育大会上强调坚持中国特色社会主义教育发展道路培养德智体美劳全面发展的社会主义建设者和接班人》，载《光明日报》，2018-09-11。